イタリア・ルネサンス建築史ノート〈3〉

ブラマンテ
Donato Bramante
1444-1514

福田 晴虔 著

中央公論美術出版

a Y. F.

Donato Bramante

Commentari alla Storia dell'Architettura
Rinascimentale in Italia (III)

Seiken Fukuda

Published 2013 in Japan by Chuokoron Bijutsu Shuppan Co., Ltd.
ISBN 978-4-8055-0669-1

はしがき

　盛期ルネサンスとブラマンテの建築についてはこれまで多くの論考が重ねられており、特にアルナルド・ブルスキ（1928-2009）の生涯を賭けた研究と、それに続くフロンメル（1933-）らの執拗を極める史料探索を通じて、このテーマはほとんど論じ尽くされてしまっているかに見える。そのような中で浅学の身がブラマンテを取り上げることにはいささかためらわれたが、これまでにブルネッレスキ、そしてアルベルティへと辿ってきた西欧的「建築家」像[1]の成り行きを考える上では、それに触れずに済ませるわけには行かないため、及び腰で取り組むことにしたものである。

　私が持ち合わせている唯一の方法的視点――と言えるほどのものかどうか、またそれが歴史的に有意義なものであるかどうかは分からない――は、ブルネッレスキが先鞭をつけアルベルティが体系化を試みた建築技術の独自性追求という課題を、ブラマンテやその世代の人々がいかに受け継ごうとしたかということだけである。これは「古典主義」というハイブラウな（？）文化史的枠組みの中でこの時代の建築を説明しようとするこれまでの美術史学・建築史学の視点とは別に、先学によって積み重ねられてきていた豊かな「チチェローネ」的観照の伝統の外で、「建築家」という稼業が成り立ってゆくための手がかりを模索するという、美的観照とは無関係のやや無粋な関心をも含む「社会史」的な仕事である。現にアルベルティの建築理論も、そうした「職能」を社会的に確立させるための要件――「建築学」――とする意図をもこめて書かれていたのではなかったか。

　しかしそれは近代の「職能社会学」的物差しが適用できる以前の、技術の内的な問題である。これを考えるためには、建築家が用いた形態の役割を、それらがまとっていた既存の意味や「様式」などの知識を顧慮せずに、その場ごとに再検討することから、彼が目指したであろう建築技術の輪郭を推察するという、必ずしも客観性の保証されない作業に身を委ねなけれ

ばならない。そこにはなんら明確な見通しがあるわけではなく、アルベルティが夢想した建築家像――絶えず建築形態に新しい意味を与えようと苦闘する存在――がもしも社会的な職能として存立しうるものであるとすれば、それはどのような姿となるのであろうかという漠然とした期待があるだけである。

　近代西欧の「建築家」は、ルネサンスの建築家像をモデルとして成立してきたと考えられている。しかし現実のルネサンスの建築家が果たしてアルベルティ的建築家像と合致するものであったか、近代の建築家はルネサンスから何を引き継いだのか、そのような疑問に対する答えはこれまで明確にはなされてこなかったように思う。私の小論はそうした問題への手がかりを求めるためのささやかな試みである。これによって先学が構築してきたルネサンス観に異議を申し立てようとする意図はなく、あくまでも「建築家」という視点から見たときの問題のありかを探ろうとしたものにすぎないが、幾つかの部分では疑義を提起せざるを得ないこととなっている。それらについては今後の議論に委ねることとしたい。

注
1. 拙著「ブルネッレスキ」、2011；同「アルベルティ」、2012（いずれも中央公論美術出版）などを参照されたい。

目　次

はしがき

I. 絵画から建築へ ……………………………………………………… 3

「デミウルゴス」としての建築家像／ウルビーノとフラ・カルネヴァーレ、ピエロ・デッラ・フランチェスカ／ペルージャのサン・ベルナルディーノのオラトリオ壁画／「プレヴェダリの版画」：チェーザレ・チェザリアーノ／「パニガローラの家」の壁画／ロムバルディアのルネサンスと工匠たち

II. ブラマンテとロムバルディア（1） ……………………………… 37

サンタ・マリーア・プレッソ・サン・サティーロ聖堂／バッタジォ兄弟とアゴスティーノ・フォンドゥリ／ゴシックかルネサンスか／ルドヴィーコ・イル・モーロとルネサンス／パヴィアのドゥオモ、レオナルドとブラマンテ／サンタ・マリーア・デッレ・グラツィエ聖堂内陣／「ブラマンテスコ」

III. ブラマンテとロムバルディア（2） ……………………………… 71

ミラノ大聖堂の「ティブリオ」／レオナルドとブラマンテの「意見書」／サンタムブロジオ修道院の「カノニカ」／ヴィジェーヴァノの広場計画／「古代都市街路の図」と舞台背景／ロムバルディアからの「離陸」──アッビアーテグラッソのサンタ・マリーア・デッラ・ナシェンテ聖堂ファサード／サンタムブロジオ修道院の「キオストリ」

IV. 教皇のローマと工匠たち ……………………………………… 115

ニコラス五世とアルベルティの遺産／パウルス二世とパラッツォ・ヴェネツィア──フランチェスコ・デル・ボルゴの「古典主義」／教会建築

と軍事建築——工匠群像／リアリオ枢機卿とパラッツォ・デッラ・カンチェッレリア／アントーニオ・ダ・サンガッロ・イル・ヴェッキォとチヴィタカステッラーナの城砦

V. ローマへのデビュ 151

Antiquarie prospettiche romane ／サンタ・マリーア・デッラ・パーチェ修道院キオストロ／ブラマンテと「オーダー」／Via Alessandrina とパラッツォ・カステッレージ／パラッツォ・カプリーニ（「ラッファエッロの家」）

VI. ベルヴェデーレの中庭とヴァティカン宮殿の計画 179

ユリウス二世の野望／*Codex Coner* の図／下段の庭——劇場／中段の庭と「ニンフェオ」：ジェナッツァーノの「ニンフェオ」／上段の庭：エクセドラと弧状階段／「彫像の中庭」と螺旋斜路／歩廊の崩壊とブラマンテの構造理解／ヴァティカン宮殿の計画と「グランド・マナー」

VII. 「テムピエット」 231

サン・ピエトロ・イン・モントリオ修道院聖堂とカルバハル枢機卿／セルリオの図と当初案復原——鏡像空間／「古典性」と「マニエリズモ」／サンタ・マリーア・デル・ポポロ聖堂後陣／ブラマンテと「集中式聖堂」——ロッカヴェラーノの教区聖堂、サンティ・チェルソ・エ・ジュリアーノ聖堂計画案、トーディのサンタ・マリーア・デッラ・コンソラツィオーネ聖堂

VIII. サン・ピエトロ聖堂の計画 267

ニコラス五世からユリウス二世まで——ユリウスの墓とミケランジェロ／*Piano di pergamena* ／第二次案／クーポラの問題／ラッファエッロの「アテネの学堂」とサン・ピエトロ聖堂／"Maestro ruinannte [*o* Guastante]"（「壊し屋」）

IX. ブラマンテと都市 ……………………………………………… 295

教皇と自治都市ローマ／ユリウス通り Via Giulia／パラッツォ・デイ・トリブナリ／サン・ビアジォ聖堂／ユリウス二世の都市戦略とブラマンテの役割／チヴィタヴェッキァの城砦と港湾整備／ロレートの聖域計画

X. ブラマンテとそのサークル ……………………………………… 329

ブラマンテの周辺／ラッファエッロと古典——「レオ十世宛書簡」／サンタ・マリーア・デル・ポポロ聖堂キジ家礼拝堂／ラッファエッロのサン・ピエトロ聖堂計画案／ヴィッラ・マダーマ計画案／バルダッサーレ・ペルッツィとキジ家別荘（「ラ・ファルネジーナ」）／アントーニオ・ダ・サンガッロ・イル・ジョヴァネとパラッツォ・ファルネーゼ

資 料

ブラマンテ年譜 …………………………………………………… 369
ブラマンテ参考文献目録 ………………………………………… 381
索 引 ……………………………………………………………… 405

あとがき ……………………………………………………………… 439

図版一覧

fig. 1　プレヴェダリの銅版画「神殿廃墟」（London, British Museum, V, 1. 69）

fig. 2　フラ・カルネヴァーレ　「聖処女の生誕」（New York, Metropolitan Museum of Art, Rogers and Gwynne Andrews Funds, 1935, 35.121）

fig. 3　聖ベルナルディーノのオラトリオのパネル　「牡牛に襲われた若者を聖ベルナルディーノが救う図」（ペルージャ国立ウムブリア美術館）

fig. 4　「プレヴェダリの版画」部分

fig. 5　「プレヴェダリの版画」の建築空間（A. Bruschi による復原案）

fig. 6　チェザリアーノ《ウィトルウィウス注釈》"Amphiprostylos" の神殿の図（Lib. III, p. LII *v*）

fig. 7　「パニガローラのフレスコ」（「長剣を持つ武人」、ミラノ、ブレラ画廊）

fig. 8　「パニガローラのフレスコ」の配置図（A. Bruschi）

fig. 9　「パニガローラのフレスコ」配置復原案（入口を入って右手壁面　Mulazzani による）

fig. 10　「パニガローラのフレスコ」（入口上部の「ヘラクレイトスとデモクリトス」、ミラノ、ブレラ画廊）

fig. 11　チェザリアーノによるミラノ大聖堂断面図（Lib. I, cap. 2, XV *v*）

fig. 12　フィラレーテの「オスペダーレ・マッジョーレ」計画案（Firenze, Bibl. Naz. Centrale, *Codice Magliabecchiano*, f. 82 *v*）

fig. 13　同上、立面図（f. 83 *v*）

fig. 14　ミラノ、オスペダーレ・マッジョーレ、Via Festa del Perdono 側ファサード（S. Fukuda 1989）

fig. 15　ミラノ、サントゥストルジオ聖堂ポルティナリ家礼拝堂（Giovanni Dall'Orto, 1-3-2007）

fig. 16　ベルガモ、コッレオーニ家礼拝堂（from L. Giordano）

fig. 17　ミラノ、サンタ・マリーア・プレッソ・サン・サティーロ聖堂内陣（S. Fukuda 1989）

fig. 18　ミラノ、サン・サティーロ聖堂（S. Fukuda 1989）

fig. 19　サンタ・マリーア・プレッソ・サン・サティーロ聖堂平面図（from Bruschi）

fig. 20　サンタ・マリーア・プレッソ・サン・サティーロ聖堂長手方向断面図（from F. Cassina, *Le fabbriche più cospicue di Milano*, 1840-64）

fig. 21　サンタ・マリーア・プレッソ・サン・サティーロ聖堂　身廊及び聖器室断面図（from F. Cassina）

fig. 22　サンタ・マリーア・プレッソ・サン・サティーロ聖堂と周辺街区配置図（from Cavallari-Murat）

fig. 23　サンタ・マリーア・プレッソ・サン・サティーロ聖堂建設当初平面復原案（Förster による）

fig. 24	Patetta によるサンタ・マリーア・プレッソ・サン・サティーロ聖堂当初案推定図（from Cavallari-Murat）	
fig. 25	サンタ・マリーア・プレッソ・サン・サティーロ聖堂 Via del Falcone 側立面（S. Fukuda 1989）	
fig. 26	サンタ・マリーア・プレッソ・サン・サティーロ聖堂　聖器室（from L. Giordano）	
fig. 27	サンタ・マリーア・プレッソ・サン・サティーロ聖堂　「偽の内陣」（S. Fukuda 1989）	
fig. 28	サンタ・マリーア・プレッソ・サン・サティーロ聖堂　身廊（S. Fukuda 1989）	
fig. 29	パヴィアのドゥオモ断面図（当初案？　ノヴァラ市立図書館蔵 p. 6, c. 3, 28）	
fig. 30	レオナルドのノート Ms. B, f. 24 r（Paris, Institut de France）	
fig. 31	パヴィア大聖堂木製模型（Musei Civici di Pavia）	
fig. 32	上記模型による平面図（from Malaspina di Sannazaro）	
fig. 33	パヴィア大聖堂模型の内陣内部（from Bruschi）	
fig. 34	パヴィア大聖堂内陣ドームを支える大柱（from Bruschi）	
fig. 35	パヴィア大聖堂現状配置図（from L. Benevolo）	
fig. 36	パヴィア大聖堂側面（S. Fukuda 1989）	
fig. 37	ミラノ、サンタ・マリーア・デッレ・グラツィエ修道院聖堂（S. Fukuda 1989）	
fig. 38	サンタ・マリーア・デッレ・グラツィエ修道院と聖堂　平面図（from Bruschi）	
fig. 39	レオナルドのノート Ms. I（Institut de France）, ff. 69 v-70 r	
fig. 40	レオナルドのノート Ms. I, f. 70 r の文章の下から抜き出した図（from C. Pedretti）	
fig. 41	サンタ・マリーア・デッレ・グラツィエ修道院聖堂　断面図（from Bruschi）	
fig. 42	サンタ・マリーア・デッレ・グラツィエ修道院聖堂背面（from L. Giordano）	
fig. 43	サンタ・マリーア・デッレ・グラツィエ修道院聖堂　内陣クーポラ見上げと「ブラマンテスコ」（from Bruschi）	
fig. 44	パッラーディオ、ヴィッラ・ポィアーナ正面入口の「ブラマンテスコ」（S. Fukuda 1974）	
fig. 45	ミラノ大聖堂「ティブリオ」（S. Fukuda 1968）	
fig. 46	ミラノ大聖堂交叉部詳細（from C. Ferrari & E. Brivio）	
fig. 47	ミラノ大聖堂「ティブリオ」のためのフランチェスコ・ディ・ジョルジョの提言による補強策（from R. Papini）	
fig. 48	レオナルドのノート Codice Atlantico（Milano, Biblioteca Ambrosiana）, f. 310 r	
fig. 49	ブラマンテが考えるミラノ大聖堂の理想的構造模式図（from Bruschi）	
fig. 50	ミラノ、サンタムブロジォ修道院「カノニカ」（S. Fukuda 1989）	
fig. 51	ミラノ、サンタムブロジォ修道院「カノニカ」柱廊中央アーチ（S. Fukuda 1989）	
fig. 52	ミラノ、サンタムブロジォ修道院「カノニカ」柱廊の丸太柱（S. Fukuda 1989）	
fig. 53	ヴィジェーヴァノの広場 Piazza Ducale（S. Fukuda 1989）	
fig. 54	ヴィジェーヴァノの城と広場（from Guida d'Italia, Lombardia）	
fig. 55	ヴィジェーヴァノの広場北側アーケード（S. Fukuda 1989）	
fig. 56	ヴィジェーヴァノの広場西側アーケード（S. Fukuda 1989）	
fig. 57	1626年ころのヴィジェーヴァノの城と広場（from Malaguzzi-Valeri）	
fig. 58	W. Lotz によるヴィジェーヴァノの広場復原図（from Lotz）	
fig. 59	ヴィジェーヴァノの広場北側アーケード西端部（S. Fukuda 1989）	

図版一覧

fig. 60	ヴィジェーヴァノの広場北側アーケード西端部復原図（from Lotz）
fig. 61	ブラマンテの原画による銅版画「様々な建物や柱廊、アーチなどのある街路」（「古代都市街路の図」　British Museum）
fig. 62	B. ペルッツィ作（？）とされる舞台背景のためのスケッチ（Uffizi, DGS. 291A）
fig. 63	アッビアーテグラッソのサンタ・マリーア・ノヴァ聖堂（David Papalini 2010）
fig. 64	ミラノ、サンタムブロジオ修道院「ドーリス式のキオストロ」（from Bruschi）
fig. 65	G. ダ・サンガッロによるローマの「クリプタ・バルビ」スケッチ（*Cod. Barberiniano, 4424*, f. 4 *v*）
fig. 66	15世紀末のヴァティカン風景（Hermann Schedel, *De Temporibus mundi*, 1493）
fig. 67	ヘームスケルクによる1530年代のヴァティカン風景（Chatsworth-Devonshire Collection）
fig. 68	ローマ、パラッツォ・ヴェネツィア、1920年代の様子（from Heydenreich）
fig. 69	ローマ、パラッツォ・ヴェネツィア復原平面図（after Heydenreich）
fig. 70	ローマ、パラッツォ・ヴェネツィア、サン・マルコ聖堂の「祝福のロッジア」（S. Fukuda 1968）
fig. 71	ローマ、パラッツォ・ヴェネツィア、未完の中庭ロッジア（from Frommel）
fig. 72	ローマ、サンタゴスティーノ聖堂（from Frommel）
fig. 73	ヴァティカン、インノケンティウス八世のヴィッラ「ベルヴェデーレ」（from Frommel）
fig. 74	ペルジーノ画「キリストがペテロに鍵を手渡す図」部分（ヴァティカン、システィナの礼拝堂）
fig. 75	ローマ、オスペダーレ・ディ・サント・スピリト（from Frommel）
fig. 76	オスティアの要塞（S. Fukuda 1974）
fig. 77	ローマ、パラッツォ・デッラ・カチェッレリア平面図（after Heydenreich）
fig. 78	ローマ、パラッツォ・デッラ・カチェッレリア（from Frommel）
fig. 79	ローマ、パラッツォ・デッラ・カチェッレリア中庭（from Frommel）
fig. 80	チヴィタカステッラーナの要塞（from Bruschi）
fig. 81	モンテプルチアーノのサン・ビアジォ聖堂（S. Fukuda 1989）
fig. 82	チヴィタカステッラーナの要塞平面図（Archivio d. Accademia di S. Luca, Roma, fondo Mascarino, n. 2359）
fig. 83	チヴィタカステッラーナの要塞　中庭（from Bruschi）
fig. 84	*Antiquarie Prospettiche Romane* 扉
fig. 85	レオナルド　天使像習作（British Museum）
fig. 86	ローマ、サンタ・マリーア・デッラ・パーチェ修道院キオストロ（from Bruschi）
fig. 87	ローマ、サンタ・マリーア・デッラ・パーチェ修道院　平面図（after Bruschi）
fig. 88	ローマ、サンタ・マリーア・デッラ・パーチェ修道院キオストロ、初層アーケード詳細（from Bruschi）
fig. 89	ローマ、サンタ・マリーア・デッラ・パーチェ修道院キオストロ、実測図（from Bruschi）
fig. 90	ローマ、サンタ・マリーア・デッラ・パーチェ修道院キオストロ、アーケードの構成（from Bruschi）
fig. 91	ローマ、サンタ・マリーア・デッラ・パーチェ修道院キオストロ、アーケード隅部詳

	細（from Bruschi）
fig. 92	18世紀におけるヴァティカン、ボルゴの状況（G. B. Nolli, *Pianta di Roma*, 1744, part.）
fig. 93	ローマ、パラッツォ・カステッレージ（from Bruschi）
fig. 94	「コナー手稿」（*Cod. Coner*, London, Sir John Soane Museum, f. 8）によるパラッツォ・カステッレージ平面図
fig. 95	パラッツォ・カステッレージ中庭（from Bruschi）
fig. 96	パラッツォ・カプリーニ立面（Antoine Lafréry, *Speculum Magnificentiae Romanae*, Roma 1559）
fig. 97	16世紀のパラッツォ・カプリーニのスケッチ（作者不詳、RIBA, XIV, 11）
fig. 98	1565年3月5日、ベルヴェデーレの中庭における騎馬試合の光景（Dupérac 原画、Lafréry による銅版画　Paris, Bibliotèque Nationale）
fig. 99	晩年のユリウス二世肖像（1511-12年、ラッファエッロ画 London, National Gallery）
fig. 100	18世紀前半のヴァティカンとベルヴェデーレ（*Pianta di Nolli*）
fig. 101	サン・ピエトロ聖堂クーポラから見下ろした現代のベルヴェデーレ（Superp 2011）
fig. 102	「コナー手稿」のベルヴェデーレの中庭平面図（*Cod. Coner*, f. 17 *r*）
fig. 103	ブラマンテによるベルヴェデーレの中庭全体の復原模式図（from Ackerman）
fig. 104	「コナー手稿」のベルヴェデーレの中庭下段のアーケード立面（*Cod. Coner*, f. 42 *r*）
fig. 105	セルリオによるベルヴェデーレの中庭下段のアーケード立面（Serlio, *Regole generali*, Lib. III, p. 119 *r*）
fig. 106	ベルヴェデーレ下段のアーケード立面復原図（from Bruschi）
fig. 107	ブラマンテ案によるベルヴェデーレの中庭完成予想図（from Frommel）
fig. 108	ベルヴェデーレの中庭東側回廊に設けられた下段の広場への入口 Porta Giulia（from Bruschi）
fig. 109	ベルヴェデーレの中庭、中段の庭「ニンフェオ」のグロッタ実測図（from Frommel）
fig. 110	ベルヴェデーレの中庭、中段の庭「ニンフェオ」のグロッタ（from Frommel）
fig. 111	ジェナッツァーノの「ニンフェオ」（Proloco Genazzano）
fig. 112	ジェナッツァーノの「ニンフェオ」実測図（from Bruschi）
fig. 113	ジェナッツァーノの「ニンフェオ」の「ブラマンテスコ」（from Bruschi）
fig. 114	「コナー手稿」のベルヴェデーレ上段の庭アーケード立面（*Cod. Coner*, f. 41 *r*）
fig. 115	ベルヴェデーレの上段の庭アーケード（from Bruschi）
fig. 116	セルリオによるベルヴェデーレの中庭、上段の庭の「エクセドラ」（Serlio, *Regole generali*, Lib. III, p. 120 *r*）
fig. 117	ベルヴェデーレの中庭、上段の庭の「エクセドラ」復原図（from Ackerman）
fig. 118	ベルヴェデーレの中庭、上段の庭と"Nicchione"現状（Lalupa 2007）
fig. 119	ベルヴェデーレの中庭、「彫像の中庭」ブロック平面図（19世紀末の状態 from Letarouilly）
fig. 120	ベルヴェデーレ螺旋斜路（from Bruschi）
fig. 121	ベルヴェデーレ螺旋斜路断面図（from Letarouilly）
fig. 122	1560年前後のベルヴェデーレの中庭工事現場（Gio. A. Dosio によるスケッチ Uffizi, GDS. 2559A）

図版一覧

fig. 123　ブラマンテ、ヴァティカン宮殿計画案（"disegno grandissimo", Uffizi, GDS. 287A）
fig. 124　ヴァティカン、"Sala Regia"の「セルリアーナ」の窓（from Portoghesi）
fig. 125　ヴァティカン、サン・ダマゾの中庭（from Portoghesi）
fig. 126　ローマ、サン・ピエトロ・イン・モントリオ修道院の「テムピエット」（S. Fukuda 1989）
fig. 127　サン・ピエトロ・イン・モントリオ修道院平面図（from Bruschi）
fig. 128　サン・ピエトロ・イン・モントリオ修道院聖堂（S. Fukuda 1989）
fig. 129　「テムピエット」断面図（Letarouilly, *Edifices de Rome moderne*, Paris 1868-74, tav. 103）
fig. 130　セルリオによる「テムピエット」と中庭計画図（Serlio, *Regole generali*, Lib. III, p. 67 *r*）
fig. 131　セルリオの図を現状平面と重ねてみたもの（from Günther）
fig. 132　セルリオによる「テムピエット」平面図（Serlio, *Regole generali*, Lib. III, p. 67 *v*）
fig. 133　「テムピエット」内部（S. Fukuda 1989）
fig. 134　「テムピエット」内部（祭壇近くの詳細。S. Fukuda 1989）
fig. 135　セルリオの図の円形回廊輪郭を実際の中庭に印してみたもの（1970年のブラマンテ展図録による）
fig. 136　セルリオの図をもとにした「テムピエット」の円形回廊復原案（from Bruschi）
fig. 137　ジュリアーノ・ダ・サンガッロによる「ポルトゥヌス神殿」の図（*Cod. Barberiniano, 4424*, f. 39）
fig. 138　「テムピエット」のフリーズ詳細（S. Fukuda 1989）
fig. 139　ローマ、サンタ・マリーア・デル・ポポロ聖堂後陣実測図（from Bruschi）
fig. 140　ローマ、サンタ・マリーア・デル・ポポロ聖堂後陣（from Bruschi）
fig. 141　ロッカヴェラーノのサンタ・マリーア・アンヌンツィアータ聖堂（Alessandro Vecchi 2009）
fig. 142　ローマのサンティ・チェルソ・エ・ジュリアーノ聖堂計画案（*Cod. Coner*, f. 12）
fig. 143　ローマのサンティ・チェルソ・エ・ジュリアーノ聖堂計画案（*Cod. Mellon*, f. 57 *r*, New York, Pierpont-Morgan Library）
fig. 144　トーディのサンタ・マリーア・デッラ・コンソラツィオーネ聖堂（Alan Donovan 2009）
fig. 145　レオナルドによる集中式聖堂のスタディ（Ms. B, f. 93 *v*, Paris, Institut de France）
fig. 146　ヴァティカンのサン・ピエトロ聖堂着工記念メダル（1506, Washington, National Gallery of Art）
fig. 147　サン・ピエトロ聖堂初期案スタディ（？）（Uffizi, GDS. 3A）
fig. 148　ブラマンテ、サン・ピエトロ聖堂計画案（"Piano di pergamena". Uffizi, GDS. 1A）
fig. 149　Piano di Pergamenaを旧聖堂平面と重ね合わせてみた図（from Bruschi）
fig. 150　ジュリアーノ・ダ・サンガッロによるサン・ピエトロ聖堂計画案（Uffizi, GDS. 8A *r*）
fig. 151　フラ・ジョコンドによるサン・ピエトロ聖堂計画案（Uffizi, GDS. 6A）
fig. 152　ジュリアーノ案の裏に描かれたブラマンテによるスケッチ（Uffizi, GDS. 8A *v*）
fig. 153　アントーニオ・ダ・サンガッロ・イル・ジョヴァネによる交叉部大柱詳細（Uffizi, GDS. 44A *v*）
fig. 154　ブラマンテ案による聖堂後陣透視図と聖堂ファサード（作者不詳　Uffizi, GDS. 5A *r*）
fig. 155　GDS. 8A vをもとにしたブラマンテによる聖堂平面スタディ（Uffizi, GDS. 20A）
fig. 156　ブラマンテ、サン・ピエトロ聖堂周辺を含む計画案（Uffizi, GDS. 10A *r*）

v

fig. 157	ブラマンテの第二案と関わると見られるスタディ図（New York, Pierpont-Morgan Library, *Cod. Mellon*, f. 70 *v*）
fig. 158	ブラマンテの「第二案」の内陣部分推定アクソメ図（from Bruschi）
fig. 159	ブラマンテの「第二案」に基づくと見られる聖堂断面と立面図（*Cod. Mellon*, ff. 71 *v*, 72 *r*）
fig. 160	セルリオによるサン・ピエトロ聖堂クーポラ平面図（*Regole generali*, Lib. III, p. 66 *r*）
fig. 161	セルリオによるサン・ピエトロ聖堂クーポラ立・断面図（*Regole generali*, Lib. III, p. 66 *v*）
fig. 162	ラッファエッロ、「アテネの学堂」（1508/9. Vatican, Sala della Segnatura）
fig. 163	ヘームスケルクによる1535年ころのサン・ピエトロ聖堂工事現場（Berlin, Kupferstichkabinett. Skizzenbuch, II, f. 52 *r*）
fig. 164	ヘームスケルクによる1536年ころのサン・ピエトロ聖堂工事現場（建物南側 Kupferstichkabinett, Skizzenbuch, II, f. 54 *r*）
fig. 165	ヘームスケルクによる1536年ころのサン・ピエトロ聖堂工事現場（建物西側 Kupferstichkabinett, Skizzenbuch, I, f. 15 *r*）
fig. 166	ローマ、パラッツォ・デイ・トリブナリ着工記念メダル（Musei Vaticani）
fig. 167	ローマ、「ユリウス通り」Via Giulia 南から見た様子（20世紀の改修前 from Tafuri）
fig. 168	ニコラス五世からユリウス二世までの市街整備計画（Nolli のローマ地図の上にプロットしたもの from Tafuri）
fig. 169	パラッツォ・デイ・トリブナリ計画案（Uffizi, GDS. 136A *r*）
fig. 170	パラッツォ・デイ・トリブナリ立面・断面推定図（from Frommel）
fig. 171	Via Giulia 側に残存するパラッツォ・デイ・トリブナリの基部（from Bruschi）
fig. 172	パラッツォ・デイ・トリブナリに付属するサン・ビアジォ聖堂平面（*Cod. Coner*, f. 7）
fig. 173	19世紀の地図によるチヴィタヴェッキァの港湾と要塞（from Bruschi）
fig. 174	チヴィタヴェッキァの要塞着工記念メダル
fig. 175	チヴィタヴェッキァの要塞（from Bruschi）
fig. 176	チヴィタヴェッキァの要塞平面図（from Guglielmotti）
fig. 177	レオナルドによるチヴィタヴェッキァの港湾と要塞の計画メモ（*Cod. Atlantico*, f. 271 *r*）
fig. 178	チヴィタヴェッキァの港湾と要塞復原鳥瞰図（from Bruschi）
fig. 179	ロレート、サンタ・カーザの聖域（from Bruschi）
fig. 180	ロレートの聖堂着工記念メダル
fig. 181	ロレート、聖堂前広場計画図（Antonio da Sangallo il Giovane 筆　Uffizi, GDS. 922 A）
fig. 182	ラッファエッロ画、ブラマンテ肖像下描き（Louvre）
fig. 183	ラッファエッロ、「アテネの学堂」右下部分、ユークリッドに見立てたブラマンテ肖像
fig. 184	ラッファエッロ、サンタ・マリーア・デル・ポポロ聖堂キジ家礼拝堂（from Frommel）
fig. 185	キジ家礼拝堂平面及び天井見上げ図（from S. Ray）
fig. 186	ラッファエッロによるサン・ピエトロ聖堂計画案（*Cod. Mellon*, f. 72 *v*）
fig. 187	ラッファエッロによるサン・ピエトロ聖堂計画案推定図（from Frommel）

fig. 188	ラッファエッロ、ヴィッラ・マダーマ計画案（Antonio da Sangallo il Giov. 作図、Uffizi, GDS. 314 A）	
fig. 189	ヴィッラ・マダーマ完成予想模型	
fig. 190	ヴィッラ・マダーマ、ロッジア（from Frommel）	
fig. 191	「ラ・ファルネジーナ」ロッジア外観（S. Fukuda 1989）	
fig. 192	バルダッサーレ・ペルッツィ、「ラ・ファルネジーナ」（ヴィッラ・キジ）上層の「透視図の間」（from F. P. Fiore）	
fig. 193	ローマ、パラッツォ・ファルネーゼ（S. Fukuda 1968）	
fig. 194	フラ・ジョコンド版ウィトルウィウスの「ギリシア人の邸宅」（Lib. VI, cap. 7）	
fig. 195	パラッツォ・ファルネーゼ平面図（Uffizi. GDS. 298A *r*）	
fig. 196	パラッツォ・ファルネーゼと広場（from Portoghesi）	
fig. 197	パラッツォ・ファルネーゼ断面図（from Portoghesi）	
fig. 198	パラッツォ・ファルネーゼ中庭（S. Fukuda 1968）	

ブラマンテ

Donato Bramante 1444-1514

I. 絵画から建築へ

fig. 1　ブラマンテ原画　「神殿廃墟」(「プレヴェダリの版画」)　1481.
　　　　"Ruined Temple", British Museum, V, 1, 69

I. 絵画から建築へ

「デミウルゴス」としての建築家像

　ドナート・ブラマンテ Donato Bramante（1444-1514）は16世紀初頭のローマを中心とする「盛期ルネサンス」建築の創始者として位置づけられている。すでに16世紀半ばにはその評価は揺るぎないものとなっており[1]、現在に至るまでそのことに疑問を差し挟む余地はない。しかし彼のローマでの活動期間は1500年から1513年末ころまでの14年間ほどで（晩年は脳梗塞を患い半身不随状態であった）、それ以前の彼は20数年間にわたり「ゴシック」の伝統の根強いロムバルディアにあって主として画家として遇されており、1490年代以後になってようやく、ときおり「建築家」の肩書きで呼ばれるようになるのである[2]。またヴァザーリによれば、彼がローマへ出てきて1500年に最初に引き受けた仕事も、サン・ジョヴァンニ・イン・ラテラーノ聖堂の玄関 Porta Santa に教皇アレクサンデル六世の紋章を象った絵を描くことであったとされる[3]。この時代、画家や彫刻家たちが建築に手を染めるのは珍しいことではなかったとはいえ、そのような前歴の人物が突如としてその後数世紀間にわたる西欧建築の方向を決定づける役割を担うという成り行きは、半世紀前にアルベルティによって提起されていた建築家像との関わりを考えるうえで、改めて検討すべき部分を残しているように思われる。

　アルベルティは、当代随一の人文主義者というある意味で特権的な「アウトサイダー」としての立場から、自立した職業人としての「建築家」の在り方を夢想し、依拠すべき確固たる学問体系をそなえた技術として建築を位置づけようとしたのであったが、その願望は必ずしもそのまま次の世代に引き継がれることはなかったように見える。歴史的意味づけに囚われることなくその場毎に建築形態から新たな意味を見出して行くという、建築独自の「コンキンニタス」追求の目標は、アルベルティ自身にとってすらそれほど容易に到達できるようなものではなかったし[4]、また当時の人々の建築に対するニーズは、そうした意味の変換・発見（あるいはその破壊）よりは、むしろ歴史的意味づけをそのまま受容しそれらを駆使しつつ「ユニヴァーサル」かつ権威的な言語体系[5]として建築を位置づけることの

方であった。

　15世紀後半から顕著となってくる中世的コムーネの衰退とそれらを武力によって支配しようとする諸侯たちや外国諸強の競合、ローマにもどった教皇の権威回復と世俗権力化の趨勢などは、都市整備や建築の事業を、イタリア国内のみならず全ヨーロッパに向けた政治的権威誇示のために用いさせることとなり、自由な市民社会においてはじめて定着しうるようなアルベルティ的建築家像は、しばらくの間保留されざるを得ない。建築技術者たちに求められたのは、アルベルティ的なラディカルな「批評」や建築技術のゼロからの再構築ではない。むしろ歴史的権威（「古典」）を疑うことなく受容し、それらの形態を組み立てるためのユニヴァーサルな（汎ヨーロッパ的な）「文法」ないしイディオムを構築し、それを注文主である権力者たちの権威の象徴 impresa として駆使することである。かくて建築の第一目標は「見え方」の追求に置かれ、そしてそのような課題は建築的というよりは絵画的な性質のものである。ブラマンテがまず「画家」として、「建築家」としてではなく、登場してくるのは、そうした状況のなせるわざであったかとも考えられる。

　一方、「建築家」に対する人々のイメージには、フィラレーテ以来、ある種の社会改革者、「理想都市」の創造者（「デミウルゴス」）像と重なる部分が生まれてきており、またその逆に、建築家自身がそのように思い上がっているのではないかとするような見方も強まってくる。1516年（ブラマンテの亡くなる2年後）、サレルノのアンドレア・グアルナ Andrea Guarna Salernitano と称する人物がものした「シミア」Simia ［Scimmia］と題するパムフレット[6]には、死者ブラマンテが天国の入口でその門を預かる聖ペテロに対し、天国までの道筋や祝福された死者たちを迎え入れるための空間をすべて造り変えてしまいたいと申し出、ペテロからお前の造ったもの（未完のままのサン・ピエトロ聖堂を指す）は、貴重な古い聖堂を壊してしまっておきながら、入口すらないままではないかと反論されると、天国に入れてもらえないなら地獄へ行ってそちらの方を造り変えてやると豪語するという、風刺と皮肉に満ちた文章がある。教皇ユリウス二世の絶大な庇護のも

I. 絵画から建築へ

とに、サン・ピエトロ聖堂や「ベルヴェデーレの中庭」をはじめ、当時の大規模計画のほとんどに関わっていたブラマンテの活動に対する驚嘆と危惧のないまぜになった感情がそこに表れており、ブラマンテに代表されるような「建築家」という存在に対して当時の大多数の人々が抱いていたであろう印象を代弁するものと言えよう。建築は政治的パフォーマンスと同一視されると同時に、世界をも造り変え兼ねない技術であるという怖れがそこにはある。

このような世評の中で、彼がいかにして建築固有の表現手段を、その *poïesis*（作詩法）を、構築して行ったか、それを考えるのが本稿の課題となる。

ウルビーノとフラ・カルネヴァーレ、ピエロ・デッラ・フランチェスカ

ヴァザーリはブラマンテが画家を志すことになった経緯について、次のようにごく簡単に記している[7]。

「彼はウルビーノ領内のカステッロ・ドゥランテ[8]で、貧しいがしっかりとした親の許に生まれた。幼いときから読み書きに加え算術も得意であった。しかし父親は彼に稼がせる必要があり、彼が絵を描くことを好んだので、まだ小さいうちから絵描きの修業をさせ、彼はフラ・バルトロメオ、つまりウルビーノのフラ・カルノヴァーレ［sic］の工房で多くのことを学んだが、この画家はウルビーノのサンタ・マリーア・デッラ・ベッラ聖堂内の絵を制作した人物である。しかし彼［ブラマンテ］は一貫して建築と透視図を描くことの方を好んだので、カステッロ・ドゥランテを後にしたのである。そしてロムバルディアにむけて旅立ち、あちらこちらの町々を渡り歩いて出来るかぎり良い仕事が出来るように働いたが、しかし実入りの良い仕事も、また名誉となるような仕事もなく、いまだ全く無名のままであった。」

ヴァザーリがどのような情報源に基づいてこれを書いたのかは不明だが、ブラマンテの事績についての確かな最初の史料は、1477年に北イタリアの

fig. 2 　フラ・カルネヴァーレ 「聖処女の生誕」 New York, Metropolitan Museum of Art

ベルガモのパラッツォ・デル・ポデスタのファサードに、古代ギリシアの「七賢人」のフレスコを描いたという記録[9]であって、このときブラマンテはすでに33歳になっており、画工として独り立ちしていたのであろう。それ以前のブラマンテの修業の様子を伝えるものはヴァザーリの記述以外には乏しく、「フラ・バルトロメオ」の工房で修業したということについては、それを裏付ける他の史料は存在しない。

　この「フラ・バルトロメオ」、すなわちバルトロメオ・ディ・ジョヴァンニ・コッラディーニ、通称「フラ・カルネヴァーレ」Bartolomeo di Giovanni Corradini, detto Fra Carnevale（1420/25-84. ヴァザーリはCarnovale と記している）は確かな作品が少なく、近年になってようやくその輪郭が明らかにされてきた画家であるが、ウルビーノの出身で1445-46年ころにフィレンツェでフィリッポ・リッピ Filippo Lippi（c. 1406-69）のアトリエにいたことが知られ、その後フェデリーコ・ダ・モンテフェルトロに呼ばれてウルビーノに戻り、修道士としてドメニコ会に属しながらフェデリーコの作事に従事していたとされる。彼は透視図法に長け、建築家としても仕事をすることがあったらしい。ウルビーノの王宮の「イォレの間」の装飾や王宮前のサン・ドメニコ聖堂入口などの意匠には、彼が関わっていたとされている。ヴァザーリが言うサンタ・マリーア・デッラ・ベッラ聖堂のための仕事というのは、17世紀にバルベリーニ枢機卿のコレクションに加えられたことから "Tavole Barberini" と呼ばれている「聖処女の生誕」と

「聖処女の公現」の2点がそれであろうとされている[10]。これらはどちらも透視図法によって克明に描かれた古典風の建物を背景とするもので、フィリッポ・リッピらのフィレンツェ風というよりは、ピエロ・デッラ・フランチェスカやあるいはパドヴァにおける初期のマンテーニャの作品などの北イタリア風に近いものがあるとされ、特にピエロからの直接的な影響を示唆する見方が多い。

　ピエロ・デッラ・フランチェスカとウルビーノとの関わりについては、ピエロ自身がフェデリーコ・ダ・モンテフェルトロとの親しい関係を認めていたし、ウッフィツィにあるフェデリーコとその妃バッティスタ・スフォルツァの肖像は1465ないし66年ころの作とされ、また1469年にはウルビーノを訪れていたことが確認されているので疑う余地はないが[11]、その関係がいつ頃から始まっていたものかについては様々な推測がなされている。最も早い時期を想定していたのはロベルト・ロンギで、すでに1440年代からピエロはウルビーノの宮廷に出入りしていた可能性があるとしている[12]。ともあれ1450年代ないし60年代以後、ピエロとウルビーノの関係はかなり深まっていたと見られ、フラ・カルネヴァーレの作品にその影響が表れている可能性は充分に考えられる。

　とすれば画家ブラマンテの出現には、フラ・カルネヴァーレを通じてピエロ・デッラ・フランチェスカからの影響があったということになるが、それに関わってロンギは、ヴァザーリの「列伝」初版（1550）の一年前に刊行されていたフラ・サッバ・ダ・カスティリオーネ Fra Sabba［Saba］da Castiglione（1480-1554）の著書に、ブラマンテが「天文学者にしてイタリア語［volgare］の詩人、かつ優れた画家であり、マンテーニャに師事し、またボルゴのピエロにより育て上げられた偉大なる透視図法家［prospettivo］であった」という記述がある[13]のを紹介しており、マンテーニャとの関わりについては他の史料から確かめることはできないが、これによればブラマンテはむしろピエロ・デッラ・フランチェスカの直接の弟子でもあったということになりそうである。実際多くの研究者は、ブラマンテが1460年代末から70年代はじめにかけて、ピエロのもとで働いていたのだと考えて

いるように見える。

　しかし透視図法のノウ・ハウ以上に、ブラマンテがピエロから何かを（とりわけ建築に関して）受け取ったことがあったかどうかは、憶測の域を出ない。ルネサンス絵画における空間描写が正確な透視図法を採りいれ、かつそこに描かれる建築が明らかな「古典風」の様相を伴うのは、マザッチョの「三位一体」（c.1426年）あたりからであるが、それが「アルベルティ風」のものに近づくのはかなり後のこととなる。ピエロの作品における建築描写が、なにがしかアルベルティの建築との関連を見せるのは、ブレラ画廊蔵の「聖なる語らい」（1472-74）ぐらいであり、その出会いだけでその後のブラマンテの建築的志向が説明できるとは思われない。今ここで両者の接点を論じることがブラマンテ理解にどれほど資することになるかは不明であり、ここではそうした説があることを紹介するだけにとどめておく。むしろピエロの活動を含む当時のウルビーノの文化的雰囲気全般が、ブラマンテの教育にとって大きな意味を持っていたと見ておくべきであろう。

ペルージャのサン・ベルナルディーノのオラトリオ壁画

　この時期、ピエロの影響はウルビーノのみならずフェッラーラやアレッツォ、ペルージャなどの一帯に広まっていたとされ、ブラマンテがその影響と無縁であったとは考えられないし、その後のブラマンテが、ピエロが影響を与えたと見られる画家たち、ペルジーノ、エルコレ・デ・ロベルティ、メロッツォ・ダ・フォルリ、ルカ・シニョレッリらと交流があったらしい[14]ことからも、それは察せられる。ブラマンテがいつウルビーノを離れたか、また1477年にベルガモに現れるまでにどのような経路を辿ったかは全く不明であるが、これらの人々とのつながりからペルージャやフェッラーラなども訪れていた可能性が考えられており、更にはヴェネツィアやマントヴァも経由していたのではないかとの説もある。

　ブラマンテ研究の権威 A. ブルスキが最も可能性が高いとしているのがペルージャとの関わりで、このまちのサン・ベルナルディーノのオラトリオ Oratorio di S. Bernardino 内のニッチにあったペルジーノとそのアトリエ

I. 絵画から建築へ

の画家たちによる8点のパネル[15]の中に、ブラマンテの手が入っていると見られるものがあるというのである。これらは1473年に制作されたことが確かめられているが、ペルジーノをはじめ5人程の画家たちが制作に関わっていたとされる。ブルスキが注目するのは、これらのいずれにも背景に正確な透視図法を用いた建築の図が採用されていて、それらのうちの少なくとも4点の建築背景は同一画家が描いていたと考えられ、かつそれまでフィリッポ・リッピらの作品に見られたようなフィレンツェの初期ルネサンス風とは異なる、あえて言えば「アルベルティ風」の

fig. 3　聖ベルナルディーノのオラトリオのパネル「牡牛に襲われた若者を聖ベルナルディーノが救う図」国立ウムブリア美術館

古典主義的手法を採り入れた意欲的な建築意匠となっているというのである[16]。特に「牡牛に襲われた若者を聖ベルナルディーノが救う図」[17]などでは、その背景の建築はリミニのテムピオ・マラテスティアーノ正面中央アーチの構成——アーチ開口の内側にエディキュラ付きの入口枠を配する——からヒントを得たと考えられるという。これらのパネルとブラマンテの関わりは史料からは一切確かめることは出来ないが、これ以前に他の画家たちがこうしたアルベルティ風の建築を描いた例（前述のピエロの作品を除いては）はなく、ブラマンテの手になる可能性が高いとされる。しかしそれらはまだあくまでも前景に配された群像のための背景に過ぎず、マンテーニャやメロッツォ・ダ・フォルリらの作品に見られるような、絵を見る者がその絵の空間に入り込めるような、「騙し絵」的な工夫がなされていたようには見えない。

11

「プレヴェダリの版画」：チェーザレ・チェザリアーノ

fig. 4 「プレヴェダリの版画」部分

ブルスキはこれから4年後のベルガモのフレスコにも、遺された断片から判断して、透視図法を駆使した古典風の建築空間が描かれていたと推測しているが、広場から見上げる視線に対してどの程度の配慮がなされていたかを確かめるのは難しい。ブラマンテの建築への関心がより明確に表れるのは、更に4年後の1481年10月24日、ミラノの版画工房のベルナルド・プレヴェダリ Bernardo Prevedari が、画家マッテオ・フェデリ Matteo Fedeli に対して「ウルビーノのブラマンテ氏が創案し紙に描いた建物の図をもとに」、二ヶ月以内に銅版画の制作を依頼する契約を行なった[18]ことからである。現在は「神殿廃墟」*Tempio in rovina* として知られているこの銅版画 (fig. 1) は、僅かに2点だけが現存し、それぞれ大英博物館とミラノのカステッロ・スフォルツェスコ博物館に所蔵されており、これは半ば崩壊した聖堂らしき建物の内部を描き、その手前の方に配された巨大な燭台（？）らしきものの台座には、"BRAMANTV / S・FECIT・/・IN・MLO [=MEDIOLANO =Milano]" の銘がある。これはブラマンテ自らがこの時期ミラノにいたことを明言した最初の史料とされる[19]。

この絵はきわめて正確な透視図法によって描かれており、ブルスキはこれをもとにアプス付きの方形平面で中央にクーポラを戴く（いわゆるクインクンクス "quincunx" ＝サイコロの5の目のような平面構成）ビザンティン風ないし初期キリスト教風の建物を復原しており、それがチェーザレ・チェザリアーノ Cesare Cesariano（1483-1543）のウィトルウィウス注釈（*De Lucio Vitruvio Pollione de Architectura libri decem traducti de latino in vulgare, affigurati, commentati e*

I. 絵画から建築へ

con mirando ordine insigniti..., Como 1521, Lib. III, p. LII *v*）に掲げられている"Amphiprostylos"の神殿[20]の図（fig. 6）とよく似ていることを指摘している。ただし「ビザンティン風平面」とは言っても、その構造は壁ないし角柱に支えられた半円アーチが主体であり脚付きアーチも円柱も全く用いられていない。ブルスキはそれをアルベルティからの影響なのだとする[21]。

ブラマンテとミラノ、そしてチェザリアーノとの関係については、ヴァザーリが以下のような奇妙に混乱した記述を遺している[22]。

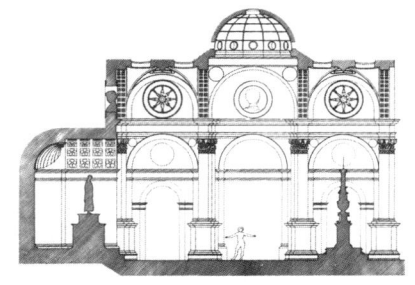

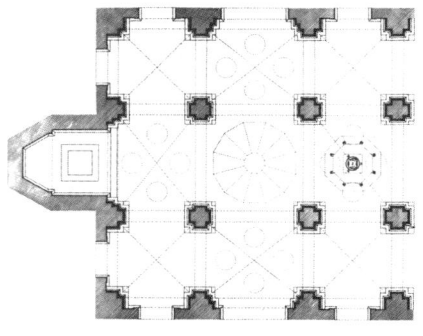

fig. 5 「プレヴェダリの版画」の建築空間
A. Bruschi による復原案

「彼は何かしらめぼしいものを見るべきだと考え、ドゥオモを見学すべくミラノに移った。その地にはチェーザレ・チェザリアーノという人物がいて、優れた建設技術者［geometra］[23]でかつ優れた建築家として知られていた。この人物はウィトルウィウスの注釈にとりかかっていた。しかし目指していたような名声を得ることが出来ず絶望し、孤立し、その仕事を続けることを諦め、自暴自棄となり、獣のように野垂れ死にをすることとなる。またこの地にはベルナルディーノ・ダ・トレーヴェというミラノ人がいて、ドゥオモの技師・建築家であり、意匠家［disegnatore］として優れていて、彼についてはレオナルド・ダ・ヴィンチが優れた工匠であると認めていたが、その絵画作品については手法が粗野で生硬なところがあるとしていた。……〔中略〕

しかしブラマンテのことに戻るとすると、彼はこの建物に満足し、またそ

この技術者たちと知り合い、勇気づけられたと考え、建築に専心しようと決心したのである。そこでミラノを発って、1500年の聖年の直前にローマに赴いた…。」

　これだとブラマンテはミラノではドゥオモを見学しただけで、建築に関わる仕事をすることもなくローマに発ってしまったかのようにとられるし、またチェザリアーノがブラマンテよりも前にミラノにいたかのように記し、しかもウィトルウィウス注釈を途中放棄して野垂れ死にをしたというのも事実に反する。チェザリアーノ自身はウィトルウィウス注釈の中で幾度かブラマンテについて「私の最初の師」("mio primo p̄ceptore [preceptore] Donato, cognominato Bramante urbinate") として名を挙げており[24]、彼がブラマンテに師事していたことがあったのは疑いないが、その時期はチェザリアーノの年齢から考えるとブラマンテのミラノ滞在の終わりに近い1490年代末ころであったと考えられる。一方、ベルナルディーノ・ダ・トレーヴェ Bernardino da Treve というのは、一般にはベルガモ地方南部のトレヴィリア Treviglia 出身の画家ベルナルド・ゼナーレ Bernardo Zenale（c. 1460 or 1463/8-1526. ただしガイド・ブックなどでは1436年生まれとするものがある）を指すと考えられているようだが、この画家が1481年以後ミラノで活動していたことは確かであるものの、建築に関わるようになるのは1513年以後のこととされていて、少なくとも建築の面で彼がブラマンテと密接なつながりがあったとは考えにくい[25]。実はこの人物とは別に、1487年から90年にかけてレオナルドとともにドゥオモ頂塔（tiburio）の模型製作に関わっていた大工で Bernardino de Ab[b]iate という人物がおり、ヴァザーリはそれと取り違えてしまった可能性も考えられる。

　ヴァザーリの混乱の一因には、チェザリアーノが著書の中で自分の不運な境遇やウィトルウィウス注釈の作業が難航していたことなどについて縷々述べ立てており、またブラマンテ自身の口から聞いたこととして、ブラマンテがミラノではほとんどまともな建築の仕事が与えられず絶えず貧窮をかこっていたと記していることなどが、後の言い伝えの中で混同して

伝えられていたためと見られる[26]。実際、ブラマンテは自作の戯れ唄の中で、仕立屋から滞っている支払を催促され、ミラノの宮廷のお偉方たちと日々付き合ってはいるが、彼らはお金のことになると皆そっぽを向いてしまうので、いつも素寒

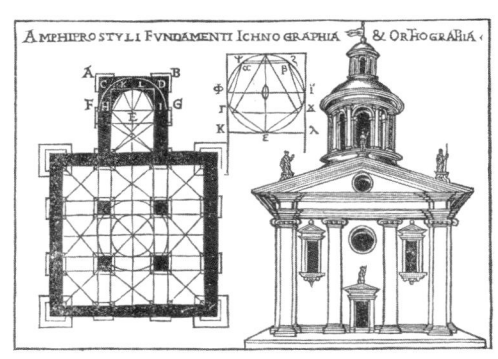

fig. 6　チェザリアーノによる"Amphiprostylos"の図

貧なのだと弁解する自分の姿を戯画化して見せていた[27]。

　この時期のブラマンテの経済状態はともかくとしても、彼が建築家を志しながらもなかなかその機会が与えられなかったらしいことは事実で、幾つかの建築の設計に関わるようになる1490年代でもまだ本業は画家であるとみなされ、絵を描く仕事の方に手を取られることが多かったようである。「プレヴェダリの版画」はそうしたブラマンテの欲求不満のはけ口であったと見ることもできる。そしてそこに描かれた建築のなりたちが、その巧拙は別としても[28]いずれの土地の伝統からも自由な全く前例のないブラマンテの独創であり、かつそのイメージが単なる「背景」ではなく、人々がその中に入り込むことのできる三次元空間として、展開され始めたことを示すものと言えよう。

　ブルスキはここに描かれた建築が、序列づけられた「オーダーのシステム＋アーチ」で成り立つという点に注目している。その「オーダー」は円柱ではなく、付柱が四方から取り付いた大柱 pier で、クーポラのためのペンデンティヴ・アーチなどを受ける上位の大柱に、各ベイを区切る低い横断アーチを受けるための下位の付柱が取り付くという序列づけられたシステムからなっているというのである。そしてこのような序列づけられたシステムによって空間を構成して行くのが、その後のブラマンテの建築の特徴となっていることを強調している[29]。これはある意味では中世の建築、特

15

に盛期ゴシックのブールジュやシャルトルの大聖堂などに見られるような、建物全体の構造システムの序列づけの論理的表現であり、古典古代の建築の中では必ずしも明確に意識されていなかったもので、そこでは壁や柱などの下部の支えと小屋組あるいはヴォールトなどの上部架構とは明確に切り離され、互いに独立した別個のシステムとなっていた。それに対し、このように建築を構成する各部を一体の連続したシステムとして捉え、そこに明確な秩序を与える手法は、「ゴシック」か「古典主義」かといったような様式の違いを超えた、トータルな構造表現の論理化へと向かおうとするものであり、古典主義のドグマに囚われない、より普遍的な「建築的文法」を構築する方向を目指すものであった[30]と言えるだろう。

　もし1473年のペルージャのサン・ベルナルディーノのパネル群にブラマンテの手が入っていたのだとすれば、それらと比べるなら「プレヴェダリの版画」の建築は格段の飛躍ということができる。こうした飛躍は絵を描くことだけに専念していては得られないはずのものであり、おそらくこの前後には何らかの具体的な建築体験があったに違いなく、事実、例の騙し絵の内陣で有名なミラノのサンタ・マリーア・プレッソ・サン・サティーロ聖堂は、近年の新たな史料の発掘によって、すでに1478年に計画が開始されており、その初期の段階からブラマンテが関わっていた可能性が指摘されている[31]。そこでは幾人かの協力者がいて、構法や細部意匠などについては彼らの手になる部分が多く、ブラマンテは必ずしも工事全体を掌握する立場にあった訳ではなかったとしても、実際の建築現場での体験は「透視図法画家」から「建築家」への転身のための大きな契機となっていたと考えられる。

「パニガローラの家」の壁画

　「プレヴェダリの版画」から数年後の1487年に、ブラマンテは親しくしていた宮廷詩人ガスパーレ・ヴィスコンティ Gaspare Visconti（1466-99）の家の一室（"camera dei baroni"）を壁画で飾る仕事を依頼されている[32]。この家はその後パニガローラ家 Panigarola の所有となったため、それらの絵は

I. 絵画から建築へ

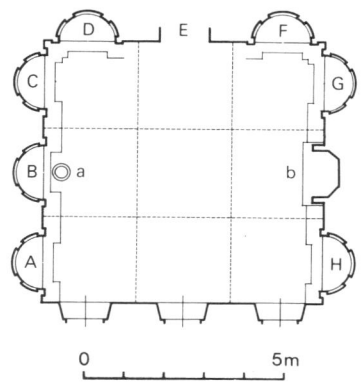

fig. 8 「パニガローラのフレスコ」配置図
（A. Bruschi）

A: 棍棒を持つ若者　　B: 長剣を持つ武人
C: 武装した武人　　　D: 歌手の像
E: 入口上部のヘラクレイトスとデモクリトス
F: 月桂冠の男　　　　G: 槍を持つ武人
H: 胸当て鎧を着けた若者
a: 水盤　　b: 暖炉

fig. 7 「パニガローラのフレスコ」
長剣を持つ武人（左図の B）
Milano, Pinacoteca di Brera

「パニガローラのフレスコ」と呼ばれている。フレスコは20世紀初め部分的にカンヴァスに移し替えられ、ブレラ画廊に保存された。これらは略正方形の部屋の三面の壁を飾っていたもので、残る一面に設けられている三つの窓配置に合わせ半円形のニッチ群を描き、その中に巨大な武人風の人物を配したものであった。

　ブルスキがムラッツァーニの復原によるとして掲げているこれらのフレスコの配置復原案によれば、各壁面の腰回りにはかなり高い基壇が描かれ、その上にアーチを支えるコリント式の付柱を描いてそれで偽のニッチを縁取るかたちとなる。各人物はニッチの基部に描かれた持送りで支えた棚のようなものの上に立っている。それらのニッチはいちおう部屋の中心からの視点を考慮した透視図法的描写となってはいるが、ブルスキが強調して

17

fig. 9 「パニガローラのフレスコ」配置復原案（入口を入って右手壁面。Mulazzani による）

いるようなイリュージョナルな奥行き感を強調する「騙し絵」的効果よりは、実際にそれらのニッチを部屋に取り付けた場合の、この室内の空間秩序・空間軸線を表現するという意味合いの方が勝っているように思われ、単なる「装飾」を超えた建築的装置と同様な役割を果たしていたと考えられる。それはもはや「画家」の仕事ではなく、紛れもない「建築家」の手法である。

　ニッチの武人像はかなりリアルな描写で、この部屋には不似合いなほどの巨大さであるが、しかし英雄的な表情というよりはやや不思議なアンニュイないし皮肉をこめたような雰囲気をただよわせている。部屋の入口の額縁上部に配された「ヘラクレイトスとデモクリトス」（fig. 10）に至っては、半泣き顔のヘラクレイトスと奇妙な薄笑いを浮かべた禿頭のデモクリトスが、宙に浮いた地球を挟んで向き合っている様子は、ある種の滑稽

さ・諧謔を意図したもののように すら見える。あるいはこれは、こうした絵画による建築表現の詐術的手法を皮肉っているのでもあろうか。深読みをするなら、それはこのようなかたちでしか建築に関わることが出来ずにいる[33]ブラマンテの自嘲ないしは、相変わらず後期ゴシックの殻を守り続けるロムバルディアの建築風土に対する批評のようにも思われるのである。

fig. 10 「パニガローラのフレスコ」入口上部の「ヘラクレイトスとデモクリトス」Milano, Pinacoteca di Brera

ロムバルディアのルネサンスと工匠たち

　ミラノ大聖堂 Duomo di Milano の新築工事は、領主ジャン・ガレアッツォ・ヴィスコンティ Gian Galeazzo Visconti（1351-1402）の命によって1385/6年に開始されて以来、ファサードやクーポラを未完のまま残した状態で主部が完成するのが16世紀も半ばを過ぎた頃であった。そのほぼ一世紀半もの間、イタリアの他都市では次々と新しい「ルネサンス様式」の建築が着工されてゆくのをよそに、ミラノを中心とするロムバルディアの工匠たちの多くは、延々と続くこの「ゴシック」建築の大工事のために駆り出されており、そこで保ち続けられた中世的な建築手法は、ほとんど彼らの体質となって染みついてしまっていたかのように見える[34]。ウィトルウィウス注釈を手がけたチェザリアーノですら、ドゥオモを古典の建築理論を体現したモデルと考えていたほどである[35]。

　一般には「ゴシック風」とされているそれは、実はアルプス北側の地方の後期ゴシックに見られるようなアクロバティックな構造を追求する手だれの傾向とはかなり趣を異にし、むしろ根強いロムバルディア・ロマネスクの伝統を引き継ぐもので、これには煉瓦を主体とせざるを得ないこの地方

の建築材料からする制約もあるが、新たな構造システムに挑戦するよりは伝統的な躯体構法にこだわり、そこに表層的な装飾を施すことでまとめてしまうきらいがあった。このため1399年にパリから招請されていた工匠ジャン・ミニョ Jean Mignot が、"ars sine scientia nihil est"（「理論の裏づけのない芸術は無意味である」）という言葉で彼らのやり方を痛烈に批判することにもなっていたのである[36]。

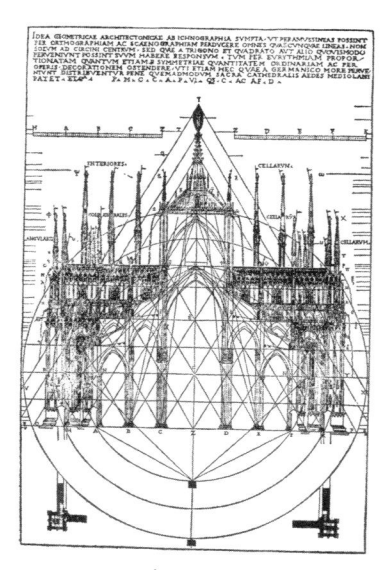

fig. 11　チェザリアーノ、ミラノ大聖堂断面図 Lib. I, cap. 2, XV v（ブラマンテによる理想化にもとづく）

　1450年、フランチェスコ・スフォルツァ Francesco Sforza（1401-66）がヴィスコンティに替わってミラノの領主となると、フィレンツェ人フィラレーテ Antonio Aver[u]lino, detto il Filarete（1400-70 c.）を招き、新しい中部イタリアのスタイル導入に努め、フィラレーテが到着するとただちに彼を地元の工匠ジョヴァンニ・ソラリ Giovanni Solari とともにドゥオモの建築家に任命し、またカステッロ・スフォルツェスコの改築工事も彼に委ねようとするが、しかし地元の工匠たちの反発に遭い、彼はドゥオモでは「ティブリオ」（tiburio＝頂塔）の木製模型を造っただけで工事には全く手を触れることがないまま1454年にはその職を離れざるを得なかったし、カステッロ・スフォルツェスコでも彼のアイデアが採り入れられたものとして現存するのは市街に面する入口の時計塔だけで、これも実はフィラレーテが途中で放棄したと見られる僅かな工事（1521年に取り壊されていた）の痕跡と、市の東北部にあるポッツォボネッリ家の農園 Cascina Pozzobonelli の名残と見られるロッジアにあった絵をもとにして、1905年に建築家ルカ・ベルトラミの手により「復原」されたものであった[37]。

I. 絵画から建築へ

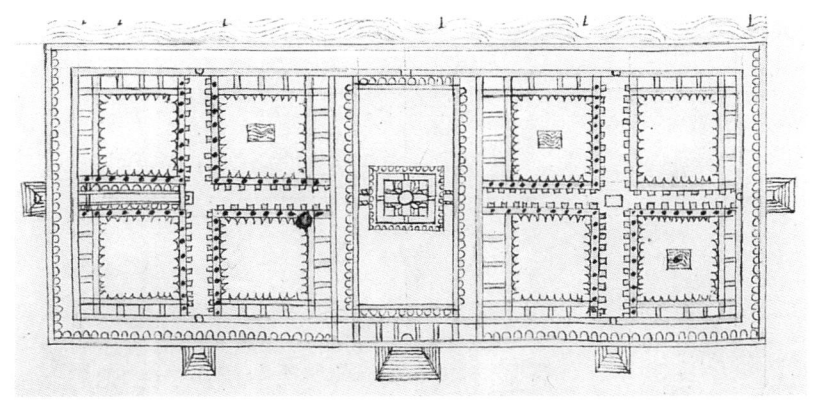

fig. 12　フィラレーテの「オスペダーレ・マッジォーレ」計画案
Firenze, Bibl. Naz. Centrale, *Cod. Magliabecchiano*, f. 82 *v*

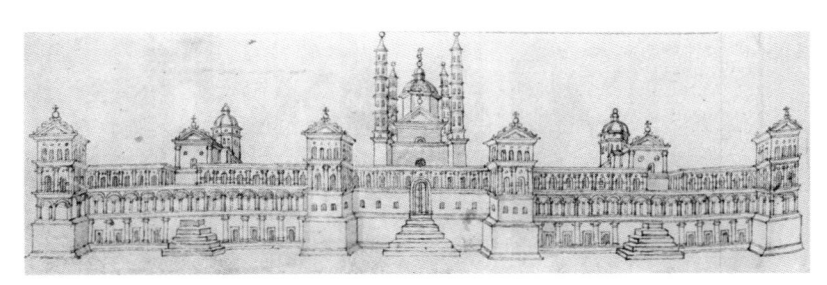

fig. 13　フィラレーテの「オスペダーレ・マッジォーレ」計画案　立面図
Cod. Magliabecchiano, f. 83 *v*

　スフォルツァはそのようななかでフィラレーテには新たに「オスペダーレ・マッジォーレ」Ospedale Maggiore ("Ca' Grande") の計画[38]を命じ、フィラレーテは1456年から64年ころまでその工事に関わる。これは貧民のための巨大な療養施設で、スフォルツァの妃ビアンカ・マリーア Bianca Maria Visconti (1425-68) の熱心な勧めにより着手されたものであったが、おそらくこの間にフィラレーテはフランチェスコ・スフォルツァのための理想都市「スフォルツィンダ」*Sforzinda* の構想[39]を思い立ったものと見られ、この建物はその都市の中の重要な施設の一つとして位置づけられ、43.000 m² にも及ぶ大建築であった。しかしこれも、全体の規模はほぼ彼の当初

21

fig. 14　ミラノの「オスペダーレ・マッジォーレ」Via Festa del Perdono 側（ブロック西側）
ファサード南半（15世紀の建造になる部分）

プランに沿って進められはするが、その1/3ほどが形をなした時点で、後をジョヴァンニ・ソラリの息子のグィニフォルテ Guiniforte に明け渡さなければならず、意匠のほとんどはグィニフォルテやその後継のアマデオら（彼らについては後述）により変更され、工事は長引き現在の姿となるのは19世紀初めのことである[40]。

　フィラレーテはその後ベルガモに招かれ、その地の大聖堂の計画に関わっており、1459年に着工に漕ぎつけるものの、一部が立ち上がった時点の1467年には工事推進者であった司教のジョヴァンニ・バロッチがアクィレイア大司教となってその地を去ってしまい、工事は中断してフィラレーテもベルガモを離れる[41]。建物はその後長い中断を経てスカモッツィに委ねられ、さらに17世紀にはカルロ・フォンターナによって大幅に改造され、フィラレーテの手の跡は全く遺っていない。

　この時期ミラノの建築工匠たちのなかで最も威勢を誇り、フィラレーテやブラマンテらの非ロムバルディア的コンセプトに抵抗していた筆頭は、

I. 絵画から建築へ

ヴィスコンティの時代以来ミラノの宮廷と深く関わり、パヴィアのチェルトーザ Certosa di Pavia やミラノ大聖堂の工事責任者となっていたジョヴァンニ・ソラリとその息子のグィニフォルテ[42]、そして彼らの後継者のジョヴァンニ・アントーニオ・アマデオ Giovanni Antonio Amadeo（1447-1522）らである。ジョヴァンニとグィニフォルテはドゥオモの初代の建築監督であったマルコ・ダ・カローナと同じく、ベルガモの北方、アルプスの麓のカローナ Carona 出身の石工ソラリ一族の一人で、この家系は14世紀以来多くの有力な建築工匠を輩出してイタリア中に送り出しており、15世紀後半にヴェネツィアで活躍したピエトロ・ロムバルド[43]もその一族に連なる工匠であった。アマデオはパヴィアで生まれているが、同様にこの地方の出身の石工の家系に属し、グィニフォルテの下で働きその女婿となっている。

fig. 15　ポルティナリ家礼拝堂
　　　　ミラノ、サントゥストルジオ聖堂

　彼らはロムバルディア・ゴシックを担ってきた主役の末裔であり、その伝統を守り続けてきた人々ではあるが、伝統技術の枠内で可能ならば、装飾意匠の面では必ずしも他地の新しい手法にも冷淡ではなく、そうした意匠にも比較的柔軟に取り組んでいたと見られる[44]。しかしそれらの意匠を統合して行くためのルネサンス的コンセプトを欠くため、結果は表層的な装飾の寄せ集めとならざるを得なかった。ミラノの初期キリスト教時代の遺構として有名なサントゥストルジオ聖堂 Sant'Eustorgio に付設されたポルティナリ家礼拝堂 Cappella Portinari（1462-66）は、ロムバルディアにおける初期ルネサンスの兆候を伝えるものとして重視され、これまで設計者はミケロッツォやフィラレーテなどに擬されてきたものであるが、近年では

23

グィニフォルテないしその一派の手になるものであろうとする説が有力である[45]。施主のポルティナリ Pigello Portinari（1421-68）はメディチ銀行のミラノの責任者でおそらくフィレンツェにおける新しい建築の動きを見聞きしていたのであろう。内部空間は明らかにブルネッレスキによるフィレンツェのサン・ロレンツォ聖堂旧聖器室をモデルにしたものであるが、アムブレラ・ドームはせいの高いドラムで包み込むようにその内側に収められ[46]、内面にはカラフルな装飾が施されている。側面のリュネットには尖頂アーチの二連窓があり、外観では高いドラムの壁面を白く塗り上げて赤い煉瓦の付柱との色彩対比を際立たせるなど、ロムバルディア・ゴシックの手法を引き摺るものとなっている。そしてこれに続いてグィニフォルテが開始していたサンタ・マリーア・デッレ・グラツィエ聖堂 S. Maria delle Grazie（1466-90）では、純然たるゴシックの手法に逆戻りしているのである。

fig. 16　ベルガモのコッレオーニ家礼拝堂

　彼らのなかでは最もルネサンス様式に近づき、その意味ではロムバルディア工匠の系譜の最後とされるアマデオの場合でも同様で、彼がソラリ父子から引き継いだパヴィアのチェルトーザのファサード[47]や、ベルガモのサンタ・マリーア・マッジョーレ聖堂に隣接するコッレオーニ家礼拝堂 Cappella Colleoni[48]（1470-76）でも、開口部枠やアーチなどの形は古典様式に従ってはいるものの、そこにびっしりと施された浮彫や壁面の市松模様の色石化粧貼りは、ロムバルディア・ゴシックに顕著に見られる "horror vacui"（空白恐怖）の傾向をあらわにしている。

I. 絵画から建築へ

　アマデオはグィニフォルテの死後、ミラノのドゥオモの主任技師の地位に就いて「ティブリオ」の建造に関わり、この他にもパヴィアの大聖堂やミラノのサンタ・マリーア・プレッソ・サン・サティーロ聖堂、サンタムブロジョ修道院のキオストロなど、いずれもブラマンテが関わることとなる建築の現場を取り仕切る役割を務めるのであって、ブラマンテはそうした状況の中で活動することを強いられるのである。

注

1. ブラマンテについては、セルリオ Sebastiano Serlio（1475-1554）の建築書 *Regole generali...*, Lib. IV（Venezia 1537）, p. 138 *r* に"inventore et luce della buona et vera architettura"と記され、またヴァザーリもブルネッレスキへの賞讃を述べた後、「しかし今世紀においてもその裨益という点において後れをとることのないのがブラマンテであり、彼はフィリッポの足跡に従いつつも、建築のプロフェッションにおけるまた別の確かな道筋を切り拓いたのであって、彼はこの技芸における理論的な面のみならず、実務面においても、心底それを愛し、尊び、研究し、最高のものにまで高めたのである。これまで自然も、これほどの明敏な才能をそなえた人材を創り出したことはなく、その作品において彼ほどに偉大なる創意・工夫を、これほどまでに確固たる基礎をこの技芸にもたらしたものはない」として絶賛していた（Vasari-Milanesi, IV, p. 145）。更にパッラーディオもその著 *I Quattro libri dell'architettura*, Venezia 1570, Lib. IV, cap. XVII に古代の代表的モニュメントとならんでブラマンテの「テムピエット」の図を掲げ、古代の栄光を復活させた人物として賛辞を述べていた。
2. 1494年2月24日のルドヴィーコ・イル・モーロの書簡の中に、おそらくヴィジェーヴァノの工事（これについては後述）に関わって"Bramante architecto nostro"という文言が見出される。管見ではこれ以前にブラマンテを"architetto"と呼んでいた例は見られないようである。
3. Vasari-Milanesi, IV, p. 152. この壁画は17世紀の聖堂改築工事で失われたが、工事を担当したボッロミーニがそれをスケッチしていたものがヴィーンのアルベルティーナ美術館に保存されている（Wien, Albertina, Arch. 388. cf. A. Bruschi, *Bramante*, London 1977, fig. 75）。
4. 拙著「アルベルティ」第 V 章及び第 IX 章（特に pp. 151-153, 322-325 など）を参照。

5. 「ユニヴァーサルな言語」("la lingua universale") という言葉は、パオロ・ポルトゲージ Paolo Portoghesi がいわゆる「盛期ルネサンス」の建築を特徴付けるものとして用いた言葉であるが、この時代の風潮を表すのに好都合なので借用した (Paolo Portoghesi, "La lingua universale, cultura e architettura tra il 1503 e al 1527", in *Controspazio*, novembre-dicembre 1970, p. 5)。
6. 翌年にミラノで "Simia : Andreae / Guarna Saler- / nitani Opus / Novum" の題で刊行された。稀覯本とされ、幾つかの図書館に少部数保存されているのみという。ブロークンなラテン語で書かれていて、完全な読解は難しそうである。グアルナの経歴についてはほとんど分かっておらず、クレモナで生まれ、「シミア」刊行の日付からして亡くなるのは1517年以後であろうと推測されているだけである。この著作については Agnolodomenico Pica, "Città di Bramante", in *Studi Bramanteschi*, Roma 1974, pp. 123-125 を参照。現代の刊本としては Bruno Pellegrino 編のもの (*Andrea Guarna Salernitano, Simia*, editorice Palladio, 2001) があるというが、筆者は未見。
7. Vasari-Milanesi, IV, pp. 146-148.
8. カステッロ・ドゥランテ Castello Durante はウルビーノ西南のウルバニア Urbania 領内の地名であるが、現在ではウルビーノのほぼ真南のまちフォルミニャーノ Formignano (かつてはモンテ・アズドゥルアルド Monte Asdrualdo と呼ばれた) がブラマンテの出生地とされている。生家は農家で、必ずしもヴァザーリが言うような貧しい家庭ではなかったようで、ドナートはその長男で家業を引き継ぐことが期待されていた (Donato には「賜物」との意がある。家族の間での通称は「ドンニーノ」Donnino であったらしい。レオナルド・ダ・ヴィンチも彼をその名で呼んでいたし、父の遺言書でもそのように記されていた) のであったが、親の反対を押し切って画家の途を選び、ウルビーノに出奔してしまっていたものらしい。このため1484年には親の遺言によってドナートは遺産の相続を放棄させられることとなったという。Cf. Sangiorgi, F., *Bramante 'Hasdrubaldino'. Documenti per una biografia bramantesca*, Urbino-Formignano 1970, pp. 102, 108; A. Bruschi, *Bramante*, Bari 1990, pp. 13-15.
9. この当時ベルガモはヴェネツィア共和国の支配下にあり、ヴェネツィア貴族 Marcantonio Michiel (1484-1525) が書き遺した *Notizia di opere di disegno* という著作の中に、この年 (1477年) ヴェネツィアから派遣されていた知事 Giovanni Moro と法務官 Sebastiano Badoer の注文でブラマンテがフレスコを制作したとある (この事実は15/16世紀の年代記作者 Marin Sanudo, 1466-1536の "Itinerario di Terraferma" [1483] の記述からも確かめられる)。1927年の建物の

修復工事の際に、ファサードの後世の上塗りの下からブラマンテの手になると見られるフレスコの断片が発見され、それらから推察すると、不規則な窓配置の建物上層壁面一杯に、古典風の建物のニッチを描き、その中に七賢人の姿を配したものであったと見られる（Bruschi, *Bramante*, London 1977, p. 30 にその配置復原案が示されている）。ブラマンテがどのような経緯でヴェネツィア領であるベルガモでの仕事にありついたのかは分からないが、このことがブラマンテが渡り歩いた土地のなかにヴェネツィアが含まれていたのではないかとの推測の根拠となっている。ベルガモではこの他にも、時期は不明であるが、サン・パンクラツィオ聖堂 S. Pancrazio のために「ピエタ」を制作したと言われる（消失。これも Marcantonio Michiel の記すところによる）。

10. 拙著「アルベルティ」、p. 235 & p. 266 n. 69 参照。cf. Cleri, Bonita, "Fra' Carnevale e la cultura prospettica urbinate", in Cieri Via, C.（a cura di）, *Città e Corte nell'Italia di Piero della Francesca*, Atti Conv. Intern. di Studi, Urbino, 4-7 ottobre 1992, Venezia, pp. 347-358. これらの絵は現在いずれもアメリカの美術館が所蔵し、「聖処女の生誕」は New York, Metropolitan Museum of Art、「公現」の方は Boston, Museum of Fine Art にある。なお、サンタ・マリーア・デッラ・ベッラ聖堂 S. Maria della Bella というのは、パラッツォ・ドゥカーレから南へ下った Via Saffi に面する、14世紀末創設の同名の講中のためのオラトリオのことと思われ、そこに修道院が出来上り正規の聖堂となるのは1535年のことである。修道院は19世紀に廃絶され、現在は大学教育学部がここを利用している。

11. ラッファエッロの父ジョヴァンニ・サンティ Giovanni Santi（c. 1435-94）が書き遺した記録（韻文体となっている）に、この年の4月8日にピエロがウルビーノを訪れていた旨の記述がある（cf. L. Pungileoni, *Elogio storico di Giovanni Santi*, Urbino 1822, pp. 12, 75. cit. R. Longhi, *Piero della Francesca*, Roma 1927 ── 邦訳、池上公平・遠山公一「ピエロ・デッラ・フランチェスカ」、中央公論美術出版、2008, p. 280）

12. R. Longhi（上記訳書、pp. 273-274）。

13. "cosmografo, poeta volgare, et pittore valente, come discepolo del Mantegna et gran prospettivo come creato di Piero del Borgo...", *Ricordi ovvero ammaestramenti di fra Sabba da Castiglione*（Venezia 1549）, a cura di S. Cortesi, Faenza 1999. ブラマンテがマンテーニャと関わったことがあったか否かは不明である。この記述は、ブラマンテの透視図法が両者からの影響を感じさせるという程度の観測からなされたものと思われ、それほど根拠があるとは考えられない。

14. ペルジーノ Pietro Vannuzzi, detto il Perugino（c. 1450-1523）とブラマンテとの

関わりについては、1493年12月、ルドヴィーコ・イル・モーロがフィレンツェにいる代理人宛の書簡で、ブラマンテがそちらでペルジーノのところにいるはずだから探して呼び戻すようにと指示していることから（第 III 章の注35参照）、二人がかねてからの知己であったことが推察される。フェッラーラのエルコレ・デ・ロベルティ Ercole de' Roberti（1451/56-96）については、不確かなことだがブラマンテが1473年ないし74年ころにフェッラーラを訪れていて、パラッツォ・スキファノイア Palazzo Schifanoia のための玄関枠の意匠を作成したのではないかとする言い伝えがあり、そのころエルコレはこの宮殿内のフレスコ制作に関わっていたので、何らかの接触があった可能性が考えられている。メロッツォ Melozzo da Forlì（1438-94）は1465年から75年にかけてウルビーノでピエロ・デッラ・フランチェスカに師事していたとされ、この間にブラマンテと交流があったと推察される。ルカ・シニョレッリ Luca Signorelli（1445-1523）はアレッツォでピエロの薫陶を受けた後、1475年前後にはウルビーノにいたと考えられ、そこで両者が接触していたことが考えられる。なおこれらの画家たちとブラマンテの関わりについては、ブルスキの絶筆となった論文 Bruschi, A., "Donato Bramante e i suoi amici pittori umbri", in *Annali di architettura*, No. 21, 2009, pp. 11-19 に（その大部分が状況証拠に基づく推測であるが）詳しく述べられている。

15. サン・ベルナルディーノのオラトリオ Oratorio di S. Bernardino は、1450年に聖人に列せられたシエナの聖ベルナルディーノ（1380-1444）を記念すべく、フランチェスコ会が1451年に建造を始めていたもので、1457年から62年にかけてアゴスティーノ・ディ・ドゥッチョ Agostino di Duccio（リミニの「テムピオ・マラテスティアーノ」で内部装飾を担当していた彫刻家。拙著「アルベルティ」第 IV 章参照）が「アルベルティ風」とされるファサードを取り付けていた。これらのパネルがどのように配列されていたのかは不明であるが、すべて主題は聖ベルナルディーノが行なったとされる数々の奇跡を描いたものである。一時サン・フランチェスコ聖堂の方に移されていたが（その時期は不明）、19世紀初めその聖堂廃絶に伴い、大聖堂に隣接する国立ウムブリア美術館 Galleria Nazionale dell'Umbria（sala 15-16）に移されている。

16. Bruschi, A., *Bramante*, Bari 1990, pp. 19-23.

17. これらの絵は研究者たちによって様々な呼び方がなされているが、ウムブリア美術館のカタログではこの絵は「聖ベルナルディーノが牡牛に倒されたニコラ・ディ・ロレンツォ・ダ・プラトを癒す」("San Bernardino guarisce Nicola di Lorenzo da Prato, travolto da un toro")となっている。

18. "fabricare [...] stampam unam cum hedifitijs et figuris [...] secundum designum in papiro factum per magistrum Bramantem de Urbino...", *Archivio notarile* (Milano, notaio Benino Cairati, 24 ott. 1481).

19. この図に寄せられた論考については、巻末の参考文献目録を参照されたいが、近年の飛ヶ谷潤一郎氏による論考「盛期ルネサンスの古代建築の解釈」(中央公論美術出版、2006 年) 中のこの図の解釈 (pp. 139-155) についてだけ、若干触れておきたい。これはこの図から考え得る空間形式の先例を博捜し、さらにこれが後のブラマンテ作品に及ぼした影響までを論じたものであるが、建築現象をすべて先例との結びつけによって説明しようという、著者が執っておられる方法からすれば致し方のないところであるにせよ、その多くが実証困難な推定による結びつけであるうえ、それらの先例における建築手法のそれぞれの場における役割を顧慮することなく、部分的な形態的相似のみから取り上げられているかに見えることに若干の危惧を感じる。私見では著者が引いておられるメッテルニヒやフロンメルらによる仮説には多くの疑問があり、それらを無批判に受け入れて更に仮説を重ねることは危険であろう。建築解釈にとって重要なのは、まずその対象の独自性を認識することであり、そのうえで先例との照合を行ない、そこで先例の建築手法がいかに変換されているかを考えることである。とりわけこの図をジェナッツァーノの「ニンフェオ」(これについては第 VI 章でとりあげる) と結びつけるという仮説は、飛躍がありすぎる。建築史研究はそろそろこうした 19 世紀的研究視点から脱却する必要があろう。

20. "amphiprostylos" というのは、建物の前面と背面の 2 面だけに独立円柱の列柱を配した神殿形式 (アテネのアクロポリスにあるニケー神殿の形式) を指すが (Vitruvius, Lib. III, cap. 2)、チェザリアーノはこれの意味が理解できなかったらしく、独立円柱ではなく四面壁付きの付柱にしてしまっている。これがブラマンテからの教唆によるとは思われず、おそらくプレヴェダリの版画からチェザリアーノが勝手に「復原」したものと考えられる。

21. Bruschi, 1990, *op. cit.*, pp. 39-47. 美術史研究者の中には、チェザリアーノがその平面を古代の神殿のものとしていたことを念頭に、この図に表された建物を異教時代の古代神殿廃墟であると見なし、この絵が表しているのがルネサンス期における古典文化への関心とキリスト教信仰との間の複雑な葛藤を体現するものであるとし、隠された含意を読み取ろうとする向きも見かける (cf. Kleinbub, Ch. K., "Bramante's Ruined Temple and the Dialectics of the Image", *Renaissance Quartery*, n. 63, 2010, pp. 412-58)。しかしこの絵がどのような目的

から作成されたものか不明である以上、そのような詮索よりは、そこに表現された建築手法が後のブラマンテにとってどのような意味を持ったかを考えることの方に専念しておきたい。

22. Vasari-Milanesi, IV, pp. 148-153.
23. "geometra" には「幾何学者」の意味もあるが、測量技師や土木技術者、ないし建築家より少し下位の建設技術者（建築設計を行なうこともある）を指す。イタリアでは現代でも "geometra" を名乗っている技術者が多い。
24. *De Lucio Vitruvio Pollione de Architectura libri decem...*, Como 1521（ed. facsimile, a cura di A. Bruschi, Milano 1981), pp. IV *v*, XXI *v*, LXX *v*, C など。
25. ゼナーレは実際1522年からその死までのあいだ、ミラノのドゥオモの主任建築家に指名されていた。しかしブラマンテがミラノにとどまっていた1499年までの間に、この画家とブラマンテが何らかの接触を持っていたことを示すような史料は見当たらない。また彼がレオナルドから影響を受けていたことはよく知られているが、二人の交友関係はレオナルドの第二期のミラノ滞在（1508-13）の頃のことと考えられる。Bernardino de Abbiate については Anna Maria Brizio, "Bramante e Leonardo alla corte di Ludovico il Moro", in *Studi Bramanteschi*, Roma 1974, pp. 1-26 の中で名が挙げられている。ドゥオモの「ティブリオ」とブラマンテとの関わりについてはこのあとの第 III 章で触れる。
26. チェザリアーノ自身の生い立ちやウィトルウィウス注釈出版事情（幼くして父を亡くし後々まで継母につらく当たられたこと、ウィトルウィウス注釈出版にまつわる版元や出資者との間の版権をめぐる係争など）は Lib. VI の冒頭の注記（p. LXXXXI, *r-v*）に述べられており、刊行事業は彼の関与がないままに進められ、彼の版権が認められたのはようやく1528年になってからのことであった。ブラマンテの貧窮については、Lib. IV（p. LXX *v*）に "Architectata fu dal mio præceptore Donato de Vrbino cognominato Bramante: & bē [ben]/che el fusse pictore egregio: Et facūdo [faciendo?] ne li/rimati uerisi [versi] de poeti uulgari [volgari]. licet ēt fusse il/litterato. Ma di profundissima memoria: &/grauiloque ētia [estia] fu patientie filio di pauperta/te:..." と記している（このウィトルウィウス注釈は、自己流のラテン語風イタリア語や省略表記などが多く私には解読困難なので、翻訳は諦めて原文をそのまま転記しておく）。彼は晩年にはドゥオモの主任建築家にも指名されており（Bernardo Zenale〔前注参照〕の後任）、決して「野垂れ死に」をしたわけではなかった。その伝記については *Dizionario Biografico degli Italiani*, vol. 24（1980, di Sergio Samek Ludovici）を参照。またウィトルウィウス注釈出版に関わる事情とその解題については M. Tafuri,

"Cesare Cesariano e gli studi vitruviani nel Quattrocento", in, *Scritti rinascimentali di Architettura*, Milano 1978（a cura di A. Bruschi, Corrado Maltese, Manfredo Tafuri, Renato Bonelli）, pp. 387-433（特に p. 406 sgg.）を参照されたい。

27. Bruschi, 1990, p. 72 に紹介されているところによる。ブラマンテが時折作詩をたしなんでいたことは、注 13 に引いた Sabba da Castiglione の言葉や前記注 26 のチェザリアーノの文などからも窺われる。「詩人」ブラマンテについては Beltrami, L. *Bramante poeta, colla raccolta dei sonetti in parte inediti*, Milano 1884; Natali, G., "Il Bramante lettterato e poeta", in *Rivista ligure di scienze, lettere ed arti*, 1915, pp. 335-41; Vecce, Carlo（a cura di）, *Sonetti e altri scritti di Bramante*, Roma 1995 などを参照。

28. 空間ヴォリュームに対して建築部材断面がやや大きすぎ、「重厚」というよりは鈍重な感は否めない。またこの図からは建物外観、特にどのような屋根が考えられていたのかは分からない。建物中央部は 12 本のリブがあるドームが載るらしく、これはドラムなしでペンデンティヴの上にある浮彫が施されたせいの低いバンド上から直接立ち上がっている。これだと周りのベイに架かるべき屋根との取り合いがかなり奇妙なこととなるはずで、事実上不可能である。また中央部以外の各ベイは、クロス・ヴォールトを支える主アーチより一段低い横断アーチで互いに区切られているようで、そうだとすると全体としての空間の一体感はかなり損なわれそうである。例のフラ・カルネヴァーレの "Tavole di Barberini" のような内部空間の不整合こそ見られないが、ブラマンテはやはりこの時点ではまだ空間スケールを実感できるまでにはなっていなかったことが考えられる。

29. Bruschi, 1990, p. 43 & p. 51, etc. アルベルティ自身はこうした問題に注意を払っていたようには見えない。

30. こうしたブラマンテの手法については、後に触れるように（第 II 章の注 30 を参照）、これが「ゴシック」の手法に由来するもので、ブラマンテはそうした中世的建築観から脱け出すことはなく、その点ではミケランジェロのような壮大な空間的統合には到達できなかったのだとするような意見があるが、これは逆であって、ミケランジェロのような彫刻的ヴォリュームとして建築を捉える態度・建築的文法の解体の方が、むしろ後期ゴシックの建築手法に通ずるものがあると言うべきであろう。一方、この後で触れるミラノのドゥオモの建設過程（後出の注 36 参照）やあるいはアルノルフォ・ディ・カムビオ以後のフィレンツェ大聖堂をめぐる論議などに見られるような、建築を「理論化」して把握しようとする態度をゴシックの「合理主義」化 "razionalismo

gotico" として評価する見方(cf. Augusto Cavallari Murat, "Le venustà bramantesca tra razionalismi gotici e vitruviani", in *Studi Bramanteschi*, Roma 1974, pp. 87-116)があるが、実際のところその "razionalismo" というのは、ウィトルウィウス的比例ないし中世神学にもとづく神秘主義的数値比例への信仰に基づく「美学論議」であって、建築外の論理でもって建築を説明しようとするものであり、ブラマンテの試みとは明確に区別されるべきであろう。

31. Schofield, R. & Sironi, G.,"Bramante and the problem of Santa Maria presso San Satiro", in *Annali di architettura*, No. 12, 2000, pp. 17-57.

32. cf. Mulazzani, G., Dalai Emiliani, M., e altri, "D. Bramante: gli uomini d'arme", in *Quaderni di Brera*, III, 1977.　この家は市街南部のサンタムブロジオ修道院南側（現 Via Lanzone）にあり、16世紀にはパニガローラ Panigarola の一族の所有となる。その後改造されたためフレスコが取り外されたものであった。おそらく1489/90年頃までには制作が完了していたものと見られている。Bruschi, 1990, pp. 53-56.

33. 「ヘラクレイトスとデモクリトス」については、ネオプラトニストのマルシリオ・フィチーノ Marsilio Ficino (1433-99) がヘラクレイトスを「泣く男」、デモクリトスを「笑う男」と評していたということがあり、この絵はおそらくそのことを意識したものであろうという。一方ペドレッティはヘラクレイトスがレオナルド、デモクリトスがブラマンテ自身を表すのであろうとしているが、いかがなものであろうか (Pedretti, Carlo, *Leonardo architetto*, Milano 1988^2, p. 98)。この他、ミラノにおける画家ブラマンテ作の可能性のあるものとしてブルスキが挙げているのは (Bruschi, 1990, pp. 288-289)、キアラヴァッレ大修道院 Abbazia di Chiaravalle のために制作したとされる柱に縛られたキリスト像（"Cristo alla colonna"、現ブレラ画廊、c. 1480-81？）、サン・ピエトロ・イン・ジェッサーテ聖堂 S. Pietro in Gessate 内のモントルファーノ Giovanni Donato da Montorfano［1440-1510］による壁画の背景の建築、1480-84？）、コルソ・ヴェネツィア Corso Venezia にあるフォンターナ邸 Casa Fontana (poi Silvestri) ファサードの装飾（？年代不詳）、ピアッツァ・デイ・メルカンティ Piazza dei Mercanti の壁画（消失、ロマッツォ Paolo Lomazzo［1538-92］, *Trattato dell'arte della pittura*, Milano 1584, lib. IV, cap. XIV にブラマンテ作品として挙げられている。年代不詳）、ラ・ゼッカ La Zecca（造幣所）中庭の壁画（消失、Vasari-Milanesi, VI, p. 511 はブラマンティーノ作とする。年代不詳。ブラマンティーノについては第 II 章注24参照）、カステッロ・スフォルツェスコ内 "Rochetta" の Sala del Tesoro（宝物庫）の壁画（1493年以前）などで、これら以外にも不

確かな言い伝えでブラマンテ作とするものがかなりあるとしている。
34. ミラノのドゥオモの建設に関わる基本史料は *Annali della fabbrica del duomo di Milano*, Milano 1877-80（Archivio della Veneranda Fabbrica del Duomo, Milano）とされるが、この他にもミラノ市の公文書館の古記録など厖大な数があり、またこれらをもとにした研究論文は数多く、枚挙にいとまがない。そのカタログについては Politecnico di Milano によるブログ http://www.disegniduomomilano.it/page/guida/ を参照されたい。初期（15世紀初まで）の工事経過については John White, *Art and Architecture in Italy: 1250-1400*, Harmondsworth 1966, pp. 336-350参照。
35. チェザリアーノはウィトルウィウス注釈 Lib. I, cap. 2 の建築を表記するための図の説明 "ichnographia", "orthographia", "scaenographia" の項では、その例としてミラノのドゥオモの図を用いており（pp. XIIII *r*, XV *r*, *v*）、それらは "Germanico" の形（つまりゴシック風）であると断ってはいるが、それらによってウィトルウィウスの言わんとするところを説明しうると考えていたようである。実はそこに用いられたドゥオモの図は、現存する建物そのままではなく、1487/90年ころになされていたその tiburio の計画に関する論議（第III章参照）の中で、ブラマンテが主張していた形を採り入れたもので、それに沿って「理想化」されたものであった。その意味では必ずしも「ゴシック」を称揚することが彼の目標であったとは言い切れないが、ミラノ人のチェザリアーノにとってはドゥオモは古典建築と同等の存在として考えられていたことを示すものと言えるだろう。
36. この論争の経緯については J. Ackerman の論文 "'Ars Sine Scientia Nihil Est' ── Gothic Theory of Architecture at the Cathedral of Milan", in *Art Bulletin*, 31, 1949, pp. 84-111（Id., *Distant Points*, MIT Press, 1991, pp. 206-268 に再録）、及び Paolo Sanvito, *Il tardo gotico del duomo di Milano: Architettura e decorazione intorno all'anno 1400*, Münster 2002 などを参照されたいが、かいつまんで述べると以下のようなことになろう。1387年にはコモ地方出身の工匠シモーネ・ダ・オルセニーゴ Simone da Orsenigo が工事監督に指名されており、建物の規模は間口が96ブラッチァ、高さが90ブラッチァと定められ、それに従って計画がなされたと見られる。1389年にはパリからニコラス・ド・ボナヴェンチュール Nicholas de Bonaventure という技術者が招請されるが、しかし地元の工匠たちの反目にあって1390年には解雇されてしまう。その間には当初の計画規模で（とりわけその高さについて）技術的に建築が可能かという疑問が提起されており、1391年にはドイツ人工匠ヨハン・フォン・フライブルク Johann von

Freiburg が招請され、高さを減らし建物全体が二等辺三角形の中に収まるような案を提起していた。しかしこれも採用されず、ピアチェンツァの数学者ガブリエーレ・ストルナコロ Gabriele Stornacolo がヨハンの案を修正して水平方向のモデュールを 8、高さ方向では 7 とする形で二等辺三角形を構成する案を提出する。しかし北方ゴシックの構造を採り入れて建物をより高くする可能性を求め、シュヴァーベン地方グミュント Gmünd のハインリヒ・パーラー三世 Heinrich Parler III（高名な石工の一族の一人）が招かれて、フライング・バットレスによる高い身廊のアイデアが提起されるが、この案も実を結ぶことなく終わる。1399 年にはフランドル人 "Jacobus Cova"（おそらくブリュッヘ Brugge 出身のミニアチュール画家 Jacques Coenen を指す）やパリから "Johannes Mignotus"（ジャン・ミニョ Jean Mignot、彼も画家が本業）が招かれ、ミニョは 1400 年に 44 項目からなる意見書を提出していた。ミニョの意見書をめぐってはイタリア人工匠たちとの間で激しい論争が交わされるが、彼らの論議はいずれの側も構造的強度の問題と美学的規範の問題とを混同してしまっており、どちらかといえばイタリア人たちが経験主義的立場をとったのに対し、ミニョが論理的一貫性を主張したという程度の違いであった。1401 年にミニョが去ってしまった後、その批判に応えるべくイタリア人技術者たちが様々な議論を重ねるが、最終的に採用されたのは、側廊のヴォールト立ち上がり部の高さまでは 1392 年に提起されていたストルナコロの案（7 piedi のモデュール）を用いつつ、そこから上は 12 ピエディのモデュールを 4 層重ねて、身廊頂部までの高さをピュタゴラス風二等辺三角形の中に収まるようにするという折衷案であった。この後の工事はほぼこの案に沿って進められたと考えられる。この時期（1391-1405）工事を統括していたのはマルコ・ダ・カローナ Marco da Carona（Marco Solari, c. 1355-1405、後出のジョヴァンニ・ソラリの父と言われる）で、その死後 1407 年から 48 年まではフィリッピーノ・ディ・オルガニ Filippino di Organi（da Modena, m. 1450 ?）が務め、彼の時代の 1418 年に教皇マルティヌス五世によって大祭壇の献堂式が行なわれている。その後 1452 年から 59 年まではジョヴァンニ・ソラリ Giovanni Solari（c. 1400-82/84 ?）、1459 年から 81 年まではその息子のグィニフォルテ Guiniforte（Boniforte とも記される。1429-81）が引き継ぎ、躯体は交叉部のクーポラの一部と tiburio を残してほぼ完成に近づいていた。グィニフォルテの死後、1483 年にはオーストリアのグラーツからハンス・ネクセンペルガー Hans Nexenperger を招き tiburio の工事に当たらせるが、彼は若干の内装工事を行なっただけで tiburio の方にはほとんど手を付けることなく 1486 年にはミラノを去ってしまう。そ

して後章（第III章）で触れるように、まもなくこれの処理をめぐってレオナルドやブラマンテらを巻き込む論議が起こり、かつてミニョが提起したような「美学論争」が再び蒸し返されることとなる。

37. この建物はミラノの中央駅のすぐ東側にあり、ミラノの貴族ポッツォボネッリ Gian Giacomo Pozzobonelli が1498年頃に建設した広大なヴィッラの一部（一族のためのオラトリオに付属していたもの）であったとされ、その計画には（少なくともオラトリオについては）ブラマンテが関わっていたのではないかとする言い伝えがあり、ブルスキはその可能性を認めているようである。建築家で歴史家でもあったベルトラミ Luca Beltrami（1854-1933）はすでに1876年頃にこの遺構に着目し、そこにフィラレーテの塔と見られる絵が描かれているのを確認し、それに基づいてカステッロ・スフォルツェスコの修復を行なったとされる。この Cascina Pozzobonelli の絵の他にもキアラヴァッレ修道院などにもカステッロを描いたものがあり、それらが参考にされたものという。cf. L. Beltrami, *Il castello di Milano sotto il dominio degli Sforza*（1450-1535）, Milano 1885; Id., *Il castello sforzesco dal febbraio 1911 al novembre 1913*, Milano 1916, etc.

38. 1939年に戦災の被害に遭い、修復されたのち、1958年以来ミラノ大学の文学部キャンパスとして使用されている。

39. フィラレーテの「建築書」と「スフォルツィンダ」については、Spencer, J. R., *Filarete's Treatise on Architecture: Being the Treatise by Antonio di Piero Averlino, Known as Filarete*, Facsimile ed. 2 vols. New Haven: Yale University Press, 1965; Anna Maria Finoli and Liliana Grassi（a cura di）, *Trattato di architettura*, Milano 1972 などを参照。

40. cf. Grassi, L., *Lo 'Spedale di poveri' del Filarete. Storia e restauro*, Milano 1972.

41. フィラレーテの計画については Colmuto Zanella, G., "Il duomo filaretiano: un progetto e la sua fortuna", in *Il Duomo di Bergamo*, Bergamo 1991, pp. 136-149 参照。

42. 彼らについては前出の注26参照

43. Pietro Lombardo（c.1435-1515）は1460年代半ばにヴェネト（主としてパドヴァ）で仕事をしたあと、1470年代にはヴェネツィアでアントーニオ・リッツォ Antonio Rizzo（c. 1430-99）やマウロ・コドゥッシ Mauro Codussi（1440-1504）らとともにヴェネツィア初期ルネサンス建築の主役となった工匠であるが、その出身はやはり Carona のソラリ一族であったと言われる。

44. 孤立した特異な現象ではあるが、1425年頃、ヴァレーゼ Varese 地方の小村カスティリオーネ・オロナ Castiglione Olona に、この土地を一族の所領とし

ていた枢機卿ブランダ・カスティリオーニ Branda Castiglioni（1350-1443）がフィレンツェから画家マソリーノ・ダ・パニカーレ Masolino da Panicale（1383-1440）を招き、自分のヴィッラに付設した小聖堂 Chiesa di Villa の装飾を委ねている。ドームを戴く方形の本体に馬蹄形の祭室を取り付けたこの建物の設計もマソリーノによるのではないかとされ、外観はブルネッレスキ風ないしギベルティ風に溝彫り付きの付柱で区切るという（正面は3間、側面は2間）、稚拙ながらフィレンツェ初期ルネサンス風の手法に拠っている。ペディメント付きの正面入口両脇には聖クリストフォロと聖アントーニオの巨像が取り付けられている（ミラノのドゥオモやヴェネツィアの「カ・ドーロ」Ca' d'Oro の工事にも参加していた工匠 Matteo Raverti の作とされる）。これの施工を引き受けたのは、後にミラノのドゥオモの工事監督となるジョヴァンニ・ソラリの兄弟のフランチェスコ Francesco であるとされる。カスティリオーニはこの土地を学芸センターに仕立て上げることを考えていたらしく、トスカーナから芸術家や学者たちを招き、このためこの土地はロムバルディアでは希有なトスカーナ風が遺ることとなり "Isola di Toscana in Lombardia" と呼ばれることとなった（文学者ダヌンツィオ Gabriele D'Anunzio, 1863-1938 の命名といわれる）。cf. Sironi, G., "I fratelli Solari, figli di Marco (Solari) da Carona: nuovi documenti", in *Arte Lombarda*, N. 102-103, 1992/3-4, pp. 65-69.

45. cf. Giordano, L., "La cappella Portinari", in *La basilica di Sant'Eustorgio in Milano*, Milano 1984, pp. 70-91. 現在祭室に置かれているのは、13世紀の異端審問官「殉教者聖ピエトロ」S. Pietro Martire（m. 1225）の墓として、1336-39年にかけてピサ出身の彫刻家ジョヴァンニ・バルドゥッチオ（fl. 1317-49）が制作したもの。もと聖堂の身廊にあったのを18世紀にここに移した。礼拝堂内の壁画はヴィンチェンツォ・フォッパ Vincenzo Foppa（1427-1515）による。

46. このようなドラムを高く建ち上げクーポラをその内側に包み込んで外に見せない手法は、ロムバルディア地方特有のもので "cupole lombarde" と呼ばれる（cf. Perogalli, Carlo, "Inserimento di Bramante nel decorso dell'architettura lombarda e suo luolo fra Quattrocento e Cinquecento", in *Studi Bramanteschi, op. cit.*, p. 75)。

47. cf. Shell, J., "Amadeo, the Mantegazza, and the Façade of the Certosa di Pavia", in Shell, J, & Castelfranchi, L.（a cura di）, *Giovanni Antonio Amadeo. Scultura e architettura del suo tempo*, Milano 1993, pp. 188-222.

48. cf. Piel, F., *La Cappella Colleoni e il Luogo Pio della Pietà in Bergamo*, Bergamo 1975.

II. ブラマンテとロムバルディア (1)

fig. 17　サンタ・マリーア・プレッソ・サン・サティーロ聖堂　内陣

サンタ・マリーア・プレッソ・サン・サティーロ聖堂

　ミラノのサンタ・マリーア・プレッソ・サン・サティーロ聖堂 Santa Maria presso San Satiro は、ブラマンテが絵ではなく実際の建築設計に関わった最初の作品とされる。「プレッソ・サン・サティーロ」と呼ばれるのは、これが9世紀後半建造の小さな集中式聖堂サン・サティーロに付設されたものだからである[1]。13世紀半ば、たまたまこのサン・サティーロ聖堂の壁の一部から聖母子の絵姿が発見され[2]、近傍の住民たちの崇敬を集め、聖母を奉ずる講中 Confraternità della Vergine di S. Satiro が出来上がり、15世紀になるとスクォラ・ディ・サンタ・マリーア Scuola di Santa Maria という組織が設立され、ジャン・ガレアッツォ・マリーア・スフォルツァとその母ボーナ・ディ・サヴォイア[3]の後押しもあり、聖母子の像を収めるための礼拝施設を新たにそこに付設することになったものと言われる。

　チェザリアーノはこの聖堂の聖器室（or 洗礼堂）をブラマンテの作品であると記しており[4]、またブラマンテが聖堂建設のための用地買収契約などにもに立ち会っている[5]ことから、彼が何らかの形でこれに関わっていたことは確かだが、後述の如く近年になって新たな史料が幾つか発掘されているものの、多くの工匠たちが工事に携わっていた中でブラマンテの関与がどのような範囲にまで及ぶものか、また南側には街路ファルコーネ通り Via del Falcone が通っていることから内陣のためのスペースがなく、1 m 弱の壁厚の中に浮彫状に透視図法を利用したテラコッタで「偽の内陣」を作り出し、翼廊もその北側だけに側廊を持ち、南側は内陣と同様に浮彫で側廊を表現する

fig. 18　ミラノのサン・サティーロ聖堂

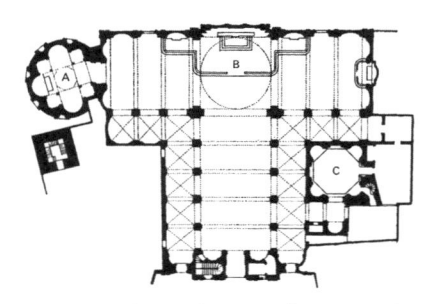

fig. 19　サンタ・マリーア・プレッソ・サン・サティーロ聖堂平面図

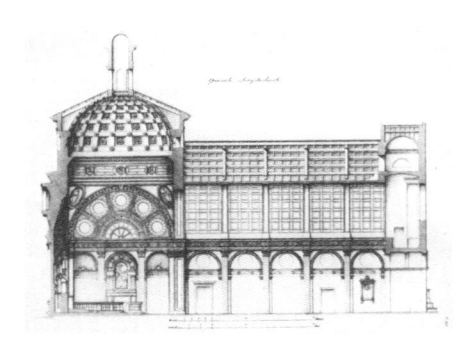

fig. 20　サンタ・マリーア・プレッソ・サン・サティーロ聖堂断面図（from F. Cassina, *Le fabbriche più cospicue di Milano*, 1840-64）

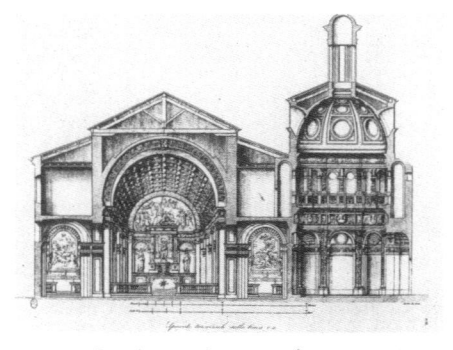

fig. 21　サンタ・マリーア・プレッソ・サン・サティーロ聖堂断面図（from F. Cassina）

という、特異なT字形平面がどのような経緯で出来上がったものなのかなどについては、却って謎が深まった観がある。

　19世紀後半、建築家パラヴィチーニ[6]は、建物の詳細な調査に基づいて、ほぼ4期にわたり工事がなされてきていたものであって、当初は（1478年以前？）小さな正方形の、例のポルティナリ家礼拝堂と同様なクーポラを冠した「チャペル」からスタートし（グィニフォルテ・ソラリの手による？）、次いでその左右に現在の聖堂の翼廊に当たる部分が付加され、その後初めて（1482年？）ブラマンテが介入し聖器室が付加され、最終段階で身廊と「偽の内陣」が造られたのであろうと結論づけていた。その後、1914年にビスカロによる工事関係契約史料の編纂[7]がなされ、（「チャペル」に替わる？）「新しい聖堂」のための用地買収が1478年に始まり、その後幾度かにわたり用地の追加取得がなされたことが明らかとなり、現

状の聖堂の姿が確かに幾度かの計画変更ないし追加工事の結果である可能性が考えられ、関心はその最初の建物がいつ頃建設されまたどのような形のものであったか、そしてブラマンテの介入がいつの時点で、その関与の範囲はどのようなものであったのかということに向けられてきていたように見える。

　ビスカロやそれに続く史料発掘からこれまで明らかとなっている建設経過のあらましは、以下のようなものである。

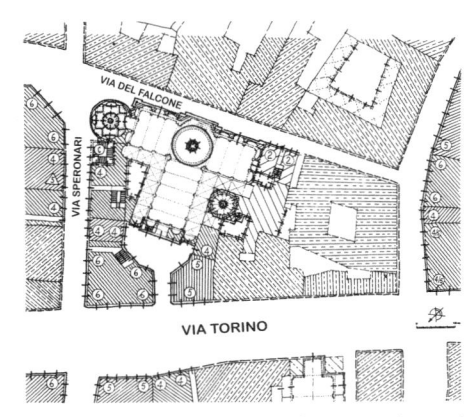

fig. 22　サンタ・マリーア・プレッソ・サン・サティーロ聖堂と周辺街区配置図（19世紀末の状態）

1478年10月、Scuola di Santa Maria がサン・サティーロ聖堂の西に隣接する土地（二つの酒場［？］Taverna Lupa と Taverna Fontana が使用していた。現存の聖堂の翼廊や交叉部にあたる場所？）を収用し、聖母に捧げる新しい建物の建設にかかる。この際にマリアのための古い祭壇ないし「チャペル」（サン・サティーロ聖堂内にあった？）を取り壊している。

1479年から Scuola には聖堂建設のための寄進が寄せられ始める。

1479年、ジャン・ガレアッツォ・マリーア・スフォルツァと母ボーナ・ディ・サヴォイアが聖堂建設の援助に乗り出す。

1480年、Scuola di Santa Maria が正式に設立を認可されるが、その時点では新しい大祭壇（"maiestas seu anchona"．ピエトロ・ディ・ブッセーロ Pietro di Bussero とマルコ・ガリバルディ Marco Garibaldi という二人の彫刻師による）がほぼ出来上がっていたと見られる（この祭壇は16世紀になって小さなものに作りかえられた）。

1482-83年、聖器室の工事。

1482年10月、Scuola は新たに聖堂拡張のための用地（ファサードのため？）を取得。同じ年の12月にも付随する土地の収用の契約が行なわれ、ブラマンテが立会人として現れる。

1483年、Scuola は「パドヴァ人」アゴスティーノ・フォンドゥリ[8]と聖堂や洗礼堂（聖器室）内のテラコッタ装飾の契約を交わす。ブラマンテはその監理者の一人として名前が挙げられている。サン・サティーロ聖堂内の「死せるキリスト」*Pietà* の彩色テラコッタ群像もフォンドゥリの作ではないかとされている。なおこの群像があるために、サン・サティーロ聖堂は現在では Cappella della Pietà とも呼ばれている。

1483年11月、画家アントーニオ・ライモンディ Antonio Raimondi がヴォールト天井（翼廊の？）の装飾と大祭壇上部の頂塔 tiburio を上質の金と紺碧の彩色で飾ることを契約。これにはローディ Lodi 出身の工匠ジョヴァンニ・バッタジョ[9]が立会人となっている。

1486年、ジョヴァンニ・アントーニオ・アマデオが Via Torino（当時は Via S. Maria Bertrade と呼ばれた。19世紀に拡幅）側の聖堂ファサード建設をブラマンテの設計に基づいて行なうことを契約（現存のものは19世紀になって15世紀の未完のファサードの上にかぶせられたもの）。

1496年、ルドヴィーコ・イル・モーロの命によりブラマンテは聖堂内（西側翼廊端部）に聖テオドーロのチャペル Cappella di S. Teodoro 新設に関わる（現存せず）。

1832-37年、建物全体の屋根が掛け替えられる。これに伴いヴォールトもやり変えられた。身廊のクリアストーリィの窓がふさがれ、翼廊両妻側の窓が四角なものから現在の「ブラマンテスコ」風の円形窓[10]に変更されている。聖堂内部床の舗石もこのときのもの。

1871年、Via Torino 側のファサード新設。

これらの経過から推察される建物の変遷や当初の姿などについては、様々な推論が提起されてきているが、これまで最も多くの研究者から支持されていたのがフェルスターによる復原図で[11]、つい最近までの多くの

II. ブラマンテとロムバルディア（1）

概説書にブラマンテ介入以前（？）の姿として掲げられていた。これは Via del Falcone に沿った横長の（現在の翼廊の長さと等しい）単廊式の建物とし、Via del Falcone 側ファサード中央（現在の「偽の内陣」の位置）に入口をそなえ、従って

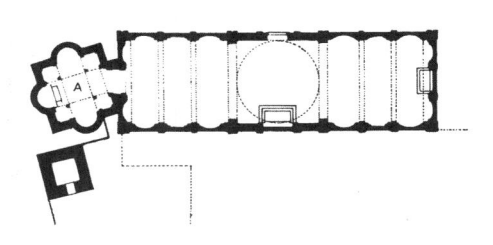

fig. 23　サンタ・マリーア聖堂
　　　　建設当初平面復原案（Förster による）

祭壇はその向かい側の南側面にあったというものである。ブルスキも 1985 年版 *Bramante* まではこのフェルスターによる復原図を掲げていたが、しかしこの異例の横長の空間構成はブルネッレスキのパッツィ家礼拝堂をモデルとしたものであって、すでにそこにはブラマンテの手が入っているとしていた[12]。

　トリンチは、クーポラの載る中央の部分が、特に Via del Falcone 側ファサードに見られる不整合などから判断して、翼廊や身廊などその他の部分とは切り離された構造体であったとし、それは 1478 年以前（1474?）の建設で、しかも様々な点でポルティナリ家礼拝堂と共通する手法が見られ、それからの影響が明らかであるという、パラヴィチーニとほぼ同様な説に到達している[13]。

　これに対しパレストラ[14]は、ビスカロの提示していた史料から見るかぎり、1487 年以前には現存の聖堂の前身であるような「チャペル」などは存在せず、計画の最初から一貫して現状の形で（ブラマンテの主導によって？）工事が進められたのだと主張する。そしてパラヴィチーニやその後の研究者たちが指摘しているこの建物における様々な不整合は、主として 19 世紀に行なわれた修復工事のもたらしたものであって、途中の計画変更とは無関係とした。更に大胆な推測としてはパテッタ[15]が、ブラマンテは当初はギリシア十字の平面を考えていて（それだと Via del Falcone を分断して南へはみ出すことになる）、それが用地取得の過程で T 字形に変更されたのだとしていた。

43

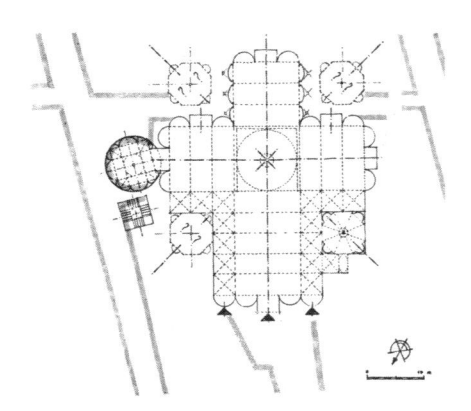

fig. 24　パテッタによる建設当初案復原案

fig. 25　Via del Falcone 側ファサード

2000年になってシローニにより用地取得とその時期に関わっていた工匠たちに関する新たな史料が発掘され[16]、それらを踏まえたスコフィールドの考証によれば、現状のクーポラのある交叉部と翼廊が占める土地の大部分は、1478年になって初めて取得されたものであり、そしてそれ以前にはこの場所に何らかの「チャペル」らしきものが存在した形跡はないことが確かめられ[17]、クーポラのある交叉部とその両側の翼廊との間には構造的な不連続は見られず、最初から横長の平面として建設されたものであること、また翼廊北側の側廊と身廊を増築してT字形平面となるのは1482年以後、おそらく聖器室の工事と並行してなされたものであろうとされる。そして「偽の内陣」は身廊工事の最終段階の産物であろうという[18]。これの初期の聖堂の姿はマラグッツィ-ヴァレリやフェルスターの案に近いもののようであるが、それが1478年の着工ということになれば、1477年にはロムバルディア地方に到着していたブラマンテが関わっていた可能性はゼロではないとも言う。その一方、その関わった範囲が現在の翼廊全部に及ぶものであったかどうかについては、依然として不明で様々な可能性が考えられるし、その入口や祭壇の位置についても疑問は残り、また聖器室と身廊との取り合いなどにも説明のつかない不可解な部分がある。また Via del Falcone 側のファサードは16世紀以

後幾度か手が加えられている（バッタジォの一党の作？）が、その当初の姿については明確な結論が見いだせないし、Via Torino 側ファサード（19世紀の再建）も、ブラマンテ―アマデオの時期のものと見られる断片が確認されてはいるものの、その復原案も決定的なものはないようである。

バッタジォ兄弟とアゴスティーノ・フォンドゥリ

　こうした様々な疑問に加えて、さらに事態を複雑としているのが、この工事に関わっていた多くの工匠たちの中でも、「立会人」として現れているジョヴァンニ・バッタジォやテラコッタ装飾を引き受けていたアゴスティーノ・フォンドゥリらとブラマンテとの関係をどのように見るかという問題である。スコフィールドによれば、この建設工事契約に「立会人」として名前が出てくる工匠たちはブラマンテも含め、実は単なる保証人ではなく、何らかの形で実際にこの工事に関わっていて、自分が直接手を下していない部分の工事に対する監督ないし専門的助言者として現れているのであって、かなりの裁量権を委ねられた人々であると考えられるというのである。バッタジォ自身が直接この工事に関わったことを示す史料は見当たらないようだが、その代わりにバッタジォの兄弟の一人であるガブリエーレも1482年の用地買収契約に立会人として現れているし、ジョヴァンニの婿養子のアゴスティーノ・フォンドゥリがしばしば彼の「代理人」 procuratore として公証人記録に登場しており、彼もバッタジォらとともに聖堂の工事に手を下していたのは間違いないとされる[19]。

　ローディ出身のバッタジォは、ブラマンテより10年以上も早くミラノに出てきて活動していた人物で、煉瓦やテラコッタの装飾に長けた工匠として認められ、1480年代以後は建築家としてもピアチェンツァ Piacenza やローディの東隣の都市クレマ Crema などで活躍していたことが知られ、1490年にはミラノのドゥオモの頂塔 tiburio の計画に関わる論議にも参加していた[20]。またアゴスティーノ・フォンドゥリは、史料では「パドヴァ人」とされているが、これは彼がクレマの出身であるが父とともにしばらくパドヴァで仕事をしていたためで、その後ロムバルディアに戻りジョヴァ

fig. 26　聖器室（洗礼堂）

ンニ・バッタジォの女婿となり、1480年代以後はバッタジォと共同でロムバルディア南部の各地の建築の仕事を引き受けていた[21]。彼らは、ジョヴァンニ・アントーニオ・アマデオと列んで、フィラレーテ以後からブラマンテが「建築家」として独り立ちするまでの間の初期ロムバルディア・ルネサンス建築を実質的に担っていた存在と考えられ、新参のブラマンテよりはるかに豊富な建築経験を積んでおり、またブラマンテとは違ったルートからアルベルティ的手法（？）にアプローチしていたのであって、ルネサンス様式の習得という点でもこの時期のブラマンテにさほど後れをとるものではなかったとされている[22]。

　彼らの他にも、この工事に参加していた画家や彫刻師などの工匠たちのほとんどは、いずれもブラマンテの参入前後からスフォルツァやその側近の貴族たちの仕事などに関わっていたのであって、たとえば例の「プレヴェダリの版画」の作成を請け負ったマッテオ・フェデリ[23]もこの聖堂内の装飾に関わり、後にレオナルドの庇護者となる有力貴族ジャン・ジャコモ・トリヴルツィオ[24]の屋敷（サンタ・マリーア聖堂の少し南にある）の装飾にも参加していたとされる。ジョヴァンニ・バッタジォの兄弟の一人ガブリエーレ（彼もサンタ・マリーアの工事で「立会人」として現れる）は、同様にトリヴルツィオの仕事を引き受け、かなりの期間その屋敷に居住していたと言われるし、またその後はブラマンテが室内装飾を引き受けたガスパーレ・ヴィスコンティの家に滞在していたようである[25]。こうしたことから、すでにブラマンテの介入以前からそれなりに評価されていたこれらの工匠たちの中で、ブラマンテがどれほどその主導性を発揮できたかについて様々

な疑問が生じるのも無理からぬところではある。聖器室については、チェザリアーノの証言によりブラマンテの手が加わっていたことは疑いないが、これと聖堂全体の拡張工事との関わりについて、同時に計画されたものか、あるいは別々の計画であったのか幾つかの疑問が残るうえ、内部の装飾プログラムにブラマンテがどこまで関わっていたかも不明確である。

ゴシックかルネサンスか

　しかしこのような議論は、彼らの作品に表れた様式的細部をとらえてはその「ルネサンス化」（「古典風」）の程度を秤量し、ブラマンテのそれと引き比べようとするものであり、それらが建築的にどのような意味を持つものか、ブラマンテが目指したであろう建築的コンセプトとどれほど違うものであるかには、ほとんど触れることがない。そしてそのような視点から、この時点のブラマンテについて、彼がミラノのこれら「先輩」たちやパトロンたちの中で彼らの好尚に応えるべく、ロムバルディア的手法を土台にしながらその建築を創り上げていった——そのことは事実であろうが——という点だけを強調し、そこに見られる新しいコンセプトの萌芽を無視するというのは[26]、建築におけるルネサンスを単なる表層的ファッションの問題としてとらえてしまっていると言わざるを得ない。

　ほとんどの研究者はこの建築の各処にアルベルティからの影響が見られることを指摘し、一切円柱を用いずまたこれまでバジリカ式聖堂の常套手法であったクロス・ヴォールトではなしに、コファリングを施した半円筒ヴォールト[27]で身廊を覆い、交叉部にはこれも重厚なコファリングのドームを冠するなど、マントヴァのサンタンドレア聖堂を想わせるものがあるとしている[28]。そしてその「古典主義」の様相を徹底させ、古代ローマ風の様式に近づいた、というのが研究者たちの大方の見方である。

　確かに、ここで用いられている建築部材がアルベルティの場合とは違って、いずれもそれら本来の歴史的意味を否定するものではなく、むしろそれらの意味を温存ないしは強調しつつ、構築的秩序（建築らしさ）を表現するものとなっているという点では「古典主義」的なのだが、重要なのは

fig. 27　「偽の内陣」

それらがブラマンテ一流の「絵画的」手法によって獲得されたものだということであって、実際ここにおける建築部材すべては、その有名な「騙し絵」の内陣に合わせる形で、この変則的な非対称の空間を自然なシムメトリカルなバジリカの構成であるかの如くに見せるための「記号」となっているのであり、イマジナルな空間創出に協力しているという点において、絵で表現されたそれらと同じ役割を負っている。「パニガローラの家」の室内装飾における「絵画化された建築空間」は、こうしたプロセスを経て産み出されたものであった。そしてそれを援けているのが明確な輪郭をそなえた古典建築のモティーフであり、彫刻的な性格を抜けきれないゴシック様式の形態ではこうした手法は不可能であった。そのような建築の絵画的記号化は、敷地の制約により余儀なく採用された窮余の手法であったかも知れないが、それが古典モティーフと結びつくことによって、建築に新たな表現可能性をもたらしたものと考えたい。

　画家ブラマンテにとって「古典モティーフ」は、あるいは当初は世間一般の古典復古ブームに同調して、それ自体を表現することが目的であったのかも知れないが、それがここでは結果的に主客転倒し一つの「手段」と化することで、新たな建築手法を示唆するきっかけとなっているのである。アルベルティが、言語をほとんど音韻レヴェルにまで解体することにより半ば白紙状態から表現可能性を追求しようとする破壊的で「批評的」な方法を、建築にも振り向けていたのだ[29]とすれば、ブラマンテはむしろ既成の建築的名辞（古典様式の細部）を保存しつつそれらの新たな統辞法（ブルスキの言う「オーダー＋アーチ」のシステム）を追求することによって、物理的空間形態を超えるイマジナルな空間表現を獲得しようとしていたのだと

も言えるかも知れない。古典様式の細部にもかかわらずそれらの取り合わせがときには「ゴシック」的な処理法に近いもののように見える部分がある[30]ことも確かだが、ゴシック的な空間分節手法を古典様式の細部の組み合わせに応用するのは、むしろ様式の違いを超えた「普遍的」な建築語法を追求する中での論理的な操作実験の一つと言えるのであって、そのことだけでブラマンテの目指していたものが「ゴシック的」な空間であったと結論づけるのは早計であろう。ブラマンテの建築的実験はここから始まるのである。

fig. 28　身廊入口付近から内陣を見る

　とはいえ、ブラマンテはここでの可能性を直ちに次の作品に展開することはなく、このサンタ・マリーア聖堂での実験がより大いなる結実を迎えるのは、彼がロムバルディアを離れローマを活動の拠点として以後のことである。彼の建築活動はいまだ模索の最中にあり、貪欲にあらゆる表現可能性を求めて、様々な実験を繰り返さなければならなかった。

ルドヴィーコ・イル・モーロとルネサンス

　ブラマンテがサンタ・マリーア聖堂の建設に関わって間もないころの1480年には、幼少で公爵位を継承していたジャン・ガレアッツォ・マリーア・スフォルツァの叔父に当たるルドヴィーコ・マリーア（「イル・モーロ」Ludovico Maria Sforza, detto Il Moro, 1452-1508）が、ジャン・ガレアッツォの母ボーナ・ディ・サヴォイアから権力を奪い、摂政という名目で実質的なミラノ公国の支配者として君臨することとなる。ルドヴィーコはまもなく様々な作事や文化振興策を打ち出しており、サンタ・マリーア聖堂の工事

にも手を貸し、1482年にはレオナルドを招請するなどもしている。ミラノにはヴィスコンティの時代の1440年にフィレルフォが招かれており[31]、彼はスフォルツァの代までミラノにとどまっていて、ルドヴィーコを含むスフォルツァの子弟たちに人文主義的教養を伝えていたのであるが、おそらくルドヴィーコは、1493年に正式に公爵位に就くまでは、自らの権力基盤を確保するための戦争や外交に謀殺されていて、ロムバルディアの「ルネサンス化」には本腰を入れていたようには見えず、ブラマンテやレオナルドのような人材をどう扱うべきか判断がつきかねていたのであろう。1491年にエステ家の女性ベアトリーチェ[32]を娶ったころからは、より洗練されたフェッラーラ宮廷の雰囲気に感化されて、無骨なロムバルディア風から脱け出そうと努力し始めたもののようにも見える。しかし彼が企画する建築の仕事は相変わらずアマデオをはじめとする地元の工匠たちの主導に委ねられており、後で触れるごとく、フランチェスコ・ディ・ジョルジョやルカ・ファンチェッリらまで招いて助言を求めても、結局その進言は活かされることなく終わっている。

　ブラマンテの立場もそれほど大きく変化したようには見えず、1490年代でも相変わらず透視図法に長けた「画家」として扱われていたようであるし、レオナルドは鳴り物入りでミラノを訪れ、「流れ者」としてミラノに来ていたブラマンテなどよりは世評が高くミラノの宮廷で重んじられていた[33]のではあるが、祝祭のための装置[34]を命じられたり、あるいはパヴィアのドゥオモの構造について諮問を受け、ミラノのドゥオモの「ティブリオ」の模型制作やルドヴィーコの計画する農園「ラ・スフォルツェスカ」の水利工事のための様々な考案に関わるなど、むしろエンジニア的な仕事を引き受けることの方が多かったようである。レオナルドの手稿中最も有名な「アトランティコ手稿」 *Codice Atlantico*, Milano, Bibl. Ambrosiana, f. 391 *r* には、レオナルドがルドヴィーコ・イル・モーロに宛てたと見られる「自薦状」の草稿があり、それには9項目にわたって自分が心得ている様々な「秘密の」技術——架橋術や砲撃に耐えられる要塞の構法、ブロンズによるフランチェスコ・スフォルツァの騎馬像の製法、建築、広場の計画、etc.

II. ブラマンテとロムバルディア（1）

——を提供する用意があるとしていた[35]。

パヴィアのドゥオモ、レオナルドとブラマンテ

　それでも1480年代末ころまでには、ルドヴィーコの弟のパヴィア司教で枢機卿となっていたアスカニオ・スフォルツァが、ブラマンテの庇護に乗り出していたように見える。1488年6月29日、大工棟梁クリストフォロ・ロッキが作成しアマデオがそれに手を加えた計画によって、パヴィア大聖堂新築工事のための定礎式が行なわれている。その当初案はラヴェンナのサン・ヴィターレ聖堂ないしはコンスタンティノポリスのアヤ・ソフィア聖堂を手本とした八角形の集中式平面であったとされている[36]が、その後二人の間には工事の進め方をめぐって意見の相違が生じたらしく、8月22日には、二人の他、バルトロメオ・ダ・カステルヌォヴォ、ジアコモ・ダ・カンディア、マリーノ・フガッツァという三人の工匠[37]、それにブラマンテを加えて、「確かな意匠ないし計画案」"certum designum seu planum" を作成するための検討会が招集される。ブラマンテは同じ年の12月にもパヴィアを訪れていたし、また同様な検討会は1492年にも招集されている。それらではブラマンテが主導的な役割を果たしたと考えられ、1490年ころにはおそらく彼の案に沿って、当初案の集中式平面に、ブルネッレスキのサント・スピリト聖堂にヒントを得た、半円形のチャペル群を全周にわたってそなえる8スパンのバジリカ式長堂をつなげた形が、いちおう定着していたと見られる。

　そのブラマンテの計画案の実物と見られるものは遺っていないが、ノヴァラの市立図書館に後世の写しと見られる図（聖堂長手断面図）[38]があって、それには "DOMINICVM TEMPLVM / TICINI FVNDATVM / AB ASCANIO SFORTIA S. R. ECCL. CARD / Bramante Urbinate inven. / CIↃ.CCCCXↃa" との書き込みがある。ドームの形状や身廊のヴォールトなどについては疑わしい点もあるが、ともかくブラマンテがこの時期にドゥオモの計画の骨子を決定していたことを示す史料と見て良いであろう。

　この間の1490年6月20日には、ミラノのドゥオモ頂塔の件で招請されて

51

いたフランチェスコ・ディ・ジョルジォとレオナルドが、連れだって馬でパヴィアを訪れ数日間滞在した模様で、22日にはこの地のドゥオモの計画について助言をした件で支払を受けている[39]。二人がどのような提言をしたのかは分かっていないようだが、おそらくルドヴィーコやアスカニオ・スフォルツァとしては、彼らにブラマンテの案を追認させることで地元の工匠たちを納得させるつもりだったのではなかろうか。彼らのこのパヴィア訪問とどのような関連があるのかは不明だが、ブルスキはレオナルドのノート（Paris, Institut de France, "Ms. B", f. 24 r）[40]に描かれた聖堂平面図が似ていることを指摘している。

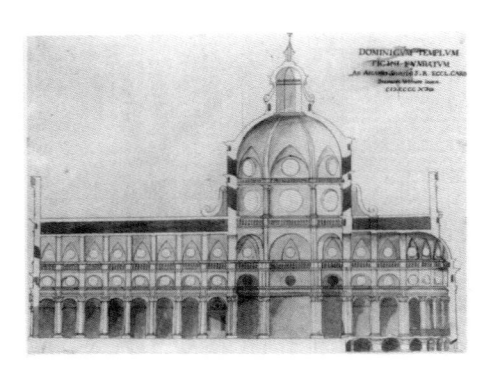

fig. 29　パヴィアのドゥオモ断面図（当初案？）
　　　　（ノヴァラ市立図書館蔵　p. 6, c. 3, 28）

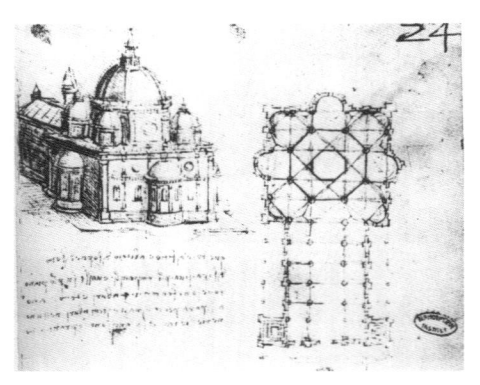

fig. 30　レオナルドのノート Ms. B, f. 24 r
　　　　（Paris, Institut de France）

　ブラマンテとレオナルドとの関わりについては、後章でも取り上げる予定なのでここではあまり立ち入らないが、このレオナルドのノート（Ms. B）は1489年から92年頃にかけて描き留められたものとされ、ちょうどパヴィアのドゥオモの計画が進行していた時期と重なっていることから、f. 24 r の図はそれとの関連が考えられるとされる。図中の書き込み文字は "Questo edificio è abitato di sopra e di sotto; di sopra si va per li campanili, e vassi su per lo piano dove sono fondati i quattro tiburi, e detto piano ha uno parapecto

II. ブラマンテとロムバルディア（1）

fig. 31　パヴィア大聖堂　木製模型
Musei Civici di Pavia（ex- Castello Visconteo）

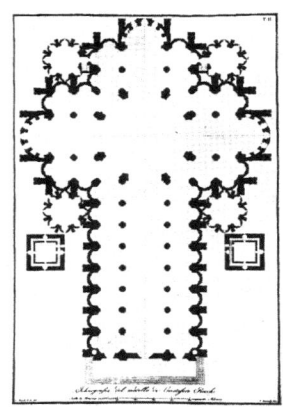

fig. 32　模型による平面図
（from Malaspina di Sannazaro）

dinanzi, e di detti tiburi nessuno ne riese in chiesa, anzi sono separati in tucto."（「この建物は上下二層からなる。上部には鐘楼があり、そこには四つのティブリオが造られ、またこの層にはパラペットがあり、ティブリオは聖堂とはつながっておらず[?]、すべて独立している。」）と読める。ただしこのレオナルドの図がブラマンテに影響を与えたのか、あるいはその逆にブラマンテのアイデアをレオナルドが描き留めていたのかは、どちらとも言えないように思われる[41]。そのいずれにせよ、この時期、二人の間で密接なアイデアの交換・相互の影響があったことを推測させるものとは言えるだろう。

　1490年頃にはこのブラマンテの案に沿った工事が開始されていたと見られ、少なくとも内陣地下のクリプトはブラマンテ案に基づいて実施されたと考えられる。ブラマンテは1492年頃まではパヴィア大聖堂に関わっていたことが知られるが、その後はアマデオに工事指揮が委ねられ、その間に計画にはかなり変更が加えられたらしい。1495年にはロッキの後継の大工棟梁ジョヴァンニ・ピエロ・フガッツァが、それにアマデオとジアコモ・ドルチェブォノら[42]が加わって作成した修正案に沿う大きな木製模型を造っている。この模型から受ける印象は、ミラノのドゥオモを想わせる

fig. 33　模型の内陣内部

fig. 34　内陣ドームを支える大柱

ゴシック風の尖塔が賑やかに取り付いていて、ルネサンス建築というよりは後期ゴシック風であるが、これに基づいて作成された平面図は、レオナルドの描く聖堂平面とよく似ており、内陣部分はすでに1490年以来この形で着工されていたため、アマデオとしてもそれに合わせて全体の空間配分を考えざるを得なかったものであろう。

　こうした手法――正方形の各辺に半円アプスを取り付けたモティーフによる自己展開――は、すでにフランチェスコ・ディ・ジョルジョがその Trattati で様々なヴァリエーションを試みていたものであり、あるいはブラマンテは1487年にミラノに招かれていたフランチェスコに会って、そのヒントを得ていたのかも知れない[43]。そしてこの平面構成にブラマンテの「オーダー＋アーチ」のシステムが完全に適用されることとなれば、それは後のローマのサン・ピエトロの計画案に見られるような、定めし壮観と言えるものとなっていたであろう。模型から推測されるかぎりでは、巨大な内部空間のヴォリューム構成（特に垂直方向の変化）はそれなりにドラマティックなもののようだが[45]、しかし意匠の大半はアマデオにより修正が加えられ、一貫したシステムとなっているようには見えない。

アマデオをはじめとするロムバルディアの工匠たちは、おそらくブラマンテの「オーダー＋アーチ」による序列づけられた構造表現の意図するところが理解できなかったに違いない。一方、ブラマンテにしても、八角形の中核部を取り巻く複雑な空間構成について、それら各部の間の序列付けをすべて矛盾なく表現し切ることは至難の業であったはずである。結局ドームを支える大柱は、後期ゴシックの束ね柱と同様な、序列付けのない彫刻的なヴォリュームとなってしまっている。

　アスカニオ・スフォルツァが死亡した後は工事はしばらく停滞した模様で、ドームを支えるドラムが建造されたのは1762年から68年にかけてであり、その後もドーム自体にはしばらく手がつけられることがなく、19世紀後半になってノヴァラ出身の建築家アレッサンドロ・アントネッリ Alessandro Antonelli（1798-1888）が鉄で補強する方策を打ち出し、これによってドラム開口から内陣への採光が可能となり、1884年にようやくドームが立ち上げられた。左右の翼廊が出来上がるのは、1933年になってからのことである。

　模型の規模はそのまま実現することはなく、8スパンだった身廊が敷地との兼ね合いで3スパンに縮小され（聖堂西側には広場 Piazza del Duomo を挟んで16世紀後半に建設された司教館があり、すでにこの段階で模型の規模を実現することは断念されていたのであろう）、また八角形の中核部の周りに取り付く四

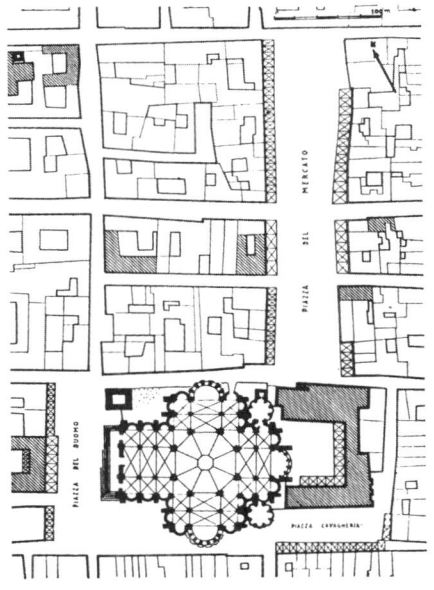

fig. 35　パヴィア大聖堂　現状配置図
内陣背後のハッチングのあるコの字形の建物は Broletto（市議会議場）、前面広場のものは司教館

つのチャペルも二つに減らされてしまう。外装もおそらく石貼りとする予定であったものが煉瓦むき出しのままとなっている。もっとも、それが却ってこの建物の基本モティーフである半円形アプス

fig. 36　パヴィア大聖堂側面

の連続によるヴォリュームのドラマを際立たせているようにも見える。現在のファサードは、アントネッリに協力していたヴァレーゼ出身の建築家カルロ・マチァキニ Carlo Maciachini（1818-98）の設計によるものと言われる。

　ブラマンテの手によって着工されていたのは、内陣地下のクリプトと内陣外観の基部、それもアプスの一部だけということになる。ブラマンテが途中で工事から手を引いてしまった理由は不明であるが、ルドヴィーコ・イル・モーロからの信任が篤かったアマデオが画策してブラマンテを排除したのか、あるいはこのような大工事の経験のないブラマンテが自ら身を引いたのか、おそらくはその双方の事情が関わっていたのであろう。

サンタ・マリーア・デッレ・グラツィエ聖堂内陣

　カステッロ・スフォルツェスコの近傍でその南西に位置するドメニコ会のサンタ・マリーア・デッレ・グラツィエ修道院 Convento della Santa Maria delle Grazie とその付属の聖堂は、1463年にグィニフォルテ・ソラリの設計で建設されていたもので、修道院は1469年までには出来上がり、聖堂も1490年ころにはほぼ完成していたと見られる。しかしその後間もなくルドヴィーコ・イル・モーロは、この聖堂を自分と妃のベアトリーチェ・

デステの墓所とするべく聖堂を全面的に改築する計画に着手する。1492年3月29日には内陣部分の工事のための定礎式が行なわれているので、すでにその時点ではソラリが造っていた内陣部分の取り壊しは完了し、新しい聖堂のための計画案も出来上がっていたものと考えられる。その計画案が誰の手になるものであったかは明らかではない。17世紀に修道院の参事会会員の一人が記しているところでも、この聖堂の内陣は「熟達した建築家たち」("peritissimi architetti")の手になるものであったとされているだけである。1497年には内陣の工事はほぼ完了したらしく、ルドヴィーコはこの年の6月29日に、秘書のマルケジーノ・スタンガ Marchesino Stanga に対し書簡で、「建築において熟達せるすべての者たちを糾合

fig. 37　サンタ・マリーア・デッレ・グラツィエ修道院聖堂

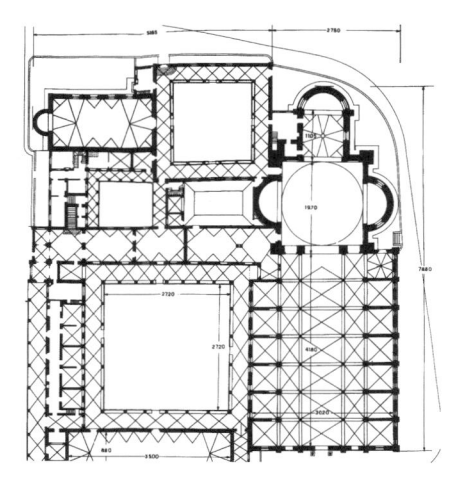

fig. 38　サンタ・マリーア・デッレ・グラツィエ修道院と聖堂（図の左下がレオナルドの「最後の晩餐」があるレフェットリオ）

して、サンタ・マリーア・デッレ・グラツィエ聖堂のファサードの検討とその模型の制作を行なわせること」[45]を命じている。しかしその2年後にはルドヴィーコはフランス王によりミラノから追われ、聖堂の完全な改築計画は実現することなく終わった。

　カルロ・ペドレッティは、フランス学士院所蔵のレオナルド手稿のうちの一つ "Ms. I"[46] の一葉（f. 70 r）で、建物とは関係のない記述（水利技術に

57

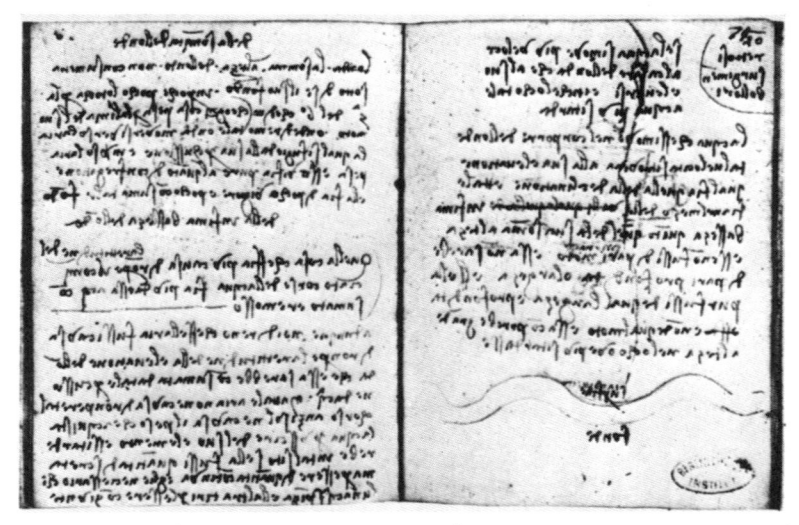

fig. 39 　レオナルドのノート"Ms. I", ff. 69 *v*-70 *r*.（Paris, Bibliothèque du Institut de France）
　　　　f. 70 *r* には文字の下にうっすらと建物平面図らしきものが見える。

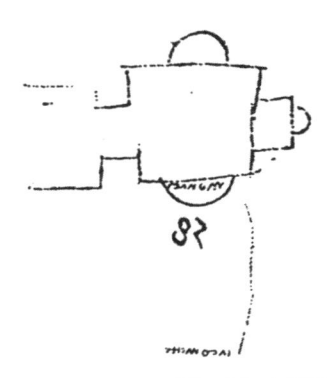

fig. 40 　f. 70 *r* の文章の下にある図

関するもの）が書き重ねられていた下に、微かに赤いチョークで描かれた建物の図らしきものがあるのを発見し、それがサンタ・マリーア・デッレ・グラツィエ聖堂内陣の平面とよく似ていることを指摘している[47]。レオナルドは1493/5年頃からはこの修道院の食堂 Refettorio の北側壁面に有名な「最後の晩餐」の壁画制作に着手しており、また1490年前後には、ルドヴィーコ・イル・モーロ側近のガレアッツォ・ダ・サンセヴェリーノ Galeazzo da Sanseverino がこの聖堂近傍に構えていた屋敷に厩舎を建設する件で諮問を受けていた[48]ことなどから、この聖堂の改築計画には何らかの形で関わっていた可能性が高く、"peritissimi architetti" のうちの一人であったと考えられる[49]。

II. ブラマンテとロムバルディア (1)

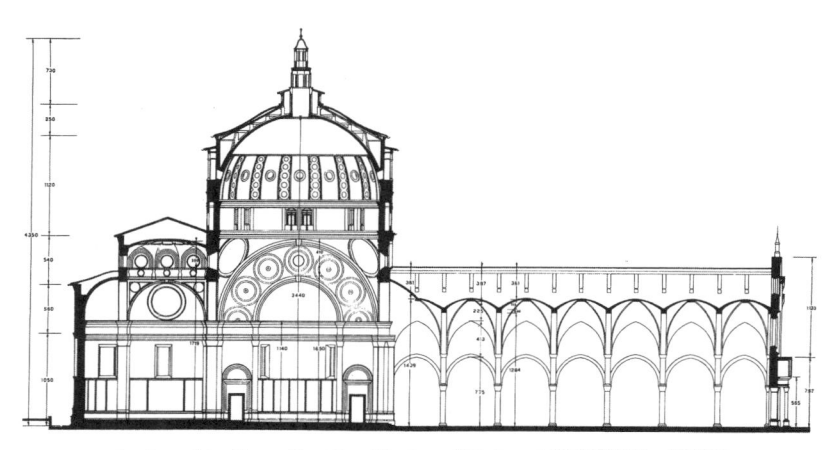

fig. 41　サンタ・マリーア・デッレ・グラツィエ修道院聖堂　断面図

　この手稿 "Ms. I" に含まれるノートの大半は 1492 年以後のものとされ、関係のない文章が上書きされる以前のいつの時点でこの図が描かれていたのかは不明だが、改築計画実施以前に描かれたレオナルド自身のアイデアであったとは考えにくく、むしろそれまでに決定されていた内陣の計画案（ブラマンテによる？）を、彼が託されていた聖堂近傍の整備計画の参考のためにメモしていたものかとも思われる。図の中に描き込まれている文字は（例によって鏡文字となっているらしい）、ペドレッティによれば "58" という数字と、円弧のニッチないしアプスに記された文字が "monaci"（「修道士たち」の意か）、図の下部のものは "iacometto" と読めるという。58 の数値はこの内陣の（それに取り付く祭室を含む）全体の長さ 58 ブラッチァを示し、また "iacometto" はこの建物の近くに居を構えていたジャコモ・アテッラーニ Giacomo Atellani（レオナルドは彼を「ブラマンテのサークル」の一人としていたという）を指すもので、その屋敷の位置を示したものではないかという。また現状とは異なり、内陣が聖堂身廊本体からくびれた形で取り付いているように描かれているのは、当初の計画ではこの内陣は（フィレンツェのサンティッシマ・アンヌンツィアータ聖堂のロトンダの場合のように）修道士たちのための独立した礼拝空間として考えられていたことを示すものであろうと

fig. 42　サンタ・マリーア・デッレ・グラツィエ聖堂背面

　いう。ともかくこれは、聖堂改築計画の初期の案を示す史料として興味深いものである。
　遺された史料からは、この計画とブラマンテとの関係は一切確かめることは出来ないが、すでにかなり早い時期（16世紀末のロマッツォ[50]のころから？）からこれをブラマンテと結びつける見方が定着していたようで、ブルクハルトも「チチェローネ」では明確にこれをブラマンテ作として挙げていた[51]。ただしその関与の範囲についての判断は不確かで、ブルクハルトが訪れた時期には、内部がかなり改変され装飾などはすべて上塗りで隠されてしまっていたためか、空間ヴォリュームの構成だけをブラマンテに帰している反面、外観はクーポラを含めすべてブラマンテによるもののように記している。しかし初層壁面の内側へ湾曲させた手法などにブラマンテ的なものが見出される他は、すべてロムバルディア風でおそらくアマデオ一派の手になるものと思われる。

「ブラマンテスコ」

内部はポルティナリ家礼拝堂ないしブルネッレスキのサン・ロレンツォ聖堂旧聖器室の拡大版とも言えるが、19世紀末以後の幾度かの修復により建設当初の装飾や彩色が復原されており、それによると梁型やフリーズなどもできるだけ壁面からの張り出しを抑え、要所の輪郭は彩色で強調するというグラフィカルな手法がとられている。特に三方の壁面の大きな二重アーチの間に円盤を配した構成が強い印象を与える（それらの頂部にある一つが採光のための開口

fig. 43　内陣クーポラ見上げと「ブラマンテスコ」

となっている）。このモティーフはその後ローマのサン・ピエトロ聖堂の計画などでも採用が考えられていたようであり、後には「ブラマンテスコ」 *Bramantesco* と呼ばれるようになるもので、後期の作品とされるジェナッツァーノの「ニンフェオ」ではこれが主導的モティーフとなっていた[52]。またパッラーディオがその初期のヴィッラの一つ、ポィアーナ・マッジョーレのヴィッラ・ポィアーナで巧みに抽象化された形でこれを用いている[53]。

これの上の方のアーチと円盤を取り除いた形は、セルリオが取り上げ、またパッラーディオが様々な形でそのヴァリエーションを試みたことにより、「パラディアン・モティーフ」ないし「セルリアーナ」 *Serliana* と呼ばれることとなる[54]。これは本質的にグラフィカルなモティーフであって、構造的にはほとんど意味のないものだが、それがオブセッショナルに内陣立方体の三つの面で繰り返されることにより空間の軸線を強調し、あたかも古典モティーフと同等の意味を持つものであるかのごとく、「装飾」の

fig. 44　パッラーディオ
　　　　ヴィッラ・ポィアーナ正面入口の
　　　　「ブラマンテスコ」

域を脱した建築の重要な要素（記号）となっているのである。ここでは他の多くの円盤装飾や円形の採光窓と混じり合ってしまい、いまだ独立したモティーフとしての地位を獲得しているとは言い難いが、その前哨となるべきものであることは疑いない。そしてこのように大胆なグラフィズムの手法は、ロムバルディアの工匠たちはもとより、レオナルドですら思い及ばないものであって、ブラマンテ以外の人物によるとは考えられない。パニガローラの家の装飾やサンタ・マリーア・プレッソ・サン・サティーロ聖堂の「偽の内陣」などにおけるグラフィカルな実験は、ここでまた新たな段階に到達していたと言えるだろう[55]。また正方形の各辺に半円形アプスを取り付けた平面形式は、その後のブラマンテの建築の基本空間単位となるものである。

注

1. 879年に当時のミラノ大司教アンスペルト Ansperto（m. 881）により、ミラノの守護聖人とされていた聖アムブロシウスの兄弟の聖サティルスや他の幾人かの聖人を祀る聖堂として建設されたとされる。ギリシア十字平面のビザンティン風の遺構。その後改修され外見は円形平面となっている。そばの鐘楼も聖堂と同じ頃に建設されていたと見られ、その後かなり補修の手が加えられ現在の姿となっているが、ロムバルディア地方における四角い塔の最初の例とされる。
2. 言い伝えによれば、1242年にこのそばで若者が剣で暴れて建物の壁を壊したところ、そこから聖母子の絵姿が血にまみれて現れたと言われる。この辺り

はかつては墓地として利用されていたといい、聖母子の像はそこにあった小さな祠に飾られていたものと考えられている。

3. Gian Galeazzo Maria Sforza（1469-94）。1476年に暗殺された父ジャン・ガレアッツォの跡を継いで1479年に僅か9歳で公爵位に就き、母の Bona di Savoia（1449-1503）が摂政となる。しかし1480年には叔父のルドヴィーコ・イル・モーロがボーナと列んで摂政の地位に就き実権を握るようになっていた。
4. Cesariano, *De Lucio Vitruvio Pollione de Architectura*..., 1521, Lib. I, p. IIII v.
5. 1482年と1483, 1486年の史料に彼の名が現れる。それらについては後述。
6. Tito Vespasiano Paravicini（1830-99）, "La chiesa di s. Maria presso san Satiro in Milano e gli scrittori che la descrissero", *Relazione nel Regio Istituto lombardo di scienze e di lettere*, 1877.
7. Biscaro, G., "Le imbreviature del notaio Boniforte Gira e la chiesa di S. Maria di S. Satiro", in *Archivio Storico Lombardo*, II, 37（1914）, pp. 133-144. この聖堂建設関係史料の編纂はこの後も、バローニによるもの（Baroni, Constantino, *Documenti per la Storia dell'Architettura a Milano del Rinascimento e nel Barocco*, II, Roma, 1968, pp. 106-132）やパレストラによるもの（Palestra, Ambrogio, "Cronologia e documentazione riguardanti la costruzione della chiesa di S. Maria presso S. Satiro del Bramante", in *Arte Lombarda*, XIV, No. 2, 1969, pp. 154-160）などがある。さらに2000年には、シローニにより追加的な史料が発掘されている（Schofield, Richard & Sironi, Grazioso, "Bramante and the problem of Santa Maria presso San Satiro", in *Annali di architettura*, N. 12, 2000, pp. 17-57）.
8. フォンドゥリ Agostino Fonduli（fl. 1483-1522）。後出の注21 参照。
9. バッタジオ Giovanni Battagio（c. 1440-dopo 1499）。同上。
10. 「ブラマンテスコ」については後出の注53を参照。
11. Förster, Otto Helmut, *Bramante*, Wien-München 1956, p. 90. この復原図の形はすでに Malaguzzi-Valeri, *La Corte di Ludovico il Moro*, II, Milano 1915, p. 40 sgg. で示唆され、その後アルスラン Arslan, Edoardo, "I Mantegazza e il De Fondulis, l'Amadeo", in *Storia di Milano*, VII, Milano 1956, p. 710 sgg. なども同じ考え方を示していた。
12. ブルスキは1969年の *Bramante architetto*, Bari（pp. 124-175）以来この推測を支持しており、1975年の *Bramante*, Bari & London もそれをそのまま引き継いでいる。ブルスキは、この建築についての初期の史料ではそれが「聖堂」chiesa ではなく「チャペル」cappella と呼ばれていたことを重視し、それは現状のようなT字形のバジリカ平面ではなかったはずだとする。また翼廊の端の角の

付柱のL字形の収め方が、パッツィ家礼拝堂と同様な非対称のものとなっている（拙著「ブルネッレスキ」、第IX章、p. 184 & fig. 118参照）ことを挙げている。
13. Trinci, Raffaello, "Indagini sulle fasi costruttive della Chiesa di S. Maria presso S. Satiro", in *Studi Bramanteschi*, Roma 1974, pp. 189-195. ただしトリンチは「翼廊」がいつ付加されたものか、またそれが誰の手になるものかには触れていない。
14. Palastra, Ambrogio, "Nuove testimonianze sulla chiesa di San Satiro", in *Studi Bramanteschi*, Roma 1974, pp. 177-188.
15. Patetta, L., *Insula Ansperti, Il Complesso monumentale di S. Satiro*, Milano 1992.
16. 前出の注6参照。
17. スコフィールドはブルスキとは違って、史料の中では"cappella"という語と"chiesa"の語が区別なく用いられているとし、当初の建物をサン・サティーロに付属した「チャペル」と見なすことには反対している。またミラノ市中の教区聖堂を数え上げた1466年の史料の中にはサン・サティーロ聖堂以外にはこの場所でマリアに捧げた独立の建物が存在したことを示すような記述は見当たらないとしている。さらにブルスキがこれをブルネッレスキのパッツィ家礼拝堂と結びつけていることについても、むしろこの平面形式は当時のロムバルディアの流儀に従ったものであるとし、ブラマンテの発想をブルネッレスキの建築と結びつけることには否定的である。
18. 「偽の内陣」の透視図の理想的視点は、5スパンの身廊の入口に近い端の付近に設定されており、これは身廊の存在を前提として作成されたものであることは明らかである。あるいはむしろ「偽の内陣」を前提として翼廊が片側にしか側廊を持たない変則的な平面が計画されたと考えるべきで、実際の工事の順序は別としても、この「偽の内陣」は聖堂拡張と同時に計画されていたと考えるべきであろう。
19. cf. Schofield & Sironi (*op. cit.*), p. 39 sgg.
20. 1490年6月27日に行なわれた「ティブリオ」模型の競技設計審査で、その競技者の一人として"Johannem de Batagiis"の名が挙げられている（第III章参照）。
21. バッタジォについては、Mariani, Valeria, "Novità sul Battagio", in *Studi Bramanteschi* (*op. cit.*), pp. 239-244, また、フォンドゥリについては Ferrari, Maria Luisa, "Il Raggio di Bramante nel territorio cremonese: Contributi ad Agostino Fonduli", *ibid.*, pp. 223-237；Astolfi, Marino, "Agostino Fonduli architetto. La formazione e la prima pratica architettonica: il caso di Santa Maria Maddalena e Santo Spirito a Crema", in *Annali di architettura*, No. 17, 2005, pp. 93-106などを参照。フォンドゥリ

の名は1980年以前の著述では「フォンドゥティ」Fonduti と記すものが多いが、近年の論考は Fonduli と記す（公証人記録では "magistrum Augustinum de Fondulis de Padua" と読める）。

22. この時期（特にスフォルツァ支配以後）におけるロムバルディアへの「ルネサンス様式」の導入には様々なルートが考えられ、フィレンツェからの直輸入やフィラレーテの他にも、地理的ないし政治的な関係からマントヴァ経由のものもあった可能性も考えられる。バッタジョ兄弟やフォンドゥリらの独立した作品として知られているのは、いずれも彼らがサンタ・マリーア・プレッソ・サン・サティーロ聖堂に関わってから後の1480年代以後のものばかりであるが、それらにはブラマンテ風ないしアルベルティ風の細部手法が各処に見られしかもかなり手慣れていて、彼らがブラマンテとは別ルートで、たとえばフォンドゥリの場合などはパドヴァにおけるマンテーニャの「古典主義」からの影響もあったと考えられ、必ずしもブラマンテからの影響とばかりは言い切れないとされる（cf. Schofield & Sironi, *op. cit.*, pp. 39-44）。

23. 第 I 章参照。

24. Gian Giacomo Trivulzio（1440-1518）. 有能な軍人としてフランス王やナポリ王に仕え、多くの戦績を挙げる。1499年には、フランス王ルイ十二世がルドヴィーコ・イル・モーロをミラノから放逐するための軍勢を指揮し、その後フランス王の代官としてミラノを統治した。しかし晩年にはフランソワ一世の不興を買い、地位を追われてシャルトル近郊で死亡している。彼は多くの芸術家たちを庇護し、特にブラマンテの弟子とされる画家ブラマンティーノ Bartolomeo Suardi, detto Bramantino（1465 c.-1530）との関係はよく知られている。彼がレオナルドと関わりを持つようになるのは、レオナルドの第二期のミラノ滞在（1508-13）の時期と考えられ、1507年にブラマンティーノに命じて、ミラノのサン・ナザーレ聖堂 S. Nazare に自分の墓所となるべき礼拝堂 Cappella Trivulzio の建設にかからせているが、これにはレオナルドも関わっていたと考えられ、英王室のウィンザー・コレクション（Windsor, Royal Collection）中のレオナルド手稿のなかにそれと関わる幾つかのスケッチが遺されている。またレオナルドに対し自分の騎馬像の制作をも依頼していたが（これもウィンザー手稿の中に多数のスケッチがあることから確認される）、これは実現しなかった。礼拝堂はサンタ・マリーア・プレッソ・サン・サティーロ聖堂の聖器室とよく似た構成となっているが、トリヴルツィオの失脚のため未完成となった。ついでながら、Suardi が「ブラマンティーノ」と呼ばれることとなった経緯ははっきりしない（Vasari の彼に関する記述は混乱

している）が、ブラマンテがミラノにいた時期にその助手となっていた可能性が考えられており、ブルスキがブラマンテ作とするカステッロ・スフォルツェスコ内 "Rochetta" の Sala del Tesoro（宝物庫）の壁画（「アルゴ」*Argo* と呼ばれる。1493 年以前）にはブラマンティーノの手が入っているとされる。

25. Schofield & Sironi, *op. cit.*, pp. 44-46.
26. *Ibid.*, p. 46.
27. 現在のヴォールトは身廊・側廊ともに実際のコファリングではなく、なめらかな面に絵でコファリングを描いたものだが、17 世紀前半の記録では、これらは交叉部のドーム内面と同様、スタッコと金属によるコファリングが施されていたという。これらは 19 世紀に建物全体の屋根の修復に伴い変更されたものと見られる、
28. ブラマンテがマントヴァにおけるアルベルティの建築を実際に見ていたかどうかは推測の域を出ないが、ブルスキを初めとするほとんどの研究者は、ブラマンテがロムバルディアに到達するまでの間に、マントヴァを経由していたであろうとする推測を支持しているように見える。また彼が画家ペルジーノと懇意の間柄で、そのペルジーノはマントヴァにいたルカ・ファンチェッリの娘と結婚しており、その後ファンチェッリがミラノに招かれ（後章参照）、ブラマンテとも交流があったと考えられることから、アルベルティからの影響はほぼ間違いないとの前提で論じられているようである。
29. 拙著「アルベルティ」の第 I 章、第 V 章などを参照されたい。
30. これに関わることとしてフロンメルは、ヴァザーリの記述（Vasari-Milanesi, IV, pp. 148-153. このくだりは第 I 章で引用してある）を楯にとって、ブラマンテはミラノのドゥオモを今後の建築の手引きとすべきものと見ていたのであって、彼の建築は「ゴシック的」構法理解の上に成り立っているのであり、サンタ・マリーア聖堂の（そしてそれ以後の作品の多くも）内部空間はゴシック風の「骨組み的構造システム」の表現となっていると主張している（Frommel, C. L., "Bramante: struttura, aggetto e la tradizione medievale", in G. Simoncini, a cura di, *Presenze medievali nell'architettura di età moderna e contemporanea*, Milano 1997, pp. 49-62；retrieved in Frommel, *Architettura alla corte papale nel Rinascimento*, Milano 2003, pp. 193-213）。それは半ば事実であるが、しかしそれが表現しているのがイマジナルな空間であることを見逃している。彼によればエンタブラチュアを付柱の上部で外へ張り出させる手法（彼はそれを "agetto" と表現している。サンタ・マリーア聖堂では交叉部および身廊の付柱の処理はたしかにそのようになっている）は「ゴシック的」なのであり、これは垂直方向

での構造システムの連続性（リブ・アーチなどを支える表現）を示す中世以来の伝統的構法に由来するのであって、古典建築手法とは異質なものだとする。ルネサンスの建築を形作る技術は中世の様式体系の完全な否定の上に成り立つべきものと捉えたがる「様式主義者」のフロンメルからすれば由々しきことなのかも知れないが、これは前にも述べた如く「様式」とは別次元の構造システムの論理化と関わる問題である。また些細なことではあるが、ヴァザーリのあやふやな発言をそのまま引いて、ブラマンテがあたかもベルナルド・ゼナーレから何かを得たように思わせかねないような書き方には抵抗を感じる（前章の注25を参照されたい）。

31. フィレルフォ Francesco Filelfo (1398-1481) については、拙著「アルベルティ」、第II章の注18を参照。彼は1474年ころまでミラノにとどまっていた。

32. Beatrice d'Este (1475-97). マントヴァ侯に嫁いでいたイザベッラ・デステ Isabella d'Este (1474-1539) の妹で、才色兼備の女性として知られた。1491年にルドヴィーコ・イル・モーロに嫁ぎ、第二子を産んだ直後、1497年1月に死去している。

33. cf. Anna Maria Brizio, "Bramante e Leonardo alla Corte di Ludovico il Moro", in *Studi Bramanteschi*, Roma 1974, pp. 1-26.

34. ジァン・ガレアッツォ・マリーア・スフォルツァとイザベッラ・ダラゴーナ Isabella d'Aragona (1470-1524) の婚礼の際にカステッロ・スフォルツェスコ内で1490年1月13日に行なわれた「天国の祭典」*Festa del Paradiso*（活人画の舞台）を指す。cf. Solmi, E., "La festa del Paradiso di Leonardo da Vinci e Bernardo Bellincioni (13 gennaio 1490)", in *Archivio Storico Lombardo*, XXXI, 1904, pp. 75-89.

35. レオナルドがミラノに来ることになったについては、後の言い伝えによればロレンツォ・イル・マニフィーコからルドヴィーコ・イル・モーロへの贈り物の楽器（リラ）を届けるためであって、リラの即興演奏の名手 Atalante Migliorati 某と同行していたと言われる（"Anonimo Gaddiano" の記すところによる。レオナルド自身もこの楽器の演奏に巧みであったとされる——Firenze, Bibl. Naz. Cent., *Cod. Magliabecchiano*, XVII, 17）。またヴァザーリは、このリラは銀で出来ていて馬の頭部の飾りがついており、それはレオナルドの自作になるものであったとしている（Vasari-Milanesi, VI, p. 28）。絵画作品としては、1490年頃までには「岩窟の聖母」*La Vierge aux Rochers* (1483-86, Louvre, Inv. 777. この絵は注文主の満足を得られなかったらしい) や「白貂を抱く女性」*Portrait of Cecilia Gallerani* (*Lady with an Ermine*), 1483-90 (Czartoryski Museum,

Cracow）などがあるものの、レオナルド自身はむしろ様々な技術的なアイデアの方でアピールすることを狙っていたように見える。

36. Ascanio Sforza（1455-1505）. 野心家で1474年にはパヴィアの司教となり、1484年には枢機卿となって、教皇位をも目指そうとしていたと言われるが、1492年のコンクラーヴェで敗れると、スペイン人枢機卿ロドリーゴ・ボルジア Rodrigo Borgia（Roderic Llançol de Borja, 1430-1503. 教皇アレクサンデル六世）の支持へと鞍替えし、それと引き替えにヴァティカン内での教皇に次ぐ権威として君臨する。しかし兄ルドヴィーコ・イル・モーロの失脚や教皇死後は威勢を失った。

37. 1487年の８月、パヴィア大聖堂工事責任者はローマにいるアスカニオ・スフォルツァに宛てて、新しい聖堂はローマにある聖堂やコンスタンティノープルのアヤ・ソフィアのような形にすることを決定したとして、"... conferre possit cum aliis pulcherrimis Romae Sacris Aedibus atque vel in primis cum illo Sanctae Sophiae Constantinopolis celeberrimo omium Templo cujus instar illud figratum invenire posse speramus ..."と報告していた。（cit. in Peter Murray, "Observations on Bramante's St. Peter's", in *Essays in The History of Architecture presented to Rudolf Wittkower*, London 1967, pp. 55-56）.

38. cf. Struffolino Krüger, "Disegni inediti di architettura relativa alla collezione di Vincenzo de Pagave", in *Arte Lombarda*, XVI, 1971, p. 292（cit. Bruschi, 1990, p. 62, n. 3）

39. "pro expensis sibi factis per Dominum Franciscum Senensem et Leonardum Florentinum ingeniarios cum sociis et famulis suis, et cum equis; qui ambo specialiter vocati fuerunt pro consultatione fabricae."（cit. Brizio, *op. cit.*, p. 9）. 二人のこのパヴィア視察はルドヴィーコ・イル・モーロの直々の指示によるもので、ルドヴィーコはアマデオも同行させるように求めていたが、彼はコモに出張中で、二人だけの訪問になった。この経緯については後の第 III 章の注13を参照。

40. いわゆる "Codice Ashburnham" の一部をなす手稿（B =Ash. 2037）で、建築や戦争のための器械など様々なテーマを扱っている。主として絵画に関わるテーマを扱った A（=Ash. 2038）と区別して "Ms. B" と呼ばれているが、もとは "A" とともに一つの冊子にまとめられていたものという。

41. A. Brizio（*op. cit.*, p. 10）はこのスケッチの存在やフランチェスコ・ディ・ジョルジォとのパヴィア出張などを証拠として、レオナルドがこのパヴィア大聖堂の計画に当初から深く関わっていたのだとしている（つまりその平面計画はレオナルドのアイデアの可能性があることをほのめかしている）がいかが

なものであろうか。この1490年の視察以前にレオナルドがパヴィアの工事に関わっていたことを示す史料は存在しない。

42. Giovanni Piero Fugazza については経歴不詳。ドルチェブォノ Giacomo Dolcebuono（c. 1440-1506）はミラノのドゥオモにも関わっていた工匠。
43. たとえば *Cod. Torinese Saluzziano 148* の ff. 11-13 にはそうした聖堂平面が多数掲げられているし、また f. 74 以下の古代ローマの遺跡の復原図と称するものの多くも、そうしたモティーフを採り入れた空想的な復原案となっている。
44. 私がパヴィアを訪れた 1989年8月には、その年の1月にそばの古い鐘楼（11世紀の建造）が自然崩壊し、隣にあった学生寮を直撃してかなりの死傷者を出すという事故があり、その影響で大聖堂は閉鎖されており、工事用囲いで囲まれ内部を見ることができなかった。
45. Beltrami, L., *Documenti e memorie riguardanti Leonardo da Vinci...*, Milano 1919, Doc. 76.（"de havere tutti li periti se trovino ne la architettura per examinare et fare uno modello per la fazada de S. Maria del le Grazie"）、これにはレオナルドの「最後の晩餐」も仕上がったことが記されている。
46. Ms. I（Institut de France）． 学士院蔵のレオナルド手稿は、前に挙げた *Cod. Ashburnham*（A, B）の他に C から M までの符号を付された手稿を含む。
47. Carlo Pedretti, "Il progetto originario per Santa Maria delle Grazie e altri aspetti inediti del rapporto Leonardo-Bramante", in *Studi Bramanteschi, op. cit.*, pp. 197-203（Id., "The Original Project for S. Maria delle Grazie", in *Journal of the Society of Architectural Historians* [*JSAH*], XXXII-1, 1973, pp. 30-42; Id., *Leonardo architetto*, Milano 1978 などにもほぼ同じ内容が収録されているが、JSAH ではまた別のレオナルド手稿 Ms. Foster II[1] の fol. 53 *r*, 63 *v*, c. 1495 などに、この内陣のアプスの基部などの断面詳細と実測寸法の記載があることを紹介している）。
48. Pedretti, 1974, p. 198. ルドヴィーコは自分の居城であるカステッロ・スフォルツェスコ近傍を整備して配下の有力者たちに住まわせる計画を進めていたようで、レオナルドをそれに関わらせていたものと見られるという。またレオナルドはこの貴族が催した祝祭の折りに、騎馬が登場するスペクタクルのための装置の設計も手がけていた。
49. A. Bruschi, *Bramante*, Bari 1990, p. 78.
50. ヴァザーリがほとんど無視していたブラマンテのロムバルディア時代の作品の認定については、根拠が不確かながら、パオロ・ロマッツォ Paolo Lomazzo（1538-92）の著書 *Trattati dell'arte della pittura...*,（*op. cit.*）の記述が手がかりとなっている。

51. J. Bruckhardt, *Der Cicerone, Eine Anleitung zum Genuß der Kunstwerke Italiens*, Basel 1855（邦訳、瀧内槇雄訳「チチェローネ〔建築篇〕」、中央公論美術出版、2004, pp. 230-31）。
52. Ninfeo di Genazzano, c. 1508(?). この作品については第 VI 章で触れる。
53. Villa Pojana, Pojana Maggiore, prov. di Vicenza, c. 1548. 拙著「パッラーディオ」（鹿島出版会、1979, pp. 176-178）参照。
54. Serlio, *Regole generali ...*, Lib. IV, pp. 153 *v*-156 *r*. セルリオはこれをヴェネツィアの都市住宅ファサード開口などに見られるものであるとし、それを「ブラマンテスコ」と結びつけることはしていないが、ブラマンテはこの後も「ブラマンテスコ」モティーフを用いながら同時に「セルリアーナ」も試みており、両者を近縁のモティーフと考えていたことは明らかである。このモティーフについての研究は、これまでのところウィリンスキによる幾つかの論文（Stanislas Wilinski, "La Serliana", in *Bollettino del Centro Internazionale di Studi di Architettura Andrea Palladio*, VII, 1965, pp. 115-125; Id., "La Serliana di Villa Poiana", *ibid.*, X, 1968, pp. 79-84; Id., "La Serliana", *ibid.*, XI, 1969, pp. 399-429）があるだけだが、もっと関心が寄せられて然るべきであろう。なお「セルリアーナ」や「ブラマンテスコ」の語がいつ頃定着したものかは確認していないが、ウィリンスキによれば「セルリアーナ」の語を取り上げたものとしては *Enciclopedia Italiana*, Roma 1949, XXXI, pp. 442-443 の Fausuto Franco による記述が早い例であるといい、それ以前のものでは「パラディアン・モティーフ」とされているケースが多いという。「ブラマンテスコ」は近年の命名と思われ、一般化していないようである。
55. ブルスキはこの建築やパヴィアのドゥオモなどについて、ブラマンテの光の扱いの重要性を強調し、それが物理的空間の輪郭を超えた無限定な空間的広がりを感じさせるとしているが、私としてはそのような説明には若干疑問を感じている。むしろそれはグラフィカルな手法からするイマジナルな空間表現のなせるわざであって、光を具体的な建築的要素と同等なものとして扱うような手法（たとえばパッラーディオのレデントーレ聖堂におけるような）にまでは至っていないと思われる。

III. ブラマンテとロムバルディア(2)

fig. 45　ミラノ大聖堂「ティブリオ」

III. ブラマンテとロムバルディア (2)

ミラノ大聖堂の「ティブリオ」

　パヴィア大聖堂の計画が始まる少し前の1487年ころには、ミラノではハンス・ネクセンペルガーがほとんど手を付けずに去ってしまった[1]後の大聖堂「ティブリオ」[2]の工事再開が論議され始めていた。この年から1490年にかけては、レオナルドやブラマンテを含む様々な工匠たちへの支払や、彼らを糾合した会議が行なわれたことが記録されており、それらのほとんどは「ティブリオ」の模型製作に関わるものであったと見られる。そして1488/89年ころには、ブラマンテが大聖堂建設局宛に「意見書」("Bramanti Opinio")[3]を提出しており、またレオナルドも各種手稿にその計画に関わると見られる多数のスケッチを描き、大聖堂建設局に提出するつもりであったらしい意見書の草稿をも遺していた[4]。さらに1490年には、アマデオら地元の工匠たちが作成した「最終案」にお墨付きを与えるために招請されたフランチェスコ・ディ・ジョルジョがそれに修正を加え作成された会議記録が遺されている[5]。これらの史料は、ブラマンテやレオナルド、そしてフランチェスコ・ディ・ジョルジョらがこの「ゴシック」の大建築をどのように捉えていたかを推し量る重要な手がかりとされているが、同時にこれら外来の建築家に対するロムバルディア人たちの根深い反発の様子が読み取られるという点でも、興味深いものである[6]。

　1487年8月12日、マントヴァ侯のもとでアルベルティ作品などの現場を担当していたルカ・ファンチェッリは、ミラノからフィレンツェのロレンツォ・イル・マニフィーコに宛てて長文の手紙を送っており、内容はマントヴァに戻ってもまともな仕事がなくきちんとした待遇が期待できない[7]ので、フィレンツェで仕事ができるよう取りはからって欲しい旨の請願であるが、現在ミラノにいる理由については、ミラノ公からマントヴァ侯に対しドゥオモのクーポラの工事に助言をして欲しいとの派遣要請があったためで、すでにミラノ滞在は6ヶ月になるが、あと2ヶ月以内にその仕事は終えるとしている。そしてこの建物はしっかりとした構造も正しい寸法も具えていないため今にも崩壊しそうな危険な状態にあり、充分に調査し改修した上でかからなければならないだろうというのであった[8]。

ミラノ公からの派遣要請は1487年2月9日になされており[9]、ファンチェッリは3月17日にはミラノに到着している。そして3月からこの年の12月にかけ幾度かの支払を受けているが、7月17日の支払記録によれば、「工事担当の技師となるべき技術者たちにより作成された模型を審査する」任務に対するものとされている[10]。つまり大聖堂工事局は、すでに幾人かの工匠たち（後に見るようにレオナルドやブラマンテらを含む8名ほど）に模型作成の競技設計を命じており、ファンチェッリはそれの審査のために招請されていたのであった。しかしロレンツォ・イル・マニフィーコ宛て書簡から読み取られるごとく、ファンチェッリはティブリオを建ち上げるためには既存の部分をやり変えなければならないと判断しており、その問題を解決しようと試みていたらしく、そのため滞在は予想外に長引くこととなり、彼がマントヴァに戻ったのは12月25日のことであった。

　提出されていた模型に対して彼がどのような裁定を下したのかは、記録が失われてしまっているため不明のままである。おそらく大聖堂工事局は、ファンチェッリが想定していたような既存部分の大がかりな改修は避けたいと当初から考えていたようで、彼の裁定は工事局から受け入れられなかったものと見られる。そして1488ないし89年になって、競技設計参加者の一人であったブラマンテが「意見書」を提出し、それには明らかに工事局の方針に対する批判と見られるような内容が記されていた。またレオナルドは1490年、提出していた模型が破損したことを理由にそれを引き取りたい旨申し出て、一旦はその作りかえのための費用を受け取っているが、模型は再提出されることなく、レオナルドは受け取っていた費用を数年かけて弁済している。

　結局ブラマンテとレオナルドはこの競技設計からは手を引いた形となる。そして1490年4月13日水曜日、大聖堂工事局は新たに次のような決定を行なう。すなわち、これまで工事局は各地の教皇領やシチリア王国、ヴェネツィア領、あるいはフィレンツェ領などに有能な技術者を求めてきたが、それは見当たらなかったので、ミラノ領内における最も優れた技術者であるジョヴァンニ・アントーニオ・アマデオとジョヴァンニ・ジァコ

モ・ドルチェブォノの両名に命じてティブリオの模型を造らせ、それらの選定をフランチェスコ・ディ・ジョルジョとルカ・ファンチェッリに委ねるというのである[11]。

これを承けて工事局はただちにミラノ公爵名でシエナとマントヴァに書簡を送り、更に使者を派遣して両名の派遣を要請する。ファンチェッリは5月10日までにはミラノを訪れていた模様であるが、アマデオらの模型に対しては不満を表明し、それらを作りかえるべきことを進言している[12]。この要求を工事局がどのように処理したかは明らかではなく、以後ファンチェッリは一切この件に関わった様子はない。フランチェスコ・ディ・ジョルジョの方は5月31日にミラノに到着すると、独自に模型の製作に取りかかり6月20日までには完成させていたと見られる[13]。そして工事局は6月27日の日曜日、カステッロ・スフォルツェスコ内でルドヴィーコ・イル・モーロの臨席のもと、多くの工匠たちが

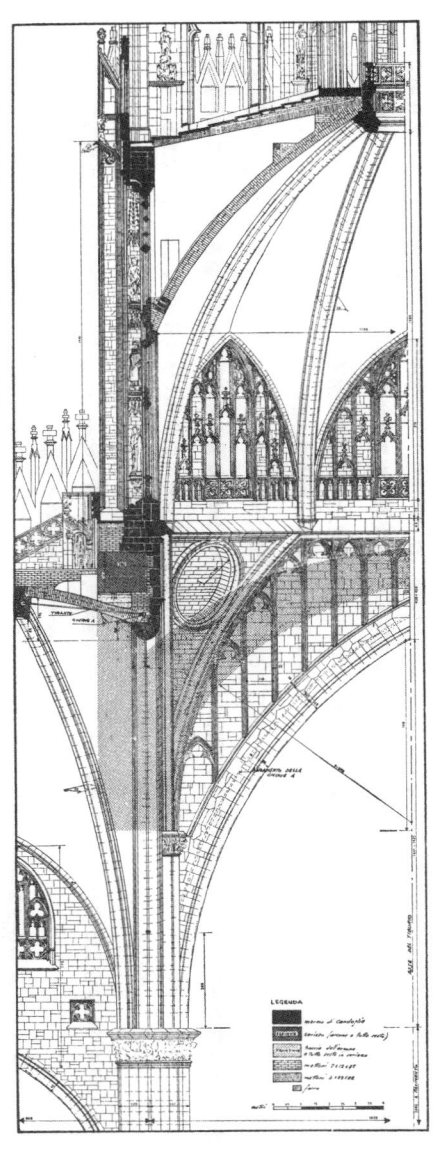

fig. 46　ミラノ大聖堂交叉部詳細

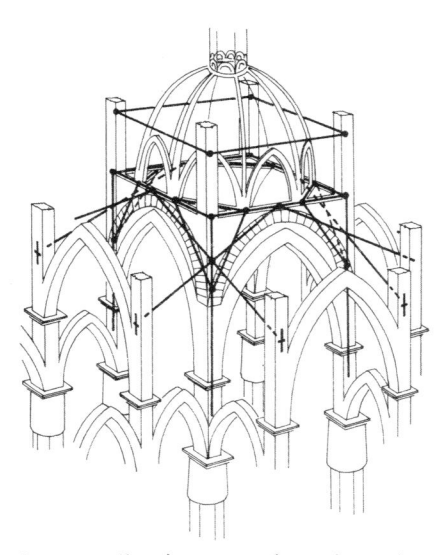

fig. 47　フランチェスコ・ディ・ジョルジォの提言による補強策

出席する中、フランチェスコ・ディ・ジョルジォの模型とアマデオのもの、ドルチェブォノのもの、シモーネ・デ・シルトゥリ師のもの、そしてジョヴァンニ・バッタジォのものの5点[14]の模型の審査が行なわれ、アマデオとドルチェブォノの2名がフランチェスコ・ディ・ジョルジォの助言を得て最終の模型を製作すべきことを決定し[15]、7月1日にはアマデオとドルチェブォノが主任技師に任命され、11日、起工式の運びとなる。

　6月27日の議事録にはおそらくフランチェスコ・ディ・ジョルジォの進言による十数項目に及ぶ聖堂の交叉部周りの躯体補強に関わる指示が記されていたのであるが、それらが忠実に実行されたようには見えない。1500年には一応ティブリオの躯体主部が完成したが、その後は工事進行は緩慢となり、アマデオの死（1522年）以後は人々の関心は聖堂のファサードの意匠などの方に向けられて、ティブリオは裸の躯体むき出し状態のまま、18世紀半ばまで放置されていた。これが最終的に現在の姿となるのは19世紀半ばのことである。

　ミラノ大聖堂はその計画当初から、構造強度の問題と形態をまとめて行くための美学的規範との関わりをめぐって多くの議論が繰り返され、その都度折衷的な方策によって切り抜けてきていたのであったが[16]、この「ティブリオ」をめぐる騒動はその矛盾を一気に露呈することとなったように見える。ことの始まりはファンチェッリがこの建物が崩壊の危機にあると警告したことであったはずだが、その構造的問題がどのようなもので何に起因するものであったかが、実のところはあまりはっきりしていない。1967

III. ブラマンテとロムバルディア (2)

年に行なわれた構造調査では、交叉部の四本の大柱 pier が垂直ではなく頂部が外側に向かって傾いていることが確認されており[17]、しかもこの傾きはクーポラ施工後の荷重による変形ではなく、何らか別の原因で（施工誤差とは考えられない大きさという）大柱が傾いたままの状態でその後の工事が進められたと考えられる。15世紀の技術者たちがこの事実を認識していたかどうかは不明であるが、おそらくこのことと関連してクーポラをその上に建ち上げるためのペンデンティヴなどに問題が生じているのは確認していたのであろう。そしてその状態のままティブリオによる荷重を加えることは危険と判断されたものと思われる[18]。

1490年6月27日の最終決定は、できるだけ既存部分をやり変えることなく、予想される変形や亀裂などを防ぐための最小限の方策をとりまとめたものと考えられる。フランチェスコ・ディ・ジョルジオ自身が造っていたとされる模型は遺っていないので、彼が当初どのような方針で臨んでいたのかは知る由もないが、この決定は妥協の産物であり、ルドヴィーコ・イル・モーロとロムバルディア工匠たちの双方の顔を立てる苦肉の策であったと見られる[19]。

大柱が傾いた原因の一つとしては、交叉部四辺に架け渡された尖頂の横断アーチよりも外側の位置でさらにそれより高い半円アーチが載せられていたことが考えられるという[20]。交叉部を覆うためのクーポラは、すでに15世紀初めの計画の当初の段階で八角形とすることが決まっていたようで、グィニフォルテはそれに従ってクーポラの基部の八角形を支えるためのペンデンティヴまで造りかけていた。問題の頑丈な半円アーチは（fig. 46ではその位置がグレーの網掛けで示されている）そのペンデンティヴとは無関係の構造となっており、それで直接クーポラの荷重を受けるようには出来ておらず、クーポラの荷重のためとは考えられない。このアーチは大柱の心ではなく外側に寄った位置から建ち上げられていて、主としてその偏心荷重のために大柱に傾きが生じていたのであろうとされる。

フランチェスコ・ディ・ジョルジオはおそらくこの問題に気づいていたと見え、その外向きのモーメントを軽減するために、大柱内側の方にも

同様な半円アーチを載せてバランスをとることをその補強策の一つとし、様々なタイ・バーの採用とセットにして提案していたのであった。しかしロムバルディアの工匠たちは結果的にはそれらの提案のほとんどを無視し、フランチェスコの提案は活かされることはなかった。18世紀の工事では鉄のリングを挿入することで問題を解決しようとしていたらしく、1967年の構造調査の際にその鉄材の存在が確認されているという。

レオナルドとブラマンテの「意見書」

　レオナルドの意見書草稿（*Codice Atlantico*, f. 270 *r*）[21]は書きかけの未定稿であるが、その書きぶりはかなり挑発的というか、皮肉をこめたようなもので、建物というのは人間の身体のようなもので、それが病気であるとなれば薬を処方しなければならないのだが、薬は正しい用い方をしないと却って害にもなるので、そのためにはその建物がどのような成り立ちとなっているのかを知らなければならない[22]、というような至って一般的な託宣だけである。おそらくこれは1490年に彼が模型を取り下げた後に、工事局のやり方に対する不満を述べようとしたが、途中で思いとどまったものと見られる。

　彼が具体的にはどのような提案をしていたのかは、彼が幾つかの手稿に描き遺していた様々なスケッチ[23]から推測するしかないが、それらの多くは計算のための数値や簡単なダイアグラムなどを記したもので、クーポラの構造をかなり詳しく描いたものとしては *Cod. Atlantico*, f. 310 *r* & *v* があるだけで、その2点がレオナルドの提案を推測する最も重要な手がかりとして取り上げられることが多い。それらの図は断面輪郭と見えがかりの姿とが区別されずに描かれているなど解釈が難しいが、当初から計画されていた八角形のクーポラの形を活かしながら、いかにしてその強度を確保するかを検討するためのものであったと考えられているようである。

　交叉部の四本の大柱によって構成される正方形のベイの上に八角形のクーポラを建ち上げるためにはペンデンティヴを設けてやらなければならないが、レオナルドを含む当時の技術者たちには、八角形の一辺の幅しか

III. ブラマンテとロムバルディア (2)

ない狭いペンデンティヴだけでは、クーポラからの荷重や反力を充分に支えきれないのではないかとの不安があったものと見られる。f. 310 r と v のスタディでは、主としてその問題に対処するためと見られる対策が試みられていて、予想される反力や荷重に対してバットレスや短いリブを付加するなどのアイデアが描かれており、またリブを凹凸のある石材を嚙み合わせたもので造るという着想も見られる。アーチやヴォールトの力

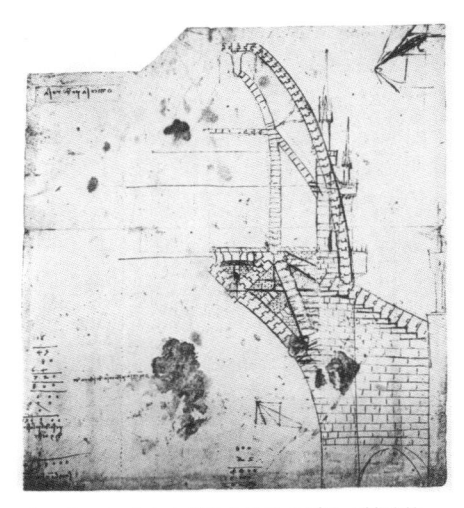

fig. 48　レオナルドによるティブリオ補強策
　　　　Cod. Atlantico, f. 310 r

の流れは複雑で、それらの完全な解明は現代にあっても困難であるが、レオナルドはそれをできるだけ骨組み的に分解することで解決策を見出そうとしていたものと考えられる[24]。

　こうした課題への対処の仕方は、いかにも実験精神の旺盛なレオナルドらしいものと言えるが、それらの方策が果たして有効に働くものであるかどうかという問題はさておくとしても、その骨組みが一貫した構造モデルにまで練り上げられているかとなると、かなり問題がありそうである。木造や鉄骨造による骨組みならばそのモデルを構想することは比較的容易であるが、石や煉瓦による組積造では限界があることは明らかであり、部分毎に応急措置的に手当を考えて行くというやり方にならざるを得ない。あるいはレオナルドはそうした限界を感じ取って、競技設計から退くことにしたのかも知れない。

　レオナルドが1480年代の後半ころから建築への関心を深め、その手稿に数多くの建築のアイデアを描き留めていて、それらがブラマンテをはじめとする人々に強い影響を与えていたであろうとする見方がこれまでのレオ

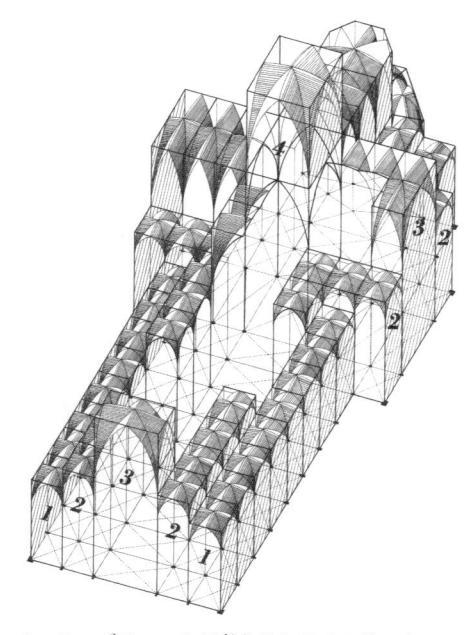

fig. 49　ブラマンテが考えるミラノのドゥオモの
　　　　理想的構造模式図

ナルド研究の主流となっているようであるが[25]、筆者としてはこうした見方については若干の留保を付しておきたいと考えている。この時期の建築的コンセプトの動向を知る上でのそれらの史料的価値を否定するつもりはないが、少なくともブラマンテやフランチェスコ・ディ・ジョルジョらとの関わりに関するかぎり、状況証拠から判断するなら、レオナルドのオリジナル・アイデアとされてきたものの多くはむしろブラマンテたちの着想をメモしそれに彼流の工夫を加えたものであったと思われるし[26]、何よりもそれらのイメージが相互の脈絡を欠いた部分的アイデアの寄せ集めからなっているという点で、アルベルティが目指したような（またブラマンテの考えるような）建築技術のありかたとは異なるものであるように思われるのである。

　ブラマンテの「意見書」は、1487年に提出されていた8点の模型[27]の内、レオナルドとブラマンテ自身、それとヨハン・マイヤーのものを除く5点の模型について、それぞれの得失を指摘しつつ批判したものだが、レオナルドの草稿のような挑発的な書き方ではなく、きわめて冷静な筆致で述べられている。ブラマンテ自身の案がどのようなものであったかはこれでは全く不明ではあるものの、彼がこの大建築をどのように捉えていたのかがそこから推測でき、また彼がその批評の拠り所とする建築的規範が明確に挙げられていて、この建築家が自らの建築的信条に触れた唯一の文章とし

ても興味深い。

　冒頭で彼は建築の四つの要件、「強度」"forteza"、「整合」"conformità"、「軽さ」"legiereza"、「美しさ」"belleza" を列挙し、そして八角形よりは四角の方が強度があり、またアーチは尖頂よりも半円形がより堅牢であるとするが[28]、彼が特に重視するのは「整合」、つまり建物の当初の計画方針[29]との整合性であって、この建築は平面もまた高さ方向も正方形で計画がスタートしていたのだから、それに従うことが最も自然であり、また正方形には半円形アーチが最も適合性があり、従って美しさも保証されるというのである。研究者の中には、この「整合」の文言を捉えて、ブラマンテはこのミラノのドゥオモの「ゴシック様式」を擁護しているのだと結論づける向きもあるようだが、すでに前章でも触れていたごとく、これは建築全体を一個の統一したシステムとして捉えるというブラマンテ一流の方法から導かれるものであって、「様式」とは次元の異なる問題なのである。そしてそれはレオナルドの *ad hoc* な問題解決法とは明らかに異なるものであり、こうしたことから彼は5点の模型について、それぞれ部分的には正しいものを具えていて、それらを突き混ぜればあるいはましなものが出来るかも知れないが、そのような方策を採るべきではなく、それらの案は「整合」という観点からしてすべて不合格であると結論づけている。

　ブルスキはこの「意見書」から推測されるブラマンテにとっての聖堂のあり得べき姿をダイアグラムとして描いているが、それは全体としては1390年頃にボローニャの建築家アントーニオ・ディ・ヴィンチェンツォがニコラス・ド・ボナヴェンチュールの案として描き留めていた姿[30]に近く、比例は（モデュールは別として）1392年にハインリヒ・パーラーが提示していたものと同じであるように見える。いずれにせよこの姿は、1392年以後に承認されていた異なる比例のグリッドを積み重ねて出来上がっていた折衷案とは全く異なるもので、身廊のヴォールト全体を造り変えないかぎりあり得ない形であったし、また求められている構造的問題解決に対する適切な提言であったとも言い難い。工事局がそれを受け入れるはずはなく、むしろブラマンテは、どうにかしてブラマンテら外来の技術者を排除したい

と考えている大聖堂工事局のやり方を見越した上で、それへの批評として自案を提示していたのではないかという疑いも捨てきれない[31]。

　かくてブラマンテのロムバルディアにおける建築活動は、「ロムバルディア的なるもの」への批評という色彩を帯びざるを得ないこととなる。このころからのブラマンテの作品に顕著となってくるある種の諧謔味、ないし突き放したような手法は、そうしたブラマンテの屈折した心情を反映したものとは見られないであろうか。ブルスキは、1492年から4年にかけての二度にわたるブラマンテのフィレンツェ（そしてローマも？）訪問が、それまでの「ロムバルディア風」から脱するための大きな転機になっていたのではないかとしている[32]が、すでにそれ以前からブラマンテの中では、ロムバルディア的建築風土のみならず、蔓延し始めていた表層的な「古典主義」の風潮に対する疑問も頭をもたげ始めていたと考えるべきであるように思われる。「意見書」はその最初の兆候であった。

サンタムブロジオ修道院の「カノニカ」

　1492年、アスカニオ・スフォルツァは、監督を任されていた由緒あるサンタムブロジオ修道院聖堂に、新たに司祭館 Canonica を付設する計画を立てブラマンテにそれを託したと見られる。この年の4月にはブラマンテはその計画に取りかかっていたようだが、9月11日のサンタムブロジオ修道院の工事関係出納簿には、ブラマンテの指示に従って「カノニカ」の（計画の？）「変更」（mutazione）がなされたとあり、また同じ月の19日にはルドヴィーコ・イル・モーロが、ブラマンテについて「このカノニカを彼が構想し設計したいと望むような形で設計させる」べきことを命じている[33]。

　ブラマンテはこの時期、パヴィアの大聖堂やミラノのサンタ・マリーア・デッレ・グラツィエ聖堂、それに後述のヴィジェーヴァノの計画など多くの仕事に関わっておりかなり多忙だったはずで、ルドヴィーコ・イル・モーロは幾度か秘書に命じて出張しているブラマンテを探し出してミラノに戻らせるよう指示していた[34]。その一方でブラマンテは1492年の5ないし6月から8月ころまでミラノを留守にしていたようであり、おそら

くはトスカーナ地方などに出かけていたものと思われる。ブルスキはこれはフィレンツェでブルネッレスキの建築を見学するためであったろうとしており、その見聞の成果が「カノニカ」の計画変更に表れているであろうとするが[35]、もしそうだとしてもこの建築にはブルネッレスキからの影響だけでは説明しきれないものがあるように思われる。

　これは聖堂の北側面に沿って、その横にあるサン・シジスモンドの小聖堂 Oratorio di S. Sigismondo（ローマ期の建物の残骸を寄せ集めて造られている）も取り壊し、正方形

fig. 50　サンタムブロジォ修道院「カノニカ」

の中庭を囲い込む計画であったらしいが、実現したのは聖堂側面に取り付く柱廊一列だけで、おかげでサン・シジスモンド聖堂はそのまま遺された。19世紀頃まではこの場所は様々な建物が建て込んでいたが、20世紀初めからそれらは順次除却された。柱廊は第二次大戦の爆撃を受け、1955年までかけて修復され現在の姿となったものという。

　柱廊は中央に2層分の高さのある大きなアーチ（ブルスキは「凱旋門」と表現している）を置き、その両側初層に5スパンずつのアーケードを配した形で、その上層は等間隔に窓を配置している。これらの窓の間には付柱が取り付くはずであったと考えられるが、筆者が訪れたときにはその痕跡はスタッコで隠されて白一色の平坦な壁面となっていた[36]。中央の大アーチを受けるのは溝彫りを施したコリント式の角柱で、それらの外側には少し奥へ引き込んで同じ形だが溝彫りのない角柱が添えられている。柱廊の内側にまわると背後にも同様な角柱が添えられていて、複雑な束ね柱の様相

を呈している。これは両脇の壁面から少し外に張り出している中央大アーチの壁面とその両脇のアーケード壁面を区切るための角柱、柱廊内側のクロス・ヴォールト天井を受けるための角柱などが寄り集まった結果と見られる。ブルスキが「凱旋門」と呼ぶ大アーチは、アーキヴォルト両肩のスパンドレルに円形の凹みを設けただけの抽象的な造形で、凱旋門というよりはウルビーノの王宮の「トッリチーニ」のアーチの一つをとってきたような形である。このアーチ奥の聖堂への入口両脇にはルドヴィーコと妃ベアトリーチェの胸像が取り付けられている（ブロークン・ペディメントをのせた入口枠は後の改造であろう）。

fig. 51　「カノニカ」柱廊中央アーチ

　両脇に連なる小アーチ群を支えるのはやはりコリント式（？）の円柱で、ブルネッレスキのサン・ロレンツォ聖堂身廊の柱のように柱頭の上に"dado"ないし副柱頭を載せてアーチを受けている（柱頭の形は皆少しずつ違っているように見える）。奇妙なのはそれらの円柱の中に、枝を払った切り跡を遺す丸太の形を模したもの（中央アーチに隣り合うものと、回廊アーケードの入り隅となるはずであった両端のもの）が混じっていることである。これはウィトルウィウスが示唆する円柱の起源（太古の人々は樹木の枝を払った丸太を柱にしたとする。*De architectura*, Lib. IV, cap. 1）を意識したものと見られるが、大アーチの抽象的な表現とは対照的に生々しい即物的な表現で、人目を驚かすには充分である[37]。大アーチは両脇の小アーチのちょうど2スパン分の幅を占めており、おそらく1492年9月の"mutazione"というのは

その2スパンを取り払って後から大アーチを嵌め込んだことを指すものと見られる。もしそうだとすれば、それに寄り添っている丸太柱や回廊隅の位置の丸太柱もそのときの変更で導入された可能性がある。

　ここではブラマンテは、ウルビーノのパラッツォ・ドゥカーレ中庭のようなアーケード入り隅を壁柱で固めるという手法は採らず、隅部やアーケードの端となる大アーチ横などにはこの丸太柱を置くことにしたもののようである。物理的ヴォリュームによって空間を限定するのではなしに、他の円柱や大アーチの抽象性とは明らかに表情の異なる丸太柱を用いることで、その諧謔性を利用し記号的に空間の区切りを示そうというのである。このやや人を喰ったようなコンセプチュアリズムは、しかしブラマンテにしてみれば、その絵画的表現手法から自然に導かれるものであったろう。同様なコンセプチュアリズムは、柱廊中央の大アーチによって空間軸線を表示するというやり方にも表れており、おそらくこの中庭は四面が同じ形の柱廊で囲われる計画であったと見られることから、それぞれの大アーチ同士が向かい合うことになれば、そこで発生してくる軸線が強く印象づけられたに違いない。

　一見したところ単純な諧謔のように思われるこの構成には、実は周到に仕組まれたレトリックがこめられており、一筋縄では説明しきれない複雑な多義性をはらんでいる。丸太柱の導入がフィレンツェ訪問後のことであるとすれば、当然サン・ロレンツォ聖堂やオスペダーレ・デリ・インノ

fig. 52 「カノニカ」柱廊の丸太柱

チェンティ、あるいはパラッツォ・メディチなどを見て来ていたはずで、これがもしブルネッレスキやミケロッツォなどのフィレンツェ建築からの「影響」であるとするなら、むしろそれは「パロディ」としてであって、また同時にブラマンテ自身のルーツであるはずのウルビーノの建築（ラウラーナによるパラッツォ・ドゥカーレの中庭）への裏返しのオマージュないし皮肉と見ることもできる。更にはウィトルウィウス＝古典への軽妙な揶揄とも言えるだろう。

　ブラマンテがウィトルウィウスやアルベルティによる古典建築理論に関心を寄せ、それを批判的に咀嚼していたであろうことは、ミラノのドゥオモの「ティブリオ」についての「意見書」からも窺われ、そこではウィトルウィウスの三要件 *firmitas, utilitas, venustas* を自己流に *forteza, conformità, legiereza, belleza* という四項目に修正していたのであった。16世紀の文献には、ブラマンテが建築のオーダー論や築城術、絵画論（"quadratura"）、ドイツ風（ゴシック？）手法論（"lavoro tedesco"）などの著作をものしていたとの記述があり[38]、それらは現在には伝わっておらず、真偽のほどは確かめようがないが、オーダー論とともにゴシック論も挙げられているというのは、ブラマンテのロムバルディア体験から考えてあり得ないことではないように思われるし、またその思考の柔軟さを示唆するものでもあって、そうした囚われない批判的精神がこの大胆な建築的実験をなさしめたと考えられる。

　ともあれこうしたコンセプチュアリズムの手法は、オープンな屋外の空間を扱う場合に特にその有効性を発揮することとなるはずで、ブラマンテが手がけた同様な課題の中で様々な試行錯誤が重ねられて行くのである。

ヴィジェーヴァノの広場計画

　ヴィジェーヴァノ Vigèvano はミラノから西南へ35 kmほど、ティチーノ河 Ticino 西岸の町である。14世紀以後ヴィスコンティの支配のもと、ミラノとパヴィアの間を扼する重要な軍事拠点となっており、町の南にある丘の上には当時のロムバルディアでは最大とされる砦が築かれていた。世

III. ブラマンテとロムバルディア (2)

fig. 53　ヴィジェーヴァノの広場 Piazza Ducale

紀半ばにヴィスコンティからスフォルツァへ政権が移る過程の動乱で城はかなり荒れたらしいが、フランチェスコ・スフォルツァの妃ビアンカ・マリーアの希望もあって、砦は居城としても用いられるように整備が始められていた。特にこの城で生まれたルドヴィーコ・イル・モーロにとっては、ヴィジェーヴァノは思い入れの深い土地であったと見られ、城と城下の街路や広場の整備に力を入れており、1494年にはフランス王シャルル八世を城に迎え入れられるまでに飾り立て、その少し後には神聖ローマ皇帝マクシミリアンをも招待している。ルドヴィーコの作事は1490年頃から開始されており[39]、多くの工匠たちが動員されていたと見られ、1492年から95年にかけての史料にはレオナルドやブラマンテの名も現れるが、その後の改変などのため彼らが関わったであろう箇所を特定するのは困難とされる[40]。

　城の北側直下に位置する広場 Piazza Ducale の方は、その計画をブラマンテの名と結びつけることがほぼ定説となっている[41]。しかしこれにブラマンテが関わっていたことを直接的に示す史料は一切存在しない[42]。この広場の整備に関しては、1492年5月3日にルドヴィーコ・イル・モー

ロ が "maestro del caxa universale" の肩書きを持つ工匠アムブロジォ・ダ・コルテ Ambrogio da Corte に命じて、「ポルティコをそなえる新しい建物によって広場を飾るべく」、その場所をふさいでいる建物群を除却することを命じて以後、着々と工事が進行していたようで、1494年の7月には広場の舗装が出来上がり、9月には柱廊ヴォールトの塗装が仕上がっている[43]。この工事に関わっては多くの記録が遺されているが、それらのどれにも計画が誰の手によって作成されたものか明記されていない。取り壊された家の持ち主たちに対しては、市は1493年から94年までの間の税金を免除していたという[44]。

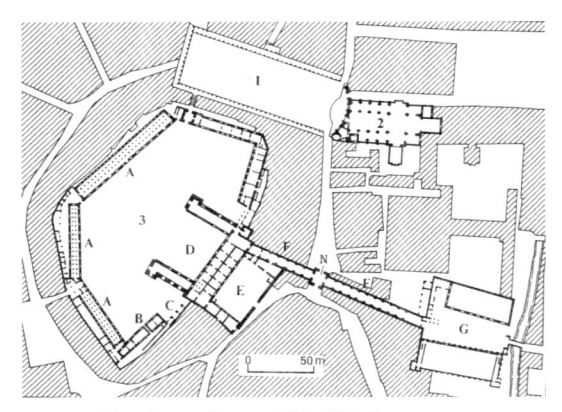

fig. 54 ヴィジェーヴァノの城と広場（from *Guida d'Italia, Lombardia*）

1: Piazza Ducale　2: Duomo　3: Castello
A: 厩舎　　B: 鷹の飼育小屋　　C: 展望ロッジア
D: 宮殿 Palazzo Ducale　E: Loggia delle Dame
F: 空中回廊　G: Rocca Vecchia
城の西側を巻くように通る街路が Via del Popolo

広場の南西角のアーケード背後の丘の突端に建つ塔の基部には大理石の銘板があって、城や広場及び街路などの整備がルドヴィーコ・イル・モーロの手によってなされた旨がラテン語で記されている[45]。そして1494年8月、フェッラーラの使節の報告は次のように述べている。

「去る月曜、夕刻遅くにヴィジェーヴァノに着きました。そこは結構で広大な城壁に囲まれておりますが、私の見るところでは、そこの人々もまた建物も、あまり立派でもまた洗練されているとも思われませんでした。そこには幾つか立派な広い通りがありますが、木煉瓦ないし割石で舗装されているのは僅かで、家の数もそれほど多くありません。ルドヴィーコ閣下はあらゆる

fig. 55　広場のアーケード北側

努力を払ってそこを名実伴う都市に仕上げようとしておられ、城のそばには広い通りがありますが、その両側の家々をすべて取り壊させ、長大で広々とした広場となし、円柱で支えたポルティコとヴォールト付きの店舗群をその全周に続らしており、完成したならばさぞ立派で美しいものとなるであろうと思われます。一方城は広く囲われ、その砦の内側には沢山の住居があります。」[46]

　広場は東西に長い平行四辺形で、北・西・南の三方を柱廊で囲われ、東側は大聖堂のファサードとなっている。東西は134 m、南北が48 mで、現状は短い西側が12スパンのアーケード、南北の長い側は33スパンである。東側のサンタムブロジオ大聖堂 Sant'Ambrogio の広場に対して湾曲したバロック風ファサードは、スペイン人司教ホワン・カラムエル Juan Caramuel de Lobkowitz（1606-82）[47]により1680年に着手されていたものである（おそらく彼自身の設計による）。アーケードのアーチはスパンがまちまち、円柱の柱頭もゴシック臭の脱けきれない稚拙なもので、少しずつ形が違っている。

fig. 56　西側アーケード（Via del Popolo 入口）

アーケード上部は円頂窓とその上に円形窓が等間隔で配置され、壁は一面に彩色があり、幾何学的な装飾文様やグロッテスカ風の図柄の他にアーキヴォルトや開口の縁取り、それに徳利形の円柱、あるいは唐草模様を施した付柱らしきものも描かれており、「パニガローラのフレスコ」のように絵で建築表現の代用を務めさせようとしたものと見られる。北側の並びのほぼ中央部の壁には城を象ったと見られる紋章のような絵が描かれているが、これはその背後に設けられた市庁舎の位置を示すための目印であるという[48]。

　奇妙なのは、その絵で表現された建築と実際の建物のリズムとがところどころで食い違いずれている箇所が見られることだが（西側の Via del Popolo から広場へ入る部分、北西隅から出る街路の部分、北側中央部から出る街路の部分など）、これは17世紀末にカラムエル司教が大聖堂ファサードの新設とともに上記の箇所を変更し、すべて一様なアーケードとしており（同時に広場南側西端にあった塔への階段を廃して連続したアーケードで塞いだ）、更に1757年になって壁面が全面的に色揚げされ、開口部の縁取りなどの装飾が「ロ

III. ブラマンテとロムバルディア (2)

ココ風」にやり直されていたものを、1900年から1902年にかけ、痕跡を頼りに15世紀の彩色を復原しようとしたためであって、それが17世紀に改造されていたアーケードのリズムとは合わなかったためであるらしいが、この20世紀初めの「復原」はかなり杜撰なもので、痕跡が分からなくなっている部分については勝手に創作してしまっていたようである。

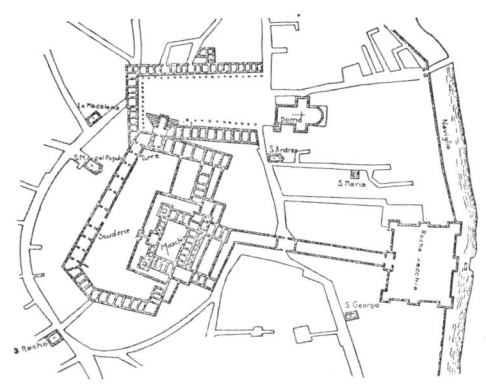

fig. 57　1626年ころのヴィジェーヴァノの城と広場

　カラムエルによる改造以前の広場の様子を示すものとしては、1626年時点の様子として Malaguzzi-Valeri が掲げている図 (fig. 57) がある。これは広場の形が歪んで描かれ、またアーケードのスパン数が違っているなど不正確なものだが、城の塔と広場とがつながっていた様子を知る手がかりとなる。城と広場のレヴェル差は7mほどあるが、これによれば、広場のアーケードは塔の前面では途切れていて、その場所に城からの階段が広場まで降りてきていたことが分かる。この広場の復原考察に取り組んだロッツ W. Lotz は、アーチを受ける柱頭の形 (カラムエルの紋章が取り付けられている) などから判断して、現在の南側アーケードの西端から9スパン分が、その場所をふさぐべくカラムエルが新しく設けた部分であろうと推定している。西側のポルティコは現在は12スパンであるが、おそらく当初はもう少し南へ延びて15スパン (ないしそれ以上) となっていたであろうとする。また東側の大聖堂正面は広場に対してやや斜めになっていたものを、カラムエルはこれを補正するために古い聖堂本体とは関わりなく広場に向けて湾曲したファサードを新たに取り付けたものと思われる。

　問題は壁の絵と建築がずれている部分であるが、当初の姿を完全に復原するのは困難ではあるものの、北側ポルティコ西端の3スパン分について

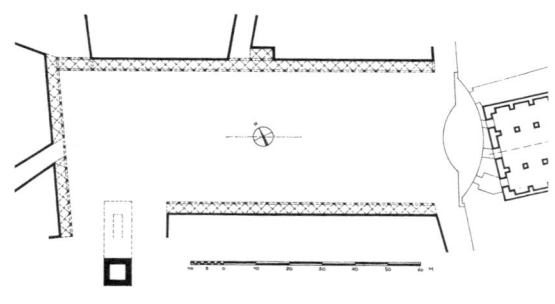

fig. 58　W. Lotz による広場復原図

は、回廊背後の街路からの入口部分では円柱に沿って角柱が立っていて、それでアーチを支えていた痕跡があり、また広場側壁面の絵には3スパンの中央のところに大きなアーチが描かれその両脇に2本組となった付柱が描かれている（ただし正確な復原ではないらしい）ことから、ロッツはこれは「凱旋門」風の構成を狙ったもので、これがちょうど城への入口の塔と向かい合う形となるように考えられていたのであろうとしている。2本組の付柱で大アーチを囲み、その両脇に小さな開口を配する形は、マントヴァのサンタンドレア聖堂身廊の壁面構成を想わせるものがあり、おそらくそこからヒントを得たものであろうとされる。西側アーケードの Via del Popolo 入口にあたる部分（現在のアーチ二つ分）も、おそらくこれも同様な大アーチで両脇に小アーチを配する凱旋門風であったと見られるが、ここでは角柱の痕跡が確認できず、また広場側の絵もオリジナルの構成を無視した空想的復原であるため、正確な再現は困難であるらしい[49]。

　ブラマンテがこの広場の計画に関わっていたであろうことは、壁面に描かれた建築的な図柄などからほぼ間違いないと見られるが、彼の関与が全体の構成にまで及ぶものであったかは、疑問の余地なしとしない。この時期にレオナルドが「ラ・スフォルツェスカ」や城の計画に携わっていたと見られることから、その積極的関与を主張するものがあるし[50]、また多くの研究者も、この計画はレオナルドとブラマンテの共同の産物であろうとしているようである。レオナルドの関与の有無は別としても、多くの既存家屋を除却してまで行なわれた広場の形をわざわざ歪んだ平行四辺形としなければならなかった理由は不明で、ブラマンテがそのような提案をしていたとは考えにくい。施工の杜撰さからしても彼がこれを自分の「作品」

として重視していたようには見えないし、しかも彼は1493年末から94年はじめにかけて、広場の工事が進行中であるにもかかわらず現場を留守にし、トスカーナ地方に旅行している[51]。

　この広場は、2年という短期間に一気に建設され、均一のポルティコによって広い都市空間を囲い取っているということから、ルネサンス的アーバン・デザインの嚆矢とされるものであり、その意味でもブラマンテとの結びつきが重視されているのであるが、おそらく「画家」と見なされていたブラマンテには広場の形状やそれを

fig. 59　北側アーケード西端部

取り巻く建築の計画について容喙する機会はなく、彼の関知しないところで出来上がっていた形に絵でもって体裁を添えるという課題だけが与えられたのではなかったろうか。こうした古代風広場の構想自体は、それまで実現こそしていなかったものの、フィラレーテの著作などにはすでに現れていたものであり[52]、ルネサンスの君主たちならば誰でも、機会さえあれば手がけてみたいと思われていたものであろうし、ルドヴィーコもブラマンテを待つまでもなくそうしたものの実施を工匠たちに自ら直接指示することができたに違いない。そしてこれが中世のコムーネの都市広場とは異なる「ルネサンス都市広場」の一典型とされる所以は、コムーネ民衆の内発的ニーズから出たものではなく、ひたすら君主の impresa のために構想されたということなのである[53]。ここにおけるブラマンテの主たる功績は、そのように与えられた空間を持ち前のグラフィカルな手法によって変貌させ、イマジナルな形で権力者の望む「ルネサンス的空間」を表現して

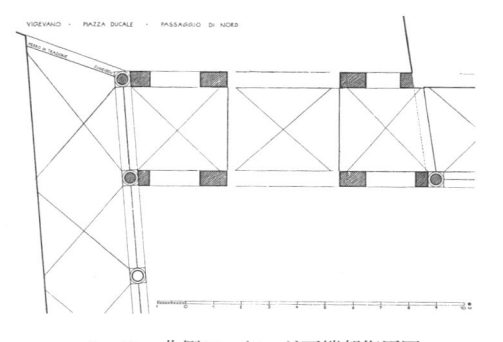

fig. 60　北側アーケード西端部復原図

見せた点に求めらるべきであると思われる。

　研究者たちの大方の見方は、ブラマンテがこの広場の計画に関与したことと後のローマにおける壮大な計画——ヴァティカンのベルヴェデーレの中庭など——と結びつけ、これをその前哨戦となるべきものと位置づけ、それへとつながるようなモティーフ（たとえば「凱旋門」モティーフなど）をここに見出すのに努めているように見える。ブルスキが指摘しているごとく、ブラマンテが一貫してオープン・スペースの造形に関心を寄せていたことは確かであって、その意味でこれらを関連づけて考えたいとするのはごく自然なこととも言えるが、しかし両者の間にはまだ乗り超えなければならないかなりの隔たりがあるように私には思われる。それはこうした大事業に向かわせる権力者側の *impresa* を求める欲求を、いかにして建築独自の表現へと昇華させることができるかという問題であり、ストレートな *impresa* の表現に他ならない「凱旋門」と見なされるようなモティーフを産み出してしまう建築技術そのものへの「批評」を含んだ手法を、サンタムブロジョの「カノニカ」で垣間見せたようなそれを、いかにすれば獲得できるかということなのである。そしてそれは「パニガローラのフレスコ」のような絵画的手法だけでは創り出し得ず、何らかの別の概念装置が必要であった。

「古代都市街路の図」と舞台背景

　1492年5月15日、ルドヴィーコ・イル・モーロの秘書バルトロメオ・カルコ Bartolomeo Calco が報告しているところによれば、洗礼記念日[54]の祭礼での "brigata"（祭礼での演し物を担当する「連」のようなグループ）のため

の何らかの装置を作ることを考えよというルドヴィーコの命を承けて、ブラマンテにそれを依頼し、ブラマンテは準備期間が短いにもかかわらず引き受けたという[55]。その装置が実際に造られたものなのかまたそれがどのようなものであったかは明らかではないが、おそらく屋外に凱旋門のような仮設の装置をしつらえたものと思われる。画家や建築家たちがこうした祝祭のための仮設の装置製作にかかわるのはしばしば見られたことであり、ミラノでは1490年1月13日に、カステッロ・スフォルツェスコ内の広間にレオナルドが造った"Festa del Paradiso"のための装置はよく知られている[56]。この度の仕事がレオナルドではなくブラマンテに持ちかけられたのは、あるいはそれが建築的な内容であることを考慮してのことであったかも知れない。フェッラーラではすでに1480年前後から1490年代にかけて祝祭や古典劇上演のための豪華な装置が作製されていたことが知られており[57]、おそらくルドヴィーコも妃のベアトリーチェ・デステなどを通じてそれを知り、同様なことを試みようとしたものであろう。

　この1492年の催しとの関連は不明であるが、ブラマンテの原画によるとされる「古代都市街路の図」などと呼ばれる銅版画 (fig. 61)[58] が数多く伝わっており、これが後のバルダッサーレ・ペルッツィやセバスティアーノ・セルリオらが手がけた古典劇上演のための舞台装置とよく似ていて、何らかの演劇的装置を意識して作成されていたものではないかとの推測がなされている。その一方、これに描かれている建築が、例のウルビーノの「理想都市の図」やボルティモアの「都市広場の図」ないしベルリンの「空想建築風景」など[59]にあったものを突き混ぜたような構図となっており、さらにセルリオの著書に掲げられた古代劇場の舞台背景の図（Lib. II, pp. 46 v, 47 r）にまでその影響が及んでいると考えられることから、この銅版画はこれら透視図法を駆使した15世紀の都市風景のイメージと16世紀における舞台装置との間をつなぐ、注目すべきものであるのは間違いない。

　透視図法が舞台装置に用いられたことを示す最も初期の史料は、1508年にフェッラーラでアリオスト作の「カッサリア」*Cassaria* 上演のために、ペッレグリーノ・ダ・ウーディネ Pellegrino da Udine（1467-1547）の造った

fig. 61 「様々な建物や柱廊、アーチなどのある街路」(「古代都市街路の図」)
British Museum

装置が "prospettiva" と呼ばれていた[60]ことである。「一本の街路と家々や聖堂、鐘楼、庭園などのある場所のプロスペッティヴァ」とそこでは表現されている。それ以前のフェッラーラでの演劇上演にも建築を表す背景が用いられていたようであるが、それらはフェッラーラの街らしきものを象徴的に（俯瞰的に？）表現したもので、人間の眼の高さから捉えられた都市空間のイメージを整合的に再現していたとは考えられず、"prospettiva" の語がそれらに充てられることもなかった。おそらくペッレグリーノの装置は、それまでの象徴的な（非現実的な）舞台背景とは異なる、リアルな都市空間を舞台上に再現して見せたもので、当時の人々には全く目新しい体験であったと思われる。これ以前にそうした装置が造られたことがあったかどうか、またこれがペッレグリーノの独創であったのかは分からない。彼はその後ローマに出てラッファエッロのアトリエに入るが、その頃からローマやウルビーノ、マントヴァなどでは、同様な都市街路風景を採り入れた舞台装置が盛んに造られることとなるのであって[61]、これまでのところこ

III. ブラマンテとロムバルディア (2)

のフェッラーラでの試みがそうした透視図法的舞台装置の先駆けをなすものであったと考えられている。

　ウッフィツィのGDS. 291A (fig. 62) は、ペルッツィないしそのアトリエによる舞台装置のためのスケッチとして知られるもので、そこに描かれている建築群の内容はかなり異なるものの（空想建築だけではなく、コロッセオの残骸やトッレ・デッラ・ミリツィア、カステル・サンタンジェロなどローマに実在する建物群が配されている）、ブラマンテの銅版画からの影響下で描かれたものと考えられる。ヴァザーリは、ペルッツィがレオ十世のためにローマでの二度にわたる「カランドリア」上演の装置を手がけたとしており（Vasari-Milanesi, IV, p. 600）、ミラネージがこの291Aはその装置を描いたものであろうと想定して以来、多くの研究者がその可能性について論じてきていた[62]。ペルッツィが1511年ころから多くの演劇上演のための装置作成に携わったとする記述は様々な記録に現れ[63]、また彼による舞台装置のためのスタディとされるものもかなりの数にのぼるが、しかしそれらが彼自身の手になるものか、あるいはアトリエの弟子たちによるものかははっきりしない。近年ではこれを「カランドリア」上演と結びつける見解に対して否定的な意見が多く、またペルッツィの手が加わっていたことを否定する見方が大勢を占めているように見える。

　しかしこの291Aと舞台装置との関わりそのものが否定されたわけではなく、おそらくこれが当時の古典劇上演ブームの中で、ペルッツィないしラッファエッロのサークルに近いところで作成されたものであることはほぼ間違いない。そしてブラマンテの銅版画がその出発点となっていたであろうことも、認めてよいと思われる。ブラマンテ自身が実際に舞台装置へ透視図法の応用を試みた例は知られていないが、すでにサンタ・マリーア・プレッソ・サン・サティーロ聖堂の「偽の内陣」を構想したときから、その可能性には気づいていたはずであり、その意味ではブラマンテの「絵画的建築」手法は、その当初から「舞台装置的」なものとなるのは避けがたいことであった。

　ルネサンス期におけるこうした舞台装置の話題では、ほとんどの場合

fig. 62　舞台背景のためのスケッチ（ペルッツィ作？）
Uffizi, GDS. 291 A

そこで創り出されるイリュージョナルな空間イメージがどのようなものであったかという点に関心が寄せられることとなり、それは当然のことではあるが、しかしそのイリュージョナルな空間の発生源として用いられた建築自体のありかたに、そのことがどうはね返ってくるかという視点が、これまでの論議では置き忘れられていたのではないかとの印象を受ける。つまり、すでにサンタ・マリーア・プレッソ・サン・サティーロ聖堂の項でも示唆していたことだが、「偽の内陣」のリアルさを援けるために参加させられた建築自体も、そこでは構築体としての即物性を失って空間表現のための「記号」となるということである。そしてブラマンテの建築には常にそうした即物性を記号に転化するような仕掛けが施されているのであり、透視図法のイリュージョニズムの裏には、それによって建築の意味を転換させてしまうような重大な契機が隠されていたのではないか。

　サンタムブロジォの「カノニカ」は、そこには透視図法によるイリュージョニズムは一切不在ではあるが、その大アーチ（「凱旋門」？）の極端な抽象化も、それとは対照的な丸太柱のあざとく誇張された即物的表現も、実はそのどちらもこうした劇場的空間認識を媒介とした記号化のプロセスから産み出されたものとして理解されるべきであり、「古典」か「ゴシック」かというような通俗的様式論とは全く無関係な次元での、「建築的なるもの」の表現可能性追求の実験なのである。建築はかくて、構築的実体としての在り方と同時に、その実体を離れたイマジナルな空間記号としての役

割をも担うという、両義的な存在となる。アルベルティが言語的想像力によって「夢想の建築」を創り出そうとしていた[64]のに対し、ブラマンテは透視図法から舞台装置へと実験を進める中で、そのようなアルベルティ的「夢想の建築」を実体としての建築の上に重ね合わせるという、際どい試みに挑戦していたのだとも言えるかも知れない。アルベルティとブラマンテとを結びつけるものは、古典モティーフ（「凱旋門」?）の用い方などよりは、この点にこそ、つまりその建築的方法の根幹をなすもののなかにこそ、認めらるべきであろうと考える。

ロムバルディアからの「離陸」
――アッビアーテグラッソとサンタムブロジォの「キオストリ」

　ミラノとヴィジェーヴァノのちょうど中間あたりに位置する小都市アッビアーテグラッソ Abbiategrasso の中心的な聖堂サンタ・マリーア・デッラ・ナシェンテ S. Maria della Nascente（「出産の聖母」聖堂。現在では S. Maria Nova の名で呼ばれているようである）正面「プロナオス」には1497年の刻銘があり、史料的裏付を欠くものの、ブラマンテによるものであろうとされている[65]。聖堂本体は1388年にジャン・ガレアッツォ・ヴィスコンティが息子ジャン・マリーアの誕生を記念すべく建造されたやや歪んだ平面の建物であるが、そのロムバルディア風の単純な煉瓦の切妻ファサード前面に、二層のオーダーで支えられた大アーチを張り出させて取り付けている。オーダーはそれぞれ二本組の円柱とその背後に同じく二本組の角柱を置くかたちで、下層はイオニア式（?）、上層はコリント式となっている。

　ブルスキはこれを「凱旋門」と呼び、キリスト受肉を記念するためのものであって、凱旋門が表象する"eroica"なモニュメンタリティの表現の意義を強調しているが、私の見るところ、そうした威圧的な印象よりはむしろウルビーノのサン・ドメニコ聖堂正面ないしはパラッツォ・ドゥカーレの「トッリチーニ」[66]に見るような市民への穏やかな呼びかけの姿勢に通じるものがあるように思う。あるいはブラマンテに対する注文は「凱旋門」風にということであったのかも知れないが、ブルスキが後から付け加えてい

るごとく、ここではそれが、前面広場に対してその空間的焦点を構成する抽象的な装置となるように、巧みにすり替えられているということの方が重要であろう。

　ブラマンテの作風については、特にローマに移ってからの大規模な計画について、その偉容を"grand manner"と形容する見方が定着しており、またその効果を演出するための「凱旋門」のような古典モティーフとの結びつきを強調する向きが多いが、そうした批評の多くは、ブラマンテがそれらのモティーフを、そうした権力者の望む *impresa* のストレートな表現とは異なる、大空間をコントロールするための空間的装置に転化させるべく努力していたことを見逃し、ないしは故意に無視しているように思われる。このことについてはこの後も触れて行かなければならないが、そうした非建築的な批評が「盛期ルネサンス」の建築の中に仕込まれていた「建築的なるもの」を見失わせてしまうことが懸念される。

fig. 63　アッビアーテグラッソのサンタ・マリーア・ノヴァ聖堂

＊

　1497年、アスカニオ・スフォルツァはサンタムブロジオ修道院に新たにシトー派修道士たちのための四つの広い中庭を囲む回廊（キオストロ）の建設を計画し、ブラマンテに委ねた。翌年には計画が出来上がりブラマンテが用意した木製模型に従って着工となるが、1499年にはルドヴィーコ・イル・モーロがフランス軍によってミラノを追われ、二つ目のキオストロまで造られたところでブラマンテもミラノを離れざるを得なくなり、計画はそこで終わりとなる。これらは「カノニカ」とは反対側の聖堂の南側に

造られ、東のものが「イオニア式のキオストロ」Chiostro ionico、西のものが「ドーリス式のキオストロ」Chiostro dorico と呼ばれ、どちらも 11×11 スパンの正方形で、それぞれイオニア式とドーリス式の円柱で回廊のアーチを支え、上層には修道士たちの房室をのせる。「イオニア式」の方はクリストフォロ・ソラリ Cristoforo Solari, detto il Gobbo (1460-1527) の手により 1513 年に完成、「ドーリス式」の方はかなり遅れて 17 世紀前半に完成している。

アーケードの円柱はどちらもブルネッレスキ風に "dado" を柱頭にのせ、

fig. 64　サンタムブロジョ修道院「ドーリス式のキオストロ」

それでアーチを受ける。上層は下層のアーチ 1 スパン分を付柱で二等分し、それらの中にブラインド・アーチをはめ込み、さらにその中の壁面に四角い窓開口を設けるという、ローマのテヴェレ河畔にあったバルブスの劇場 Theatrum Balbi の一部である「クリプタ・バルビ」Crypta Balbi[67]にヒントを得たと見られる手法を用いている。ブラマンテは 1497 年ころにローマを訪れていたと考えられ、そのときにそれを見ていたのかも知れない。ブルスキはここに見るブルネッレスキ的（フィレンツェ風？）の手法と古代ローマの手法との取り合わせを「やや暴力的」(quasi brutale) と表現している[68]が、それらは一切の装飾的細部を排した抽象的で記号化された処理法によって引用元のイメージが見事に転換され、ローカルな様式色を抜き去った「ユニヴァーサル」な建築語法として生まれ変わっており、暴力的どころか寸分の隙を見せない厳しく端正な造形となっている。ブラマンテの心は、ロムバルディアからの離陸をすでに果たし終えていたのであろう。

　 1498 年にシャルル八世の後を継いでフランス王位に就いたルイ十二世

fig. 65 ローマの「クリプタ・バルビ」
G. ダ・サンガッロによるスケッチ Cod. Barberiniano, 4424, f. 4 v

Louis XII（Louis d'Orléan, 1462-1515）は、ジャン・ガレアッツォ・ヴィスコンティの娘であるヴァレンティーナ・ヴィスコンティ Valentina Visconti の甥であることを理由に、ミラノの公爵位を要求し、1499年には北イタリアへの侵略を開始、9月6日にはルドヴィーコ・イル・モーロをミラノから追い出すことに成功する。レオナルドもブラマンテも4月ころまではまだミラノにいたことが確認されているが[69]、7月にはフランス軍がミラノのすぐそばまで迫って来ており、おそらく夏中には二人はミラノを引き払っていたものと見られる。

　レオナルドはマントヴァ、ヴェネツィアなどを経由してフィレンツェに往き、さらに1502年には悪名高いチェーザレ・ボルジア[70]の軍事顧問となっている。ブラマンテがどのような経路でローマに到着したかは不明であるが、ヴァザーリは「1500年の聖年の直前にローマに赴いた」としており[71]、そして1500年にはサン・ジョヴァンニ・イン・ラテラーノ聖堂正面に教皇アレクサンデル六世の紋章を描くことやサン・ピエトロ広場の噴水などの仕事を手がけていたとされる。「盛期ルネサンス」がいまやその幕を開けようとしていた。

注
1.　第Ⅰ章の注36参照。
2.　「ティブリオ」tiburio の語は一般にはクーポラの最上部に載せられる頂塔を指

III. ブラマンテとロムバルディア (2)

すものとして用いられるが、もともとは頂塔を含むクーポラ全体の外観を指すもので、このミラノ大聖堂の場合もそのような意味で用いられているようである。

3. このテキスト "Bramanti Opinio super Domicilium seu Templum Magnum" とそれへの解題・注解は A. Bruschi 編 "Pareri sul Tiburio del Duomo di Milano", in *Scritti rinascimentali di architettura*, (*op. cit.*), pp. 355-365: Starace, Francesco, "Bramanti Opinio super Domicilium seu Templum Magnum: Osservazioni sulla teoria dell'architettura", in *Studi Bramanteschi*, Roma 1974, pp. 137-156 などを参照。テキストの原本は失われてしまっており、現在に伝わるのは1875年にガイミュラーが取り上げ (Geymüller, H. A. von, *Die ursprünglichen Entwürfe für S. Peter in Rom*, Paris-Wien, p. 116 sgg.)、それを1878年にモンジェリが転載していたもので (Mongeri, G., "Bramante e il Duomo", in *Archivio Storico Lombardo*, V, 1878, n. 3, pp. 538-541)、日付もブラマンテの手になるという確たる証拠もないが、内容からしてほぼブラマンテのものと考えられるとされている。

4. 後出の注21及び23を参照。

5. Bruschi, "Pareri" (*op. cit.*), pp. 319-386参照。

6. これについては夙に日高健一郎氏による詳細な論考、『アトランティコ手稿310 *r, v* について』(「建築史論叢——稲垣栄三先生還暦記念論集」、中央公論美術出版、1988, pp. 385-422) があり、その経過の詳細な記述とともにレオナルドのノートの図に関する鋭利な分析がなされている。この問題に寄せられた主な論考については巻末の参考文献目録を参照されたい。

7. ファンチェッリはすでに1477年ころからマントヴァでの待遇に不満を持ち始めており、特に後ろ盾であったルドヴィーコ・ゴンザーガが死去してしまった後は、アルベルティ設計のサンタンドレア聖堂の工事からも遠ざけられ、しばしばロレンツォ・イル・マニフィーコに窮状を訴え、フィレンツェに戻れるよう請願していた。この間の経緯については拙著「アルベルティ」第 IX 章、特に pp. 315-317, p. 336- n. 64, 65 などを参照。

8. "La principal chagione è che la gupola del duomo qui par che ruinava, donde s'è disfatta e vasi investigando di rifarla. E per essere questo edificio sanza osa e sanza misura, non sanza dificultà ci si proverderà..." この書簡全文は Vasić Vatovec, Corina, *Luca Fancelli architetto. Espistorario Gonzaghesco*, Firenze 1979, pp. 60-62 に収録されている。

9. ジャン・ガレアッツォ・マリーア・スフォルツァからフランチェスコ・ゴンザーガ宛て書簡。cit. Vasić Vatovec, p. 414. "...consilium est experïri olurium judicia

103

et quia accepimus apud Dominationem vestram agere nobilem quendam in ea disciplina magistrum Lucam Florentinum, duximus eum omnino cognitioni huis difficultatis adhibendum. etc.".

10. *Annali della fabbrica del duomo di Milano*, III, Milano 1880, doc. 38. cit. Vasić Vatovec, p. 415.――"deputato ad videndum modellos factos per ingeniarios, petentes elligi ad officium ingeniariae fabricae".

11. *Annali della fabbrica del duomo di Milano*, III, cit. Vasić Vatovec, p. 417.

12. *Ibid.*, cit. Vasić Vatovec, p. 419. 前記日高論文ではファンチェッリはこの派遣要請を断ったとされているが (p. 402)、工事局の5月10日の記録には上記のようなファンチェッリからの要求があった旨が記されており、また Bruschi ("Pareri", *op. cit.*, p. 331) はファンチェッリが実際にミラノを訪れたように記している。

13. 前章のパヴィアのドゥオモの項で触れたごとく、フランチェスコ・ディ・ジョルジォは6月21日にレオナルドと連れだってパヴィアを訪れている。これはパヴィアにいたルドヴィーコ・イル・モーロが6月8日にミラノの秘書に宛てて、フランチェスコとレオナルド、それにアマデオの3名をパヴィアに派遣させるよう命じていたことによるもので、これに対しミラノからの6月10日の返書では、アマデオはコモに出張しているので無理、またフランチェスコは目下模型制作中で、その完成にはあと8日ほど必要であるとの回答があった。21日のパヴィア訪問はその模型完成後のことであったと考えられる（このやりとりの書簡は A. Brizio, "Bramante e Leonardo alla Corte di Ludovico il Moro", in *Studi Bramanteschi, op. cit.*, pp. 25-26 に収録されている）。

14. シモーネ・デ・シルトゥリ Simone de Sirturi ("presbyter" との肩書きがあるのでおそらく聖職者と見られる) とバッタジォ（前章のサンタ・マリーア・プレッソ・サン・サティーロ聖堂の項を参照）の二人は1487年の競技設計には参加していなかった連中である。これから見ると、1487年の競技設計はご破算にされて1490年には全く新たにやり直されたものらしい。

15. この議事録は *Annali della fabbrica del duomo di Milano*, III, pp. 60-62 にあるものだが、Bruschi, "Pareri"(*op. cit.*), pp. 379-386 にも全文が収録されている。

16. 第 I 章の注36を参照。

17. Ferrari da Passano, C.; Brivio, E., "Contributo allo studio del tiburio del Duomo di Milano. Alcune considerazioni maturata a seguito dei lavori di restauro", in *Arte Lombarda*, XII/1, 1967, pp. 3-36.

18. 奇妙なことに、この問題にかかわる15世紀の論議の中では、そうした構造的

欠陥を具体的に指摘したものは一切見られず、この建物がごく一般的に「病気」の状態にあるとしているだけで（後述の如くレオナルドはそのように表現している）、その「病気」の原因を特定しているものはなく、彼らが提案した補強策から問題のありかを推察するしかない。しかもこのティブリオ建設におけるブラマンテやレオナルドらの関わりについての近代の研究のなかでも、管見のかぎりでは日高論文以外にはその構造的問題を踏まえて考察したものは見当たらず、もっぱらそれとは切り離したかたちで、彼らの遺した文章から読み取られるレオナルドやブラマンテらの大局的な建築観（様式観？）を論じようとするものが主流であるように思われる。これはブラマンテらの言説自体が具体的な問題に触れることが少なく抽象的で、「建築とはいかにあるべきか」といった観念的論議に終始していたためで、きわめて特殊な技術的課題についてなされた論議であるからこそ、様式論を離れたところで彼らの建築技術に対する考え方を窺い知る手がかりとなるもののように思われるだけに、物足りなさが残る。

19. ルドヴィーコ自身は必ずしもこの最終案には満足していなかったと見え、このあともまだしばらくの間、問題を解決してくれそうな人材を捜し求めていたという（Bruschi, "Pareri", *op. cit.*, p. 331）。

20. 日高論文、pp. 408-409。このアーチ（交叉部の内側からではその存在は分からない）はグィニフォルテ・ソラリの時期に造られていたものだが、日高氏によればそれ以前から計画されていたものであろうという。その目的は不明であるが、あるいは半円アーチを採用することで少しでも「ルネサンス」らしさを表現しようとしたものでもあろうか。

21. その全文は A. Bruschi "Pareri", (*op. cit.*), pp. 349-353 に収録されている。

22. Bruschi はこの言葉を捉えて、これをアルベルティの *De re aedificatoria* の Lib. X（"instauratio"＝修復）と結びつけているが、ロレンツォ・イル・マニフィーコが *De re aedificatoria* の出版にかかるのはレオナルドがフィレンツェを離れた後の1485年のことであるし、それから直接に受け売りしたものとは思われない（彼の蔵書目録――その死後に公表された――には *De re aedificatoria* は見当たらないし、彼は当時の人文主義者たちのような古典的教養――ラテン語やギリシア語の素養を身につける機会がなかったと見られている。ただし1486年版のスルピツィオ・ダ・ヴェロリのウィトルウィウスは所持していた）。彼はパヴィア大学の古典学者たちとの交流があり、そうした人々を通じて受け取っていた「アントロポモルフィズム」の考え方を表明したものと見るべきであろう。アルベルティにおける建築と有機体とのアナロジィについては拙

著「アルベルティ」第 V 章を参照されたい。レオナルドの有名な「ウィトルウィウス人体」の図（Venezia, Galleria dell'Accademia）は、1496年から99年にかけてミラノに滞在していたルカ・パチォリ Luca Pacioli（c. 1445-1517）から依頼され、その著 De divina proportione, Venezia 1509 の挿絵とするために作成されたものと見られるが、おそらくフランチェスコ・ディ・ジョルジョとの接触などからそうした思想を受け取っていたものであろう。なお、ブルスキはパチォリのミラノ滞在がブラマンテにも大きな影響を与えていたであろうとし、その後の彼の「古典主義」を決定づける要因の一つとしているが、私としてはパチォリのルネサンス建築におけるそのような位置づけ方は過大評価のように思われる。

23. レオナルドの「ティブリオ」計画に関わると見られるスケッチとしてこれまで研究者たちが指摘しているのは（研究者たちの認定は必ずしも一致していないが）、ミラノの Biblioteca Trivulziana（Museo di Castello Sforzesco 内）蔵の Cod. Trivulziano（1487-1490）中の f. 8 v, f. 9 r, f. 11 r, f. 21 r, f. 22 v, f. 27 r；Cod. Atlantico, f. 266 r, f. 310 r & v などが主なものである。

24. 日高論文では、レオナルドのスタディ図の中に問題の半円アーチを描き入れていたものが見当たらないことから、彼の案はそれを取り除いた上での補強策であろうとしておられるが、しかし少なくとも f. 310 r, v の図から見るかぎりでは、あまりそのこととの関連は感じ取ることができないように思われる。

25. レオナルド研究の第一人者とされてきたペドレッティ Carlo Pedretti の論調には特にその傾向が強いように見受けられる。

26. 前章のパヴィア大聖堂やサンタ・マリーア・デッレ・グラツィエ聖堂内陣などの項でも触れたように、彼の建築に関わるスケッチの多くはむしろブラマンテのアイデアを追認したものであった可能性が強い。

27. それにはレオナルド、ブラマンテ、ヨハン・マイヤー Johann Meyer（ネクセンペルガーの弟子、ブラマンテやレオナルドらが競技から退くのと前後して、同様に模型を取り下げていた）の他、レグーテ Legute（1465年にドゥオモで働いていた寄木細工職人 Marco Leguterio のことかとされる）、ピエトロ・ダ・ゴルゴンツォーラ Pietro da Gorgonzola、アントーニオ・ダ・パンディーノ Antonio da Pandino、ジョヴァンニ・ダ・モルテーノ Giovanni da Molteno、それにアマデオらの名前が確認されている。

28. この考え方はルネサンス期には一般に行き渡っていたものらしく、アルベルティも半円がいちばん優れているとしていた（De re aedificatoria, Lib. III, cap. XIII）。

III. ブラマンテとロムバルディア（2）

29. ブラマンテがミラノのドゥオモの紆余曲折に満ちた計画過程（第I章の注35を参照されたい）をどこまで知っていたかは不明であるが、既存部分の仔細な観察を通じて、当初の計画が正方形―立方体の単位からなっていたと見てとり、後のさまざまな計画変更がそれを歪めてしまったことがこの建築の最大の問題だと考えたものであろう。

30. Antonio di Vincenzo（1350 ?-1401/2）は、ボローニャのサン・ペトローニオ聖堂建設のため1390年にミラノのドゥオモの現場を訪れ、そこでの計画の様子をスケッチとして描き留めていた。このことについては Ackerman, "Ars Sine Scientia Nihil Est...", (in Id., *Distance Points*, 1991, *op. cit.*, pp. 216-221) を参照。またアントーニオについては拙著「アルベルティ」、p. 58, n. 38を参照されたい。

31. 「意見書」の締め括りは以下のような文言となっている――「これまで私が申し上げたことがどのように扱われるかは私の知るかぎりではありませんが、拝見してきたかぎりでは、あなた方が最も信を置いている人物の方に大多数の意見が傾いていることが見てとれるのです。」（"Ma io non so ciò che me dica, perhò ch'io vedo un quelli in chi haveti voi magior fidanza, essere magior parte."）

32. Bruschi, 1990, p. 90.

33. *Ibid.*, p. 87. "designasse et imaginasse questa canonica come li pareva a luye et luye fece lo dissegnio."

34. 後出の注40参照。

35. *Ibid.*, pp. 92-93. ただしこの旅行を裏付ける直接的な史料は存在せず、この間ミラノの史料にはブラマンテの名が見当たらないことから、そのように推測されているもののようである。1493年の11月から翌年の1月にかけては確かにトスカーナ地方に赴いていた――ルドヴィーコは1493年12月11日に、フィレンツェにいる代理人に対し、そちらでブラマンテがペルジーノのところ辺りに行っているはずだから探し出して呼び戻すよう指示している（Brizio, *op. cit.*, p. 20）。

36. Bruschi, 1990, p. 95, fig. 30には修復前の写真が掲げられており、それには上層壁面に柱形があるのが確認される。

37. ブルスキはこの丸太柱 *columna ad trunconos* は、ルドヴィーコの紋章の中にある樹の幹をも意識したものであろうとしている（Bruschi, *op. cit.*, p. 93）。

38. Anton Francesco Doni（1513-74）, *La seconda libraria del Doni. Al Signor Ferrante Caraffa*, Venetia 1551, p. 44.

39. 16世紀のヴィジェーヴァノの年代記作者 Cesare Nubilonio の *Cronaca di Vigevano ossia dell'origine e Principio di Vigevano e guerre à suoi giorni successe*, 1584 (a cura di C. Negroni, Torino 1891) による (cit. A. Brizio, *op. cit.*, p. 21)。
40. 城は19世紀のオーストリア占領下で兵営として用いられかなり改変されている。ブラマンテの名は、1492年4月に2度ほど、ルドヴィーコの秘書が、サンタムブロジョの「カノニカ」の計画の件で、ヴィジェーヴァノに出張しているはずのブラマンテを探している旨を伝える書簡で現れてくる (cit. Brizio, *op. cit.*, p. 19) が、そのヴィジェーヴァノでの仕事がどのようなものであったかは明らかではない。また2年後の1494年2月16日には、ブラマンテに対し、パヴィアのチェルトーザから大理石の円柱12本をヴィジェーヴァノに運ぶことが指示されているし、さらに24日にはコモ近傍の大理石採掘場から大理石をヴィジェーヴァノに運ぶようにとの指示がなされている (このときの文書で初めてブラマンテが "Bramanti architecto nostro" と呼ばれている)。しかしこれらもヴィジェーヴァノの何の工事に関わるものかは不明である (おそらくは Castello の方であろう)。1495年3月4日には、Castello について "camera nova che fa depinzere Bramante è appresso alla strada" との記述 (Malaguzzi-Valeri, 1915, p. 161 sgg.) があり、それが現在の Castello 複合体の中のどれに当たるのかは不明で、またそれが実施されたのかも不明である ("Loggia delle Dame" — fig. 54 の E がそれではないかとする見方もあるが、確証はない)。一方レオナルドは1480年代末から1490年ころにかけて、ルドヴィーコが建設していたヴィジェーヴァノ東南郊外の農園「ラ・スフォルツェスカ」La Sforzesca のための水利関係施設の計画に関わっていたと見え、Ms. B や Ms. H にはそれに関わる記述が数多く見出され、それらの中には、Castello の内装工事に関わると見られる見積もりのメモも混じっている。
41. この広場の計画については、Wolfgang Lotz の詳細な考証によってほぼ尽くされていると思われる (Lotz, Wolfgang, "La piazza di Vigevano. Un foro principesco del tardo Quattrocento", in *Studi Bramanteschi*, pp. 205-221; その英文ヴァージョン〔かなり省略されている〕は "The Piazza Ducale in Vigevano: A Princely Forum of the Late Fifteenth Century", in Id., *Studies in Italian Renaissance Architecture*, MIT Press, 1981^2, pp. 117-139)。この広場の改変経過について Lotz が主に引いているのは、A. Colombo による3編の報告、"La Piazza Ducale, detta del Duomo, in Vigevano, e i suoi restauri", in *L'Arte*, V, 1902, pp. 248-252; "Vigevao e la Repubblica Ambrosiana nella lotta contro Francesco Sforza (Agosto 1447 - Giugno 1449)", in *Bollettino della Società Pavese di Storia Patria*, n. 2, 1902, pp. 315-377

& n. 3, 1903, pp. 3-38; "Armi e Legende sulla facciata della Piazza Ducale, detta del Duomo, di Vigevano", in *Archivio Storico Lombardo*, serie 4, vol. 15, 1911, p. 180 sgg. である。その他のヴィジェーヴァノ関連の文献は、巻末の参考文献目録を参照されたい。

42. Cesariano はブラマンテがヴィジェーヴァノの作事に関わっていた旨を記している (Lib. VII, cap. II, p. cxiii *v*, "Anchora sopra le camere: cio si pono aptare sopra li legnami como fece Bra/mante supradicto in li noui Aedificii di Ludouico Ffortia [*sic*] cū gubernabat quali anchora foni in Vigleuano.") が、これが広場の工事のことを示すものかあるいは Castello に関わるものかははっきりしない。一方、G. Barucci (*Il Castello di Vigevano*, Torino 1909) によれば、ヴィジェーヴァノの書記官長であった Simone dal Pozzo (1492-1573/75) が 1551年にブラマンテが工事に関わっていたことを確認し、その施工の杜撰さを批判していたという (cit. Bruschi, in *Diz. Biograf. d. Italiani*, 1971)。

43. A. Brizio, *op. cit.*, p. 19.
44. Lotz, *op. cit.*, p. 209.
45. 刻銘全文は G. Biffignandi, *Memorie istoriche della città et contado di Vigevano*, Vigevano 1810, p. 147; Lotz (in *Studi Bramanteschi, op. cit.*, p. 209. ただし Lotz が参照しているのは1870年の第2版) などに採録されている。—— "LVDOVICVS MARIA SFORTIA VICECOMES PRINCI/PATV JOANNI GALEACIO NEPOTI AB EXTERIS/ET INTESTINIS MOTIBUS STABILITO POSTEA QVAM/SQVALLENTES AGROS VIGLIEVANENSES IMMISSIS/FLVMINIBUS FERTILES FECIT AD VOLVUPTVARIOS/SECCESSVS IN HAC ARCE VETERES PRINCIPVM/EDES REFORMAVIT ET NOVIS CIRCVMEDIFICA/TIS SPECIOSA ETIAM TVRRI MVNIVIT POPV/LI QVOQVE HABITATIONES SITV ET SQVALORE/OCCVPATAS STRATIS ET EXPEDITIS PER VRBEM/VIIS ADCIVILEM LAVTICIAM REDEGIT DIRR/VTIS ETIAM CIRCA FORVM VETERIBVS EDIFICI/IS AREAM AMPLIAVIT AC PORTICIBVS CIRCVM/DVCTIS IN HANC SPECIEM EXORNAVIT/ANNO A SALVTE CHRISTIANA NONAGESIMO SECVNDO SVPRA MILLESIMVM ET QVADRIGENTESIMVM." (「ルドヴィーコ・マリーア・スフォルツァ・ヴィスコンティは、その甥であるジャン・ガレアッツォの治世下において、内乱の鎮められたる後、荒廃せるヴィジェーヴァノの内外の土地を豊かとなさしめるべく、水路を分岐させ、歴代君主の城を改築して美々しき館となし、新たに増築を施し民を護るべく塔を建て、古く密集せる居住区を町の誇りに転ずるべく街路を舗装し、フォルムの周囲の古い

109

家屋を除却せしめ、広場を拡張しその周囲にポルティコを繞らしめるものなり。キリスト受肉より1492年。」）

46. Malaguzzi-Valeri, F., *La corte di Lodovico il Moro*, I, Milano 1915, pp. 652-655（cit. Lotz, *op. cit.*, p. 134）.

47. 彼は哲学や数学、医学など多くの著述をものしたと言われるが、建築についても *Architectura civil, recta y obliqua, considerada y dibuxada en el Templo de Jerusalem*, Vigèvano, 1678 の著作が知られている。これはイェルサレムのいわゆる「ソロモンの神殿」復原についての神秘主義的な考察からなる。

48. Lotz (in *Studi Bramanteschi, op. cit.*), p. 212, & n. 21.

49. これら二つのアーチを支える3本の柱は柱頭の形からしていずれも17世紀のものであることが明らかで、この部分は大きく改変を受けたと見られる。19世紀に描かれたアーチはせいが高すぎ、またアーチ上部に描かれたスフォルツァの紋章の絵も根拠のないものらしい。

50. cf. Berghoef, V., "Les Origines de la Place Ducale de Vigevano, Memorie Storiche della Città di Vigevano", *Palladio*, N.S. XIV, 1964, pp. 165-178. これは Leonardo による Ms. B, f. 16 r のスケッチ（積層的な都市空間の提案として有名なもの）が Vigevano の Castello と Piazza の計画に関わるものであろうとしているが根拠を欠く。

51. 前出の注35参照。

52. Lotz (*op. cit.*, p. 213 etc.) は *Sforzinda* の中の Piazza dei Mercanti や Mercanti della verdura の構想（Firenze, Bibl. Naz. Cent., *Cod. Palatino, 1411*) や *Trattato* の Lib. VIII（*Cod. Magliabecchiano*, II, IV, f. 61 r）などをその例として挙げている。また広場に凱旋門を建てるという先例は、実現はしなかったが、1454年にクレモナの町がフランチェスコ・スフォルツァを讃えるべくその彫像を伴うアーチの建造を計画し、フィラレーテに計画を依頼していたことがあるという（cf. M. Lazzaroni e A. Muños, *Filarete*, Roma 1908, p. 181; cit. Lotz, p. 216, n. 38）。また Lotz は、塔の銘文の文言の中には、Alberti の *De re aedificatoria* (Lib. VIII, 6) やウィトルウィウス (Lib. V, 1) の言い回しをそのまま借用したような部分があることを指摘しており、これが古代の先例を意識したものであることを強調している（p. 214）。

53. cf. Lotz, W., "Italienische Plätze des 16 Jahrhunderts", in *Jahrbuch 1968 der Max Planck-Gesellschaft zur Förderung des Wissenschaften*, 1968, pp. 41-60（English version in Id., *Studies in Italian Renaissance Architecture, op. cit.*, pp. 74-116.）

54. キリストの受洗を記念してカソリック教会では通例、1月初旬の日曜日に行な

われる。

55. Malaguzzi-Valeri, *La corte di Ludovico il Moro*, II, p. 132（cit. Bruschi, 1990, p. 75）
56. 第II章の注34参照。この装置の復原的考察は Pedretti, C., *Leonardo architetto*（*op. cit.*）, App. B, p. 290 sgg. 参照。レオナルドは1491年の1月26日にも、ガレアッツォ・サンセヴェリーノの家での祝祭（torneo?）のために衣装や装置のデザインを行なったとされるし、1496年にも同じくサンセヴェリーノのためにバルダッサーレ・タッコーネ Baldassare Taccone（ルドヴィーコ・イル・モーロの書記であった）作の神話劇「ダナエ」*Comedia di Danae* のための装置を手がけたとされる（New York, Metropolitan Museum 蔵のレオナルドのスケッチ Rogers Fund 1917［17.142.2］がそのためのエスキースないし記録メモと考えられる）。Pedretti はその中の装置の一部がブラマンテのサンタ・マリーア・プレッソ・サン・サティーロの「偽の内陣」を想起させるとしているが、これはいかがなものであろうか。レオナルドはこの後も、おそらく1510年前後、ポリツィアーノの「オルフェオ」のための舞台装置を考案していたと見られ、*Cod. Arundel*, f. 231 v, 224 r; *Cod. Atlantico*, f. 131 v などがそれにかかわるものとされている。これらレオナルドの装置はいずれも建築的な様相は少なく、むしろ機械仕掛けによって人目を驚かすような場面転換を図る夢幻的な空間を演出する方に関心が向けられてたように見える。
57. cf. Povoledo, Elena, "La sala teatrale a Ferrara: Da Pellegrino Prisciani a Ludovico Ariosto", in *Bollettino del Centro Internazionale di Studi di Architettura Andrea Palladio*（BCISA）, XVI, 1974, pp. 105-138; Id., "Origini e aspetti della scenografia in Italia. Dalla fine del Quattrocento agli intermezzi fiorentini del 1589", in Pirrotta, Nino（a cura di）, *Li due Orfei*, Torino 1975, pp. 337-460.
58. British Museum には、"A street with various buildings, colonnades and an arch" の題で "BRAMANTI ARCHITECTI OPVS" とのキャプションがあり版元やヴァージョンが異なる（16世紀から18世紀初めころまでのもの）5点ほどが所蔵されている（いずれも244×368 cm）。fig. 61に掲げたのは Registration number 1860,0609.43で版元は不明だが、私の見るところそれらのなかでは最も初期のヴァージョンと思われ、Uffizi の GDS にもほぼこれと同じヴァージョンと見られるものがある。BM の解説では、原画の制作時期を1475/80s? としているが、ブルスキをはじめとする多くの研究者は1495/1500年頃とする。
59. これらについては拙著「アルベルティ」第VII章（特に pp. 249-255）を参照されたい。
60. 1508年3月5日、王宮内の大広間 Sala Grande で行なわれた。Bernardino Pro-

speri がマントヴァ侯妃 Isabella d'Este に次のように報告している ―― "Lo suggieto fu bellissimo, de due, innamorati in due meretrici, conducte a Taranto da uno ruffiano...; poi fo ornata de honorevoli et boni recitatori, tuti di fuori; de vestimento bellissimo et dolce melodie de intermeci... Ma quello che è stato il meglio in tute queste feste et representationi è stato tute le sene, dove si sono representate, quale ha fatto uno M° Peregrino depintore che sta con il Sig.re, ch'é una contracta et prospettiva di una terra cum case, chiesie, campanili et zardini, che la persona non si può satiare a guardarla per le diverse cose che ge sono, tute de inzegno et bene inteso, quale non credo se guasti ma che la salvarano per usarla dele altre fiate." cit. in Povoledo, 1974 (*op. cit.*), p. 126.

61. 拙著「アルベルティ」の第 VII 章で触れた、1513年のウルビーノにおける「カランドリア」の舞台のバルダッサーレ・カスティリオーネによる描写(pp. 252-253) を参照されたい。

62. 「カランドリア」*Calandria* はベルナルド・ドヴィツィ Bernardo Dovizi da Bibbiena (1470-1520. 教皇レオ十世 Leo X, Giovanni de' Medici の右腕として重用され、1514年には枢機卿に取り立てられている) 作の喜劇で、プラウトゥスの喜劇「メナエクムス兄弟」*Menaecumi* の翻案であるが、ルネサンスにおいてイタリア語で書かれた最初の喜劇とされるものである。シェクスピアは更にそれを翻案して *Comedy of Errors* を書いている。1513年のウルビーノでの初演は、彼とジョヴァンニ・デ・メディチがその教皇選出前にフィレンツェでの動乱を避けてウルビーノに避難していた際に行なわれたものであった(カスティリオーネがその序詞を執筆している)。その後ローマへ戻ってから幾度か再演されているが、それらの再演にペルッツィがどのようにかかわったものかははっきりせず、ヴァザーリの証言自体を疑う見方もあって、A. 291 をそれらと結びつけることについては否定的な見解が多い。

63. cf. Cruciani, Fabrizio, "Gli allestimenti scenici di Baldassarre Peruzzi", in *BCISA*, XVI (*op. cit.*), pp. 155-172; Bruschi, A., "Da Bramante a Peruzzi: spazio e pittura", in Marcello Fagiolo e Maria Luisa Madonna (a cura di), *Baldassarre Peruzzi: pittura scena e architettura nel Cinquecento*, Roma 1987, pp. 311-337; etc.

64. 拙著「アルベルティ」の第 I 章 (特に pp. 12-13) を参照されたい。アルベルティもおそらくは劇場のそうした「イメージ変換装置」としての意義は認識していたはずであって、《モムス》の Lib. IV における劇場の描写は、そのことを示唆するものと言えるだろう。しかし彼はそれを実際に検証するための機会には恵まれなかった。

65. Bruschi, 1990, p. 97. ただし近年はこれを疑う説もあるようである（cf. Giordano, Luisa, "Milano e l'Italia nord-occidentale", in *Storia dell'architettura italiana. Il Quattrocento*, Milano 1989, p. 192）。
66. これらウルビーノの建築については拙著「アルベルティ」第 VII 章を参照されたい。
67. Theatrum Balbi はアウグストゥスの友人であった L. Cornelius Balbus が BC. 13 年に建設した劇場で幾度か建て直されながら 3 世紀頃まで使用されていたと見られる。この舞台の裏側の部分のポルティコの遺構が Crypta Balbi と呼ばれ、16 世紀初め頃まではその残骸が遺っていたらしく、ジュリアーノ・ダ・サンガッロはその様子を描き留めていた（*Cod. Barberiniano, 4424*, f.4 *v*）。
68. Bruschi, 1990, p. 100
69. ペドレッティによれば、1499 年頃とされるレオナルドの手稿 Ms. M, f. 53 *v* には、跳ね橋のアイデアの図と「ドンニーノ（ブラマンテの愛称）が見せてくれたもの」（"che mi mostro donnjno"）との書き込みがあり、また *Cod. Atlantico*, 284 *r-a* には同様の図と 1499 年 4 月の日付の記入があるという（Pedretti, C., "Il progetto originario per Santa Maria delle Grazie...", in *Studi Bramanteschi* (*op. cit.*), p. 198。
70. Cesare Borgia（1475/6-1507）．アレクサンデル六世の有能な手先として、一時はロマーニャやウムブリア、マルケなどの一帯を支配するまでになるが、父の死とともに威勢を失い、イタリアを離れ 1507 年に戦闘中に死亡する。レオナルドは 1502 年から 3 年まで彼の許で働いていた。またマキァヴェッリの「君主論」のなかでの主要なキャラクターとして扱われていることでも有名。
71. Vasari-Milanesi, IV, pp. 148-153.

IV. 教皇のローマと工匠たち

fig. 66 15世紀末のヴァティカン風景
Hermann Schedel, *De Temporibus mundi*（1493）

ニコラス五世とアルベルティの遺産

　ブラマンテのローマでの活動を見て行く前に、ニコラス五世以後のローマにおける建築の状況について整理しておく必要があるだろう。ニコラスが想い描いていたであろう壮大なローマのイメージ[1]は、その後しばらくの間棚上げにされざるを得なかったが、しかし後継の教皇たちの脳裏にはいつかは取り組まなければならない宿題として保ち続けられていたと考えられる。アルベルティについては、ニコラスの死後に彼がローマ市近辺の建設活動に関して何らかの関わりを持ったとするような記録はない。しかし彼はピウス二世からパウルス二世、シクストゥス四世の時期までは存命していたし、1464年以後は教皇庁書記官の職を失っていたとしても、*De re aedificatoria* の著者としての存在感には無視しがたいものがあったと考えられ、1450年代以降のローマ建築には、多かれ少なかれアルベルティからの影響と見られるような部分的様相が表れている。

　一方ローマは、ブルネッレスキを産んだフィレンツェやあるいはゴシックの伝統にこだわり続けるロムバルディアのような、ベースとなるべき建築的スタイルを（あるいはそれを担いうる工匠集団を）持ち合わせていなかった。この時期のローマ建設の主役であった教皇や有力枢機卿たちはいずれも他地方の出身であり、彼らが手がける建設事業のほとんどは、ローマ以外の土地出身の工匠たちに委ねられていた[2]。そして彼らを強力にリードしてゆくような個性の強い建築家も存在せず、ニコラスやピウス二世に重用されていたベルナルド・ロッセッリーノもそうした力を持ち合わせてはいなかった。その意味ではこの時期のローマ建築は、好意的に見るならコスモポリタンなものであったとも言えようが、実態としては折衷的で無性格なものが大半を占めていた。

　ニコラスの後を継いだスペイン人教皇カリストゥス三世（Callistus III, Alfons de Borja y Cabanilles = *it.* Alfonso Borgia、在位 1555-58）は自分の身内を三人も枢機卿に任命するというネポティズモには熱心であったが、ローマ市の建設にはほとんどなす事がなかったし、続くピウス二世（Pius II, Enea Silvio Piccolomini、在位 1558-64）も自分の郷里のコルシニャーノの村 Corsignano を

「理想都市ピエンツァ」Pienza に仕立て上げる方に気をとられており、ローマでの彼の作事として知られているのは、まだ枢機卿の時代に後にサンタンドレア・デッラ・ヴァッレ聖堂の敷地となる場所に造っていた城砦風の自邸と、1460 年に教皇庁内局の有能な財務官僚フランチェスコ・デル・ボルゴ Francesco del Borgo（1413/15-68）に命じて着工したサン・ピエトロ聖堂前の「祝福のロッジァ」Loggia delle Benedizione[3] だけである。ローマにおける建設活動が活発化するのは、パウルス二世（ピエトロ・バルボ Paulus II, Pietro Barbo, ヴェネツィア出身でエウゲニウス四世の甥。在位 1464-71）のころからと見て良いであろう。

パウルス二世とパラッツォ・ヴェネツィア
——フランチェスコ・デル・ボルゴの「古典主義」

　フランチェスコ・デル・ボルゴ[4]は、この時期のローマ建築界では異色の存在である。ピエロ・デッラ・フランチェスカと同郷のボルゴ・サンセポルクロの出身で、おそらくその影響から数学に関心を寄せ、ユークリッドやアルキメデースの注釈・図解を試みたりしながら、計数の能力と人文主義者的教養を買われニコラス五世の事業のための財務を一手に引き受けるが、同時に私腹を肥やすことも怠らなかったらしい。このため教皇の没後には公費流用の疑いで一時収監されたりもしている。しかし間もなくカリストゥス三世により釈放されて様々な事業の管理を任され、ピウス二世の代には、教皇が宗教会議でマントヴァに出かけている間の教皇庁の諸業務を預かり、さらに上記の Loggia delle Benedizione の工事監理を（おそらく設計も）任されている。この工事では大理石円柱をポルティコ・ディ・オッタヴィアの遺跡[5]から調達したが、その巨大な円柱運搬に際して巧みな技術的才能を発揮していたと言われる。

　このロッジァは、フロンメルの復原案[6]によれば、コロッセウムないしマルケッルスの劇場などの手法を考古学的正確さで模倣した、まさに「純古典主義」的構成であり、ルネサンスにおいてもこれほどストレートな古典模倣が行なわれたのは初めてであったとされる。これをフランチェス

IV. 教皇のローマと工匠たち

fig. 67　1530年代のヴァティカン風景　Maarten van Heemskerck
Chatsworth-Devonshire Collection
正面にピウス二世の「祝福のロッジァ」、右手にはブラマンテの「サン・ダマゾのロッジァ」が見えている。

コ・デル・ボルゴの「作品」とする確たる証拠はなく、彼は工事を統括する事務方の責任者に過ぎず、実際の設計にはアルベルティが関与していたであろうとする見方も少なからずあるが、フランチェスコ・デル・ボルゴが建築を含む様々な技術に関心を抱いていたことは、ヴァティカンの図書館に遺る彼の手になる幾つかの手稿からも推察され、また後にパウルス二世の伝記作者 Gaspare Veronese が、彼を "architectus ingeniosissimus praefectus est" と評しており、彼が折りに触れ建築の計画・設計にも関与していた可能性は高い[7]。そしてまた、彼が関与したとされる建築に見るストレートな古典模倣は、私見ではアルベルティの好むところではなかったように思われる。

　彼の古典建築に関する知識は、おそらくアルベルティに匹敵するものであったと考えられ、それがさらに正確な実測技術と実務的な狡猾さによって裏打ちされていたと見られる。彼がアルベルティとほぼ同じ時期に教皇

119

fig. 68　パラッツォ・ヴェネツィア　1920年代の様子

庁で席を並べていたことから、両者の関係について様々な憶測がなされているのであるが、しかし彼らの接触の有無に触れるような史料は一切見当たらない。もとよりこの時期、アルベルティの存在、とりわけ *De re aedificatoria* の著作なくしてはフランチェスコのような技術者は現れ得なかったに違いないし、二人の間にはより直接的な人間関係もあったであろう。しかしこのテクノクラートの権化とも言える人物にとっては、アルベルティのような建築技術に対する懐疑に満ちたアプローチは全く無縁のものだったと見られ、そしてアルベルティが慎重に忌避していた政治がらみの課題に対しても、何のためらいもなくそのアカデミックな「古典主義」を携えて取り組んで行ったようである。

　フランチェスコはピウス二世が世を去るとすぐにパウルス二世（ピエトロ・バルボ）に拾い上げられ、以前にも増して重用されることとなる。彼の肩書きは"operum et fabricarum executor"であったが、まもなく税関の監督や塩税の徴収、教皇の歳入・歳出の管理など財務官僚として手腕を発揮していた。しかし1465年の秋頃からは建築に関わる業務にも手を出し始めている。

　ピエトロ・バルボはすでに1440年には枢機卿に取り立てられており、1451年には Cardinale presbiterio di S. Marco の称号を帯び、カムピドリオの丘の北側直下にある初期キリスト教時代創建の聖堂サン・マルコを与えられ、1455年には聖堂に隣接して自分の住居を建設する工事に取りかかるが[8]、教皇就任後は聖堂をすっぽりと包み込む巨大なブロックとなるまでに計画を拡大していた。計画は甥の枢機卿に引き継がれたとみられる

IV. 教皇のローマと工匠たち

が、実質的にはパウルスの死の1471年時点で工事は終了していたらしい。石材の多くはコロッセウムなどの古代遺跡から調達していたと言われる[9]。16世紀以降はヴェネツィア共和国の駐ローマ大使公邸として18世紀末まで使用されていたことから、「パラッツォ・ヴェネツィア」Palazzo Venezia の名で呼ばれ

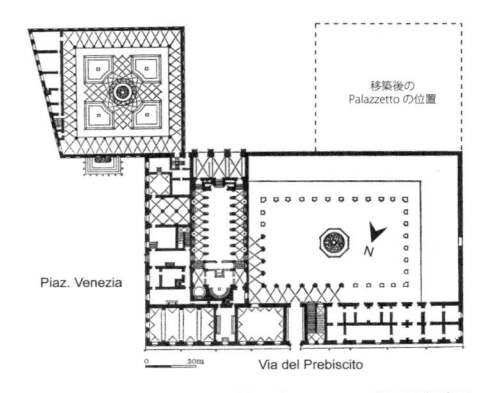

fig. 69　パラッツォ・ヴェネツィア　復原平面図

ることとなった。北側の棟は17〜18世紀にかけて西側に居室が増築されている[10]。建物外観はパラペットに城郭風の矢狭間を取り付けるなど、中世風を脱けきっていないが、サン・マルコ聖堂の前面（建物南面中央部）に取り付けた「祝福のロッジア」Loggia delle Benedizione や聖堂の西側に計画した二層のロッジアで囲む中庭（未完。その計画規模については諸説ある）などに、「純正な」古典風の意匠が現れている。20世紀初めまでは建物の南東角に広い中庭を囲むブロック（Palazzetto）が取り付いていたのであったが、カムピドリオの北側に造られたヴィットーリオ・エマヌエーレ記念堂への眺望を確保するために解体され、1913年から19年にかけて建物の西南側に移築され現在の姿となった。Palazzetto はブルネッレスキ風ないしウルビーノ風の開放的な二層アーケードで庭園 Viridarium を囲い込んだもので、パウルスが宴会などを行なうために計画し、居室は回廊の東側にだけおそらく敷地との関係で楔形をして取り付いていた。回廊自体も大きく歪んだ台形で各辺のアーケードのスパン数が違っていたらしいが、移築されたものはそれを完全な正方形に変更してしまっている[11]。

　パラッツォ・ヴェネツィアは様々な過渡的様相はあるものの、ローマにおけるルネサンス式邸宅の第一号として重視されているものである。造営には様々な工匠が関わっていたと見られ[12]、それぞれのスタイルからその

fig. 70　パラッツォ・ヴェネツィア
　　　　サン・マルコ聖堂「祝福のロッジァ」

fig. 71　パラッツォ・ヴェネツィア
　　　　未完のロッジア

作者のアトリビューションが試みられているが、確実なものは少ない[13]。とくに「純正な古典様式」とされる部分——たとえば東側（Piazza Venezia側）からの入口内部のコファリングを施したヴォールト天井など——については、早くからアルベルティの関与が言われてきており、いまだに多くの研究者がそれを支持している[14]のであるが、そのことを裏付けるような史料は一切存在しない。一方、フランチェスコ・デル・ボルゴが"praefectus fabricae"（建設長官）として教皇に仕え、月俸8ドゥカーティ[15]もの高給を得ていたことからすれば、彼がこの作事に関わっていなかったはずはなく、工事全体を掌握する"master architect"ではなかったとしても、少なくとも1465年以後の工事部分（上記のヴォールト天井や聖堂のロッジァ、未完の中庭など）については、完成はすべてその死後ではあるものの、彼の主導による可能性が高い。

　これまでのところフランチェスコ・デル・ボルゴの「建築家」としての役割を強く主張しているのはC. L. フロンメルだけで、その説は必ずしも多くの研究者の支持が得られているようには見えない。しかしフランチェスコに協力していたと見られる工匠たちの一群が、当時のローマのめぼしい建築のほとんどに関わっていたのは確かであり、その後の考古学的正確さ

による「古典主義」というローマならではの建築的傾向は、彼から発するものであったと見て良いであろう。それはまた無性格なローマの建築風土でこそ最も根付きやすかったとも言えるかも知れない。もとよりそこには施主であるピウス二世やパウルス二世らの、すべてについて"grand manner"を求める意向が強く働いていたことは確かであり、考古学的正確さで古代文化を再現することがそうした欲求と結びついた。ニコラス五世以後の教皇たちにとっては、帝政期ローマの壮麗さを復活させることが教会の権威を高めるものであると考えられており、建築のみならず教会典礼や市民の祭典など、あらゆる面において古代の典拠によってそれを権威づけることが至上命題となっていた。パウルス二世はその個人的な派手好みの性格も手伝ってのことではあるが[16]、こうした信念によってローマ最初の「ルネサンス住宅」を創り上げたのであった。

教会建築と軍事建築——工匠群像

シクストゥス四世（Sixtus IV, Francesco della Rovere, 在位 1471-84）の時代は、彼自身の旺盛な建設活動も含め、ローマの建築がパラッツォ・ヴェネツィア的過渡期の様相を脱け出して、「本格的」なルネサンス様式が展開され始めた時期であるとされる。またペルジーノやピントゥリッキオ、メロッツォ・ダ・フォルリといった画家たちもローマに集まってきており、ローマはフィレンツェやウルビーノにとって代わるべき新たな文化センターとなりつつあった。ただし建設に関わっていた工匠たちの多くは、おそらくフランチェスコ・デル・ボルゴのもとでパラッツォ・ヴェネツィアの工事に参加していた連中であり、いまだ明確な建築的目標を見出せず、アルベルティからのヒントを部分的に脈絡なく採りいれたり、装飾的細部で「ルネサンス風」を演出するような段階にとどまっていた。

ローマにおける最初のルネサンス的聖堂建築の代表例[17]の一つとして挙げられているものに、ナヴォナ広場の北東に位置するサンタゴスティーノ修道院聖堂 S. Agostino がある[18]。これは14世紀建造の小さな聖堂をフランス人枢機卿エストゥーヴィル Guillaume de Estouville（1402-82）の出資

によって拡張して建て直したもので、1479年から83年にかけて、ヤーコポ・ダ・ピエトラサンタ Jacopo da Pietrasanta（?-1495）[19]の建造になるとされる。ヤーコポは1451年頃からニコラス五世が進めていたカンピドリオの整備工事ではベルナルド・ロッセッリーノの

fig. 72　サンタゴスティーノ聖堂

下で大理石を扱う石工 marmorario として働いていたことがあり[20]、1463年から64年にかけては、ヴァティカンの Loggia delle Benedizione で工事監督を務め[21]、また1466年にはサン・マルコ聖堂 Loggia 工事の契約にベルナルド・ディ・ロレンツォらとともに参加していた。彼はパウルスからのおぼえがめでたかったものか、1468年からは"praesidens fabricae palatii apostolici"の肩書きで、それ以外の教皇庁の作事（サンタンジェロ橋の修復やアッシジのサン・フランチェスコ聖堂修理など）にも従事するようになっている[22]。

　サンタゴスティーノ聖堂は、彼が初めて"magistrum architectorem principalem"の肩書きで工事を行なうこととなったものであるが、しかし近年の研究によれば[23]、これには「建築の技に熟達せる者」"peritus in arte architecturae"とされるセバスティアーノ（バスティアーノ）・ダ・フィレンツェ Sebastiano（Bastiano）da Firenze という工匠が協力者として挙げられており、必ずしもヤーコポが"master architect"の立場にあったわけではなく、しかもこの計画の大枠はすでに世紀初めに決定されていたもので、エストゥーヴィルはそれを引き継いだに過ぎず、ヤーコポらの工匠たちは既存の計画案に従って工事を進めたものであったとされる。それでも内部の装飾的な細部や両肩にスクロールを取り付けたファサードの意匠（アルベルティのサンタ・マリーア・ノヴェッラ聖堂に倣った？）などには、最新の「アル

ベルティ風」とされるものが混入している。

ヤーコポは1495年3月31日（彼の死の直後）には、インノケンティウス八世 Innocentius VIII（Giovanni Battista Cybo、在位1484-92）が計画したヴァティカンの「ベルヴェデーレ」

fig. 73　インノケンティウスの「ベルヴェデーレ」

Belvedere のヴィッラ（fig. 66の右上に描かれている）の工事に関わって支払を受けている[24]。ヴァザーリはこの建築の計画を画家・彫刻家のアントーニオ・ポライオーロ Antonio Pollaiolo（c. 1431-98）の手によるものだとし、しかし彼は建築工事の経験が乏しかったので工事は他の人間に委ねたとしている[25]。ポライオーロの関与は他の史料からは確かめられないし、またヤーコポがそこでどのような役割を果たしていたのかも明確ではない。そしてこの城郭風のいかめしい構えは、ヤーコポのような大理石彫刻の工匠よりは、軍事建築を手掛けた経験のある人物（たとえばこのすぐ後に取り上げるジョヴァンニーノ・デ・ドルチのような？）[26]がその全体の輪郭決定に関わっていたと見るべきであろう。

こうした"master architect"不在の、一群の工匠たちによる共同の制作というやり方は、15世紀を通じて保ち続けられていた現象であり、設計者として工匠の個人名が挙げられている場合でも、実態は複数の工匠たちが部分毎に施工を担当したものの寄せ集めであった可能性が高い。ヤーコポ・ダ・ピエトラサンタらとともにパラッツォ・ヴェネツィアの工事に加わっていたジョヴァンニーノ・デ・ドルチ Giovannino de' Dolci（? -c.1486）[27]は、1471年からは教皇庁の作事の監督に指名されていて、1482年にはシスティナ礼拝堂の絵画の仕上がりを検査する役割もまかされている。そしてその死後には息子に対し未払いであった多額の報酬（1500フロリン。おそらく立て

fig. 74　ペルジーノ画「キリストがペテロに鍵を手渡す図」システィナ礼拝堂（部分）
　　　　コンパスの人物の一人おいて左で顔をこちらに向けているのはペルジーノ自身
　　　　とされる。

替えの資材費を含む）が支払われていることなどから、彼がシスティナ礼拝堂の「建築家」でもあったのではないかとの推測[28]が多くの研究者によって支持され、さらにはペルジーノがこの建物内部にキリストの生涯を描いた連作のうち、有名な「キリストがペテロに鍵を手渡す図」*Consegna delle chiave*（1481-82）の画面右手の群像の中の、右端から二人目の曲尺を携えた人物がジョヴァンニーノであろうとする推測がなされていた（右から5人目の人物がペルジーノ自身と言われる）。しかし彼を"architectus"と呼んでいるものは史料には見当たらず、更にペルジーノの絵では、曲尺の人物の左隣にコンパスを手にした人物がおり、こちらの方がより「建築家」にふさわしい道具立てであって、もし右端の人物がジョヴァンニーノであるとすれば、「建築家」ないし設計者はまた別に存在したと見なければならない。

　システィナ礼拝堂は単純な長方形平面であるが、巨大な建物で（40.5×13.2 m）天井ヴォールトの高さは21 m近くある。このように巨大な構造物をジョヴァンニーノが単独で建ち上げられたか危ぶむ意見もあり、またこ

の建物のいかめしい城郭的な外観から見ても、これにはそうした堅牢な構造を手がけた経験のある有能な軍事建築家が関わったであろうとの推測も可能で、当時軍事建築家として有名になりつつあったバッチョ・ポンテッリ Baccio Pontelli（c.1450-94）が関わっていたのではないかとする説がヴァザーリの記述をもとに提起され、とすればコンパスの人物はポンテッリであろうとする説もある[29]。しかしこの人物がローマに出てくるのは1482年のことであり、その頃には建物はほぼ建ち上がっていて、ペルジーノらのフレスコはすでに制作されていたことも考えられ、ポンテッリ説は成り立たない可能性もある[30]。

　ポンテッリの事蹟をとりあげる前に、パラッツォ・ヴェネツィアの工匠グループのもう一人のメンバーであるメオ・ダ・カプリーノに触れておくこととする。メオ（アメデオ）・ダ・カプリーノ Meo (Amedeo) da Caprino (a)（1430-1501）[31]はフィレンツェ近郊セッティニャーノ出身の石工で、1453年から61年まではフェッラーラにいたことが知られており、ニッコロ三世の騎馬像やボルソ・デステ記念柱、大聖堂鐘楼などを手がけたニッコロ・バロンチェッリ Niccolò Baroncelli[32]の下で働いていたと言われる。このことから彼は何らかのかたちでアルベルティの建築についての知識を得ていたであろうとされるが、具体的なことは不明である。1462年からはパラッツォ・ヴェネツィアの現場で、ジュリアーノ・ダ・サンガッロやヤーコポ・ダ・ピエトラサンタ、ジョヴァンニーノ・デ・ドルチらとともに働き、1467年ころからはヴァティカンの方の Loggia の仕事にも関わっていた。サンタ・マリーア・デル・ポポロ聖堂 S. Maria del Popolo の工事やオスペダーレ・ディ・サント・スピリト Ospedale di S. Spirito in Sassia の建設にも関与したのではないかとの説もあるが[33]、これらについては史料的裏付けは一切存在しない。

　オスペダーレ・ディ・サント・スピリトは、ボルゴのテヴェレ河畔に造られていた8世紀創建の貧民や巡礼者用の療養施設を、シクストゥス四世がフィラレーテの「オスペダーレ・マッジォーレ」を手本に全面的に改築

127

fig. 75　ローマ、オスペダーレ・ディ・サント・スピリト

させた大規模建築（1473-78）で、その後の西欧における病院建築の手本となったものであるが、三本の長大な病棟交叉部の大きな八角形とそのドーム以外には、実用本位で計画されたこの建物に際だった建築的特徴を指摘するのは難しい。フロンメルがこれをメオの作品とする主な根拠は、用いられているオーダーがアルベルティの用いた簡素なドーリス式に近いものであることで、これはアルベルティの建築に親しんだメオならではのものだとする。しかしこの建物は少し以前まではバッチョ・ポンテッリの名とも結びつけられていたもので、そうしたスタイルだけからでは見分けをつけ難いアノニマスさが特徴となっている。

　メオは1492年にはドメニコ・デッラ・ローヴェレ枢機卿 cardinale Domenico della Rovere（1442-1501. 教皇シクストゥス四世の近親で1482年よりトリノ司教となる）に招請され、トリノの大聖堂の建設に関わる（1492-98）。彼はそれ以前からデッラ・ロヴェーレ枢機卿に目をかけられ建築家としてそのローマの邸宅（palazzo di Scossacavalli, poi pal. dei Penitenzieri. 1480's）の造営を手がけたのではないかとする説もあるが、確認は出来ない。ともかくトリ

ノでは彼が「建築家」として処遇されていたことは確かで、1492年の文書では"magistro Amedeo de Septignano fiorentino architectori et magistro fabricae Ecclesiae Taurinensis"と明記されている[34]。それまで「ゴシック」の伝統に縛られてきていたこの地方としてみれば、この建築の簡素なたたずまいは驚きをもって迎えられたことであろうが、平面・ファサードともにローマのサンタゴスティーノ聖堂の焼き直しを感じさせ、「パラッツォ・ヴェネツィア・グループ」の中で共有されていた疑似アルベルティ的手法によるものと言えよう[35]。

　これまで幾度か名前が挙がっていたバッチョ・ポンテッリは、ヴァザーリの記述のおかげで[36]、この時期（シクストゥス四世からインノケンティウス八世の時代）のローマ建築のほとんどと結びつけられ、スーパー・スター的な建築家と見なされていたようである。ポンテッリについてのヴァザーリの記述の誤りはミラネージの史料調査によって訂正されていたのであったが、案内書など一般向けの文章ではいまだにヴァザーリをそのまま引いているものがある。

　ポンテッリはフィレンツェ出身の木工職人で、フランチォーネ Francione (Francesco di Giovanni, detto il Francione, 1425-1495) の工房で修業したのち、1475年から78年頃まではピサの大聖堂で寄木細工装飾の仕事に従事していたが、1478年にはウルビーノに移っている。この時期ウルビーノではフランチェスコ・ディ・ジョルジオが様々な作事を引き受けており、ポンテッリはその下でフェデリーコ・ダ・モンテフェルトロの有名な書斎 "Studiolo" の寄木細工の騙し絵制作などに関わったものと見られている。

　フランチェスコ・ディ・ジョルジオのウルビーノにおける重要な任務の一つは、敵対する勢力からの攻撃に備える砦を領内各処に建設することであり、1476-78年にはその最初のもの、ウルビーノ領北端のサン・レオ San Leo の砦の建設に携わっていたし、1480年にはアドリア海岸のセニガッリア Senigallia の要塞が完成していて、おそらくこれらの工事にはポンテッリも参加していたと考えられる。ポンテッリがフィレンツェで最初に修業

していたフランチォーネの工房は、ロレンツォ・イル・マニフィーコの命を承けて1470年代から幾つかの砦の造営を手がけていたし、ポンテッリもすでにそこで軍事建築についてのある程度の経験を積んでいたものと思われるが[37]、フランチェスコ・ディ・ジョルジォとの出会いによってさらに経験と知識を重ね、まもなく軍事建築のみならず民生建築一般をも手がけられる「建築家」として自立できるまでになったものと考えられている[38]。

1482年9月にフェデリーコ・ダ・モンテフェルトロが亡くなると、ポンテッリはローマに移っている。おそらくこれは1480年にポンテッリがオルチアーノ・ディ・ペーザロ Orciano di Pesaro のサンタ・マリーア・ノヴァ聖堂 S. Maria Nova の工事に関わった際、セニガッリアの領主であったジョヴァンニ・デッラ・ローヴェレ[39]と知り合い、その縁で兄の枢機卿ジュリアーノ Giuliano della Rovere（1443-1513. 後のユリウス二世 Julius II）から招請されたものと見られる。

枢機卿は早速、ポンテッリにサンティ・アポストリ聖堂 Ss. Apostoli の北側に隣接する邸宅パラッツォ・デイ・サンティ・アポストリ Palazzo dei Ss. Apostoli の内部改装などを行なわせたと見られるが[40]、1483年7月27日には枢機卿の伯父に当たる教皇シクストゥス四世からの命令で、ポンテッリはチヴィタヴェッキャの港湾要塞 Rocca di Civitavecchia の視察に向かっている。ここは1431年に教皇領となって以来、歴代教皇がその整備を進めており、シクストゥスは1481年にジョヴァンニーノ・デ・ドルチを工事監督に任命していたのであったが、ポンテッリの軍事建築家としての世評の高さを見込んで、工事に助言を与えさせるためであったのだろう。

同じ年の11月にはオスティアの司教でもあった枢機卿ジュリアーノが、オスティアの要塞 Rocca di Ostia の工事を進めていたようで、その9日には教皇が数人の枢機卿を伴って訪れたことを示す記念メダルが作られている。オスティアの要塞にポンテッリが関わっていたことを示す直接的な史料は見当たらないが、ポンテッリの到来以前のラツィオ地方の城砦建築は、すべて石造で高い塔をそなえる伝統的なものであったのに対し、大砲が用いられるようになると（ただしまだ砲丸は石であった）高い塔は却って砲撃の

IV. 教皇のローマと工匠たち

fig. 76　オスティアの要塞　右手に見えるのがサンタウレア聖堂

標的となってしまうことから、オスティアでは塔は造られておらず、また築造に時間がかからず修理も容易な煉瓦造とするなど、フランチェスコ・ディ・ジョルジョの提唱する最新の築城方式に忠実に従ったかたちであることから、彼の関与はほぼ間違いないものと考えられている[41]。

　ポンテッリは1487年にはインノケンティウス八世からマルケ地方の城砦建築の工事責任者に任命され、多くの城砦の建設・改修に関わったと見られるが、それらのほとんどはその後の改造などでポンテッリの手の跡をとどめるものは少ない。フランチェスコ・ディ・ジョルジョとそれを受け継いだポンテッリの軍事建築は、大きく変化しつつある戦争技術の中での過渡期の産物であり、大砲の弾丸が金属に変わると（1494年、フランスのシャルル八世がイタリア侵略に際して使用した[42]）その破壊力は飛躍的に増し、それまでの急傾斜で長い側面を持つ城壁では耐えられないこととなり、多くの稜角を持つ輪郭にとって替わられ、砲撃に対抗するためには城壁よりは衝

131

撃を吸収できる緩い傾斜の土塁の方が有利とされるようになる。またそれまで城砦建築の特徴となっていた 石落とし"beccatelli"などはまもなく無用のものとして姿を消してしまう。軍事建築にまつわる技術は、これはいつの時代でも言えるところであるが、絶えず進化する火器や戦術に応じて変わって行かざるを得ない、きわめて不安定な寿命の短いものであったと言える。

　しかしそれにもかかわらず、ジョヴァンニーノ・デ・ドルチやバッチォ・ポンテッリのような（サンガッロ兄弟もそうだが）軍事建築を経験してきた工匠たちが重用され民生建築においても重きをなしていたという事実は、それだけ軍事建築からの副産物が建築技術一般に対し寄与するところが多かったということなのであろう。たとえばその一つが、砦の建設には不可欠な正確な地形測量とその図化技術で、平面図のみならず立面図や断面図など厳密な平面投象の図が最初に用いられるようになるのは軍事建築の現場においてであった。アルベルティの提起していた"lineamentum"の観念が、これら図法幾何学と結びつくことにより、初めて建築認識のための具体的な技術となるのである[43]。

　おそらくポンテッリら軍事建築家たちの強みは、その構造や施工技術にかかわる豊富な実務経験もさることながら、こうした実測・製図技術を通じて培われた建築全体のシステム把握の能力にあったと思われ、民生建築でポンテッリがかかわったと考えられているもの――ジャニコロの丘の上のサン・ピエトロ・イン・モントリオ修道院聖堂 S. Pietro in Montorio（c. 1480-1500. のちにブラマンテの「テムピエット」がその横の中庭に造られる）やオスティアの城砦に付属したサンタウレア小聖堂 S. Aurea, Ostia（c. 1482-83）など――では、地味ながら堅固なプログラムの存在が読み取られる。それらはヤーコポ・ダ・ピエトラサンタの折衷的な傾向やメオ・ダ・カプリーノの微温的な手法とはかなり異なるものであることは確かで、ローマ建築に新たな刺激をもたらしたものと言うことができるが、その一方では、所与の建築技術についての批評の姿勢ないしはそれらの意味を変換させようとするような意欲は感じ取ることができない。それはフランチェスコ・デ

IV. 教皇のローマと工匠たち

ル・ボルゴの「古典主義」と同根であり、施主の望む impresa の表現以外のメッセージを含まない。

リアリオ枢機卿とパラッツォ・デッラ・カンチェッレリア

　1485年ころからシクストゥス四世の甥ラッファエーレ・リアリオ枢機卿 card. Raffaele Riario（1460-1521）が造営を開始した大邸宅は、1517年以後は教皇庁の尚書院 Cancelleria が使用することとなったために、パラッツォ・デッラ・カンチェッレリア[44]の名で知られている。これはリアリオ枢機卿が1483年にそのタイトルとして与えられた由緒ある聖堂サン・ロレンツォ・イン・ダマゾ S. Lorenzo in Damaso[45]に付設されたもので、枢機卿は聖堂と世紀半ばに前任者が造っていたそれに付設する住居も完全に造り替えた。そのやり方はパラッツォ・ヴェネツィアと似ているが、パラッツォ・ヴェネツィアが広場に面して聖堂前面にロッジァを取り付けることで聖堂の存在を明らかにしていたのに対し、リアリオはパラッツォのファサードをそのまま延長して聖堂を包み隠してしまった。1492年頃までには主要な部分は完成していたと見られるが、その後しばらく中断し、1503年から11年にかけて増築がなされている。この工事に用いたトラヴァティンや大理石などは近くにあるポムペイウスの劇場遺跡やコロッセオなどから調達していたと言われる。

　ファサード（南側 Via del Pellegrino と東の広場 Piazza della Cancelleria, 北側の現 Corso Vittorio Emmanuele II の三方に面する）は三層構成で、いずれの階も平滑な石肌のトラヴァティンに規則的なルスティケーションを施し、二層と三層は開口部を付柱で区切っている。南の Via del Pellegrino に面する初層は貸し店舗群に充てられ、聖堂と住居への主な入口は東の広場に面して設けられている。建物の角部は僅かに張り出させ、あたかも城郭の角の塔のような扱いとなっている。都市住宅の外壁に付柱を用いたのはローマではこれが最初の例とされる。二層目の窓は、四角い枠取りの中に円頂アーチの開口を設け、アーチ両肩に円盤の装飾を取り付けたもので、ヴェローナのポルタ・ボルサリ Porta Borsari[46]の最上部の窓の手法とよく似ていること

fig. 77 パラッツォ・デッラ・カンチェッレリア平面図

が指摘されているが、おそらくローマ市近辺の古代遺跡にも同じような手法の窓は見ることができたと思われる。初層と二層目の間のフリーズには、建物全面にわたってアルベルティ風ないしフランチェスコ・ディ・ジョルジォがウルビーノのサン・ベルナルディーノ聖堂内部に用いたような、ローマン書体による銘文がめぐらされている。

　聖堂の南側面に沿って大きくとられた中庭は、5×8スパンの三層アーケードで囲まれ、二層までがオープン・アーケードで三層目は付柱で区切られた壁面となっている。アーケード隅の手法はウルビーノのパラッツォ・ドゥカーレのそれと同様にL字形の角柱で収めている。パラッツォ・ヴェネツィアの"Palazzetto"の回廊もほぼ同じ手法によっていたが、そこでは全体の平面の歪みや高さが二層だけでしかもパラペットには城郭風の矢狭間が取り付けられていたこともあって、カンチェッレリアのような都会的な洗練さを獲得するまでには至っていなかった。実際、多くの研究者が、この建築全般をその規模や完成度においてこれを15世紀の最後を飾る傑作であるとしているのも、うなずけなくはない。しかしこれは既存の様々な手法[47]を統合しその頂点にまで洗練させたものではあっても、そこから新たな空間手法が産み出されるような契機は含んでいなかったことも確かであり、ローマの建築がこの袋小路から脱け出すためには、また別の批評的視点が要請される必要があるのだが、それにはブラマンテの到着まで待たなければならない。

　この大建築の計画を担当した建築家の名は、工事記録の中からは一切現

れてこない。ヴァザーリ（Vasari-Milanesi, IV, p. 155）は、ブラマンテがこれに関与したことを示唆する一方、アントーニオ・モンテカヴァッロ Antonio Montecavallo なる人物が工事を担当したとしている。モンテカヴァッロというのは、ロムバルディア出身の彫刻家でパウルス二世時代にローマに来ていたアンドレア・ブレーニョ Andrea Bregno（1418-1503）[48] が住んでいた場所の名前であると考えられ、アントーニオはその甥であろうとされる。しかしそのような人物がこのような大建築の指揮をしたとは考えられず、またブラマンテがローマに出てくる1500年以前にその計画を手がけられた可能性はないし、建築手法からしてもブラマンテの手が入っているとは思われない。ハイデンライヒは1486年ころにローマに来ていたフランチェスコ・ディ・ジョルジョないしはバッチョ・ポンテッリの手になる可能性を示唆しているが[49]、断定は避けている。これに対しフロンメルはこの計画がポンテッリの手になるものであることはほぼ間違いないとして論を進めている[50]。

　その評価はともかくとしても、この建築及び施主のリアリオ枢機卿が当時のローマの文化・社会に与えていた影響の大きさには計り知れないものがある。彼は熱狂的な古典マニアで、またその分だけ、自分の宗教者としての役割にはほとんど無頓着な、きわめて世俗的な人物であったと見られる。由緒ある初期キリスト教聖堂サン・ロレンツォ・イン・ダマゾを平然と取り壊してしまうというやり方にもそれは見てとることが出来るが、あまり確かではない言い伝えによればインノケンティウス八世の息子[51]からカード賭博（あるいはサイコロ？）で一夜にして多額の金を巻き上げ、それを自邸の建設費用に充てたと言われる。しかし彼の古典熱は当時の人文主義者や芸術家たちからは期待の目をもって受け取られていたらしく、その庇護に与った人々は多い。

　ルネサンスにおける古典劇上演に関わると見られる初期の史料としてしばしば取り上げられるのが、1486年に上梓されたスルピツィオ・ダ・ヴェロリ Giovanni Sulpizio da Veroli（生没年不詳）によるウィトルウィウスの *De architectura* の刊本[52]のリアリオ枢機卿宛て献辞（Lib. V の前書き）中の以下

のくだりである。

「貴猊下は、まことに初めて、今世紀において初めて、悲劇というものが実際の上演に値するものであるということを我らに教えられ、若者たちに演技をし歌うことを教えられたのでありまして（実際ローマでは数世紀来、それが演じられるのを見ることはなかったのであります）、素晴らしく飾り立てられた舞台を広場中央に、5ピエディの高さにしつらえられました。この同じ悲劇は、モーレ・アドリアーナで教皇インノケンティウスが臨席された中でも上演された後、貴下のパラッツォでもまた上演され、キルクスのカヴェア〔cavea 野外劇場などの摺り鉢状階段席〕のごとき中で行われたのでありまして、そこの観客席はすべてテントで覆われ一般に公開され、近隣の多数の観客を集めたのであります。

また貴猊下は、これも初めて、ポムポニウスが上演した喜劇の際に、絵画による背景の美しさをお見せ下さったのでありました。」[53]

fig. 78　パラッツォ・デッラ・カンチェッレリア

この「悲劇」というのは、1486年に3度にわたって上演されたセネカの「ヒッポリュトゥス」*Hippolytus*[54]を指しており、最初の上演の「広場」というのはおそらく建設中のパラッツォ・デッラ・カンチェッレリア前の広場を指すもので、モーレ・アドリアーナ Mole Adriana はハドリアヌスの陵墓すなわちカステル・サンタンジェロ前の広場を指す。これらの上演はポムポニウス・ラエトゥス[55]の「アッカデーミア・ロマーナ」のグループの一人であったスルピツィオ自身が取り仕切ったもので、登場人物フェー

ドラ Fedra 役を演じたトムマーゾ・インギラーミ[56]は、その演技が評判となり「フェードラ」の綽名で呼ばれることとなる。そのインギラーミが記しているところによれば、「装置の一つが壊れてしまい、演技を中断することとなったが、即興でラテン語の詩を読み

fig. 79　パラッツォ・デッラ・カンチェッレリア中庭

上げて観客の注意を惹き付け、その間に装置を修理して再び演技を続けることができた。そのおかげで彼はフェードロないしフェードラの肩書きを頂戴することになったのである」[57]という。これから察すると舞台にはなんらかの装置（背景？）があったと考えられるが、それがどのようなものであったかは不明である。またリアリオの館（パラッツォ・デッラ・カンチェッレリア？）で行なわれたとされる描割背景を伴う「喜劇」上演については、その時期も演目も知られていない。

　ポムポニウス・ラエトゥスらによる古典劇復活上演の試みは、すでに1460年代ころから行なわれていたと見られるが、それらはまだ内輪の朗読会のようなもので、舞台装置などを伴うものではなかったように見える。それがやがてリアリオ枢機卿のようなパトロンのおかげで、舞台装置と弧状階段席をしつらえた本格的な上演が行なわれるようになったものと考えられる。同じ頃にはマントヴァの宮廷でもアンジェロ・ポリツィアーノ作による音楽劇「オルフェオ物語」[58]が上演されていたとされ、フェッラーラでもエルコレ一世が1486年以後例年のように古典劇上演を行なっていた[59]。おそらく1480年代後半には、古典劇ないしその形式を真似た演劇上演がイタリア各地の宮廷などでブームとなりつつあったのであろう。このような演劇上演を通じて「古典風」は生活のあらゆる面における「エティケット」として浸透し、そして前章で触れたブラマンテによる「古代都市街路の図」

137

のような透視図法背景によって、古典風の建築が創り出す都市風景を現実の都市の中で実現することが大衆的認知を得るまでに至るのである。

アントーニオ・ダ・サンガッロ・イル・ヴェッキォとチヴィタカステッラーナの城砦

　1494年12月、フランス王シャルル八世はナポリ王国の王位継承権を主張し、3万人の軍勢を率いてほとんど向かう敵もなく易々とイタリア国内を縦断し、ローマにまで到達する。フランス軍は鉄の砲弾を使用する強力な破壊力の大砲を携えており、イタリア中の砦はこれに対抗する術もなかった。教皇アレクサンデル六世（Alexander VI, Roderic Llançol de Borja = it., Rodorigo Borgia, カリストゥス三世の甥、在位1492-1503）はカステル・サンタンジェロに逃げ込むが、フランス勢の威力に恐れをなし、息子のチェーザレ・ボルジアを先導役としてフランス軍をナポリまで導くことを約束させられた[60]。シャルル八世は他のヨーロッパ諸強の反目に遭い、翌年にはフランスへ戻らざるを得なかったが、この出来事はイタリア中の君侯たち、とりわけ教皇にとっては大きな衝撃であり、大急ぎで教皇領内の砦の改修に取りかかることとなる。もともとアレクサンデルの野望は、教皇領をすべてボルジア家の世襲の領地としてしまうことであり、即位と同時にそのための布石を開始していて、息子のチェーザレを用いて武力でロマーニャ地方の各都市を征服させる一方、領内各地の砦の建設・強化に取りかかっていたのであったが、1495年以後それは焦眉の急となった。

　この時期、軍事建築家として評価の高かったフランチェスコ・ディ・ジョルジョはナポリ王に雇われていたし、その弟子のバッチォ・ポンテッリは1494年には世を去っている。また同様に軍事建築に通じているとされたジュリアーノ・ダ・サンガッロは、同じ年、教皇と敵対してローマを離れていたジュリアーノ・デッラ・ローヴェレ枢機卿に伴われ、枢機卿の郷里であるリグリア地方のサヴォナ Savona にその邸宅を建設するために赴き、さらに枢機卿と共にパリまで足を伸ばしていて留守であったため、教皇はジュリアーノ・ダ・サンガッロの弟で兄に劣らぬ軍事建築のエ

キスパートと目されていたアントーニオ・ダ・サンガッロ・イル・ヴェッキォ Antonio da Sangallo il Vecchio (c. 1455-1534) を用いることとなる[61]。

アントーニオがアレクサンデル六世の作事に関わって確実に名前が挙がってくるのは、ローマ北方でヴィテルボにほど近い二つの城砦、ネピ Nepi とチヴィタカステッラーナ Civitacastellana の1499年の工事契約書[62]からであるが、1492年にはそれまでサンガッロ兄弟のパトロンであったロレンツォ・イル・マニフィーコが死亡していることから、アントーニオは兄ともどもフィレンツェを離れローマに来ていたと考えられ、遅くともポンテッリが死亡した1494年ころには、その後任としてカステル・サンタンジェロの現場[63]などで働き始めていた可能性がある。

fig. 80　チヴィタカステッラーナの城塞

fig. 81　アントーニオ・ダ・サンガッロ・イル・ヴェッキォ　モンテプルチアーノのサン・ビアジォ聖堂

アントーニオは1480年頃から史料に名前が現れ始めるが、兄の仕事の協力者である場合が多く、また二人は互いに影響を与え合っていたと考えられ、しかもその仕事の多くが軍事建築であることから、位置づけ・評価が難しい建築家とされてきている。しかし晩年にはモンテプルチアーノのサン・ビアジォ聖堂 S. Biagio, Montepulciano (1518-34) のような佳作を遺し、

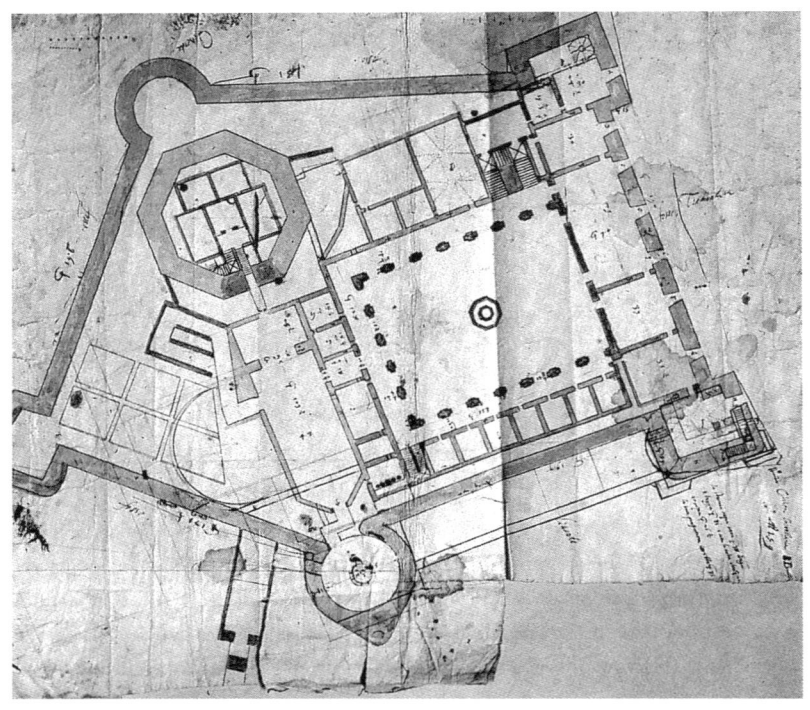

fig. 82　チヴィタカステッラーナの城塞　平面図
Archivio della Accademia di S. Luca, Roma, fondo Mascarino, n. 2539

ブラマンテ没後の1514年にはヴァティカンの"capomaestro"に任命されていることなどから、民生建築の面でもその独自の才能が認められていたようであり、兄とはまた違った形で世紀の変わり目において重要な位置を占めていたのではないかとの見方が近年は有力となりつつある。チヴィタカステッラーナの城砦は彼が兄から離れて手がけた最初の仕事であり、その意味からも注目される。

　ロドリーゴ・ボルジアはまだ枢機卿時代の1479年頃からネピとチヴィタカステッラーナの城砦の整備にかかっていて、1483年頃までその工事が続けられていたが、1499年の工事契約から見るとそれまでの計画はかなり変更されて大幅な拡張が見込まれていたようであり、すでにそれ以前におそ

IV. 教皇のローマと工匠たち

らくアントーニオの手による計画案が出来上がっていたものと考えられる。この計画変更は1494年のフランス軍の侵略後、その反省を受けてなされたと見られ、遅くとも1495年頃までには教皇から計画案作成が指示されていたものであろう。教皇が死ぬ1503年には工事は中断されアントーニオはフィレンツェに戻るが、その時点までには郭内のひときわ高い八角形の "maschio"（大塔 = engl. "keep"――日本の城郭の「天守」のようなもの）の上部架構などを除いてほぼ出来上がっていた。

fig. 83　チヴィタカステッラーナの城塞中庭

　砦は切り立った崖の上に築かれ、やや歪んだ五角形の城壁で囲まれ、それぞれの稜には突きだした堡塁が取り付いている。城壁にはもはや "beccatelli" は見られず、低いパラペットに沿って砲台が配置されている。このような形式は後の星芒形の城郭の先触れとなるもので、城砦建築における大きな革新とされており、軍事建築家アントーニオの最大の業績の一つとされるのであるが、もう一つ注目すべき点は、その郭内に「古典風」の二層の回廊で囲われた中庭をそなえ、その周りに「宮殿」と呼んでよいような立派な居室が配置されていることである。教皇は純軍事的な役割のみならず、教皇の居所としての権威の表現をこの城砦に与えようとしていたものと見られる。そして城砦建築にこうした権威的表現を付加する手法は、この後の軍事建築に影響を与えて行くこととなる。

　この回廊部分には後にブラマンテが手を加えた形跡があるとされ、コロッセウムのアーケードをヒントにしながら半円柱ではなく幅広い付柱とする抽象化された構成は、ブラマンテのサンタ・マリーア・デッラ・パーチェ修道院中庭を想わせるものがあるが、「古典的」とは言いながら、そ

141

の比例はウィトルウィウスの説くところとはかなり違っていて、おそらくアントーニオがその経験から独自に、軍事建築らしい力強さを求めて導き出した比例であろうと見られる[64]。こうした分厚さはその後のアントーニオの建築に一貫して見られる彼の個性となっているものであると同時に、その傾向は彼の甥であるアントーニオ・イル・ジョヴァネ Antonio da Sangallo il Giovane（1484-1546）に引き継がれ、さらにミケランジェロにまで影響を及ぼし、ブラマンテ没後のローマ建築の特徴の一つとなってゆくが、それはブラマンテの建築がそなえていた知的な記号的特質とは方向を異にする、即物的な（彫刻的な）力の表現へと向かうものであり、建築技術の独自性を見失わせる危険性を孕むものでもあった。

注

1. ニコラス五世のローマ計画とアルベルティ、ベルナルド・ロッセッリーノらとの関わりについては、Vasari-Milanesi, II, pp. 538-539; III, pp. 99-102、及び拙著「アルベルティ」第 VII 章などを参照されたい。15世紀後半のローマ建築については E. Müntz, *Les Arts à la cour des papes pendant le XVe et XVIe siècle*. I-III, Paris, 1878-82; P. Tomei, *L'architettura a Roma nel Quattrocento*, Roma 1942; T. Magnusson, *Studies in Roman Quattrocento Architecture*, Stockholm 1958; L. H. Heydenreich, "Roma", in L. H. Heydenreich & Wolfgang Lotz, *Architecture in Italy. 1400-1600*, Harmondsworth 1977, pp. 48-70; S. Borsi, F. Quinterio, C. Vasić Vatovec, *Maestri fiorentini nei cantieri romani del Quattrocento*, Roma 1989; C. L. Frommel, "Roma", in *Storia dell'architettura italiana. Il Quattrocento*, Milano 1998, pp. 374-433 などを参照。
2. ハイデンライヒはこうした事情を踏まえて、ローマにおけるこの時期の建築の全般的特徴を "anonymity"（無名性）であるとしている（Heydenreich, *op. cit.*, p. 52）。
3. Frommel, 1998（*op. cit.*）, pp. 382-383. このロッジアは11スパンからなる3層のオープン・アーケードとして計画されたが、16世紀初めまでに2層で4スパン目まで造られ、アレクサンデル六世によって3層目が造られかけたところで未完に終わり、1600年に取り壊された。fig. 67の左寄りに不正確ながらその工事中の様子が描かれている。1530年頃の正確な姿は M. Heemskerck に

より様々な角度から描かれている。Heemskerck の図の一つは、拙著「アルベルティ」の fig. 114（p. 220）として掲げてある。ハイデンライヒはその規模について、3層目を含む全体の高さが29 m としている（Heydenreich, *op. cit.*, p. 340 n. 32）。

4. その略伝と参考文献については Pier Nicola Pagliara によるもの（*Dizionario Biografico degli Italiani* - Volume 49, 1997）を参照。またその建築家としての活動については、Frommel, C. L., "Francesco del Borgo. Architekt Pius II und Paulus II. Der Petersplatz und weitere römische Bauten Pius II Piccolomini", in *Römische Jahrbuch für Kunstgeschichte*, XX, 1983, pp. 107-154 を参照。

5. Portico di Ottavia（Porticus Octaviae）。マルケッルスの劇場遺跡のすぐそばにある。BC. 2世紀建造の神殿複合体を、AD. 27年ころアウグストゥスが姉のオクタヴィアを記念して改造したもの。その後セプティミウス・セウェルス帝により改修された。中世以後はこの場所は魚市場などとして使用されていたという。

6. Frommel, 1998（*op. cit.*）, pp. 381-385.

7. G. Veronese, *De gestis Pauli secundi*, a cura di G. Zippel, in *Rerum Ital. Scriptores*, III, 16, pp. 48, 58（cit. Frommel, 1998, p. 185）。フロンメルはナヴォナ広場のサン・ジャコモ・デリ・スパニョリ聖堂 S. Giacomo degli Spagnoli（現 Nostra Signoria del S. Cuore, 1450年開始）も、フランチェスコの設計になるものと推測している（Frommel, 1998, *op. cit.*, pp. 379-380）。

8. 建物東側壁面（Piazza Venezia 側）には "PETRVS BARBVS VENETVS CARDINALIS SANCTI MARCI HAS AEDES CONDIDIT ANNO CHRISTI MCCCCLV" の銘板がある。この建築については20世紀初め以来多くの研究が寄せられており、主なものとしては H. Egger, P. Dengel & M. Dvořák, *Der Palazzo Venezia in Rom*, Wien 1909; G. Zippel, "Paolo II e l'arte. Note e documenti", in *L'Arte*, XIV, 1915, pp. 181-197; E. Lavagnino, "L'architettura del Palazzo Venezia", in *Rivista del R. Istituto di Storia dell'Arte e Archeologia*, V, 1935-36, pp. 128-176; F. Hermanin, *Il Palazzo Venezia*, Roma 1948; M. L. Casanova, *Palazzo Venezia. Paolo II e le fabbriche di S. Marco*, catalogo della mostra Roma. Museo di Palazzo Venezia, maggio-settembre 1980, Roma 1980 などがある。

9. Vasari-Milanesi, II, p. 472.

10. 19世紀初めにはこの建物は取り壊しが検討されたが、彫刻家のアントーニオ・カノーヴァ Antonio Canova（1757-1822）らの働きかけにより遺ることとなり、1919年からはその一部が博物館として公開される。ムッソリーニ時代に

は政府庁舎として使用された。戦後はまた博物館や企画展示会場などとして利用されている。

11. fig. 69の復原図（Heydenreichによる）は移築された後のPalazzettoの形をもとにしており、その意味では不正確でまたPalazzo本体との取り付き方も違っているようである。フロンメルによる復原（Frommel, 1998, *op. cit.*, p. 384）は歪んだ形のPalazzettoを描いているが、その一方Palazzoの方の中庭の規模を5×5スパンとしており、北側のアーケードの現状は6スパンまで造られたところで中断しているので、疑問が残る。

12. 工事関係記録には、ヤーコポ・ダ・ピエトラサンタ Jacopo da Pietrasanta、メオ・ダ・カプリーノ Meo da Caprino、ジョヴァンニーノ・デ・ドルチ Giovannino de' Dolci、マルコ・デ・ドルチ Marco de' Dolci、ベルナルド・ディ・ロレンツォ Bernardo di Lorenzo ら、また1470年の記録にはジュリアーノ・ディ・フランチェスコ・ダ・フィレンツェ Giuliano di Francesco da Firenze の名が挙がっている（"Julianus Francisci de Florentia... perficere quattuor arcus dicte Benedictionis nunc existentes... secundum quod superedificare quattor arcus ad altitudinem designatum scapellinis", in Zippel, "Paolo II e l'arte. Note e documenti", *op. cit.*, p. 187）。ハイデンライヒは、この「ジュリアーノ」はジュリアーノ・ダ・サンガッロを指すものだとしている（Heydenreich, 1974, *op. cit.*, pp. 54-55 & 66 ; p. 340 n. 34, p. 341 n. 64）。

13. ヴァザーリ（Vasari-Milanesi, II, pp. 471-472）は、ジュリアーノ・ダ・マイアーノ Giuliano da Maiano（1432-90）がパウルス二世に呼ばれてヴァティカンのLoggia delle Benedizione とパラッツォ・ヴェネツィアのLoggia の両方を造ったのだとしているが、編者 Milanesi はこれを誤りとしている（*ibid.*, p. 472 n. 3）。なお Milanesi がヴァティカンの Loggia の工事に参加していた工匠たちとしてそこで挙げている名前は、サン・マルコの方の工匠とほとんど重なっており、さらにパーニ・ディ・アントーニオ・ダ・セッティニャーノ Pagni[o] di Antonio da Settignano という工匠の名もそこに加えられている。ハイデンライヒはパーニ・ディ・アントーニオが1464年にフィレンツェに派遣されて、サン・マルコ聖堂の Loggia delle Benedizione のための "modello" を探し求めていたということを挙げ、従ってその意匠の出所はフィレンツェであったろうとしている（*op. cit.*, p. 55. ただしその典拠は示していない）。

14. ブルスキは2005年のアルベルティ展図録（Bruschi, A., "Alberti a Roma per Pio II e Paolo II", in F. P. Fiore, a cura di, *La Roma di Leon Battista Alberti. Umanisti, architetti e artisti alla scoperta dell'Antico nella città del Quattrocento*, catalogo della

mostra a Roma, Musei Capitolini, 24 giugno − 16 ottobre 2005, Milano 2005, pp. 113-127）ではパラッツォ・ヴェネツィアとアルベルティとの密接な関わりを論じている。

15. ducati > ducato はヴェネツィアの金貨でフィレンツェのフロリン florin とほぼ同じ 3.5 g であるが、純度の高さで有名であった。

16. この教皇の事蹟に対する評価は毀誉相半ばしているが、自己顕示欲の強い人物であったことは間違いなく、彼が催す豪華な式典や民衆に向けての蕩尽はその目的のためであったとされる。その後のローマ名物となる盛大なカーニヴァルの祭典の形式は、教皇の郷里であるヴェネツィアのそれを採り入れて彼が始めさせたものと言われる。cf. M. Moriconi, "Il Corso. Dal Carnevale alla festa politica", in *La Festa a Roma nel Rinascimento al 1780*, a cura di M. Fagiolo, catalogo della mostra, Roma, Palazzo Venezia, 23 maggio-15 settembre 1997, Torino 1997, pp. 168-171.

17. ハイデンライヒは（1977, pp. 55-64）、ジャニコロの丘にあるサントノフリオ小聖堂 S. Onofrio（1433-44）、サンタ・マリーア・デル・ポポロ聖堂 S. Maria del Popolo（1472-77）、サンタゴスティーノ聖堂 S. Agostino（1479-83）、サンタ・マリーア・デッラ・パーチェ聖堂 S. Maria della Pace（1478-83）、サン・ピエトロ・イン・モントリオ聖堂（c. 1480-1500）、オスペダーレ・ディ・サント・スピリト Ospedale di S. Spirito（1474-83）、システィナ礼拝堂 Cappella Sistina（1477-83）などを挙げている。

18. ここは1472年にアルベルティが葬られたところであるが、この建て替えによってその遺骸がどのように処置されたものかは不明である（拙著「アルベルティ」、p. 326）。

19. その伝記については Sara Magister, voce «Jacopo da Pietrasanta», in *Dizionario Biografico degli Italiani* - Volume 62（2004）を参照。

20. E. Müntz, *Les Arts à la cour des papes pendant le XVe et XVIe siècle*. I, 1878, p. 149.

21. *Ibid.*, p. 282 — "superstans fabricae pulpiti" の肩書きとなっているが、これは工事全体ではなく、装飾的細部の監督を指すのであろうとされる。

22. Müntz, II, 1879, pp. 15-16. ただしそれらも工事全体の管掌ではなく、大理石彫刻などの装飾的な部分についての監督業務だったようである。1467年にはおそらくパラッツォ・ヴェネツィアの "Viridarium" に置くための巨大な蛇紋岩製の水槽（おそらく古代の遺物）をコロッセウム近傍から運んでくるというような仕事も引き受けている。

23. cf. R. Samperi, *L'architettura di S. Agostino a Roma 1296-1483. Una chiesa mendi-*

cante tra Medioevo e Rinascimento, Roma 1999.
24. J. S. Ackerman, *The Cortile del Belvedere*, Città del Vaticano, 1954, p. 7 n. 2.— "pro fabrica domus vineae palatii apostolici Bellovedere nuncupatae."; cf. D. Redig de Campos, "Il Belvedere di Innocenzo VIII in Vaticano", in *Triplice omaggio a Sua Santità Pio XII*, II, Città del Vaticano 1958, p. 292 sgg.
25. Vasari-Milanesi, III, p. 296.
26. Frommel, 1998（*op. cit.*, pp. 405-407）は後に触れるバッチョ・ポンテッリの関与の可能性を指摘している。
27. 彼の伝記は Marzia Casini Wanrooij, voce «Dolci, Giovanni（Giovannino）», *Dizionario Biografico degli Italiani*, vol. 40, 1991 を参照。彼はフィレンツェ出身の木工職人"faber lignarius"で、1450年頃にローマに出て、当初は寄木細工や櫃、聖堂の祭壇などを製作していたようであるが、やがて建築にも関わるようになったものと見られる。また1470年代後半からは砦の建造にも関わっている。Frommel, 1998（pp. 192-193）はサンタ・マリーア・デル・ポポロ聖堂もジョヴァンニーノの手になる可能性があるとしている。
28. Müntz（II, 1879, p. 348 sgg.; III, 1882, p. 137）がジョヴァンニーノをシスティナ礼拝堂の建築家であったろうとして以来、この説は現在でも支持されているようである。
29. Vasari-Milanesi, II, p. 652; D. Redig De Campos, "L'architetto e il costruttore della cappella Sistina", in *Palatino*, IX（1965）, pp. 90-93.
30. これには反論もあって、後に触れるポンテッリによるオスティアの城砦（1483-86）の手法（壁上部の"beccatelli"）とシスティナの礼拝堂のそれとが、手法・寸法などが一致していることや、壁画の日付が必ずしも建物全体の完成を意味するものではないと考えられることから、1482/3年ころにはポンテッリがシスティナ礼拝堂の工事に助言ないし直接関与していた可能性は否定できないというのである。cf. Repettio, Barbara, "L'architettura militare nel periodo di transizione da Sisto IV ed Alessandro VI", in AA.VV., *Le Rocche Alessandrine e La Rocca di Civita Castellana*, Atti del convegno（Viterbo 19-20 marzo 2001）a cura di Myriam Chiabò - Maurizio Gargano, Roma 2003, pp. 173-190. とはいえこれだけでは、ペルジーノの絵のコンパスの人物がポンテッリであるとの確実な証拠には必ずしもならないだろう。
31. Isa Belli Barsali, voce «Amedeo di Francesco（Meo del Caprino, Meo Fiorentino, Meo da Settignano）», *Dizionario Biografico degli Italiani*, 2, 1960.
32. これらフェッラーラの建築やバロンチェッリについては拙著「アルベルティ」

第 IV 章を参照されたい。
33. これらの説はすでに Milanesi（Vasari-Milanesi, II, pp. 662-665）らが示唆していたもので、その後は否定されていたのであるが、Frommel, 1998（pp. 395-400）は再びそれを持ち出し、それらの建築に見る「アルベルティ的様相」を根拠に、メオの関与をほとんど疑う余地がないかのように論じている。
34. S. Solero, *Il duomo di Torino*, Pinerolo 1956, p. 45 sgg.
35. このファサードは、ちょうど同じ頃にフェッラーラでビアジョ・ロッセッティ Biagio Rossetti（c. 1447-1516）により造られていたサン・フランチェスコ聖堂 S. Francesco（1494）と似ている。アルベルティから発した一つのモティーフが、このように同じ時期に違った場所で僅かなヴァリエーションを施しただけで出現してくるというのは、ローマのみならずこの時期のイタリア建築の全般的状況を象徴するような現象といえよう。
36. Vasari-Milanesi, II, pp. 652-654, 及び Milanesi による注釈 pp. 654-665.
37. フランチョーネのアトリエからはジュリアーノ・ダ・サンガッロやアントーニオ・ダ・サンガッロ・イル・ヴェッキォの兄弟も巣立っており（拙著「アルベルティ」第 VIII 章参照）、彼ら同様に木工職人として修業し、寄木細工装飾なども手がけながら、多くの軍事建築の現場で経験を積み、当時を代表する軍事建築家との評価を得ていた。ポンテッリの軍事建築家としての活動については Repettio, Barbara, "L'architettura militare nel periodo di transizione da Sisto IV ed Alessandro VI"（*op. cit.*）を参照。
38. ポンテッリは1481年6月18日にロレンツォ・イル・マニフィーコに宛てた書簡にウルビーノのパラッツォ・ドゥカーレの実測図を添えて、実測に手間取り遅くなったことを詫びている（G. Gaye, *Carteggio inedito di artisti dei sec. XIV, XV, XVI*, Firenze 1839-40, p. 274, cit. Repetto, *op. cit.*, p. 177 n. 9）。おそらくその実測はその前年にロレンツォ・イル・マニフィーコから依頼されていたものであったと見られ、ポンテッリがこの時点でそうした建築家的技能を身に着けていたことを示すものとされる。ただしここではまだ「フランチョーネの弟子の大工［legnaiolo］」との肩書きを名乗っていた。マルケ地方にはまだこの時期のポンテッリの作とされる建築が幾つかあるが、いずれも史料的な裏付けはなく、そのスタイルからの推定である。
39. Giovanni della Rovere（1457-1501）。フェデリーコ・ダ・モンテフェルトロの娘を娶っており、フェデリーコの死後にはウルビーノ公爵を継いでいる。
40. Frommel, 1998, p. 409. これはジュリアーノ・ダ・サンガッロの作とするものがあるが、実際はジョヴァンニーノ・デ・ドルチが工事を指揮していたもの

らしい。

41. Milanesi (Vasari-Milanesi, VI, p. 344 n. 3) はジゥリアーノ・ダ・サンガッロの作としていた。

42. すでに1467年にはフェデリーコ・ダ・モンテフェルトロがヴェネツィアとの戦闘の際に金属砲弾を使用していたと言われる。cf. W. Tomassoli, *La vita di Federico da Montefeltro (1422-1482)*, Urbino 1978, p. 349 (cit. da Francesco Paolo Fiore, "Le difese fortificate dello Stato della Chiesa in età alessandrina", in AA. VV. *Le Rocche Alessandrine e La Rocca di Civita Castellana*, Atti del convegno, *op. cit.*, pp. 13-14)。

43. この時期の軍事建築技術については Nicholas Adams, "L'architettura militare in Italia nella prima meta del Cinquecento", in *Storia dell'architettura italiana. Il primo Cinquecento*, Milano 2002, pp. 546-561、また "lineamentum" については拙著「アルベルティ」第V章参照。

44. この建築に寄せられた研究はパラッツォ・ヴェネツィアについてのそれに劣らず多いが、それらについては巻末の参考文献目録を参照されたい。リアリオはメディチ家の教皇レオ十世暗殺計画（1517年）に加担したのと疑いをかけられ一時拘束されるが、すべての役職放棄と自邸を明け渡すことで辛うじて許されたのであった。

45. 第37代の教皇、聖ダマゾ S. Damaso（在位366-384）が380年ころにおそらく自分の邸宅を改造して聖堂に転用したものと見られ、その後幾度かの修復ないし改造はあったものの、リアリオが改築するまではほぼ原形を保っていたものと見られる。1988～91年にパラッツォの中庭の発掘調査が行なわれ、その聖堂の一部と考えられる遺構が確認されている。現在の聖堂は建物の北東の一郭を占めているが、当初の聖堂はもう少し南寄りにあり、柱廊で囲まれ、Via del Pellegrino に面して店舗群と見られる建物が付設されていて、オスティアなどに見られるような、街路に沿って店舗を設ける住居ブロック「インスラ」Insula のような形態であったと見られる。聖堂自体は東側に入口を持つ三廊式バジリカであるが、内陣にアプスが取り付いていたような形跡は認められないという。cf. Marco Valenti, *Trasformazione dell'edilizia privata e pubblica in edifici di culto cristiani a Roma tra IV e IX secolo*, Diss. Thesis, Univ. d. Studi di Roma "La Sapienza", 2002-2003, pp. 40-41, fig. 2.

46. Heydenreich, 1977 (*op. cit.*), p. 69. ポルタ・ボルサリはローマ期の市街の南の門で1世紀後半の建造（265年の刻銘があるが、これは修復の年代を示すと見られる）。きわめてレトリカルな表現をそなえる。

IV. 教皇のローマと工匠たち

47. 研究者たちは異口同音に、この建物がフィレンツェ的なもの、ウルビーノ的なもの、そしてローマの古典などの綜合から成り立っているとしている。
48. 彼は1464年頃までヴェネツィアのパラッツォ・ドゥカーレで働いていたが、同郷のパウルス二世に招請されたのであった。彼の名はローマの幾つかの建築と結びつけられることがあるが、確実なものはない。
49. Heydenreich, 1977 (*op. cit.*), pp. 69-70.
50. Frommel, 1998 (*op. cit.*), p. 411 sgg.
51. インノケンティウス八世は教皇となる以前、多数の私生児をもうけていたと言われ、教皇着位後公然と彼らを認知し、様々な地位を与えていた。この息子（長男）フランチェスケット・チーボ Franceschetto Cybo (1450-1515) は身持ちの悪さで有名であったが、ローマの知事など要職を得ていた。この賭博の件は Stefano Infessura, *Diario rerum romanarum* (a cura di Oreste Tommasini, 1890, pp. 251-252) に見える。この史料については第 IX 章の注3を参照。
52. Giovanni Sulpizio da Veroli, *Vitruvii Pollionis ad Caesarem Augustum de Architectura liber primus (et sequentes IX) ex rec. Joan. Sulpitii Verulani*, Roma 1486
53. cit. in Federico Doglio, *Teatro in Europa*, I, Milano 1982, p. 402.
54. Lucius Annaeus Seneca (c. 4 BC-AD 65). *Hippolytus* (or *Phaedra*) はセネカがものした九つの悲劇の内の一つ。
55. Pomponius Laetus (1428-98) とその「アッカデーミア・ロマーナ」については拙著「アルベルティ」、第 I 章の注40を参照。
56. Tommaso Inghirami (1470-1516). 当時まだ16歳であった。後に枢機卿となる、ラッファエッロが彼の肖像を描いていたことで有名。
57. cit. Doglio (*op. cit.*), p. 402.
58. 拙著「アルベルティ」、第 I 章の注16参照。
59. フェッラーラでのエルコレ一世による演劇上演については、前章の注57, 60 を参照されたい。
60. この経緯はグィッチァルディーニ Francesco Guicciardini (1483-1540) の《イタリア史》*Storia d'Italia* (a cura di F. Mazzali, Milano 1978, 3 voll), Vol. I, lib. 1, Cap. XI 以下に詳しく述べられている。ただし彼が記述するフランス軍の脅威については、やや誇張があると見られる。
61. ヴァザーリはジュリアーノとアントーニオをまとめて一つの章で扱っている (Vasari-Milanesi, IV, pp. 297-309)。Milanesi はジュリアーノとアントーニオの生年を誤ってどちらも1455年としているが、二人の生年については確実な史料を欠き、ジュリアーノは1516年に74歳で亡くなったとされていること

から1442/3年ころの生まれ、アントーニオはそれより10ないし12歳年下と考えられている。現代の伝記としては、Paola Zampa & Arnaldo Bruschi, voce «Giamberti, Antonio, detto il Antonio da Sangallo il vecchio», *Dizionario biografico degli Italiani*, vol. 54（2000）を参照。なおジュリアーノについては、特に彼が描き遺していた建築の図（*Taccuino senese* や *Cod. Barberiniano* など）に関わって、拙著「ブルネッレスキ」や「アルベルティ」の各処で触れており、またロレンツォ・イル・マニフィーコとの関係については、「アルベルティ」の第VIII章で触れている。

62. これらの城砦工事にまつわる史料とその考証については、Fabriano Tiziano Fagliari Zeni Buchicchio, "L'organizzazione del cantiere nelle rocche di Nepi e Civita Castellana in eta alessandrina: dati archivistici", in AA.VV., *Le Rocche Alessandrine e La Rocca di Civita Castellana*, Atti del convegno, *op. cit.*, pp. 47-66 参照。

63. カステル・サンタンジェロはニコラス五世の代におそらくベルナルド・ロッセリーノらによって防備強化の工事がなされていたとみられるが、アレクサンデルは着任後ただちにその増築（堡塁の追加や濠の改修、それに危機の際の教皇自身の避難場所となる居室など）を行なっていたようで、1492年の着工記念メダルがあり、1497年頃には一応工事が終わったとされる。アントーニオがいつからその工事に参加したかは不明であるが、改造された砦の輪郭や教皇の居室部分の古典風の装飾などから、兄のジュリアーノないしはアントーニオ自身の計画による変更がなされたであろうと考えられているようである。

64. Bruschi, A., "L'architettura a Roma negli ultimi anni del pontificato di Alessandro VI Borgia...", *op. cit.*, pp. 41-42.

V. ローマへのデビュ

fig. 84 *Antiquarie Prospettiche Romane* 扉

V. ローマへのデビュ

Antiquarie prospettiche romane

　ローマのカサナーテ図書館 Biblioteca Casanatense[1]に所蔵されている稀覯書 *Antiquarie Prospettiche Romane Composte per Prospectivo Melanese Dipintore* と題する小冊子[2]は、133行からなる韻文体でローマの古美術についての賛辞を記し、冒頭部分にはレオナルド・ダ・ヴィンチへの献辞と見られる箇所があり（"Ad te cordial caro ameno socio/ Vinci mie caro nollauer per vitio/ si a sciuer fussi stato colmo de otio" の文言が見える）、刊行の日付はないが、記述されている美術品の発見の日付などから勘案して1500年ころの上梓とされている。この著作については、ブラマンテの手になるものではないかとする仮説がデ・アンジェリス・ドッサートにより提起されて[3]以後、もしこれがブラマンテの手になるものであるとすれば、ブラマンテとレオナルドの関係や彼らの古代美術への関心の在り方を示す重要な史料いうことになり、多くの議論をよんできている[4]。特にその木版の扉絵（fig. 84）に描かれた裸形の人物のポーズは――片膝をつき、左手のコンパスで幾何学的な図形を描き、高く上げた右手には天球儀ないしアストロラーベのような器具を捧げ持っている――レオナルドの手になるとされる聖ヒエロニムスの絵[5]、あるいは大英博物館蔵の天使像の習作（fig. 85）[6]などと共通するものがあるとされる――の意味するところをめぐっては、様々な推定がなされているが、建築家の営みを表現しようとしたものであることだけは、ほぼ間違いないと見られている[7]。多くの論考が寄せられているにもかかわらず、これがブラマンテの作であるとする決定的な証拠と言えるほどのものは見つかっていないようだが、とりあえずブラマンテ作の可能性を認め、それと絡めてブラマンテとローマとの関わりを考えて見ることとしたい。

　ブラマンテは1493年から94年にかけてのフィレンツェ訪問の際に、ローマも訪れていた可能性があると考えられており、また1497年ころにも南イタリア辺りまで足を伸ばしていたらしい形跡がある[8]。この時期ミラノとローマ（ヴァティカン）は比較的良好な関係にあり、アスカニオ・スフォルツァ枢機卿が狡猾な政界遊泳術によってヴァティカンの中で有力な地位を保っていたから、彼に目をかけられていたブラマンテがローマを

訪れて古美術品などを見学するにも、さほどの不自由はなかったであろう。*Antiquarie Prospettiche Romane* には、当時有力者たちが所蔵していた古美術品が多く取り上げられており、それまでの幾度かのローマ訪問の際にそれらを見ることができたものと考えられる。そしてローマに定着後のブラマンテは古美術品の目利きとしても知られ、有力者たちからしばしば助言を求められていたと言われる[9]。

この著作の文学史的意義やその古代美術に対する関心の在り方がどのような特徴を見せているか、またそれが当時の一般的な「古典主義」的風潮とどれほど異なるものを含んでいるかは、取り上げられている美術作品のリストやまたそれを叙述している文体の詳細な分析[10]を行なわないかぎりは、軽々に憶測を述べる

fig. 85　レオナルド　天使像習作
British Museum

ことができない問題であるが、このやや特異な題名と殊更に "prospectivo Melanese dipintore" という肩書を採用した裏には、著者の側に何か期するところがあったように思われてならない。dipintore（画家）だけではなくわざわざ prospectivo（透視図法画家）としていること、antiquarie に prospettiche という形容詞を付していることなどは、透視図法という言葉に強いこだわり（あるいは衒い？）を持っていることを感じさせる。この時期すでにブラマンテは建築家として充分な実績と自負を身に着けていたはずであり、扉絵にも明らかに「建築」を表象するような図柄を採用している。それにも

かかわらず「建築家」を名乗ることをしていないのはなぜか。

　あるいは永くロムバルディアにあってやや屈辱的な透視図法専門の職人的画工として扱われてきていたことへの自嘲・韜晦なのか、さもなくば当時幅を利かせ始めていた「建築家」という内実を伴わない肩書きへのある種の批判があって、建築家のあるべき姿をそれとは違うところで示そうとしたのでもあろうか。それは裏返せば、「透視図法」という新しいものの見方——ブラマンテにとってそれは、二次元で三次元空間のイリュージョンを創りだすというだけのものではなく、三次元の実体空間をも違った眼で捉えさせる「空間認識変換装置」に他ならなかった——で古代美術や建築を捉え直すのだという、不敵な挑戦的意図をそこに秘めているとも読める。もしそうだとすれば、これはロムバルティア的なるものへの訣別宣言であると同時に、ローマへの挑戦状でもあるということになろうか。あのサンタムブロジォの「カノニカ」の丸太柱のような大胆な実験を試みていたブラマンテならば、それはあり得ないことではないように思われる。いずれにせよここには、一筋縄では捉えられないブラマンテの複雑な心情が反映していると見るべきであろう。それは同時に、「古典主義」というような表層的理解でその建築を説明しようとする目をも拒絶するものであるかもしれない。

ローマでのブラマンテについて、ヴァザーリは次のように記している[11]。

「……そこには彼の郷里やロムバルディアでの知り合いがおり、サン・ジョヴァンニ・ラテラーノ聖堂のポルタ・サンタ Porta Santa に聖年の催しに向けて教皇アレクサンデル六世の紋章と天使やそれらが捧げ持つものなどをフレスコで描く仕事[12]を彼に与えた。ブラマンテはロムバルディアで評判を得ていたし、ローマでも幾つかの仕事をしてそれなりの金を稼いだが、その一財産のほとんどを使い果たしてしまうことになる、というのも彼は一人で生活することを望んでいたし[13]、また仕事は引き受けずにローマ中の古代の建物すべてをじっくりと実測できるようにしようと考えたためであった。そ

して孤独の中で考えをめぐらしながらその作業に着手していたのである。ほどなくしてこのまちの内外にある建物のほとんどを実測し終え、地方でもナポリ辺りまで出かけたようであり、どこかしこ古代の建物があると知られている場所に赴いていた。同様にしてティヴォリやヴィッラ・アドリアーナも実測している。よく言われていることだが、彼はそれを大いに役立てることとなるのである。こうしたブラマンテの人となりはナポリの枢機卿[14]の目に留まり、目をかけられ庇護されたのであった。そこで彼は研究を続けながら、パーチェの修道士たちのためにトラヴァティンのキオストロ[15]を造り直させたいという枢機卿の希望に沿って、そのキオストロの仕事を引き受けた。彼はよりいっそうこの枢機卿の愛顧を得るべく、この仕事にあらん限りの努力と勤勉さで取り組み、迅速かつ完璧にこれを完成させた。それはまだ完全な美にまでは至っていなかったとしても、彼に大いなる名声を与えることとなったのであり、ローマにおいてブラマンテほどに愛情をこめ、注意深く、研究心と迅速さをもって建築に取り組むものは、見当たらないとまでされたのであった。

　ブラマンテは当初は教皇アレクサンデル六世の次席の建築家[16]として、トラステヴェレの噴水やとりわけサン・ピエトロ広場に造られたそれなど[17]に関わっていた。更には、評判が高まるにつれ、他の優れた建築家たちとともに、サン・ジョルジョのパラッツォ[18]とサン・ロレンツォ・イン・ダマゾの聖堂の完成工事の大部分に参加したとされ、これはサン・ジョルジョの枢機卿であるラッファエーレ・リアリオ[19]がカムポ・ディ・フィオーレの近くに造っていたものである。これはまだもっとよりよく造ることも出来たように思われるが、それでもその規模の大きさや住居としての使いやすさや壮大さをそなえているものである。この工事の実施はアントーニオ・モンテカヴァッロという人物[20]による。またナヴォナのサン・イァコポ・デリ・スパニョリ聖堂[21]の拡張計画への助言も行なったとされるし、サンタ・マリーア・ディ・アニマ聖堂[22]の計画検討にも加わったと見られるが、実施はドイツ人建築家によりなされている。また彼の設計とされるものには、ボルゴ・ヌォヴォのアドリアーノ・ダ・コルネート枢機卿[23]のパラッツォがあるが、

工事は遅れ、結局この枢機卿の逃亡により未完成に終わった。またおそらくサンタ・マリーア・デル・ポポロ聖堂の内陣増築[24]も彼の設計によると見られる。これらの仕事はローマでの彼の信用を大いに高め、その決断力と俊敏かつ優れた創意に富む在り方により筆頭の建築家と見なされるまでとなり、この都市中がこぞって、そこでの主立った事業のすべてについて引き続き彼の関与を求めることとなったのである。……」

サンタ・マリーア・デッラ・パーチェ修道院キオストロ

　サンタ・マリーア・デッラ・パーチェ修道院聖堂は、ナヴォナ広場の北西近傍、サンタ・マリーア・ディ・アニマ聖堂と細い路地を隔ててその北西側に隣接している。これはシクストゥス四世が1482年に平安を祈願すべく建設を決定したもの[25]で、八角形の内陣に短い単廊式の身廊を取り付けた小聖堂である。設計者にはメオ・ダ・カプリーノないしバッチョ・ポンテッリの名が挙げられることが多いが、確証はない。その後身廊に取り付く四つのチャペル群にはペルッツィやアントーニオ・ダ・サンガッロ・イル・ジョヴァネらの手で装飾が加えられ、また17世紀にはピエトロ・ダ・コルトーナにより新しいファサードが付加された。この聖堂本体（特に八角形内陣など）についてブラマンテの関与を示唆するものもあるが根拠を欠く。

　キオストロについては、1500年8月17日に、バルトロメオ・ランテという石工が「下層のイオニア式柱頭をそなえる八本の角柱を、建築家ブラマンテ氏の手により作成

fig. 86　サンタ・マリーア・デッラ・パーチェ修道院キオストロ

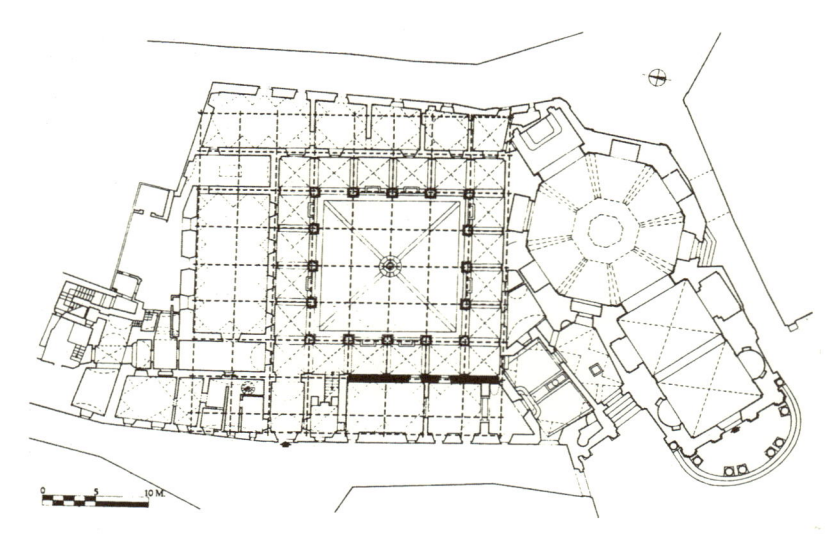

fig. 87　サンタ・マリーア・デッラ・パーチェ修道院　平面図（黒塗り部分は既存建物壁体）

された設計案に従い作成し完成させるべきこと」[26]を契約しており、これによりヴァザーリの記述が裏付けられ、ブラマンテのローマにおける最初の確かな作品とすることが出来る。ナポリの枢機卿オリビエロ・カラファがこの施主であったこと、またこれが1504年ころまでに形をなしていたことは、初層のアーキトレーヴに施された刻銘から確かめられる[27]。

　ここでブラマンテが取り組まなければならなかった課題は、敷地が不整形であるうえ当の聖堂平面が変則的で、大きな八角形の内陣に対し身廊が2スパンだけで短いというその横に、どのようにして正方形のキオストロを配置するかということであったと思われる。さらに東西では入り組んだ街路や既存の壁（回廊南東の壁4スパン分）などで限られており、その中に回廊と修道士たちのための食堂や房室などを配置しなければならないのである。また聖堂の方の高さとの調整も図らなければならない。

　ウォルフガング・ロッツの分析するところによれば[28]、ブラマンテはここで用いるべきモデュールを聖堂の八角形内陣の一辺の長さから導き出

し、それを回廊全体の寸法基準としたのであろうという。回廊の幅及びアーケードのスパンはその八角形の一辺のほぼ1/2となっているようであり、それがまた回廊初層のアーチの立ち上がり基部までの高さとなっている。そして回廊全体の高さ（軒高）はその3倍とする。その結果、中庭の幅と高さの比は、4：3 という比率となる[29]。ただしこのような比例を採用したために、初層の高さと2層目の高さの比は、きれいな整数比とはならない。2層目をアーチとはせずに細い円柱でスパンを2分割し水平のエンタブラチュアを支える（「古典主義」的手法から逸脱する？）形としたのは、この比例のためで致し方のない選択であったと見られる。

ブラマンテと「オーダー」

初層のアーケードはコロッセオの手法からとられたとされるが、これも定法のドーリス式ではなくイオニア式で、しかも半円柱ではなく平たい付柱としている。イオニア式をとり入れたのはこの修道院が聖母マリーアを奉ずるものだから、成人女性になぞらえられるイオニア式がふさわしく、またのちにセルリオが記しているごとく、この形式は「博識で平穏な生活を送る人々に適している」[30]という、ある種の「アントロポモルフィック」な考慮からそれを採用したのだとする説明はもっともらしいが[31]、ドーリス式ないしトスカーナ式の比例では鈍重となってしまうことや、またそれらの柱頭ではアーチを受けるイムポストの繰り型と紛れるおそれがあることなどを避けようとしたものと解釈する方が自然であろう。

イオニア式柱頭というのは、初期ルネサンスの建築家たちにとってはかなり扱いに苦労する対象であったように見える。ブルネッレスキはたった一度だけ、バルバドーリ家礼拝堂で用いただけだったし、ドナテッロがサン・ロレンツォ聖堂旧聖器室に持ち込んだものは、ブルネッレスキの空間とは全くそぐわない異物となっていた。アルベルティのパラッツォ・ルチェッライ二層目の柱頭は葉形の先端が僅かに丸まったというようなほとんどスクロールには見えないものだし、サン・マルティノ・ア・ガンガランディ聖堂アプスでも同様で、入口枠などにはイオニア式由来の形を採

fig. 88　初層アーケード詳細

り入れはするものの、肝心の柱ではついに本格的に用いることをしなかった。ジュリアーノ・ダ・サンガッロのポッジョ・ア・カィアーノのポルティコ柱頭は、渦巻きとはなっておらず、くぼんだ花模様のような表現で、柱頭よりはむしろ柱身の装飾の方に気を取られていたように見える[32]。また彼のフィレンツェのサンタ・マリーア・マッダレーナ聖堂 (c. 1490) ポルティコのイオニア式は、奇妙にスクロールが両側に垂れ下がり、ぼってりとした彫刻的仕上がりとなっている。イオニア式の普及は、柱形式としてよりは、むしろそれに付随する様々なモゥルディングや開口部枠の意匠などの方が先行していた。こうした状況からすると、サンタ・マリーア・デッラ・パーチェのイオニア式は、ミラノのサンタムブロジォ修道院の「イオニア式のキオストロ」やアントーニオ・ダ・サンガッロ・イル・ヴェッキォのチヴィタカステッラーナの中庭回廊上層のそれとともに、簡略化されているとはいえ、この形式の主役である柱頭のスクロールをはっきりと表現した初期の例と言えるだろう[33]。それが可能となったのは、ブラマンテにおける建築部材がその彫刻的特質の表現よりは、建築全体のシステム、つまり空間構造を表現するための一要素（記号）として位置づけられているためであり、その記号の意味は、建築全体の中でそれが果たしている役割によって再定義されるべきものであって、ここで俗受けのするアントロポモルフィズムによる説明を持ち出すのは、そうした建築家の努力を見失わせてしまう虞がある[34]。

　ブラマンテによる各種「オーダー」の用い方は、ウィトルウィウスの規範や実際の古代遺跡などに見られる手法にはほとんど縛られることのない、

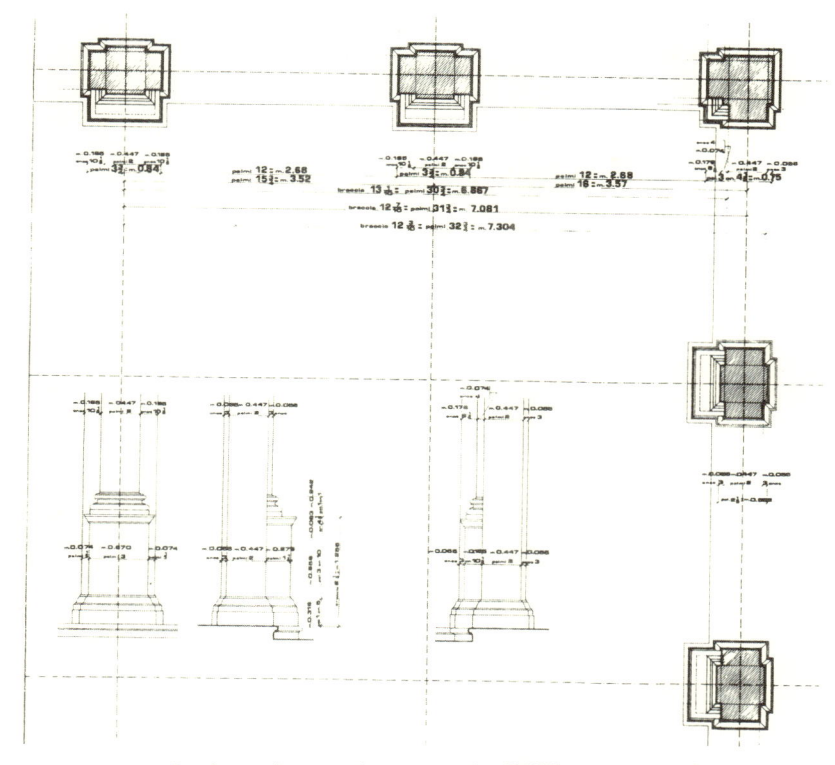

fig. 89　サンタ・マリーア・デッラ・パーチェ修道院キオストロ　実測図

きわめて自由なものである。彼は当然ウィトルウィウスは読んでいて、常にそれを手引きにしようとしていたに違いないし、またヴァザーリが記すごとく、多くの古代建築の実例を熟知していたはずだが、それらをそのまま引用してくることは皆無であった。初層のアーチを受ける添え柱は壁の一部にイムポスト（アーチ受け）をのせだけと見ることもできるし、あるいはトスカーナ式ないしドーリス式の簡略化とすることもできる。回廊の内側へ回ってみると、そのイムポストは周りの壁に巡らされたコーニスとは微妙に異なり、トスカーナ式柱頭のようにも見える。実際のところ、上層のコリント式[35]を除けば、極端なまでに抽象化されたここでの表現——

　　　　　　　　　　　　　　　　アーチもアーキヴォルトを全く表現せず、平坦な壁に切り込まれた無装飾の半円形のままである——では、柱頭や台礎の形の違いを云々することが意味をなさないほどであり、それらはむしろ申し訳に近いようなものである。あるいはそのように微かな示唆だけでもそれによって「古典」への言及を表現できるのだという主張の表れであって、考古学的再現を求めたがる「古典主義者」たちへの批評であるとも言えよう。すでにミラノのサンタムブロジョ修道院の「キオストリ」でも見られたことだが、このように古典モティーフを抽象化して扱うことにより、「建築的装置」としての意味を強め、その一方で微かに古典への言及をほのめかすという、きわめて知的な操作手法をブラマンテはマスターしていたのである。

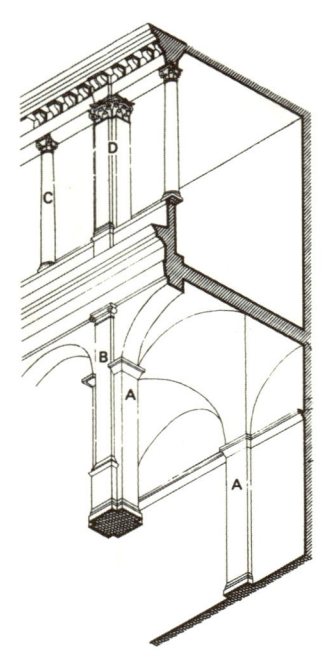

fig. 90　キオストロ　アーケードの構成

　ここでの各種「オーダー」の役割は、それらに担わされてきていた歴史的意味を表現するためというよりは、この建築を構成する各部の構造的序列を明確に区別するための標識にすぎないのであって、各部材は必ずしも伝統的に定められていた場所に縛られる必要はなく、その形態とそれぞれにあてがわれた一定の寸法とによってその意味を表現するのである。従って各部の寸法割り付けは厳密に守られなければならない。ところがこの平面は全体が均一な正方形グリッドに載るように計画されているので、建物の入隅などではやや面倒な処理が必要となってくる。中庭に面するイオニア式の付柱は、隅では二方向からのものが重なり合うこととなり、入り隅にその角が針のように細く表現され、また柱頭もその残滓とも言えるようなかたちで小さなスクロールがL字形に表されることとなる。その一方、回

廊内側では、ヴォールトを支えるトスカーナ式角柱が他の部分のものよりも一回り大きくなってしまう。しかしこうした現象はその寸法決定手続きの厳密さの結果であって、ここでの建築部材とそれらにあてがわれた寸法は、その体系を表現するための記号にすぎないとも言える。装飾らしきものとしては、上層各辺中央の角柱に枢機卿の紋章が浮彫りで表されている他は皆

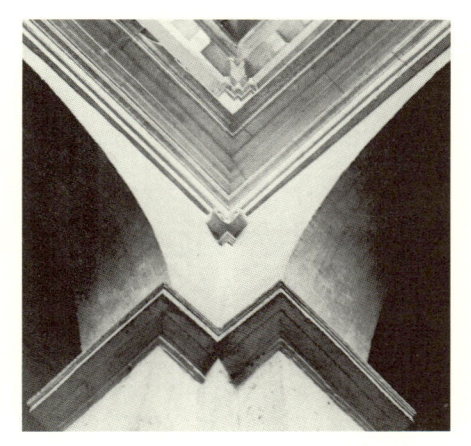

fig. 91　キオストロ　アーケード隅部詳細

無といってよい。これらの紋章もここではむしろその *impresa* としての意味よりは、空間の軸性を表現するための記号として利用されていると見るべきであろう。

　初層の大胆な手法に比べると、上層の処理についてはいま少し工夫があって然るべきだったようにも思われる。ヴァザーリの「まだ完全な美にまでは至っていなかった」という評価は、あるいはそれを念頭にしてのことであったかもしれない。その原因の一つとしては、中庭全体の空間比例を高さ方向も含め3：4としたことから、初層のアーケードの場合とは違って、上層ではその比例構成がやや読み取りにくくなってしまったことが考えられる[36]。むしろここでは「オーダー」の存在が邪魔になりかねず、円柱のコリント式と添え柱のコムポジット式とが向かい合うというやや異様な事態を招く結果となり、柱頭の表現は無用であったようにすら見える。

　ブラマンテもまだこの時点では、「オーダー」をはじめとする古典モティーフを自在に使いこなすまでには至っておらず、様々な試行錯誤を重ねている途上ではあったと見られるが、少なくとも、それらを考古学的正確さで再現することがあたかも建築における「ユニヴァーサルな言語」を保証してくれるものであるかのごとくにうけとる、フランチェスコ・デ

ル・ボルゴ式の硬直した「古典主義」に囚われていなかったことは確かであり、アルベルティとはアプローチの仕方に違いはあるものの、歴史的な建築形態に対して批判的な姿勢を崩すことなく立ち向かっていたという点では、同じ方向を目指していたのだと言えよう。ブラマンテにとっての「ユニヴァーサルな建築言語」とは、歴史的権威をそのまま受け取ることではなく、むしろそれを歴史性を抜き去った合理的な建築のシステムの中に置いてみることにより、新たな意味を発見することであった。そのことの重要性が当時のローマの建築界にどこまで理解されていたかは疑問がのこるが、その方法がもたらした結果の新鮮さはすべての人々に理解され、評価を高めることになったのであろう。

Via Alessandrina とパラッツォ・カステッレージ

　アレクサンデル六世も必ずしも軍事防衛の方にだけ気を取られていたわけではなく、少なくともヴァティカンのボルゴ界隈の整備についてはニコラス五世の遺志を引き継ごうとしていたようである。カステル・サンタンジェロからサン・ピエトロ聖堂への道筋としては古くからの狭い Borgo Vecchio があるだけで、ニコラスはこれの北側に新たに街路を造る予定であったが、実現せずに終わっていた。アレクサンデルは「聖年」に向け、1499年の暮れにリアリオ枢機卿に命じてあわただしくその開設に着手し、両側に枢機卿や教会有力者たちの邸宅を建てさせることで環境整備を図ろうとした[37]。これが Via Alessandrina（あるいは Borgo Nuovo）と呼ばれることとなる[38]。

　カステル・サンタンジェロからサン・ピエトロ聖堂までの間のちょうど中間点あたりには、サン・ジアコモ・ディ・スコッサカヴァッリ聖堂 S. Giacomo di Scossacavalli がサン・ピエトロ聖堂の方向（西）に向いて建てられ、その前面広場が Borgo Vecchio と Borgo Nuovo をつなぐ形で計画された。ヴァザーリがブラマンテの作品として挙げるアドリアーノ・ダ・コルネート（カステッレージ）のパラッツォ[39]は、この広場の北側で独立した1ブロックを完全にふさぐ形で造られた。間口は42 m 弱（= 141 piedi）あり、

V. ローマへのデビュ

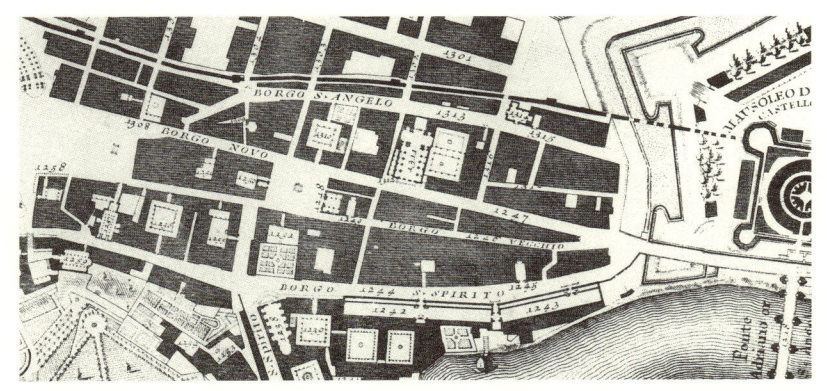

fig. 92　18世紀におけるヴァティカン、ボルゴの状況（G. B. Nolli, *Pianta di Roma*, 1744, part.）左（西）端がサン・ピエトロ広場、右端がカステル・サンタンジェロ、画面中央左寄りの四角い広場が Piazza di Scossacavalli、その北にあるブロックが Palazzo Castellesi、広場の西北角が Palazzo Caprini

　広場を挟んで向かい側にはドメニコ・デッラ・ローヴェレ枢機卿の造った巨大なパラッツォ（palazzo di Scossacavalli, poi pal. dei Penitenzieri. 1480's）[40]があり、有力者の邸宅にふさわしい構えであった。

　計画はすでに新街路の着工と同時に、おそらく1499年ころに始まっていたようで、それはブラマンテがローマに到着するのと前後する時期であったと見られる。1504年にはカステッレージはこの建物を未完の状態で英国王に譲渡しているが、すでにそのころには主要部分はある程度居住可能な状態となっていたものであろう。完成したのは1520年代も終わり頃であったと見られる。17世紀にはこれはボルゲーゼ家の所有を経てフランス人商人ジロー Giraud に譲渡され、更に1820年に銀行家でヴァティカンと関わりの深いトルロニア Torlonia 家の所有となって今日に至っている。その間に幾度か改修されているようだが、基本的にはルネサンス期の姿を保っている。

　伝記作者ジロラモ・フェッリ Girolamo Ferri（1713-86）によれば、カステッレージは自分の作事についてその素晴らしさを誇る記述を遺していたといい[41]、そしてカステッレージはこうした建築を実現するためにブラマンテ

fig. 93　パラッツォ・カステッレージ

を用いることにしたのだとしている。カステッレージとほぼ同じ時期に教皇庁の秘書官であったパオロ・コルテージ Paolo Cortesi（1465-1510）は、その死後になって刊行された *De cardinalatu libri tres*（1515）と題する著作の中で、枢機卿の（世俗化された権威に見合った？）あるべき姿を論じつつその職務にふさわしい住居のあり方についても詳しく述べており[42]、その内容はかなりこのカステッレージの邸宅と合致する部分もあり、あるいはコルテージはこの建物を念頭にしながら書いていた可能性もある。

　平面は正方形の中庭をコの字形に囲む厳格な左右対称の構成で、その奥には庭園をそなえている。計画モデュールはおそらく建物間口を10分割した1単位を基にしており、中庭のアーケードの開口内法寸法や回廊内法幅はその1単位を用いていると見られる。各室の配置や部材寸法もすべてそのモデュールから割り出されたものを用い（壁柱見付け幅は1/4モデュール＝ 4.5 palmi ＝ 1 1/8 piedi、見込み寸法の方は3 palmi）、それぞれの空間の内法寸法の比例と同時に構造躯体の比例も見事に整数比となるように寸法配分がなされている。高さ方向も1/4モデュールを基本として割り付けられており、窓枠も同じ1/4モデュールにより比例が定められ、全体として8モ

デュールに収まるようにしている。ルネサンスはもとより、近世ヨーロッパ建築の中でこれほど厳格にモデュラーコーディネーションがなされた例は少ないのではないかと思われる。この建築については、16世紀初期のローマ建築の様子を伝える史料として重視されている「コナー手稿」 *Codex Coner* (c. 1515, fig. 94)[43] の中に、その平面図と見られるものがあり、これは奥の庭園部分が空白となっていたり側面の窓開口の位置が示されていないなど現状とはやや異なる部分があり、おそらく実施前の当初計画案を描き写したものと見ら

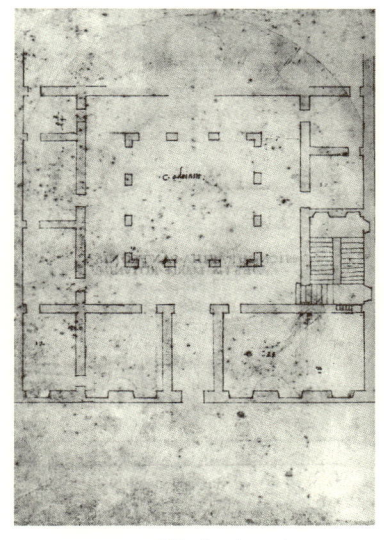

fig. 94　コナー手稿（f. 8）によるパラッツォ・カステッレージ平面図

れるが、寸法比例などはかなり正確に描かれ、実施されたものとほぼ同じであり、その構成はすでに動かし難いまでに考え抜かれていたことが分かる。

　中庭初層のアーケードはトラヴァティンであるが、2層目以上の壁面は窓枠にトラヴァティンを用いる他は煉瓦積みで、全く装飾がない。幾度も工事が中断され持ち主が変わっていた複雑な経過からすると、あるいはこれら上層壁面は未仕上げのまま残されたのかも知れないが、その緩みのない厳格な比例構成は堂々たる風格を創り出しており、不自然さを感じさせない。初層のアーチを支えるのは単純な壁柱で、ドーリス式風の柱頭（ないしはイムポスト）をのせ、アルベルティのリミニのテムピオ・マラテスティアーノ側面の構成に似ている。ブルスキによれば、こうした古代水道橋的表現が採り入れられたのは、ローマではこれが初めてであろうという。

　カステッレージは政治的に策謀に長け、油断のならない人物であったようだが、反面、教会改革に同情的であり、また人文主義者的教養も豊かな

古典マニアであって、おそらくウィトルウィウスも熟知していたであろうとされる。しかしブッキッシュな教養だけではこうした首尾一貫した、しかも必ずしもウィトルウィウスの記述に縛られない計画を立案することは不可能だったはずであり、ブラマンテのような

fig. 95　パラッツォ・カステッレージ中庭

人物がそこに関わっていたであろうことはほぼ間違いない。

　しかし内部のこうした間然するところのない構成に対して、広場側ファサードについては疑問が残る。これはパラッツォ・デッラ・カンチェッレリアのファサードのほぼそのままの写しであり、新たな創意が盛り込まれているようには見えない。おそらくカステッレージはアレクサンデル六世が死亡するとまもなく自分の地位に不安を抱き、英国内での司教の地位を得ようとしてこの建物を国王に譲渡したものと見られ、その時点ではブラマンテはこの作事から手を引き、ファサードの意匠などは他の工匠の手に委ねてしまった可能性がある。一部にはこの建物の設計者を、パラッツォ・デッラ・カンチェッレリアに関わっていた可能性が言われているアンドレア・ブレーニョ[44]であるとする見方があるのは、そうした事情も関わっていると考えられる。しかしファサードについてはそれがあり得るとしても、全体の計画はブラマンテ以外の手によるとは思われない[45]。

パラッツォ・カプリーニ（「ラッファエッロの家」）

　カステッレージがパラッツォの造営にかかっていたのとほぼ同じ頃、教皇庁の有力な官僚であるヴィテルボのアドリアーノ・デ・カプリーニ Adriano de Caprini da Viterbo[46]が、同じく Borgo Nuovo の一郭で、スコッサ

V. ローマへのデビュ

fig. 96　ラフレリによるパラッツォ・カプリーニ立面

カヴァッリ前の広場西側の北角に自宅建設のための土地を確保している。建物の実際の着工がいつのことであったかは不明のままだが[47]、1510年にアドリアーノが死去すると息子が建物を貸家としているところから見ると、それ以前には完成していたものと考えられる。その後、1517年になって、ラッファエッロがこの家を買い取ったために、「ラッファエッロの家」Casa di Raffaello の名で知られることとなった。この建物は1570年代には南隣のパラッツォ・デイ・コンヴェルテンディ Palazzo dei Convertendi に統合され、さらに20世紀に Via della Conciliazione のために取り壊されてしまったが、16世紀後半に刊行されたラフレリの図集[48]の中に広場に面する側の立面図があり、またパッラーディオ筆ではないかとされていた RIBA コレクション中のスケッチ[49]などもあって、それらにより様子を知ることが出来る。

　ラフレリの図から見ると、初層は特異なブニャート仕上げで5つのアーチからなり、中央が入口でその両脇の4つは貸店舗に充てられていたと見られる。上層は二本組のドーリス式半円柱で区切られた壁面の間にエディ

fig. 97　16世紀のパラッツォ・カプリーニのスケッチ（作者不詳　RIBA, XIV, 11）

キュラ付きの窓を配し、エンタブラチュアのフリーズにはトリグリフが取り付けられている。窓には腰に徳利形の手摺子を用いた手摺がある。ラフレリは、建物は "ex lapide coctili Romā extructum"（「焼成煉瓦でローマ式に造られている」）と書き込んでおり、本石ではなく煉瓦にスタッコをかけて石に似せた造りであったことを示唆しており、ヴァザーリはもっとはっきりと「ボルゴにウルビーノのラッファエッロのものとなった家を造ったが、これは煉瓦と型枠で造ったもので、円柱や石の瘤出しをドーリス式やルスティカ仕上げとしており、これは非常に美しくまたそれらに型枠成形による石膏を用いるというのは全く新鮮な創意であった」[50]としている。ヴァザーリの言う「型枠構法」（"lavorato di mattoni e di gesso con casse"）というのが古代ローマの煉瓦型枠コンクリート構法と同じものを指しているのかどうかは定かではなく、あるいは初層のブニャートに何らかの型枠を用いただけの部分的なものであった可能性もあるが、いずれにせよ建築の成形に型枠を用いたというのは、ルネサンスでは初めてのことだったはずである。

　RIBA の図では、Via Alessandrina 側ファサードは窓一つ分しか描かれて

いないが、おそらく2スパンまでは造られたものと見られる。フロンメルは広場側ファサードは当初の計画では広場の幅一杯になるように考えられたのではないかとしており、たしかにこの規模では中庭のための広さを確保することが出来ないのでそうした可能性もなくはないが、そのような計画の存在は確認できない。この建物がパラッツォ・デイ・コンヴェルテンディに統合された状態での平面図（20世紀の取り壊しの際に作成されたもの）では、建物内側での採光は小さなライトウエルからなされていたようである。初層のアーチ内側はそのまま全面開口とせず、壁に店舗のための四角い開口を切り取り、その上部には誇張したブニャートのアーチの中に小さな四角い窓を設けている。これは店舗の上の中二階のためであろう。またRIBAの図のトリグリフの間には幾つか開口があるように描かれており、おそらく屋根裏部屋があってそのための採光と考えられる。

　この家はその構法の経済性とともに、その後の中小規模の都市住宅のファサード構成に大きな影響を与えることとなり、ラッファエッロをはじめパッラーディオに至るまで、繰り返しそのヴァリエーションが試みられてきた。古典風のドーリス式円柱やトリグリフなどは都市住宅では初めて用いられたものであり、そのことが当時の人々には新鮮な驚きであったと思われるが、しかしそれらの用い方は古典建築の先例には全く縛られないブラマンテ独自のもので、またその意表をつく二層構成（建築条件の高さぎりぎり）は、パラッツォ・メディチのようなフィレンツェ風都市住宅の手法に対する「批評」とも受け取ることができる。この小さな建築は、ブラマンテの他の大作に劣らぬ重要なものとすべきであろう。

注

1. 1698年に枢機卿ジェロラモ・カサナーテ Gerolamo Casanate の遺言により創設された。
2. もう一部はミュンヘンのバイエルン州立図書館 Bayerische Staatsbibliothek, München に所蔵されている（Ms. 716）と言われる。
3. G. De Angelis d'Ossat, "Preludio Romano del Bramante", in *Palladio*, XVI, 1966, pp.

92-94.
4. レオナルドに向けて、ローマに来てこれら古美術を見るよう誘う意図から書かれたものと見られる。
5. ヴァティカンの Pinacoteca 蔵。未完で1480年頃の作とされる。
6. 一般には1475年ころのものとされる（Registration number: 1913, 0617. 1）。
7. cf. Doris D. Fienga, "Bramante autore delle «Antiquarie Prospettiche Romane», poemetto dedicato a Leonardo da Vinci", in *Studi Bramanteschi*（*op. cit.*）, pp. 417-426. なおこれをめぐっては Massimo Giontella. "Ancora sulle 'Antiquarie prospettiche romane': nuovi elementi per l'attribuzione a Bramante." *Archivio storico italiano*. vol. 164, 2006 , pp. 513-518 という論考があるようだが、筆者は未見。
8. 1497年ころにブラマンテが友人に宛てて書いた詩の中に、ラツィオ地方ローマ南方のテッラチーナ Terracina（Taracina. ローマ時代共和制期の遺跡がある）を訪れたとの記述があり、このときにおそらくローマも訪れていたと考えられる。
9. Fienga, *op. cit.*, pp. 425-426.
10. Fienga（*op. cit.*）によれば、文体はロムバルディア方言やスペイン語風の単語などが混じった "semibarbare"（J. von Schlosser, *Letteratura artistica*, p. 210）と評されるようなもので語彙もやや貧弱とされる。その一方でダンテを意識した表現が各処に見られ、イタリア語の革新者としてのダンテへの敬慕の念と同時に、美術・建築をもその詩的な側面において捉えようとする意図が垣間見える。
11. Vasari-Milanesi, IV, pp. 154-155.
12. 第I章の注3を参照。
13. ブラマンテは生涯妻帯しなかったし、晩年にはフォッサノヴァ修道院の修道士の資格を得ていたと言われる。
14. card. Oliviero Carafa（1430-1511）. ナポリ王フェルディナンドの忠実な臣下として仕え、宗教者としてよりもむしろ軍人としての実績を買われ、1467年にシクストゥス四世により枢機卿に任命、教皇庁内でも大きな影響力を持っていた。その一方では教養が高く、多くの蔵書を所持していたことも知られている。サンタ・マリーア・デッラ・パーチェ修道院のキオストロの計画の目的の一部は、そこに彼の蔵書を置く場所を確保することでもあったらしい。彼がブラマンテと関わることとなったについては、ブルスキは、カラファがドメニコ修道会の監督を担当する立場にあり、ロムバルディア地方のドメニコ会の活動についても指導する機会があったから、ミラノのドメニコ会修道院

のひとつサンタ・マリーア・デッレ・グラツィエの改築工事の認可に関わってブラマンテと接触する機会があったのではないかと推定しているが、これは確認できない。むしろアスカニオ・スフォルツァを通じて紹介されたとする方が可能性が高いように思われる。

15. 1500年に彼が手がけたサンタ・マリーア・デッラ・パーチェ修道院 S. Maria della Pace のキオストロを指す。この建築については後述。

16. "sottoarchitettore" というのが具体的にどのような身分を指しているのかは明らかではない。この時期(1500年前後)ローマで教皇庁の作事に関わっていた建築家としては、アントーニオ・ダ・サンガッロ・イル・ヴェッキォと、もしかしてその兄のジュリアーノもいた可能性があり、あるいは先任のアントーニオに次ぐ位置を与えられたということなのであろうか。

17. これらの噴水はその後移動されたりして当初の形をとどめているとは考えがたいし、他の史料からはブラマンテがそれに関わっていたことは確認できない。

18. パラッツォ・デッラ・カンチェッレリアを指す（前章参照）。ブラマンテがこの建築に関わっていたとするヴァザーリの意見に対しては、大方の研究者は否定的である。cf. Bruschi, "L'architettura a Roma negli ultimi anni del pontificato di Alessandro VI Borgia（1492-1503）e l'edilizia del primo Cinquecento", *op. cit.*, p. 38.

19. ラッファエーレ・リアリオが1477年に枢機卿となったときの最初の肩書きは Cardinale di S. Giorgio であったが、1483年には Cardinale di S. Lorenzo in Damaso の肩書きに変わっている。

20. 第 IV 章の注48参照。

21. S. Jacopo [Giacomo] degli Spagnoli. ホワン・デ・カルバハル枢機卿 card. Juan de Carvajal（1399/1400-69）が1448年から1450年の「聖年」に向け建設を開始していたもので、フロンメルがフランチェスコ・デル・ボルゴの関与を示唆していた（第 IV 章の注7参照）。アレクサンデル六世の時期にファサードが改装されている。その後アントーニオ・ダ・サンガッロ・イル・ジョヴァネが全面改造している。これについてもブラマンテの関与は確認できない。

22. S. Maria di [dell'] Anima. Piazza Navona の近傍西北にある聖堂で、15世紀初め頃にドイツ人やフランドル人たち巡礼者のための旅宿・聖堂として設けられていたものを、1499年から改築に取りかかっていた。一説にはジュリアーノ・ダ・サンガッロの設計ともされる。これについてもブラマンテ関与説は確認できない。この聖堂の建設経緯については、Renata Samperi, "La fabbrica di

Santa Maria dell'Anima e la sua facciata", in *Annali di architettura*, n. 14 (2002), pp. 109-128 を参照。

23. card. Adriano da Corneto (Adriano Castellesi, c. 1461-1521). その出自についてはよく分からないところのある人物だが、ラテン語の知識などにより1480年ころから教会と関わるようになり、1489年にはインノケンティウス八世の側近にまでとりたてられ、聖職者の地位を得ている。彼は1485年に結婚していて本来は聖職者になることは出来なかったはずなのだが、教皇はこの結婚は成立していなかったとの裁定を下し、彼に様々な外交的任務を与える。彼は英国に派遣され、当時ヘンリィ七世とスコットランドとの間で起こっていた紛争の仲介を行ない、ヘンリィの信任を得て英国内の重要な教区の司教に任命されている。引き続きアレクサンデル六世にも重用され、1503年には枢機卿に任命されるが、これには彼がそれまでに莫大な蓄財をしていて、教皇にかなりの金額を貢いでいたことが役立っていたと見られる。しかしユリウス二世とは折り合いが悪く、1507年以後幾度かローマからの逃亡・亡命を試み、さらに1517年にレオ十世への叛逆の試みに加担したとして訴追され、英国のヘンリィ八世とその後見役であるウールジィ枢機卿 card. Thomas Wolsey (c. 1475-1530) からも見放されて、1518年には枢機卿の地位や英国内の司教の地位などすべての財産を没収されてしまう。彼がボルゴに建設していたパラッツォについてはこの後で触れる。その伝記については Gigliora Fragnito, *voce* 《Castellesi, Adriano (Adriano da Corneto)》, in *Dizionario Biografico degli Italiani*, vol. 21, 1978 参照。

24. S. Maria del Popolo. 11世紀末の建造になる由緒ある聖堂だが幾度か建て直され、15世紀にはシクストゥス四世の代に、おそらくメオ・ダ・カプリーノないしバッチォ・ポンテッリにより改築されている。ブラマンテの内陣増築は1505年以降のことと考えられている。これについても後述する。

25. その動機についてはよく分からないが、言い伝えによればこの場所で血にまみれたマリア像が発見されたことを記念したものという。これには先年の「パッツィの謀叛」(1478年。これには教皇自身が関わっていた。拙著「ブルネッレスキ」第 VIII 章の注 19 参照) が大事に至らずに収まったことへの感謝の気持ちがあったものと見られている。

26. Ricci, C., "Il chiostro della Pace — Documenti bramanteschi", in *Nuova Antologia*, I, 1915, pp. 361-367 (cit. Bruschi, 1990, p. 107). なおこのバルトロメオ・ランテ Bartolomeo Lante (di Francesco da Fiesole) という工匠は、アントーニオ・ディ・トンマーゾ・ダ・セッティニャーノ Antonio di Tommaso da Settignano という工

匠と共に、同じ頃に着工されていた隣のサンタ・マリーア・ディ・アニマ聖堂の工事にも関わっていたことが知られる cf. Renata Samperi, *op. cit.*

27. 銘文は以下の通り——"DEO OPT MAX ET DIVE MARIE VIRGINI GLORIOSE DEIPARE CANONICIS QZ REGVRARIBVS CONGREGATIONIS LATERANENSIS OLIVERIVS CARRAPHA EPS HOSTENSIS CARD NEAPOLITAN PIE AFVNDAMENTIS EREXIT ANNO SALVATIS CRISTIANE MDIIII".

28. W. Lotz, "Bramante and the Quattrocento Cloister", in *Gesta*, vol. XII, 1973, pp. 111-112.

29. ブルスキはこれらの比率がウィトルウィウスが記すピュタゴラスの調和音程理論に基づく、すなわち1：2はオクターヴ、3：4は「セスクィテルティオ」sesquitertio であり、また回廊全体の角柱の数が16個であるのも、ウィトルウィウスの言う「完全数」であることなどを強調している（Bruschi, A., 1990, p. 110）。このようにウィトルウィウスの記述（それはアルベルティの記述の場合でも同様だが）との一致を強調することで、その「古典主義」の証拠とするというのがこれまでのルネサンス建築研究の常道となっているようだが、しかしこのような整数比の採用は何もウィトルウィウスやアルベルティによらずとも、合理的な思考方法をとる建築家ならば、寸法体系を整理しようとする中で自然に思いつくはずのことであって、「古典主義」というよりはルネサンス的合理主義の表れとする方が妥当であるように思われる。「古典主義」は必ずしも「合理主義」とは一致するものではないだろう。実際にはこの比例は厳密に守られているわけではなく、回廊隅の目立たない部分ではおそらく既存建物などとの関係から、同じ収め方が出来ずに異なる手法で逃げている箇所もある。1970年代に行なわれた修理工事の際の調査から判明したそれら細部処理については、Paolo Marconi, "Il chiostro di Santa Maria della Pace in Roma", in *Studi Bramanteschi*, pp. 427-436 を参照。

30. Serlio, *Regole generali*, Lib. IV, Cap. VII（f. 158 *v*）.

31. Bruschi, *op. cit.*

32. これらの建築については拙著「ブルネッレスキ」や「アルベルティ」などを参照されたい。

33. これより早いイオニア式柱頭の初期の例としては、ピエンツァのドゥオモに向かい合う Palazzo Comunale のロッジァの柱頭（c. 1459-64）があるが、これは柱頭だけはかなり忠実に再現しようとした形跡が認められるものの、その柱頭で直接アーチを受け、また柱身が短いというかなり奇妙なものである。

34. ついでながら、ブルスキが回廊入口が北西隅に設けられていることについて、

これは中庭空間の透視図法的効果を高めるためだとしている (Bruschi, 1990, p. 112, etc.)。回廊は偶数の4スパンのアーケードで囲まれており、これに対して中央からアクセスする方法は考えられず、いずれどちらかの隅に入口を設けることとならざるを得ないはずである。常に即建築的な解釈をめざしていたと見られるブルスキにしてなお、「オーダー」の選択の問題をはじめここでの透視図法へのこだわりといい、20世紀美術史学の固定観念に囚われた説明をしてしまうというのは、やや考えさせられる現象である。

35. ブルスキは中庭に面する角柱と中間の細い円柱はコリント式、角柱側面に取り付く添え柱はコムポジット式としているが、彼自身も認めているごとく区別がつけ難い。
36. 角柱側面に取り付けられた添え柱内法間の幅と、腰壁の上に重ねられた柱の台礎上端からアーキトレーヴ下端までの高さとの比が1:1となっている。物理的な開口自体は腰壁上端からアーキトレーヴ下端なのだから、見た目ではこの正方形を読み取るのは難しく、また高さ方向ではどこを基準としたらよいかが分からない。
37. 教皇の儀典長ヨハンネス・ブルカルト Johannes Burcardt（Giovanni Burcardo, c. 1445/50-1505）の執務記録によれば、1499年のクリスマス前日、新街路予定地の建物除却が終了したという（Burcardt, *Liber notarum ab anno MCCCCLXXXIII usque ad annum MDVI*, a cura di E. Celeni, Città di Castello, 1907-10, vol. II, p. 191）。この工事は1499年の8月には開始されていたもので、計画決定は前年の11月のことであったとされる。また教皇はこの Borgo Nuovo の計画と同時に、テヴェレ西岸のトラステヴェレ地区を北上して Borgo に達する Via della Lungara の計画も決定していた模様だが、その実施はユリウス二世の時代に持ち越された。除却された跡地に新築する場合には2ヶ月以内に高さ70 palmi（=15.64 m）以上のファサードを整えなければならないことになっていたという cf. E. Guidoni, G. Petrucci, *Urbanistica per i Giubilei. Roma, Via Alessandrina, una strada "tra due fondali" nell'Italia delle Corti (1492-1499)*, Roma 1997, p. 76 sgg.
38. Borgo Vecchio と Borgo Nuovo は20世紀にムッソリーニ政権によってその間の建物が除却され、広い Via della Conciliazione となり、大きく様子が変わってしまっている。Via Alessandrina については上記 E. Guidoni らの著作の他、Gargano, M., "Alessandro VI e l'Antico: architettura e opere pubbliche tra 'Magnificentia e Liberalitas'", in M. Chiabò, S. Maddalo, M. Miglio, A. M. Oliva (a cura di), *Roma di fronte all'Europa al tempo di Alessandro VI*, atti del convegno (1999 sgg.), 3 voll., Roma, 2002, II, pp. 549-570 を参照。

39. この建物については Frommel, C. L, *Der Römische Palastbau der Hochrenaissance*, 3 voll., Tübingen 1973, II, pp. 207-215; Bruschi, A., "L'architettura a Roma negli ultimi anni del pontificato di Alessandro VI Borgia (1492-1503) e l'edilizia del primo Cinquecento", in *Storia dell'architettura italiana: Primo Cinquecento*, Milano 2002, pp. 42-50 などを参照。
40. cf. Aurigemma, M. G., *Il palazzo di Domenico della Rovere in Borgo*, Roma 2001.
41. Hieronymus Ferrii, *Pro linguae Latinae usu epistulae adversus Alambertium. Precedit Commentarius de rebus gestis et scriptis Adriani Castellensis cardinalis quo in primis auctore Latinitas restituta*, Faventiae 1771. pp. 1-177.
42. cf. Aurigemma, M. G., "《Qualis esse debeat domus cardinali》: il tipo della residenza privata cardinalizia nella cultura antiquaria romana del secondo '400", in AA.VV., *Piranesi e la cultura antiquaria gli antecedenti e il contesto, Atti del Convegno 14-17 novembre 1979*, Roma 1985, pp. 53-67. コルテージの伝記については、Roberto Ricciardi, voce《Cortesi (Cortesius, de Cortesiis) Paolo》, in *Dizionario Biografico degli Italiani*, vol. 29 (1983) を参照。
43. ロンドンの Sir John Soane Museum に所蔵されている建築図集で、かつては Andreas Coner の手になるとされ、そのため *Codex Coner* の名で呼ばれているが、現在では Bernardo della Volpaia (1475-1521) の手になるものと考えられている。Bernardo はフィレンツェ出身の大工であったらしいが、サンガッロの一党やブラマンテ、ラッファエッロらとも交流があったらしく、彼らの作品の図を数多く写しており、この時期の建築に関する第一級の史料とされるものである。ただしそれらの図がすべて彼の手になるものなのかについては不明の点も残り、また彼についての記述は同名の他の人物のものと混同されている場合もあり、注意が必要とされる。cf. Pier Nicola Pagliara, voce《Della Volpaia (Della Golpaia, Golpazo), Bernardo (Bernardino)》, in *Dizionario Biografico degli Italiani*, vol. 37 (1989).
44. 前章の注48参照。
45. フロンメル (Frommel, C. L., "Roma. Bramante e Raffaello", in *Storia dell'architettura italiana. Il Primo Cinquecento*, Milano 2002, p. 79 & pp. 127-128 n. 26) は、ヴァザーリが初版 (1555) ではこの建物とブラマンテとの関わりに触れておらず、第2版になってからそれを書き加えていることからして、これは二次的な史料による不確かな情報に基づく記述で、また18世紀の Ferri の証言も根拠がなく、当初の計画はブラマンテがローマに来るより以前にアントーニオ・ダ・サンガッロ・イル・ヴェッキォが作成していたものであり、ブラマンテ

177

はアントーニオがローマを去った1503年以後に工事を引き継いだのであって、その際に計画変更がなされたのだと主張している。そして *Codex Coner* の図はアントーニオのものがブラマンテの建築の図の中に紛れてしまったものであろうとしている。しかしこのフロンメルの推定もあまり根拠があるとは思われず、カステッレージが自邸建設のための地所を確保できたのが1501年であることはフロンメルも認めているので、それならばブラマンテが計画に関わることも可能であったと思われる。また1503年には未完成ながら一応使用可能な状態にまでなっていて、1504年にはそれを英国王に譲渡しているのだから、1503年以後にブラマンテが計画に変更を加えたというのは、あまり考えられないことのように思われる。

46. 枢機卿ホワン・ロペス Juan Lopez（m. 1501）の秘書で、ブラマンテにサンタ・マリーア・イン・トラステヴェレ聖堂前広場の噴水設計を依頼した人物とされる。

47. ブルスキはその手法の円熟度（ドーリス式の用法など）から、実際の計画はかなり遅れるものであろうとしているが、Via Alessandrina の事業計画などとの関わりからすると、計画は地所の確保（1501年）からさほど遅れるものではなかったと考えられる。

48. Antoine Lafréry（*it.*, Anronio Lafreri, 1512-77）, *Speculum Magnificentiae Romanae*, Roma 1559-1602. ラフレリはフランス生まれであるが、1544年ころからローマで銅版画工房を営み、地図や旅行者向けの都市風景図などを作成していた。*Speculum...* は200葉からなる銅版画図集。

49. RIBA（英国建築家協会）蔵のパッラーディオ図面コレクション中の一つ XIV, 11。1970年代ころまではパッラーディオ筆と考えられていたが、その後疑義が提起され現在では作者不詳とされている。この図とラッファエッロがこの家を買い取った経緯については、Manfredo Tafuri, in Frommel, Ray, Tafuri（a cura di）, *Raffaello architetto*, Milano 1984, catalogo, 2. 14. 4（pp. 239-240）を参照。

50. Vasari-Milanesi, IV, p. 160.

VI. ベルヴェデーレの中庭と
ヴァティカン宮殿の計画

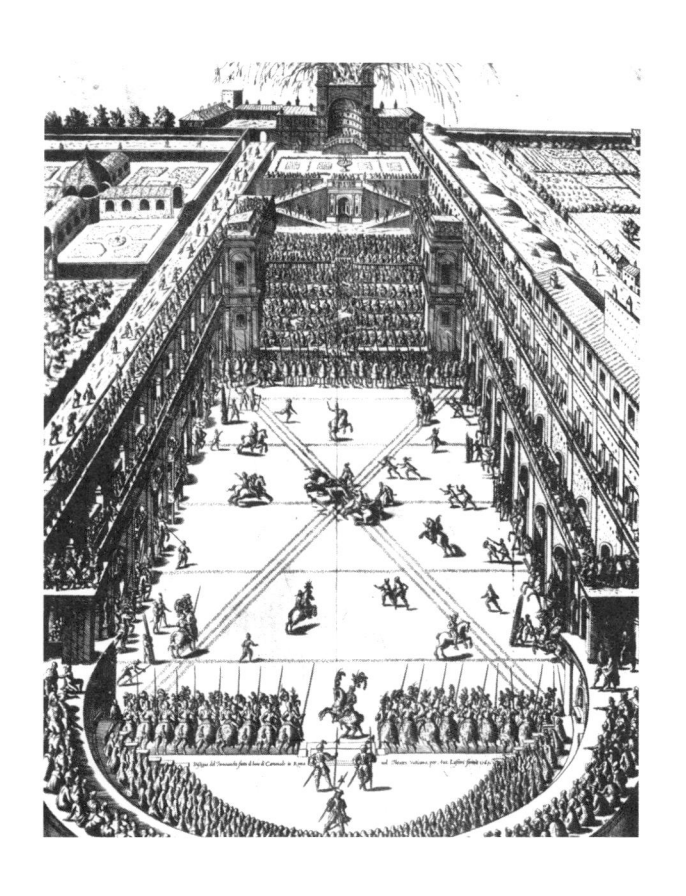

fig. 98　1565年3月5日のベルヴェデーレ中庭における騎馬試合の光景
　　　　　Dupérac 原画、Lafréry による銅版画（Paris, Bibliothèque Nationale）

VI. ベルヴェデーレの中庭とヴァティカン宮殿の計画

ユリウス二世の野望

　1503年8月、アレクサンデル六世が急死する[1]。後継に選出されたピウス三世 Pius III（Francesco Todeschini-Piccolomini）も即位後ひと月足らずで死去してしまい、11月初めには枢機卿ジュリアーノ・デッラ・ローヴェレ Giuliano della Rovere（1443-1513）がユリウス二世 Julius II として選出された。彼はシクストゥス四世の甥で1471年以来枢機卿となっており、巧みな外交術によって教皇庁の実力者として辣腕を振るっていたのであったが、ボルジアの一党とは敵対し、インノケンティウス八世の死後はフランスに亡命するなど、しばらく雌伏を余儀なくされていた。アレクサンデル六世とピウス三世の相次ぐ死亡は、彼にとっては願ってもない機会であり、対抗馬のアスカニオ・スフォルツァを破って圧倒的多数で教皇に推挙され、ユリウス・カエサルの再来を自認する彼は、内外に向けて世俗的専制君主同様の強圧的施策を断行することとなる。

　ブラマンテがどのようなきっかけでこの教皇の作事に関わるようになったかは分からないが[2]、ヴァザーリは次のように単刀直入に記している。

> 「……そのようなわけで、1503年にユリウス二世が教皇となると、それに仕えることとなった。彼はこの教皇の気に入られ、ベルヴェデーレと教皇の宮殿との間の空隙を整備しそれを四角い形の劇場とすることとなるが、そこは古い教皇の宮殿とインノケンティウス八世が新たに自分の宮殿のために造った城壁との間にあった窪地だが、この窪地の中に二本の歩廊を通し、そのロッジァの中を通ってベルヴェデーレから宮殿へ、同様に宮殿からベルヴェデーレへと往き来できるようにするのである。また窪地からは様々な形の階段でベルヴェデーレの高さへ到達できるようにした。」[3]

　教皇の宮殿からインノケンティウスのベルヴェデーレまでは直線距離にして300 mほど、標高差が27 mほどある。この間を東西二本の歩廊で繋ぎ、その中に三段構成の中庭を囲い取り、下段の庭は騎馬試合などの催しに用いる広場とし、中段の庭との間には広場に向いた階段席を設ける、中

fig. 99　晩年のユリウス二世肖像
　　　　ラッファエッロ画1511/12年 London,
　　　　National Gallery

段と上段との間の擁壁にはグロッタ（「ニンフェオ」）を設け、中段から上段の庭へは「ニンフェオ」の両側からの二本の折り返し斜路でつなぎ、上段の庭はオレンジなどの鉢植えを並べる、そしてインノケンティウスのベルヴェデーレは古代彫刻のコレクションを陳列する[4]スペースとして利用するというのが、計画の骨子であった。またその歩廊（特に東側のもの）は、外のボルゴに対し宮殿を守るための防壁としても利用することが考えられていたのであろう。そして教皇が何よりも気にかけていたのが、宮殿がそれまでの歴代教皇の手によって無秩序に付け足されて統一を欠き、内部はもとより外に対しても「顔」と言えるような体裁を具えていないことで、雑然とした中世城塞のような状態を、列強の王侯たちの宮殿に比肩できるような、あるいはそれを凌駕するようなものとしたいということであったと見られる。

　教皇の宮殿本体とその北方でインノケンティウスのベルヴェデーレが造られることとなる丘との間の土地を、庭園や劇場などの様々な施設のための場所として整備しようというアイデアは、おそらくニコラス五世の計画の中にすでに含まれていたと考えられ[5]、ユリウスはニコラスが果たすことの出来なかった想いを引き継ぎ、それに具体的な形を与えようとしたものと見られる。それはいまだかつて例を見なかったような大規模なものであり、ユリウス自身もこれが自分の在位期間中に完成できるとは考えていなかったに違いないが、その一方では自分の後継者たちが必ずやそのコンセプトを引き継がずにはいないだろうとの不敵な確信を抱いていたようで

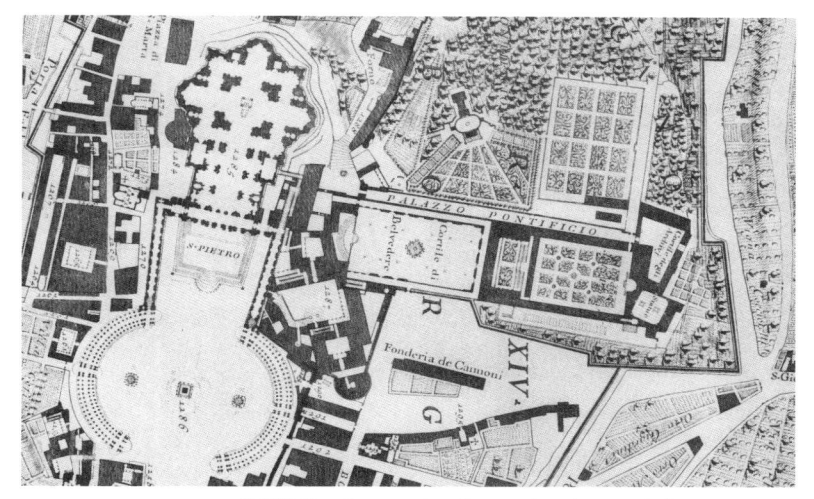

VI. ベルヴェデーレの中庭とヴァティカン宮殿の計画

fig. 100　18世紀前半のヴァティカンとベルヴェデーレの中庭
Pianta di Roma da G. B. Nolli (1744), part.

ある。

　ヴァザーリは工事に関する日付は記していないので、着手の時点を正確に定めることはできないが、1504年初めにはティトゥスの大浴場遺跡にあった巨大な大理石の水盤を運び込み、下段の庭の中央の噴水として利用したということがあり、それにはその経緯と日付を記した刻銘があったといい[6]、とすれば計画はユリウスの即位とほぼ同時に始まり、そのひと月後にはすでに下段の庭の整備工事が進行していたということになろう。ユリウスとブラマンテの死後、計画にはかなり変更が加えられたと見られるが[7]、まがりなりにもブラマンテの案に沿った空間の体裁が整うのは1560年代のことで、その様子は1565年に下段の庭で行なわれた騎馬試合の模様を描いた版画 (fig. 98)[8] で見ることが出来るが、まだその時点ではあちこちが未完成で、完成はグレゴリウス十三世の代の1585年のことである。

　しかしその直後には、後継のシクストゥス五世によって、下段の庭と中段の間の大階段席があった場所にニコラス五世の図書館を移設する工事[9]が始められ、長大な中庭は二つに分断され、ユリウス＝ブラマンテの計画

183

fig. 101　サン・ピエトロ聖堂のクーポラから見下ろしたベルヴェデーレの中庭現状

の全容を実際に目にすることができたのはごく僅かの間だけのことであった。また、1531年に起きた東側歩廊崩壊事故（これについては後述）の後下層の庭を囲む東西の歩廊初層の意匠も変更され、補強のために1スパンおきに壁厚を付加し、ほとんどの開口が塞がれてしまう[10]。その後も新しい図書館の北側の中段の庭を挟んで上段の庭の南端沿いに壁が建ち上げられ、斜路が取り付くところにはアーチが置かれる[11]。これによって上段の庭は完全な"giardino segreto"となった。18世紀前半の様子は「ノッリの地図」（fig. 100）で見ることができるが、さらに19世紀初めにはヴァティカン博物館拡張のために「ブラッチョ・ヌオヴォ」Braccio Nuovoが上段の庭の南辺を完全に閉ざす形で建設され[12]、現状から当初の様子を伺い知ることはできない。

Codex Coner の図

　ブラマンテの当初案を伝えると見られる初期の史料としては、例のベルナルド・デッラ・ヴォルパイアによるとされる Codex Coner 中の幾つかの図[13]（ff. 17 r; 41 r, v; 42 r, v; 61 v; 69 v; 70; 87; 88; 94）があり、特に f. 17 r (fig. 102) にはその全体や「ニンフェオ」、上段の庭の「エクセドラ」、エクセドラの背後でインノケンティウスのヴィッラの南側に設けた「彫像の中庭」、それに外からヴィッラにとりつく螺旋斜路（騎乗のまま昇降できる）の平面まで寸法入り（フィレンツェの braccia）で描かれている。また下段の庭の中央にはティトゥスの大浴場から運んできた水盤の噴水を示すと見られる円が記されている。これはおそらく初期の案を描き写したものと考えられ、ブラ

VI. ベルヴェデーレの中庭とヴァティカン宮殿の計画

マンテ自身がそれに忠実に従って着工したという保証はなく、またこれが描かれた時にはブラマンテの後継の建築家たちによって更に幾つかの変更がなされていたはずで、これをそのまま受け取る訳にはゆかないが、ブラマンテの計画のあらましを知るための最も重要な史料である。これを頼りに他の史料とつき合わせながらアッカーマンが作成したブラマンテ案の概要 (fig. 103) と各部についての考証は、幾つかの疑問点は残すものの現在でも大筋で受け入れられているようである。

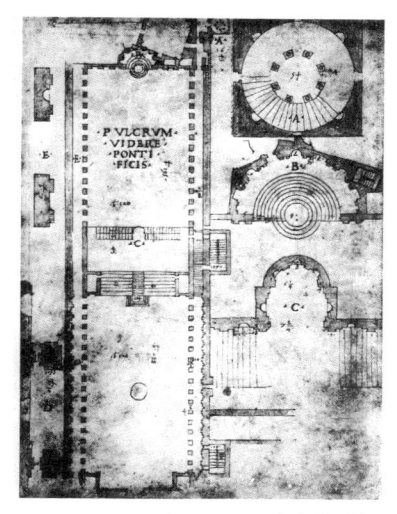

fig. 102　ベルヴェデーレの中庭計画案
Codex Coner, f. 17 *r*

　ベルヴェデーレの中庭の計画初期段階を示すと見られる史料としては、もう一つ着工記念メダル（裏面はユリウスの肖像）が存在しているが、これの製作時期についてははっきりしておらず、アッカーマンは[14] G. F. Hill の考証[15]をうけて、その制作者を Giancristoforo Romano とし（ただし？付きで）、この人物がローマで活動していたのが1505年から12年までの間であったとされることから、メダルの制作年代をその間の時期としており（つまり *Cod. Coner* の図の計画案より遅れる？）、またこれと *Cod. Coner* の図との比較対照は行なっていなかったが、その後 Giancristoforo 説は疑われ、むしろこれを *Cod. Coner* の図の計画案に先行する最初期の様相を示すものではないかとする説が有力となっているようである。このメダルは雑な表現ながら中庭を西側から見た全景を表しており、ティトゥスの大浴場からもたらされた水盤らしきものはすでに下段の庭の中央に描かれていて、1503年末以後の製作になるものであることは間違いないが、中庭を囲む歩廊は下段の部分では2層となっており、中段の狭い庭は存在せず、また上段の庭の「エクセドラ」も描かれていない。このことから当初は歩廊は2層で計画さ

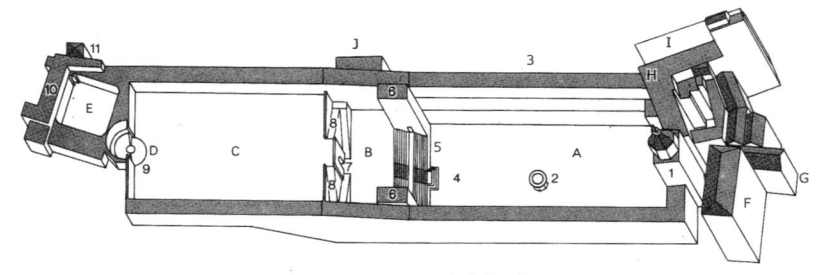

fig. 103　アッカーマンによるベルヴェデーレの中庭復原図

A: 下段の広場　B: 中段の庭　C: 上段の庭　D:「エクセドラ」　E:「彫像の中庭」
F: システィナ礼拝堂　G: Sala Regia　H:「ボルジアのアパートメント」と「スタンツェ」　I: サン・ダマゾのロッジア　J: 階段室（造られなかった？）
1:「ボルジアの塔」　2: 噴水　3:「ユリウスの門」（歩廊外側初層）　4: 中央階段　5: 階段状観客席　6: 階段のための塔　7:「ニンフェオ」　8: 斜路　9:「エクセドラ」外側の半円形階段　10: インノケンティウスのヴィッラ　11: 螺旋斜路

れ、その後変更されたものであろうとする説もある[16]。しかしもし計画変更があったとしても着工後まもなくのことと考えられ、メダルに示された「当初案」にブラマンテがどこまで関わっていたかは確証がなく、ブラマンテに下命する以前のユリウスの腹案にすぎない可能性もあり、当面は *Cod. Coner* の図をブラマンテによる計画として確かな最初のものと考えておくこととしたい[17]。

下段の庭——劇場

　下段の庭は南北約140 m（書き込み寸法は238 braccia）、東西70 m（120 braccia、歩廊アーケードの奥行き10 braccia は含まず）の広さである。*Cod. Coner*, 42 *r* (fig. 104) によれば、東の歩廊の中庭側立面は3層構成で、初層はドーリス式の付柱で区切ったアーケード（ブルスキの考証によれば高さ21 braccia）で、フリーズにはトリグリフが取り付けられ、2層目（高さ14 braccia）はイオニア式付柱で区切った壁面の中にエディキュラ付きの窓とその両脇に小さなニッチを設けている。エディキュラのペディメントは弧状のものと三角のものとを交互に配する。最上層はコリント式付柱（？ 柱頭やエンタブラチュア部分は描かれていない）で区切った開放的なロッジアであるが、上部には

VI. ベルヴェデーレの中庭とヴァティカン宮殿の計画

垂壁がありその下に細い円柱を二本挿入してベイを三等分している（円柱の高さ7.42 braccia）。2層目の窓のエディキュラは、理由は不明であるが造られることがなかったらしく、セルリオが掲げる図 (Lib. III, p. 119 r. — fig. 105) には描かれていないし、その後の他の図にも現れない。初層アーケードの開口内法幅は10.36 braccia、それぞれのピア幅が4 braccia なので、心々寸法では1スパン＝14.36 braccia ということになる[18]。

東西の歩廊は下段の広場部分では17スパンのアーケードからなり、南北端は東西とも四角い塔のような建物に突き当たるかたちとなる。広場の南端は東西の塔の間を壁とし、中央に出入り口が設けられているだけである。東側歩廊の中央には外部とつなぐ門が描かれ、これは現存の「ユリウスの門」Porta Giulia (fig. 108) を示すものと思われる。また東側歩廊の南寄り外壁に沿って折り返しの階段室が描かれており、これは実際にも造られた模様だが、その後少し東へ斜めに振れる形で造り直された。Porta Giulia から2スパン分南には、歩廊外壁に対して直角に取り付

fig. 104　下段の歩廊立面図
Cod. Coner, f. 42 r

fig. 105　セルリオによる下段の歩廊立面
Regole generali, Lib. III, p. 119 r

187

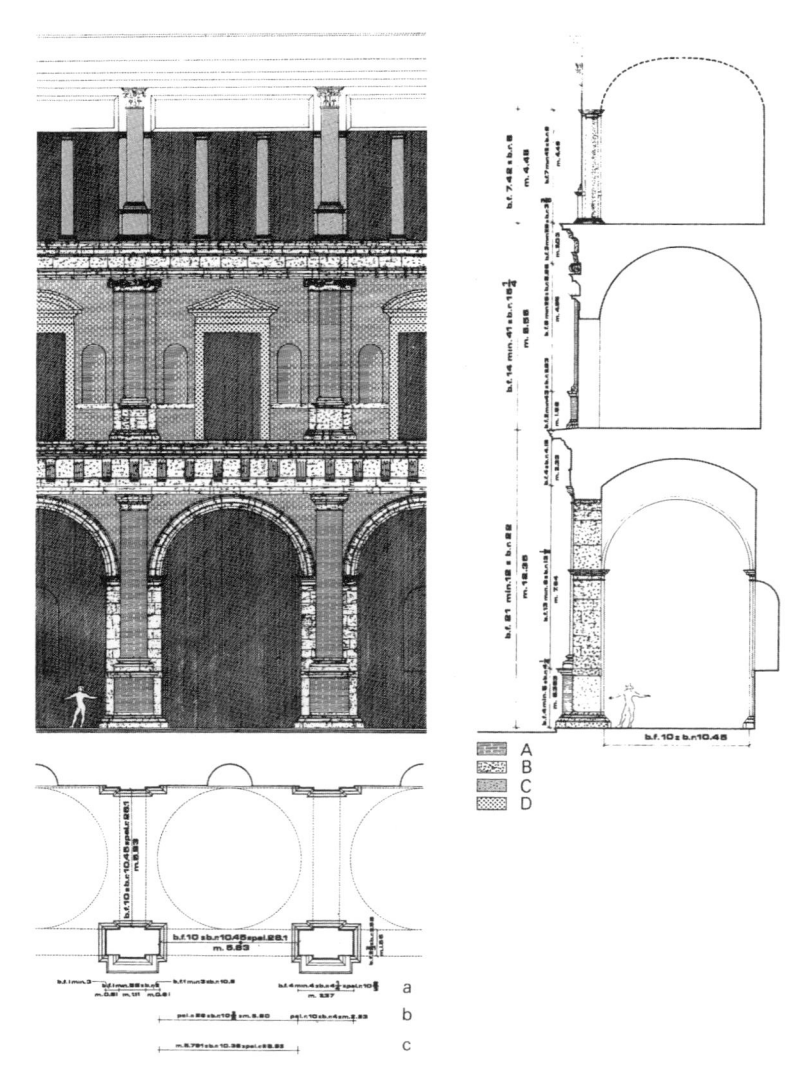

fig. 106 　下段の歩廊実測図（from A. Bruschi）
　　　　　（ブラマンテ案に基づいて実施された形、後世の補強部分を除く）

　　　　　A: 煉瓦／B: トラヴァティン／C: ペペリーノ（火成岩）／D: スタッコ or トラヴァティン
　　　　　図の下の a は *Cod. Coner* の寸法、b はペルッツィのスケッチの書き込み、c は実測寸法

いて東に延びる壁が描かれているが、これは東にある円形の「ニコラスの塔」まで延びる防壁で、実際には既にニコラスの時代にその一部が少し斜めに南に振れて造られていたものである。東西歩廊のうち東側の初層だけはユリウス在世中に上段の庭まで造られていて、下段の広場に面する部分はレオ十世の代におそらくラッファエッロの工事指揮によって3層目が出来上がる。しかし西側の歩廊については、ヴァザーリによればユリウスの代に基礎が造られたのみでその後半世紀近く放置され（その状態はアントーニオ・ドシオのスケッチ[19]——fig. 122で見ることができる）、1561年にようやく建造が始まっている。

　広場の北の大階段席は東西の塔の間一杯に造られ（幅約30 m）、階段席の段数は15段となっている（図では段数は定かでないが"15"の書き込みがある。またこの図では表現されていないが、ペルッツィの手になるとされる Uffizi, GDS, 569A v のスケッチ[20]から、この階段席は間に通路を設けて7段ずつ二方に分けられていたことが分かる）。その中央には幅14 braccia（8 m強）の階段が広場レヴェルから中段の庭まで（高低差約12 m）をつないでおり、階段席の最前部からは広場に四角いプラットフォームを張り出して、三方からの階段で広場から上がるようにしている（広場と階段席最前列とのレヴェル差は4 braccia ≒2.38 m あり、従って段数は11段ほどか）。階段席両脇の塔は、階段席側に向けて出入り口が描かれているところから見て、おそらく内部に階段があり、そこから階段席中間の通路に出られるようにしたものであろう。中央階段は1540年頃には形をなしていたが、階段席自体は1560年代初めまでは未完成で、その状態もドシオのスケッチで見ることができ、これは1561年に着工され1565年の騎馬試合の際には使用可能となっていたと見られる。

　広場南端の処理はその後かなりの紆余曲折があった。背後には古い教皇の宮殿の建物が不規則に連続しており、広場南端との間に奇妙な空隙が出来てしまうことや、とりわけアレクサンデル六世が造らせていた「ボルジアの塔」Torre Borgia（fig. 103で"1"と番号が付されたもの）の中世城郭風のいかつい表情が、新しい中庭の古典風の意匠とは全くそぐわないことが問題であった。ユリウスは中庭の計画に着手するのとほぼ同時に宮殿の整備

計画をもブラマンテに命じていたようで、ヴァザーリはブラマンテの仕事ぶりについて「この驚くべき作り手の才能は恐ろしいほど〔tanto terribile l'ingegno di questo maraviglioso artefice〕のもので、その才能でもって教皇の宮殿の復興・再建のために壮大な計画〔disegno grandissimo〕まで作成することとなるのである」としており[21]、その"disegno grandissimo"というのは、おそらくウッフィツィにある GDS. 287A の図（後出の fig. 123——1340×1030 mm の巨大な図面）がそれと考えられている[22]。この図に表された宮殿計画については後で触れることとするが、これにはベルヴェデーレの中庭の下段の庭も描かれていて、その南辺には *Cod. Coner*, f. 17 にはなかった7スパンの柱廊が記され、しかしその柱廊の図の上には赤いチョークで大きな円弧が描き重ねられており、ブラマンテの在世中に実際にその円弧状の壁が初層途中まで建ち上げられていたと見うれる。それでも宮殿と中庭との取り合いについてはまだ幾つかの可能性が検討中であったらしい。

　ユリウスの死後、後継のレオ十世はまだ存命中のブラマンテとならんでジュリアーノ・ダ・サンガッロを教皇庁の建築家に指名し、おそらく Torre Borgia と中庭との間の違和感を和らげるため、そのすぐ北側に四層の建物を建て上げる計画を作成させたと見られ[23]、そのための地形工事も一部開始されたが、まもなくこの計画は放棄され、1515年にはジュリアーノもフィレンツェに戻ってしまう。その後この部分の処置はしばらく放置されており、ようやくパウルス三世の代の1541年になって、アントーニオ・ダ・サンガッロ・イル・ジョヴァネが広場の南端を2スパン分北へ移動させ、東西の歩廊と同じ意匠のファサードとする案を作成し[24]、その基礎のための土工事も開始されるが、これもアントーニオの死後は放棄される。最終的に現在の形に落ち着いたのはピウス四世の代で、1561年のピッロ・リゴリオ設計によるものであった。リゴリオはブラマンテが遺したエクセドラの中に弧状の階段席を設け、北側の直線状の階段席と向かい合う形としたが（その様子はノッリの地図に見えている）、この階段席はベネディクト十四世（在位1740-58）の時代に老朽化を理由に撤去されてしまいエクセドラだけが残っている。fig. 107は *Cod. Coner* をもとにしたブラマンテの

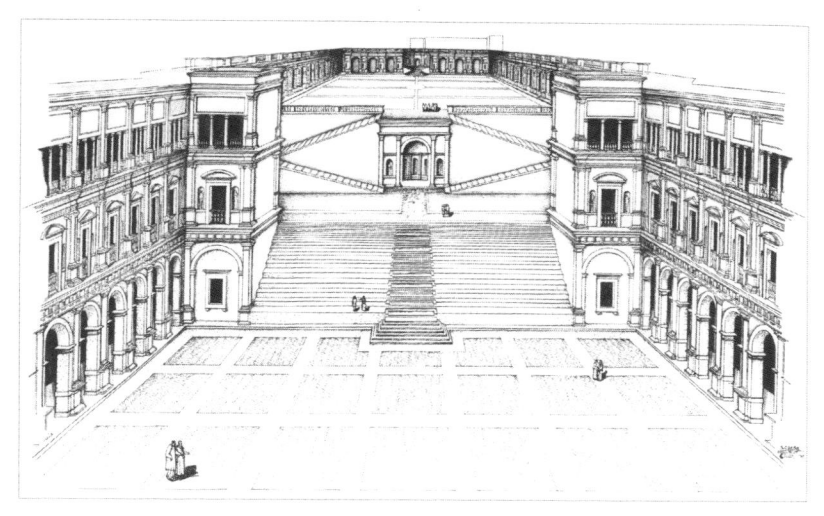

VI. ベルヴェデーレの中庭とヴァティカン宮殿の計画

fig. 107　ブラマンテ案によるベルヴェデーレの中庭完成推定図（from Frommel）

案の復原図としてフロンメルが掲げているものだが、その姿のとおりに実現することはなかった。

　この下段の庭＝広場が、「劇場」として計画されていたことは明らかであるが、実際に演劇のために用いられたという記録はない。その代わり、1509年2月にはここで"festa taurorum"（闘牛？）を行なうよう教皇が命令したとの記録があり[25]、またカステル・サンタンジェロの中のペリーノ・デル・ヴァーガ Perino del Vaga（1501-47）によるとされるフレスコには、ここに水を張って模擬海戦を行なっている様子が描かれている[26]。この絵は1537-41年ころのものとされ、その時点では階段状観覧席は実際にはまだ完成していなかったし、西側の歩廊もまだで、また歩廊初層はオープン・アーケードとして造られていたから、そのように水を張ることは不可能なはずだが（絵では開口なしの壁として描かれている）、この場所が古代のローマ皇帝たちがしばしば行なったとされる模擬海戦などにふさわしい場所と考えられていたことを示すものであろう。アッカーマンはフレスコの考証から、それがブラマンテのベルヴェデーレの中庭計画に仮託して、ローマ時

191

代にネロがこのあたりに造営したとされている模擬海戦のための巨大な池 "Naumachia"[27] の様子を描こうとしたものではなかったかと推測している。さらにそこから、このベルヴェデーレの中庭の計画には様々な古代のイメージが拾い集められていて、プリニウスをはじめとする文献から窺い知れる古代のヴィッラや、そこに付設されていたとされる騎馬競技場「ヒッポドロモス」hyppodoromus の姿を再現しようとしたものではなかったかと結論づけた。

　ブラマンテの古代文化に対する人文主義者的関心のほどは、その著とされる *Antiquarie prospettiche romane* などからも窺い知れ、ヴァザーリは、ブラマンテが建物の外部ファサード（東側歩廊の Porta Giulia を指すと見られる）のフリーズに「古代のヒエログリフで」教皇の名を記すことを提案したが、教皇が笑ってそれを取りやめさせたので、ローマ体の "Iulius II Pont. Maximo" という銘文にしたという逸話を紹介している[28]。ブラマンテが古代エジプト文化にまで関心を寄せていたとすればどこからその知識を得たかであるが、ゴムブリッチはそのころ刊行されたばかりの *Hypnerotomachia Poliphili* がそのソースだったのではないかと推測している[29]。

　ブラマンテ以前の建築における「古典主義」は、手当たり次第に目新しい古典建築のモティーフを拾い集めることには熱心であったが、せいぜいフィラレーテ的ないしフランチェスコ・ディ・ジョルジォ的なアントロポモルフィズムによってモティーフ選択の理由付けをする程度であって、それらを産み出した幅広い古典文化のレトリックの複雑な構造にまで立ち入って用いるべき意匠を選び出すということには、思い及んでいなかったと思われる。アルベルティのような例外的に豊かな古典的教養と鋭い感性の持ち主以外には、それは望むべくもなかったのであろう。しかし当のアルベルティは文章の中ではそうした古典を題材とするレトリックを、その猥雑な効果まで含めて自在にあやつる一方、建築に対しては、それを実験する機会に恵まれなかったこともあるが、むしろそうしたレトリックが建築外的意味づけ（とりわけ権威の誇示）を持ち込むことになるのを懼れてい

VI. ベルヴェデーレの中庭とヴァティカン宮殿の計画

たように見える。

　ミラノ時代のサンタムブロジォの「カノニカ」の丸太柱にすでにその兆しは現れていたとも言えるが、ブラマンテはアルベルティが触れることをしなかった危険領域にあえて踏み込んでその多義性をフルに活用し、この時代の建築主たちのあくなき権威誇示の欲求を建築的課題にすり替えるための手だてをそこから掴み取ろうとしていたのであろう。ブラマンテにとっての「古典主義」は、もはや古典建築の形態を写し取ってそれでこと足れりとするのではなく、その形態の背後にあった古典文化の様々なイメージをレトリカルに表現することであり、劇場や騎馬競技などの古代のパフォーマンスを示唆することはそのための手段の一つなのであった。

fig. 108　下段広場への入口として設けられた「ユリウスの門」

　そうした多義的なレトリックの中には、必然的にある種のイロニィが紛れ込んでくる。意識的に誇張されたモティーフが突如として無表情の壁の中に出現すると、それらのモティーフの本来的な格式表現から逸脱した、「非本来性」（アドルノの言うところの Uneigentlichkeit[30]）ないし「異化」Verfremdung 効果を生じさせることとなる。Porta Giulia の外側アーチを縁取る誇張され形式化されたブニャートはその好例であり、それが "IVLIVS II PONT. MAX" という上部のしかつめらしい銘文に対して揶揄的効果を発揮していることを見逃してはならないだろう。

　ブニャートをパラッツォ・メディチ初層のような即物的表現ではなしに、形式化して装飾的に用いることは、すでにジゥリアーノ・ダ・サンガッロ

193

がフィレンツェのパラッツォ・ストロッツィやパラッツォ・ゴンディなどで試みていたのではあったが、それらはファサードの表情に変化を与える装飾に過ぎず、平面的な「ズグラッフィト」を立体的にしたと同様なものであって、積極的な建築的意味を与えられていたとは言い難い。ブニャートからこうした「非本来的」表現性を抽き出し、建築的記号として駆使したのは、ブラマンテをもって初めとする。それはラッファエッロ、ジウリオ・ロマーノに引き継がれ、サンミケーリ、そしてパッラーディオによりさらにその可能性が追究されることとなるのである。

中段の庭と「ニンフェオ」：ジェナッツァーノの「ニンフェオ」

中段の庭は *Cod. Coner* の平面図によれば、奥行き 55 braccia（≒30 m. 斜路幅 5 braccia×2 を含む。つまり東西両脇の歩廊アーケード 3 スパン分）で、幅は東西歩廊まで一杯に広がっている（ただしこの部分の歩廊には開口の表示は見当たらない）。中央に「ニンフェオ」（*Cod. Coner*, f. 17 r で "C" の印があるもの）が設けられ、その両脇から折り返しの斜路で上段の庭に上がれるようになっている。この場所はそこから下段の広場＝劇場へつながる大階段席のための「フォワイエ」ないしギャラリィのような役割を与えられていたと見られるが、後の時代の図などでは、ここにも庭園風に植え込みなどが描かれている。ドシオのスケッチで見ると「ニンフェオ」のグロッタの開口は大きなアーチとなっていて、その両脇には 2 本のトスカーナ式（？）付柱で区切った狭い壁面が取り付いており、ちょうど凱旋門のような意匠である。この「凱旋門」は南の教皇宮殿の窓からもよく見えたはずで、この中庭全体の南北軸線を表示するための強力な装置となっていたことであろう。この部分は斜路も含めユリウス在世中にはほぼ形をなしていた（「ニンフェオ」は現在はその一部が Braccio Nuovo の地下に遺されており、また斜路の痕跡も図書館との間の狭い中庭の壁に遺っている）。

庭園の景物としての「ニンフェオ」というモティーフは、おそらくオウィディウスやプリニウスなどの古代の文献を通じて、ルネサンス人文主義者たちには早くから知られていたと考えられるが、実際にそれを再現しよう

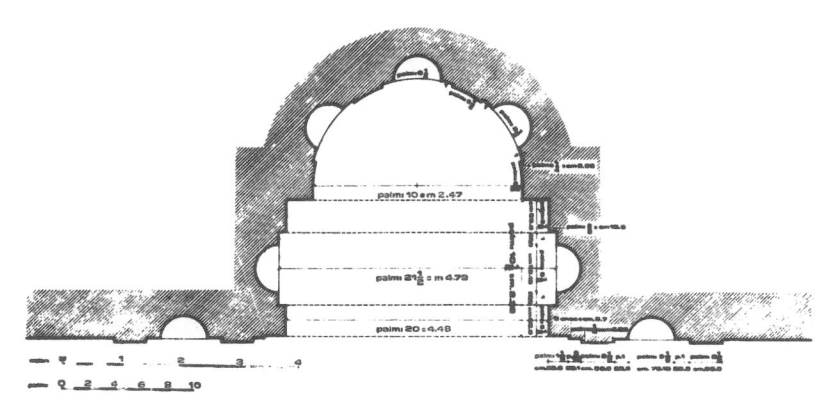

VI. ベルヴェデーレの中庭とヴァティカン宮殿の計画

fig. 109 「ニンフェオ」平面実測図（from Bruschi）

としたのは、知られる限りではこれが最初の例である[31]。ここでの「ニンフェオ」は、ニッチにいわゆる「コンキリエ」を取り付けたり、ニンフを象った女人像などがあったりしたと言われる[32]ものの、後のルネサンス・バロック期の庭園にみるような自然の洞窟のリアルな再現は避けられている。「ニンフェオ」らしさは、むしろその建築的構成の非日常性によって暗示されているだけなのである。手本に出来るような古代遺跡が手近にあったかどうかは定かではなく、おそらくアルベルティによるヴィラについての記述や *Hypnerotomachia* に描写されたようなイメージがヒントとなっていたのであろうが、ブラマンテはそれをそのまま即物的に提示することはせず、建築的な手法に翻訳して見せた。またこれに「凱旋門」の枠取りを与えたというのは、「ニンフェオ」という仮象の世界への入口を表示する装置としての役割を負わせることで、凱旋門にそれ本来の政治的・格式的表象としての性格を自ら揶揄するような意味を帯びさせることとなる（また円柱ではなしに付柱としていることも、ストレートな「凱旋門」

fig. 110 「ニンフェオ」現状
（Braccio Nuovo 地下となっている）

195

の模倣を避けようとしたものであろう)。そのような諧謔は「ニンフェオ」自体の仮象的性格をさらに強め、また下段の庭の「劇場性」=仮象の場の性格を強調するのに寄与する。それは「場所」の性格を表示するための装置に

fig. 111　ジェナッツァーノの「ニンフェオ」

他ならないのであって、単に古代のヴィッラの景物の一つを慰みのために再現してみたというようなものではなく、物理的手段だけでは性格付けが困難なこの大空間を、その装置が醸し出すイメージの援けを借りて分節化するという、明確な建築的役割がそこに与えられている。

*

　ローマの東方40 kmほどのジェナッツァーノ Genazzano の村の入口近く、谷間の小川のほとりに遺る廃墟は、これに関わる史料が一切存在せず、用途・来歴は不明のままであるが、そのたたずまいからして「ニンフェオ」と呼び習わされ、例の「ブラマンテスコ」が主導的モティーフとなっていることから、ブラマンテの手になるものであろうとの推測がなされてきている[33]。この辺りは古くからコロンナ一族の所領となっており、村内にはコロンナ家の居城もあって、その一党の誰かの作事である可能性が高い[34]。建物はほぼ南東に面した斜面に沿って建てられ、前面をトスカーナ式の半円柱で区切った3連のアーケードとするオープンなロッジア(スパンは約8m)からなり、その両側には正方形の部屋が取り付き、ロッジア奥は1mほど高くなったところにトラヴァティンによる3連の「ブラマンテスコ」(これもトスカーナ式の円柱で支える)を配する。ブラマンテスコの内側は奥行き4mほどのギャラリィとなり、その中央には半円のエクセドラが設けられ、「ニンフェオ」的な構成となっている。トラヴァティンの使用はエンタブ

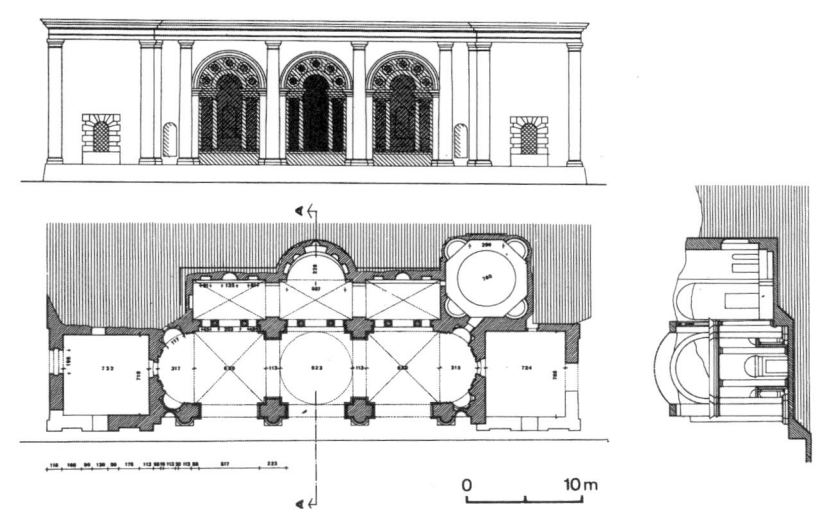

VI. ベルヴェデーレの中庭とヴァティカン宮殿の計画

fig. 112　ジェナッツァーノの「ニンフェオ」実測図（from Bruschi）

ラチュアと「ブラマンテスコ」の部分だけに限られ、その他の部分はすべて土地の石を用いたと見られる乱れ石積みであるが、おそらくその上にスタッコをかけていたと考えられる。「ニンフェオ」の壁面の各ニッチにはテラコッタ製の吐水口とみられるものが取り付けられているが、それらに実際に導水管がつなげられていた形跡はなく、「ニンフェオ」内に水槽らしきものがあった痕跡も存在しない。ただし「ニンフェオ」も前面のロッジャも床はすべてテラゾー仕上げとなっていて、その上を水が流れることも想定されていたようであり、あるいは当初の計画では全体を「水の劇場」"teatro dell'acqua" に仕立てることが考えられていたのかも知れない。

　ヴォールト天井はいずれも崩壊してしまっていて、アーチだけが遺ったかたちであるが、3連ロッジャの中央のベイはクーポラ、両脇のベイはクロス・ヴォールトであったと見られる。ニンフェオの天井もクロス・ヴォールトであった。建物北東隅には八角形の部屋があり、その中央には円形の水槽が設けられ、四隅のニッチは腰掛け付きで、水辺で涼をとるための休息場所ないし冷水浴のための施設（古代の浴場の frigidarium？　温水設備が設け

197

fig. 113　ジェナッツァーノの「ブラマンテスコ」

られた形跡はない）であったと見られる。ロッジァ前面は斜面を少し下って小川に突き当たるが、この辺りには壁で囲まれた人造湖が造られていたらしい形跡があり、19世紀の地誌は、ここで模擬海戦のような催しがなされロッジァから見下ろすことができたのであろうとしている。

　この特異な建築的構成の典拠については古代の浴場であろうとか[35]、あるいはスビアコ Subiaco にあったとされるネロの浴場を手本にした[36]のであろうなど様々な説が提起されているが、ブラマンテが古代遺跡に関する知見を総動員してそのヒントを得ようとしていたにしても、直接的なソースと考えられるものは見当たらず、むしろ古典的「規範」からの逸脱の方が際立っている。トスカーナ式の円柱の比例は異常に細長く、ブラマンテも熟知していたはずのウィトルウィウスの説く数値とは合致しない。「ブラマンテスコ」の華奢な繊細さは、もしウィトルウィウスに従ってトスカーナ式を"rustic"な雰囲気を表現するものだとするなら、全くそれとはそぐわないものであって、鄙びた自然の風景の中にそうした洗練された、しかも抽象化されて特定の意味と結びつけることの難しい「ブラマンテスコ」の形態が出現してくるという不条理さの方が強調されるように見える。

　ブラマンテにとってこのモティーフは、宗教建築であれ世俗建築であれおよそその用途とは無関係に空間の中にある種の焦点を創り出すものとして、様々な使い回しが試みられていたもののようである。ジェナッツァーノから北へほど遠からぬ土地カプラニカ・プレネスティーナ Capranica

VI. ベルヴェデーレの中庭とヴァティカン宮殿の計画

　Prenestina の教区聖堂は1520年に竣工したものと言われるが、その内陣の上に載るクーポラのドラム部分には「ブラマンテスコ」がめぐらされていて、ブルスキはこれもおそらくブラマンテの計画によるものであったろうとしている[37]。またヴァティカンのサン・ピエトロ聖堂の計画でも、内陣の四周に取り付く空間の仕切りにこのモティーフの使用を考えていたらしい形跡がある（第VIII章で取り上げている fig. 148—"piano di pergamena" の平面図やそれに基づくと見られる内部スケッチ GDS, 5A*r*— fig. 154）。さらにヴァティカン宮殿内の "Sala Regia"（「ボルジアの塔」Torre Borgia と中庭 Cortile Borgia を挟んで南側に位置する。システィナ礼拝堂の東に取り付く）の教皇玉座背後にも、「セルリアーナ」の窓が取り付けられていた[38]（後出の fig. 124）。

　この建築は通念的な「古典主義」によって説明しおおせるようなものではなく、「ブラマンテスコ」モティーフや「ニンフェオ」を想起させるエクセドラなどの建築形態にまつわる多義性ないし曖昧さを駆使しつつ、無限定な風景の中に「目印」を与えることが狙いであったと見るべきであって、物理的ヴォリュームによって空間を限定しようとするのではなしに、時と場合に応じて自在にその役割を変えることの出来るモティーフにより、イマジナルな空間を演出しようとする試みであったと言える。そしてベルヴェデーレの「ニンフェオ」もその最初の試みとして捉えられるべきであろう。

上段の庭：エクセドラと弧状階段

　上段の庭は南北が約100 m、東西は下段の広場と同じで約70 m であるが、東西の歩廊は中段の庭の「ニンフェオ」と同様な「凱旋門」風のユニットの単層アーケード（ただし付柱はコリント式）を13個連ねた[39]ものからなる。床レヴェルは下段から続く歩廊3層目と同じであるが、高さはそれより少し高くなっており、中段の庭に面する部分で屋根を斜めにしてつないでいる。北辺も同じモティーフのアーケードとするが、中央部はそのアーケード2スパン分ほどの間口の大きな「エクセドラ」となり、そこに弧状と半円形を組み合わせた特異な階段を設ける。

199

fig. 114 　上段の庭東側北端のアーケード設計案
 　　　　 Cod. Coner, f. 41 *r*

fig. 115 　上段の庭北側アーケード現状

　この上段の庭は北に向かって僅かに上り勾配となっていて、南辺と北端では約91 cm ほどの差がある。このためアーケードの付柱の柱台は北に向かって少しずつ高さを減らし、北端のものは南端のものの半分近くの高さとする一方、付柱のせいは同じに保つためにアーケード上端を地盤の場合の半分ほどの勾配で少しずつ北に向かって高くするという微妙な調整がなされている。北側も東西歩廊と同じモティーフのアーケードとするが、エクセドラ両脇の3スパンずつのアーケードはなぜか柱台高さが東西のものより少し低くなっており、東西の歩廊アーケードと出会う東西両隅では、高さの異なる柱台同士がL字形に接するという奇妙な現象が見られる。

　ブルスキはこの上段の庭の微妙な傾斜について、300 m を隔てた南の宮殿の教皇執務室窓から見通した時の「透視図法」的効果を狙ったものだと主張している[40]が、高さ方向ではある程度その効果が期待できるにしても、東西歩廊間はそのまま並行となっているのだから、この説明にはかなり無理がある。これはそうした視覚的な企みよりは、「エクセドラ」背後

VI. ベルヴェデーレの中庭とヴァティカン宮殿の計画

に設けられた「彫像の中庭」Cortile delle Statue との間のレヴェル調整と関わって生じた現象と見る方が妥当のように思われる。

　上段の庭北端と「彫像の中庭」とのレヴェル差は約2.7 m ほどあり、この間をつなぐための階段としては「エクセドラ」の中に設けられた大きな弧状階段がある。これは中段の庭の「ニンフェオ」とともにこの大空間の軸性を表現する強力な手段であると同時に、ニッチの内側では弧状階段による擂り鉢状の空間とし、円形の踊り場を挟んでニッチの外へ半円形階段を張り出して庭の方へ降りて行くという、ニッチの内側と外側とで空間のヴォリュームを反転させたようなユニークなもので、ブラマンテの創案した空間装置の中でも最も魅力的なものの一つである。

fig. 116　セルリオによる「エクセドラ」
Regole generali, Lib. III, p. 120 *r*

　このエクセドラと階段は1550年以後ミケランジェロ次いでピッロ・リゴリオによって改造がなされてしまっており、建設当初の姿は *Cod. Coner* の図やペルッツィによるスタディ、セルリオの著書に掲げられた図（fig. 116）などから推測しなければならない。しかしこれらの史料ごとに階段の段数の表記が違っており（おそらく複数の案が存在したと見られる）、正確な復原が難しい。これまでのところアッカーマンによる復原[41]（fig. 117）がほぼ定説として受け入れられているように見えるが、それが確実という保証はない。ともあれそれによれば、階段の段数はエクセドラの内側が8段、円形の踊場を挟んで外側が8段、踊場と最上部のプラットフォームまでの分を含めると18段となる。これは階段としてよりは、エクセドラの内側の弧状の部分は劇場の階段席、円形踊り場はステージのようなものとして考えられて

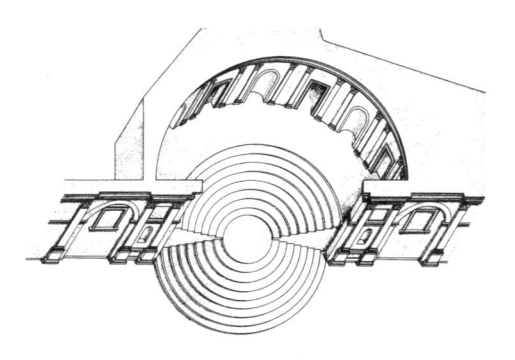

fig. 117　アッカーマンによる「エクセドラ」復原図

いた可能性が高い[42]。

　エクセドラ内側の壁面は、やはり二本組の付柱で区切った単層7スパンの構成とし、四角いニッチ4個と半円形ニッチ3個とを交互に配したかたちとなり、四角いニッチの内の三つは背後の「彫像の中庭」やその西側に設けられた庭園などへの出入り口で、いちばん東のものはエクセドラ東側に設けられていた居室群の背後の壁と接していて開口なしとなっていた。エクセドラの壁は東西歩廊や中庭側のエクセドラ両側の壁の2/3ほどの高さとなっているため、付柱の見付け幅は細くなっている。エクセドラ両側の壁は東西歩廊のアーケードと同じ「凱旋門」モティーフを3スパンつなげたものだが（ただし西側のものは一枚の壁だけで開口もない）、エクセドラの幅よりも少し内側に（最上部のプラットフォームの幅＝二本組付柱に区切られた狭い柱間分）入り込んでいて、エクセドラ内側と中庭側の高さの異なる柱同士が角で出会うのを避けている。

　アッカーマンは、この弧状の階段をそなえた大きなエクセドラと中段の庭のジグザグの斜路の組み合わせが、古代ローマ共和制末期の遺跡、プラエネステ Praeneste（現在の Palestrina）にある「フォルトゥーナの神域」Santuario della Fortuna Primigenia がそのヒントになっていたのであろうと推測しており[43]、そこのエクセドラと弧状階段は実際にも劇場的な役割を与えられていたと見られていて、もしアッカーマンの推測が正しければ、あるいはブラマンテもその劇場的雰囲気を敏感に感じ取ってこの形を採り入れたものであったかもしれない。しかしそこからエクセドラの空間反転の着想への飛躍は、通念的な「古典主義」ということだけでは説明し切れないものであり、全く前例のない空間ドラマの展開として捉えるべきだろ

VI. ベルヴェデーレの中庭とヴァティカン宮殿の計画

う。

1551年にはミケランジェロがユリウス三世の命を承けて、エクセドラ外側に張り出していた半円形階段部分を両脇から上る直線階段に変更し、さらに内側の弧状階段最上部のプラットフォーム外縁に沿ってアーケードを新設してエクセドラの大きさを縮め、弧状階段部分は平坦な半円形のテラスとしてしまう[44]。これと前後する時期にはエクセドラの東西両翼は2層に増築されていた[45]から、縮小されたエクセドラの壁もそれにあわせて2層の高さとなった。その後ピッロ・リゴリオによりエクセドラは3層にまで高められ、上部にはコンカが冠せられて、「大ニッチ」"Nicchione"となる。17世紀初めには巨大なブロンズ製の松毬がこの大ニッチの正面に取り付けられて[46]、ブラマンテの意図した空間は別のものに変質させられ、この上段の庭は「松毬の中庭」Cortile della Pignaと呼ばれることとなる。

fig. 118　上段の庭と Nicchione（手前中央はポモドロの「球を抱える球」）

　ミケランジェロによる改造からも窺われるごとく、その後のルネサンス建築の中ではこの空間裏返し手法はその意義があまり理解されていたようには見えない。ブラマンテのエクセドラを構成している個々の要素――湾曲するエクセドラそのもの、弧状階段、半円形階段など――については、おそらくその劇場的性格が認識されそれぞれ個別に用いられることはあったが、オリジナルに見られる空間反転効果までも採り入れようとしたものは皆無に近い[47]。そのことは、ブラマンテがこうした実験を通じて模索していた建築独自の新たな空間表現手法――それこそがアルベルティが夢想した来るべき「建築家」の存在意義を保証してくれるものであるはずだ――の目指すところがほとんど理解されていなかったということを意味す

るのではなかろうか。ともあれ、ベルヴェデーレの中でのブラマンテの最も前衛的な試みの部分が、いちばん最初に姿を消すこととなった。

「彫像の中庭」と螺旋斜路

　ユリウス二世が最も熱心にその実現に力を入れていたのが、「ベルヴェデーレのアポローン」や「ラオコーン群像」などを陳列するための「彫像の中庭」Cortile delle Statue であるとされる[48]。これは Cod. Coner, 17 では図の上辺に半分ほどしか示されていないが、正方形の中庭でその四隅や各辺中央などにそれらの彫像を置くためのニッチを設け（北東と北西の二つのニッチは噴水を兼ねていた）、中央には二体の河神の像（「ナイル」と「テヴェレ」）を向かい合わせて配した噴水[49]が造られていた。この中庭はエクセドラとインノケンティウス八世のヴィラとの間を埋めるかたちで造られ、北側の一辺はインノケンティウスのヴィラの南側テラス（ここはその後屋根がかけられ（Galleria delle Statue となっている）に接する形となっているため、エクセドラの軸線から東に外して斜めに取り付いている。エクセドラ背面東側とこの中庭の間に挟まれた不整形の空間は小部屋群で埋められ、彫像群や美術品を管理するための "antiquario delle statue antichi" に充てられていた。中庭西側背面にはロッジアが設けられ、糸杉や月桂樹などの樹木を配した庭園に面していたようである[50]。

　しかしここが当初からこうした公開の空間として計画されていたものかどうかについては若干の疑問があり、中庭自体はラオコーンが発見される以前の1505年までにはすでに一部着工されていて、そこの噴水のための導水管なども準備が済んでいた[51]ようであって、最初の計画ではここを教皇の私的な居住空間に面する "viridarium"（樹木などのある内庭）ないし "termae"（沐浴施設）のような用途に充てることが考えられていた可能性がある[52]。実際1523年ころに訪れたヴェネツィアの使節（名前は不詳）の報告によれば[53]、ここには彫像群の他に多くの草花や樹木があり、また中央の噴水の他にも（中庭西外側の？）「ロッジア」にも噴水があったと記されている。「彫像の中庭」への出入りのためにはエクセドラ東寄りの四角い

ニッチの開口があったが、これは中庭の隅近く現在の「ラオコーン」のニッチのすぐそばに出る形となっていたようである。「アポローン」やその他の彫像群がここに運び込まれるのは1509年以後で、私的な"viridarium"的様相から公開空間としての「彫像の中庭」の体裁をそなえるまでにはかなりの時間を要したらしい[54]。そしてようやくパウルス三世の代（1540年代）、アントーニオ・ダ・サンガッロ・イル・

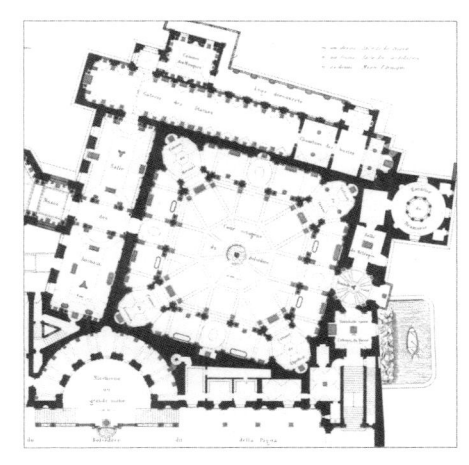

fig. 119 「彫像の中庭」（19世紀末の状態）（from P. Letarouilly, *Le Vatican et la basilique de Saint-Pierre*, Paris, 1882, tav. 2）

ジョヴァネによって東の歩廊がこの中庭の東側面まで延長され[55]、そこに設けられた円形の前室から中庭東面の中央に出る正規の入口が整った。

　アッカーマンが指摘する如く、この「彫像の中庭」でのブラマンテの努力は、建築的な様相よりは彫像のための台座や植栽・噴水などの設備の方に向けられていて、特に注目すべき空間的な工夫は見られなかったようであるが[56]、このブロック東北角に取り付けられた螺旋状斜路（fig. 120, 121）は、ブラマンテのもう一つの機知の表れとして興味深いものである。*Cod. Coner*, f. 17では右上にその拡大平面図（"A"の符号が付されている）が描かれており、ブラマンテの当初計画にすでに含まれていたものであることが分かる。これはインノケンティウスのヴィッラや「彫像の中庭」ブロックへ外部から騎乗のままアクセスすることが出来るように計画された[57]もので、四角い塔の中に円形の螺旋斜路を設け、6回転して最上部（インノケンティウスのヴィッラのコーニス・レヴェル）に達するが、中央の円形吹抜の周りに配された円柱は、回転するあいだにトスカーナ式からドーリス式、イオニア式、コムポジット式へと変わって行くようになっている。

fig. 120　螺旋斜路　下からの見上げ

　ブルスキは[58]例によってこの空間の「透視図法的効果」(吹抜を下から見上げたとき)やここではじめてトスカーナ式とドーリス式が明確に区別されて、後のセルリオによる「五つのオーダー」という古典主義建築のドグマ成立のもととなったことなどを強調する一方、そこには多くの解決されていない矛盾が見られるとしている。たとえば、螺旋空間の終端(最上部)の建築的解決法が不在であること(無造作に木造屋根が載せられているが、ブルスキは当初案では屋根なしであった可能性もあるとしている)、円柱の支えるコーニス(踏面吹抜側の端部分?)がそれぞれのオーダーと対応していないこと、円柱の比例がそれぞれのオーダーに要請されるものに従っていないこと、そもそも螺旋空間は

fig. 121　螺旋斜路断面
(from Letarouilly, *op. cit.*, tav. 3)

「古典的」建築空間のコンセプトとは合致しないこと、等々を挙げ、それらの破綻は「あたかもルネサンス《古典主義》が孕む問題性を具体的な形として象徴的に提示しているようだ」としている。これが否定的な評言なのかあるいはむしろブラマンテの前衛性に対する称賛なのか、ブルスキの言い方はそのどちらとも取れるが、文脈からするなら前者の方に傾いているようにも受け取れる[59]。

　ブラマンテの建築技術に対する批評的姿勢を強調してきた筆者としては、むしろこれを最大級の賛辞として受けとめたいと考えている。実際のところそのような矛盾は、彫刻家的方法をとる建築家（たとえばミケランジェロのような人物）ならば、その非建築的なヴォリュームの迫力によって容易に覆い隠してしまうことのできるものなのだが、ブラマンテはあえて建築的手法を貫くことで、その矛盾を逆に拡大して見せているのである。ほとんどすべての人々がおしなべて「古典主義」の熱に浮かされていたこの時期にその矛盾を突き付けるということはブラマンテの確信的な「批評」行為なのであり、機知に満ちた問いかけであったと見るべきであろう。

歩廊の崩壊とブラマンテの構造理解

　1531年1月7日、下段の広場東側歩廊の幾つかの部分が突然、上から下まで崩壊する事故が起こった。崩壊した箇所は正確には分からないが、4スパン分ほどであったと見られる[60]。これには二人の目撃者の報告（ミラノからの使節ジロラモ・カッタネオとマントヴァ公の息子で人質としてヴァティカンに預けられていたフランチェスコ・ゴンザーガによるもの[61]）があり、またヴァザーリはこの経緯について次のように記述している。

「ブラマンテのことに話を戻すと、彼は配下の者たちに対して必ずしも厳しくはなかったとしても、その仕事ぶりは非常に手早く工事の手順を驚くほどよく把握していた。なかでもこのベルヴェデーレの作事は彼にとっては最も迅速に進めなければならないものであった。彼は大変に急き込んでおり、また教皇もこの建物については造られている途中ではなく出来上がった姿を

見ることの方を望んだもので、工事人夫たちは夜間に砂を運びまた地盤を固める作業をしていた。しかし昼間にはそれをブラマンテが見ているところで掘り出すことをしなければならなかったのであって、それというのも必ず彼の監視下で工事がなされることになっていたからである。こうした中での不注意がその作品をひび入らせ、崩壊の危険に曝すことになったものなのである。そしてまさにそのことがこの歩廊でも起こったのであって、クレメンス七世の代にその80ブラッチャもの部分が地面に崩れ落ちた。」[62]

カッタネオの報告では、崩壊の原因は歩廊上層部にまだ屋根がかかっておらずそのため雨水などが浸入したものであろうとしていたが、ヴァザーリの言うごとく教皇に急かされ、充分な養生なしに工事を続行していたことの方が原因であったと見られ、いずれこうした大工事に不慣れでしかもこの時期サン・ピエトロ聖堂の方の工事も始まっていて、多忙なブラマンテの工事監理も不充分であったとしなければならない。

しかし歩廊の構造が3層とも片側全面開口で壁が少なく、さらにヴォールトの強度が足りなかった可能性もある。おそらく軟弱な地盤に対する基礎も充分ではなかったであろう。セルリオは[63]歩廊初層のドーリス式の付柱が弱すぎ、またそれに比してアーチのスパンが大きすぎたとし、2層目のイオニア式オーダーのベイの壁も工事の進行中にすでに崩れ始めていたと述べ、ペルッツィが脆弱なその構造を補強するのにいかに苦労したかを語り、建築家はもっと他人の忠告に耳を傾けるべきで自分の能力を過信してしてはならないのだとしている。

セルリオが示唆しているブラマンテの「自信過剰」やその独断的な仕事の進め方にまつわるもっぱらの評判[64]についてはさて措くとしても、画家出身であった彼が中世以来の伝統を引き継いでいた建築工匠たちと比べ、構造強度を的確に見きわめるだけの経験が不足していたであろうことは否定できない。上に引いたヴァザーリの文章にもほのめかされているごとく、ブラマンテが手がけた他の多くの建物についてもその構造的欠陥が指摘されていて、そのために彼の作品のほとんどが（サン・ピエトロ聖堂をはじめ）

VI. ベルヴェデーレの中庭とヴァティカン宮殿の計画

fig. 122　ジョヴァンニ・アントーニオ・ドシオによる1558/61年ころのベルヴェデーレ
　　　　　東側歩廊初層はペルッツィによる補強の跡が見える　Uffizi, GDS. 2559A

　未完に終わり、あるいは早々に姿を消すことになっていたのも事実である。「力学」という概念が存在しなかったガリレオ以前の状態では、構造強度の判断はもっぱら工匠の経験に頼らざるを得ないものであり、それはいまだ「建築家的技術」(architectonics)以前の職人的手業の領域であって、強いてそれを理論づけようとするなら、ミラノのドゥオモ建設に関わって繰り返された多くの論議の如く、美学的判断とマジカルな数値比例信仰とを混同したような「神学論争」となってしまうのであった。先年のミラノのドゥオモの構造に関する論議の中でのブラマンテの論説も、その域を出るものではなかったと考えられる。
　ブラマンテの構造面での技倆不足は否定しがたい事実ではあるが、一方それに対する当時の批判の多くが、そのような「建築家的技術」以前の、職人的手業の視点からなされていたものであったことにも注意を向けておく必要があるだろう。そしてそのような批判が、アルベルティやブラマンテが目指していた「建築家的技術」の可能性までも否定するような契機を含

209

むのは致し方のないところであった。ブラマンテ没後のルネサンス建築におけるいわゆる「マニエリズモ」的傾向、とりわけミケランジェロとその亜流による建築は、ブラマンテの主知主義的建築観に対する、そうした手業的技能の復権を梃子とする反発を含んでいたと見ることもできよう。それは建築における構造——即物的な「力」の表現——を重視すると同時に、ブラマンテが否定していたかに見える彫刻的ないし装飾的（工芸的）手法の魅力を取り戻すことに成功し、「古典主義」を大衆化することに寄与したが、同時にブラマンテ的手法にこめられていた諧謔——建築への外在的な意味づけに対する批評——を見失わせることにもなるのである。

　ウィトルウィウスは建築の要件として"firmitas"、"utilitas"、"venustas"の三つを挙げ、それぞれに固有の目標を掲げるべきものとして併置した。中世の工匠たちは建築の要件をこのように分析的に考えることはしていなかったから、おそらくルネサンス人文主義者たちは（とりわけアルベルティが）これを新たな啓示として受け取り、そのそれぞれの命題毎に建築の目標を追究しようとし始めたと見られる。しかし"utilitas"や"venustas"は絶えず新たな価値を求めて既存の枠を超えようとするものであるが、"firmitas"は多くの場合、それらに対し実現可能性の観点からブレーキをかける役割を——あえて言うなら「保守的な」役割を——果たさざるを得ない。そして構造力学や材料研究が進展し次々と新しい建築構法や材料が開発されている現代においても、*firmitas* vs *utilitas, venustas* の関係はさほど変化しているとは言い難く、むしろそこには建築技術の抱える本質的な矛盾が未解決のまま横たわっているのであって、構築技術を前提せずに自由に構想可能な空間モデル（アルベルティの"lineamentum"）と、現実の素材や多少なりとも在来の経験に縛られざるを得ない構造モデルとでは、それらの接点（アルベルティの"concinnitas"）を見出すための確かな理論的道筋は存在せず、ひたすら試行錯誤を重ねて行くしか手だては存在しない。ウィトルウィウスの建築論自体は、それらの間の収斂地点を提示することがないまま、経験的知識をもとに伝統に縛られた「タイプ」として建築を提示していたのであり、それらのタイプが自己展開を遂げて行くための具体的道筋

VI. ベルヴェデーレの中庭とヴァティカン宮殿の計画

も示してはくれなかった。ルネサンスの人文主義者たちがウィトルウィウスの命題を個別に分析し始めたことによって矛盾が顕在化する。ブラマンテの建築は、そのことを具体的な形で示してしまったのであった。

ヴァティカン宮殿の計画と「グランド・マナー」

ヴァザーリが"disegno grandissimo"と呼んだ GDS. 287A の図[65]（fig. 123. 1505〜07年に作成されたとみられる）からは、ユリウスとブラマンテがベルヴェデーレの中庭とともに構想していたヴァティカン宮殿整備の内容が読み取られる。実際のところ、中世以来の不規則な宮殿の建物配置についてはそれを完全にやり直すことは不可能で、たかだかそれらの間をつなぐための様々な階段や水平に移動できる通路の新設ていどのことしかできず、唯一ブラマンテらしい手の跡を遺すことが出来たのは、ベルヴェデーレの中庭東側歩廊南東角から南西方向に延びる長大な「サン・ダマゾのロッジア」Logge di S. Damaso（fig. 123の"G"）ぐらいで、東側歩廊の壁と「ニコラスの塔」（J）とをつなぐ形で計画された壮大な「コンクラーヴェの広間」（H）や、「ニコラスの塔」を柱廊で囲み、内部に礼拝堂を設ける案、中段の庭の東に張り出す厩舎（"I"——上層階は図書館に充てられた？）などは、ついに陽の目を見ることはなかった。

旧宮殿の中でもユリウスが最も嫌っていたのが、前任者アレクサンデル・ボルジアのシムボルであった「ボルジアの塔」Torre Borgia（A）とその東に取り付く「ボルジアのアパートメント」Appartamento Borgia（B）で、それらは中世城郭風の構えもさることながら、新しいベルヴェデーレの中庭南辺の処理を難しくする最大の障害物と見なされた。しかし「ボルジアのアパートメント」はユリウスが尊敬するニコラス五世の居室の上階（2階に当たる）を占めており、「塔」の方もこれに手をつけることは宮殿を全面的に建て替えることにつながりかねず、結局それらを改築することは諦め（その後19世紀まで使用されることなく放置されていた）、塔の上部に木造でクーポラを取り付けるだけで終わった（1509年建造、1511年完成。このクーポラは1523年の火災で焼失した。火災前の様子はペルッツィによるスケッチ GDS.

211

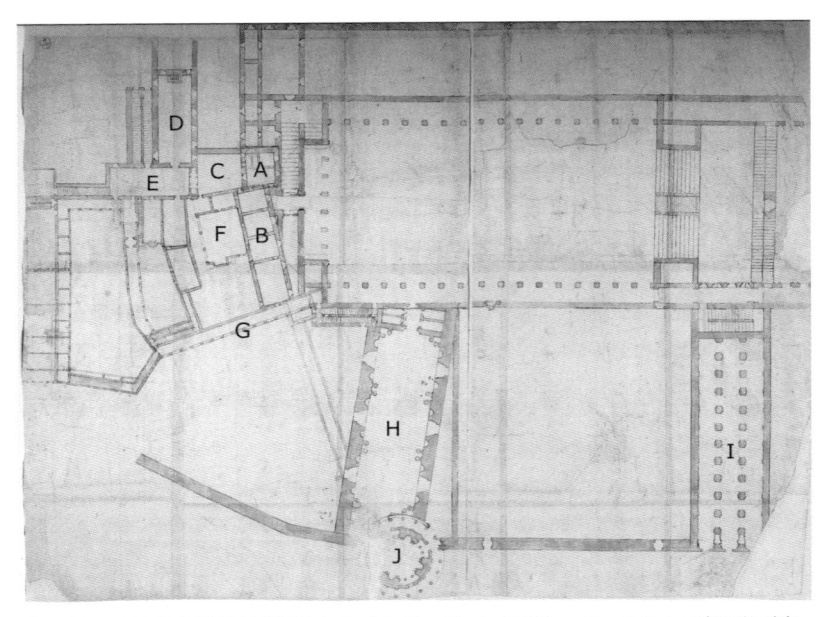

fig. 123　1505/07年ころに作成されたベルヴェデーレの中庭とヴァティカン宮殿計画案
作図は Antonio di Pellegrino によるとされる　Uffizi, GDS. 287A

A：「ボルジアの塔」／B：「ボルジアのアパートメント」（上階がのちの「スタンツェ」）
C：「ボルジアの中庭」／D：システィナ礼拝堂／E：「サラ・レジア」／
F：「パパガッロの中庭」／G：「サン・ダマゾのロッジァ」／
H：「コンクラーヴェの広間」／I：厩舎／J：「ニコラスの塔」（礼拝堂に転用）

150A r で見ることができる。なお fig. 103 のアッカーマンによる復原図ではブラマンテの計画したクーポラの形で描かれている）。「ボルジアのアパートメント」の上の階（3階）だけはベルヴェデーレを見下ろすことの出来る教皇執務室群として整えられ、ラッファエッロがそれらの室内装飾を担当したことから「ラッファエッロの間」あるいは「スタンツェ」Stanze di Raffaello として知られることとなる。そしてこの図には表れていないがベルヴェデーレ側ファサードにはバルコニィが付加された。ベルヴェデーレの中庭と宮殿との間の空間の処理は、この GDS. 287A では大きな階段室などを収めるように描かれているが、その上には微かに赤いチョークで大きな円弧が描き

重ねられており、実施されたのはその大きなエクセドラの方であった。ブラマンテ生前にはこのエクセドラ壁面はエンタブラチュアの高さまでは届いておらず、宮殿との間のルーフ・テラスの完成は1560年代に弧状観客席が造られたときであったと見られる。

fig. 124　Sala Regia の「セルリアーナ」の窓

　旧宮殿側でブラマンテが計画し形をなしたのは、システィナ礼拝堂（D）の東側面に直角に取り付く形の"Sala Regia"（=Royal Hall—fig. 123 の E）の改造で、これは教皇の公式の謁見室（宮殿の2階レヴェル）であるが、その北側の「ボルジアの中庭」Cortile Borgia (C) に面して大きな「セルリアーナ」の開口が設けられた（セルリアーナのアーキヴォルトにはユリウス二世の名が刻まれている）[66]。これに伴い、システィナ礼拝堂の南側に沿って、Sala Regia にアクセスするための儀式的な階段 Scala Regia が計画されたと見られ、図ではその階段は東から昇ってきてシスティナ礼拝堂のところで折り返し Sala Regia の長手側面に取り付くように描かれ、昇り口は Sala Regia より東の歪んだ台形の中庭（現在 Cortile del Maresciallo となっている場所）にあり、Sala Regia の下をくぐってシスティナ礼拝堂の南側に出てくるように考えられていたようである。従来は Sala Regia も Scala Regia も着工は1540年代になってからアントーニオ・ダ・サンガッロ・イル・ジョヴァネによるものとされてきているが、階段はすでに1506年の春以後には、この図とは違った形で着工されていたようだし、Sala Regia の改造も1507年には着手されていた。おそらくブラマンテの死後はどちらもしばらく放置されていたものを、アントーニオが引き継いで1540年代に完成させたのであろう。階段はその後17世紀になってベルニーニより改造され、巧みに透視図法効果を利用したことで有名となるものである。Sala Regia の南端に取り付く形で描

fig. 125　サン・ダマゾの中庭現状

かれた階段は造られなかった。なお、Sala Regia 東壁面北寄りに直角に取り付いてさらにその東で少し折れ曲がって続く棟は、後に「パパガッロの中庭」Cortile del Papagallo（fig. 123のF）の南側面のロッジアと並行する大きな長方形のホール（Sala Ducale）となるものである。この図の時点ではここをどのような用途に充てるつもりであったかは不明である。

　「サン・ダマゾのロッジア」は「ボルジアのアパートメント」の東端と「パパガッロの中庭」の東にある諸室（fig. 123の図では微かに点線で描かれているので、それらは改造するつもりであったのだろう）の東面に沿って計画されたもので、4層からなり、初層は平滑な壁面をシンプルな付柱（柱頭の表現もない）で区切り、四角い窓開口を取り付けたものだが、2層目と3層目はそれぞれドーリス式とイオニア式のトラヴァティンによる付柱のアーケード、4層目はコリント式円柱で支えた柱廊となっている。ロッジアの南端の西側には大きな折り返し階段が描かれており、これはロッジアの各階をつなぐためのもので、実際にも造られて現存している。さらにこのロッジア西端からは奇妙に折れ曲がって南に続く階段が描かれ、その先で多くの部屋を連ねたような東西に長い棟（おそらくコンスタンティヌス時代のバジリカの前面に取り付いていたアトリウムの回廊）の端に到達するようになっているが、これはピウス二世が造っていた「祝福のロッジア」（第IV章を参照）に続くように考えられたものであろう。しかしこれらの部分は新しいサン・ピエトロ聖堂の計画との兼ね合いで変更され、造られることがなかった。

　ヴァザーリによれば「サン・ダマゾの中庭」と呼ばれるものは、すでにパウルス二世が1465年ころにジュリアーノ・ダ・ミィアーノに命じてトラ

VI. ベルヴェデーレの中庭とヴァティカン宮殿の計画

ヴァティンの円柱で三層分積み重ねたロッジアをその一辺に造らせていたのが前身であるというが[67]、ユリウスの計画はそれを更に壮大な形に造り直そうとしたものであった。ロッジアの着工は1509年のことで、ブラマンテの生前には躯体は3階部分辺りまではあらかた形をなしており、1513年からはラッファエッロが工事を引き継ぎ、ほぼブラマンテの計画に沿った形で工事が進められたと見られるが、しかしヴァザーリは[68]、「ラッファエッロの新たな計画と建築で継続されることになり、そのために木製の模型が造られ、それはブラマンテが造っていなかった大きな階（4層目のことか？ "maggiore ordine"）と装飾をそなえるものであった。それというのも教皇レオは自分の偉大さと気前の良さを誇示しようと望んだからで、ラッファエッロはスタッコによる装飾の意匠やその割り付け案を作成したのであった」としており、その装飾に当たったジョヴァンニ・ダ・ウーディネやジュリオ・ロマーノら多くの名前を挙げている。これだと4層目はブラマンテの当初計画には含まれておらず、また他の部分も全面的に計画し直されたかのようにも取れるが、実際にはブラマンテはその死の直前まで、1513年から14年にかけて、すでに造られていた4層目が工事中に傷んでいたのを補修する工事に指示を与えていたことが史料から確かめられ、ラッファエッロが手を加えたのは主としてロッジア内部の壁の開口や付柱の配置など、装飾割り付けに欠かせない部分であったと見られる。

　このロッジアはラッファエッロとその一党による「グロッテスカ」[69]などの新奇な装飾によって有名となり、以後「ラッファエッロのロッジア」Logge di Raffaello として知られることとなった。その後グレゴリウス十三世の代に、このロッジア北端から直角に東に延びるロッジアが同じ意匠で建設され（GDS. 287A にはその位置に当たる箇所に薄く二本の線が「コンクラーヴェの広間」の壁に取り付くように描かれており、あるいはすでにこの時点でこの位置にロッジアを設けることも検討されていたことを示すものかも知れない）、さらにシクストゥス五世が「ラッファエッロのロッジア」と向き合う位置に自分の居室に充てるブロックを建設したため、ここは完全に周りから閉ざされた「サン・ダマゾの中庭」Cortlie di S. Damaso となる。

ロッジアは16世紀の間は外のボルゴに対してヴァティカン宮殿がその存在を誇示するための事実上唯一の「ファサード」となっており、「ニコラスの塔」から南へ続く城壁のはるか上方に高くそびえ、ボルゴを見下ろしていた。その様子はサン・ピエトロの広場から見たヘームスケルクによるスケッチ（Wien, Albertina——拙著「アルベルティ」に fig. 114として収録。また Chatsworth-Devonshire Collection 中の同じくヘームスケルクによるスケッチ——第 IV 章に掲げた fig. 67の左上にも描かれている）に表れている。当時の人々の目には、ベルヴェデーレの中庭の巨大な空間とともに、それはブラマンテの「グランド・マナー」を象徴するものとして映っていたに違いない。実際、ここではその巨大なスケールとラッファエッロ一派の装飾以外には、新たな建築的創意がこめられていたようには見えず、あるいはブラマンテの「主知主義的・批判的」建築手法も、教皇たちの飽くなき impresa 誇示の欲求に対しては通用しなくなっていたのでもあろうか、結果として「グランド・マナー」だけが残ることとなった。

＊

　半世紀前、アッカーマンは「ベルヴェデーレの中庭」の計画が後世に与えた影響について、以下のように総括していた[70]。これは現在も大多数の研究者によって支持されている見方を代表するものであるように思われるので、少し長きにわたるが引用しておくこととする。

　「『コルティレ』が後世の建築の展開に与えた影響は、サン・ピエトロ聖堂を除けば、おそらくいかなるルネサンスのモニュメントよりも大きいものであった。それは古代以来初めて、屋外空間を建築の領域に取り込むことに成功したという点において、open-air planning の急速な発展・普及を促したのであった。そのデザインの基本骨格——軸線による構成、対称性、透視図法的効果、テラスなどは、18世紀に英国式庭園が出現するまではそれらに対抗できるものはなく、それ以後であっても他のルネサンス的定法よりはるかに長命であったことは明らかである。そのデザインの部分的手法の多くも、基本骨格と同様にたやすく応用できるものであった——そのためブラマンテは、

VI. ベルヴェデーレの中庭とヴァティカン宮殿の計画

噴水やグロッタ、ニッチ、斜路、花壇、また奇想に満ちた階段などを、樹木や花々と同様にモニュメンタルな庭園における不可欠の要素となした張本人とされるまでになる。個々の細部手法までも際限もなく模倣され続けた──円形階段や螺旋階段、凱旋門を応用したロッジア、グロッタ風ニッチの中に石棺様のものを置いてその上に彫像を載せる、等々。『コルティレ』の工事が進んでそのスキームが理解できるようになったころには、ほとんどイタリア中のあらゆるヴィッラや宮殿が自然環境と結びつけられ、建物自体を外に向けて展開させて行くことによりその周辺の空間を秩序づけるというその平面計画手法が採用されていたのである。

　この後の建築の進路に対して『コルティレ』が与えた数え切れない影響のもととなったのは、その一部はこのモニュメンタルな計画に立ち向かうことの出来たブラマンテの天与の才であるが、またその一部は、彼がもともと古代のヴィッラのイメージとしてルネサンス人の心の中にあったルーツとなるものに形を与えることに成功したということなのである。これらの成果こそが、ブラマンテがルネサンス建築の父と呼ばれ、またベルヴェデーレが後の庭園設計の源とされるに至った理由を説明するものである。」

　この簡にして要を得た総括に対して異を唱えるのは難しく、その後の歴史的経過としてはまさにその通りであるが、しかしブラマンテの計画の中にこめられていて後世の計画者たちが見落としていたか、あるいは故意に無視したようなもの──建築に突き付けられた政治的パフォーマンスとしての道具という逃れることの出来ない役割の中で、それを建築的課題に転化しようとする努力──への眼差しを、あまり感じ取ることが出来ないのが不満である。それは結果として「シミア」の著者の見方と同様に、ブラマンテの建築の目指すものをユリウス二世の政治的企図（"grand manner"）と同一視してしまうことにつながりかねないのではなかろうか。

　ブラマンテがユリウスの政治的企図に共感していたか否かということを問題にするつもりはない。政治的信条がいかなるものであるにせよ、もし「建築家」としてその拠り所である建築技術の独自性を追究しようとする

217

のであれば、建築形態に対して外から与えられる意味づけに常に疑義を呈し、何らかのかたちでそこから新たな建築的意義を見出そうとするはずであって、アルベルティの目指したのはそうした建築家像であった。そのことに目を向けることをしない「ルネサンス建築史」があるとすればそれこそが、逆にその「政治性」を問われるであろう。

注

1. 教皇は息子のチェーザレとともにカステッレージの屋敷の庭園で会食した後、二人とも急に不調を訴え、チェーザレはまもなく恢復したが、教皇はそのまま8月18日に死亡したと言われる。これには毒殺説が取沙汰されたが、原因はマラリアだったのではないかと言われている。
2. この時点でのブラマンテのローマにおける実現しかけていた作品としては、サンタ・マリーア・デッラ・パーチェ修道院キオストロぐらいしかなく、彼を起用するのはかなりの冒険であったはずである。ユリウスが信頼していた建築家としては、フランスまで伴っていたジュリアーノ・ダ・サンガッロがおり、彼は弟のアントーニオとともにアレクサンデル六世の時代にもヴァティカンの様々な工事にかかわっていたから、ジュリアーノに命ずるのが最も穏当な選択だったはずである。この時期サンガッロ兄弟はフィレンツェでメディチの作事を数多く手がけており、あるいはユリウスとしてはメディチに対抗する意図もあったのかもしれない。
3. Vasari-Milanesi, IV, pp. 155-156. ヴァザーリによるベルヴェデーレ中庭についての記述は p. 159 まで続いている。なおこの計画についての現代の研究の基礎となるものはアッカーマンによる論考(J. S. Ackerman, "The Belvedere as a Classical Villa", in *Journal of the Warburg and Courtauld Institutes*, XIV, 1951, pp. 70-91. retrieved in Id., *Distance Points*, MIT press, 1991, pp. 325-359; Id., *The Cortile del Belvedere. Studi e documenti per la storia del Palazzo Apostolico Vaticano*, vol. III, Città del Vaticano 1954) であるが、その後の総括的な解説としては Frommel, Christof Luitpold, "I tre progetti bramanteschi per il cortile del Belvedere", in M. Winner, B. Andreae, C. Pietrangeli (a cura di), *Il cortile delle statue. Der Statuenhof des Belvedere im Vatikan. Akten des internationalen Kongresses zu Ehren von Richard Krautheimer*[Roma, ottobre 1992], Mainz 1998, pp. 17-66 (retrieved in Id., *Architettura alla corte papale nel Rinascimento*, Milano 2003, pp. 88-155) を挙げておく。

VI. ベルヴェデーレの中庭とヴァティカン宮殿の計画

4. 教皇たちの古代美術コレクション熱はパウルス二世のころからのことと見られるが、ユリウス二世は特に熱心で枢機卿時代から多くの古代彫刻を集めており、メディチなどが古美術品をローマから持ち出すのを阻止しようと努めていたと言われる。1489年にはローマとナポリの間のほぼ中間地点にある古代の別荘地アンティウム Antium（現在の Anzio）から、有名な「ベルヴェデーレのアポローン」が発見され、ユリウスの所有するところとなっており、彼はこれを1509年に建設中のベルヴェデーレに移している。1506年にはネロの「ドムス・アウレア」Domus Aurea の遺跡がある葡萄畑から「ラオコーン」群像が発見され、これもベルヴェデーレに置かれることとなった。ユリウスの古代美術コレクションについては Roberto Weiss, *The Renaissance Discovery of Classical Antiquity*, London 1973, pp. 192-193 参照。
5. ニコラス五世の計画については、拙著「アルベルティ」第 VII 章を参照されたい。
6. この噴水はピウス四世により1565年にここで騎馬試合を行なうために一旦取り除かれたが、17世紀にはパウルス五世（在位1605-21）が元の場所に戻している。その間に最初の刻銘は失われ新しい刻銘に取り替えられてしまったが、そのときに記録されていた当初の刻銘が伝えられている。cf. Ackerman, 1954, p. 17, n. 2.
7. レオ十世 Leo X（在位1513-21）の即位とともに、ジュリアーノ・ダ・サンガッロがブラマンテとともに建築家に指名されるが、1514年にはブラマンテが死亡し、ジュリアーノ・ダ・サンガッロも1515年には現場を去っている。その後任にはラッファエッロが指名されるがこれも1520年には死去。その後1527年の "Sacco di Roma" などの事件もあって、工事はほとんど進行しなかったと見られる。そして後で触れるように1531年1月には東側の歩廊の一部が崩壊する事故が起こり、現場は荒れるがままとなっていた。ようやく1534年になってバルダッサーレ・ペルッツィが工事を引き継ぐが、彼も1536年には世を去っている。1541年にはアントーニオ・ダ・サンガッロ・イル・ジョヴァネが担当し、1546年に彼が死んだ後、1550年からはジェロラモ・ダ・カルピ Gerolamo da Carpi（1501-56）とヴィニョーラ Jacopo [Giacomo] Barozzi da Vignola（1507-73）が当たり、1551年にはミケランジェロも上段の庭の「エクセドラ」の改造に関わっているが、教皇の代替わりで1555年からはバルダッサーレの息子サッルスティオ・ペルッツィ Sallustio Peruzzi（?-1573）、そして1558年からはピッロ・リゴリオ Pirro Ligorio（1513-83）が担当し、彼の時期にほぼ全容が整った。

219

8. これは1565年3月5日に教皇ピウス四世の甥の Annibale Altemps と Ortensia Borromeo との結婚の祝祭のために行なわれた騎馬試合の模様を描いたもの。これとは逆の方向から、北側から見下ろした図も同じく Lafréry による版画となっている。
9. 図書館の移転はすでにグレゴリウス十三世の時代に検討されていたものだが、シクストゥス五世の即位と同時に着工され、1589年には竣工している。担当した建築家はドメニコ・フォンターナ Domenico Fontana (1543-1607) で、彼は1590年にこの工事の模様を、先年に大オベリスクをサン・ピエトロ広場に移動し建設したときの記録と共に著書として刊行していた(*Della trasportazione dell'Obelisco Vaticano*, I, Roma 1590, p. 72 sgg.)。
10. 1531年の崩壊後、1534年からペルッツィによって初層アーチの内側に補強のためのサブのアーチを付加することが行なわれていたのであったが、これだけでは不充分と考えられたらしく、アーケード外側に壁を付加することになったと見られる。この変更はクレメンス八世 Clemens VIII (在位1592-1605) の時代になされたもので、建築家の名は不詳であるが、当時ヴァティカンの作事と関わっていたカルロ・マデルノ Carlo Maderno (1556-1629) あるいはジャコモ・デッラ・ポルタ Giacomo della Porta (c. 1533-1602) あたりの仕事であろうとされている。cf. Ackerman, 1954, pp. 111-112. この時点ではまだ補強は部分的なもので、図書館南側ファサードや東西の歩廊全面に同様な補強がなされるのは18世紀以後のことである。
11. パウルス五世 Paulus V (在位1605-21) の時代の仕事。
12. ピウス七世 Pius VII (在位1800-23) の代に Raffael Stern (1774-1820) の設計により、1817-22年に建設された。
13. f. 17は全体の平面図と中段の庭の「ニンフェオ」、上段の庭の「エクセドラ」、ベルヴェデーレの外側に取り付く螺旋斜路などの拡大平面を描く。f. 41 *r* は上段の庭の東側歩廊立面、41 *v* は下段の庭の東側歩廊立面、42 *r* は 41 *v* と同じく下段歩廊立面であるが若干描き方が異なる。42 *v* はその部分断面。61 *v* は下段の歩廊の最下層ドーリス式のエンタブラチュアを透視図法的に描いたもの。69 *v* はその上のイオニア式のエンタブラチュア。70 は最上層のロッジア。87 は下層アーチをうけるインポスト。88 は柱台とコーニス。94 は最上層の円柱柱頭を描く。これらは実施されなかった部分も描いている。ただこれらの図がすべて同じ時期に作成された原図から写しとられたものかどうかは不明である。
14. Ackerman, 1954, p. 192, Catalog 1.

15. G. F. Hill, "The Roman Medalists of the Renaissance", in *Papers of the British School at Rome*, IX, 1920, p. 54, Pl. VIII, 6.
16. cf. Frommel, "I tre progetti..." (2003), *op. cit.*, pp. 91-95. フロンメルはかなり詳細にわたってメダル案の復原を試みており、2層の歩廊の案は中段の庭が計画された時点まで持ち越された可能性があるとしてその復原案も示しているが、これをブラマンテによるものとする根拠は乏しいように思われる。
17. このメダルの銘文は "VIA・/・IVL・III・ADIT・/・LONM・/・ALTI・L・XXX・/・P・/VATICANVS/・M・" となっており、これは "Via Julii trium aditum longa est eadem via 1000 alta 80 pedum Vaticanus mons"（「ユリウスの通路は三層からなり、1000ペデスの長さで高さはウァティカーヌスの丘から80ペデス」）と解読されるという。表の表の図柄では歩廊は二層となっているので、「三層」というのは二層の歩廊の屋上通路も含めてのことであろう。アッカーマンによれば（1954, p. 131）、この文言はタキトゥスやスェトニウスによるネロのドムス・アウレア Domus Aurea に関する記述（Tacitus, *Annales*, XV, 42; Suetonius, *De Vita Caesarium*, Nero, 31)、あるいは小プリニウスのトゥスクルムのヴィラについての記述（*Epistolae*, V, 6）などを意識したものであって、この中庭の計画が古代の先例を念頭にしながら計画されたものであろうとされる。
18. これらの数値は若干の誤差はあるものの、ペルッツィの GDS 569A（下記注19参照）などの書き込み寸法や実測値ともほぼ一致しており、ブラマンテの案が忠実に踏襲されたことが知られる。
19. Uffizi, GDS. 2559A (22×33 cm. cf. Ackerman, 1954, Catalog 36, fig. 26). アッカーマンはこの図を1558/61年頃の制作としている。ドシオ Giovanni Antonio Dosio (1533-1611) は当初彫刻家としてローマで仕事をしていたようであるが、多くの建築の装飾にも関わり、1570年代以降は建築家としても活躍している。その間にローマや近辺の遺跡・著名建築などのスケッチを多数描き留めていて、それらの大部が Uffizi, Gabinetto dei Disegni e Stampe に保存されている。cf. Franco Borsi, Cristina Acidini, Fiammetta Mannu Pisani, Gabriele Morolli (a cura di), *Roma antica e disegni di architettura agli Uffizi di Giovanni Antonio Dosio*, Roma 1976 (p. 32, fig. 4). なお Frommel (2003, p. 112, fig. III-24) はこの図を Giovanni Battista Naldini (1535-91) の作としているが、この図と彼とを結びつけた論考は他に見当たらない。Naldini も同じ頃のベルヴェデーレの中庭の様子をスケッチしており（Montreale, Canadian Center for Architecture 蔵。ただしその図では存在しなかったはずの西側歩廊も描いているので、完成予想図のつもりなのであろう）、おそらく Frommel がそれと勘違いしたかないしは校正ミス

221

であろう。
20. この GDS. 569A の図は表裏ともラフな手描きで多くの数値が書き込まれており、1531 年の東の歩廊崩壊事故の後、その修復のために1534年にペルッツィがパウルス三世によってシエナから呼び戻され、工事に当たっていた際のメモと考えられている。表 (r) には上段の庭の「エクセドラ」、裏 (v) には階段席と崩壊した東の歩廊やその側面に取り付く階段室 (造られずに終わる) が描かれ、その書き込み寸法などからブラマンテの計画の細部を読み取ることができる貴重な史料となっている。cf. Ackerman, 1954, pp. 202-203, Catalog 14.
21. Vasari-Milanesi, IV, p. 160.
22. アッカーマン (Ackerman, 1954, pp. 199-200, Catalog 11, fig. 3) はこれをペルッツィの手になる可能性が高いとし、ブラマンテの死後の宮殿計画案であろうとしていたが、現在では作図はブラマンテのアトリエにいた Antonio di Pellegrino が手がけ、それにブラマンテが赤を入れたものであって、1505/07年頃とされている。cf. Frommel, in Frommel & S. Ray, M. Tafuri (a cura di), *Raffaello architetto*, Milano 1984, p. 360, Catalog. 2.17.1.
23. この時期ブラマンテは脳梗塞を患い、仕事を続けるのが困難となっていたと見られる。ヴァザーリは「中風で手が不自由となり以前のようには仕事ができなくなっていた」と記している (Vasari-Milanesi, V, p. 449)。アッカーマンは Uffizi, GDS. 134A をジュリアーノによる計画案立面図として挙げている (Ackerman, 1954, p. 192, Catalog 2, fig. 13)。
24. Uffizi, GDS. 1355A (Ackerman, 1954, p. 65 & pp. 211-2, Catalog. 21, fig. 4)
25. Ackerman, 1954, p. 42 & p. 152 (Doc. 4).
26. Ackerman, 1951, p. 70 sgg. (Id., *Distance Points*, 1991, pp. 325-359).
27. Flavio Biondo, *De Roma instaurata*, xliii-xliiii は Tacitus, *Annales*, XIV, 14-15を引いて、ネロがこの近傍にヒッポドロモスや人工の池を造ったとしており (cit. Ackerman, 1951, retrieved in *Distance Points*, 1991, p. 340, p. 353 n. 36 & 37)、このあたりには "Naumachia" (ギリシア語 ναμαχία が起源) という地名が与えられていた。
28. Vasari-Milanesi, IV, p. 158. 実際の銘文は "IVLIVS II PONT. MAX. LIGVRVM VI PATRIA SAONENSIS SIXTI IIII NEPOS VIAM HANC STRVXIT PONTIFICVM COMMODIDATI" となっている。
29. E. H. Gombrich, "Hypnerotomachiana", in *Journal of the Warburg and Courtauld Institutes*, XIV, 1951, pp. 120-125. なお *Hypnerotomachia Poliphili* については、拙著「アルベルティ」第 VIII 章を参照。

30. Theodor Adorno, *Jargon der Eigentlichkeit*, Frankfurt am Main 1965（邦訳　笠原賢介訳「本来性という隠語」、未来社、1991）; Id., *Moment musicaux*, Frankfurt am Main 1964（邦訳　三光長治・川村二郎訳「楽興の時」、白水社 1979）などを参照。
31. 第IV章（冒頭部分及び注11）で引いたヴァザーリの記述（Vasari-Milanesi, IV, pp. 154-155）にある、ブラマンテがティヴォリのハドリアヌスのヴィッラの調査も行なっていたということが確かであるとすれば、そこのいわゆる「カノープスの池」の奥にある「セラピスの神殿」Serapheum などがそのヒントになっていた可能性はある。
32. Gombrich, 1951, *op. cit.* は Giovanni Francesco II Pico della Mirandola（1469-1533）の友人宛の書簡（*De Venere ed Cupidine expellendis*, 1513）を引いて、そこに異教的なウェヌスやニンフの裸像彫刻があったと記している。
33. 「ブラマンテスコ」については、本書第II章とその章への注54を参照。多くの研究者はこれに対しても「セルリアーナ」の語を充てている。この建物に関する主な文献・論考としては以下を挙げておく。Senni, G., *Memorie di Genazzano e di vicini paesi*, Roma 1838, p. 85 sgg.; Giovannoni, G., *Saggi sull'architettura del Rinascimento*, Milano 1931, p. 156; Fasolo, F., "Rilievi e ricerche sulla costiera Pontina, e inizio di studi nella valle Amaseno", in *Bollettino dell'Istituto di Storia e di Arte del Lazio meridionale*, XI, 1964, p. 168 sgg.; Frommel, "Bramantes «Ninfeo» in Genazzano", in *Römische Jahrbuch für Kunstgeschichte*, XII, 1969, pp. 137-60（retrieved as vers. ital. in Id., *Architettura alla corte papale nel Rinascimento*, Milano 2003, pp. 215-239, with additional notes）; Bruschi, A., *Bramante architetto*, Bari, 1969, pp. 1084-51; Thoenes, Christof, "Note sul «Ninfeo» di Genazzano", in AA.VV., *Studi Bramanteschi*, Roma, 1974, pp. 575-583; Döring, M., "La nascita della rovina artificiale nel Rinascimento italiano ovvero il 'Tempio in rovina' di Bramante a Genazzano", in F. P. Di Teodoro (a cura di), *Donato Bramante. Ricerche, proposte, riletture*, Urbino 2001, pp. 343-406.
34. この土地は一時1501年から3年までの間、アレクサンデル六世がコロンナから召し上げていたが、教皇の死後またコロンナの所領となっており、この計画はおそらくコロンナが土地を取り戻した後のことであろうと考えられる。フロンメルは、傭兵隊長として有名であったプロスペーロ（Prospero Colonna, 1452-1523）の息子の枢機卿ポムペオ（Pompeo Colonna, 1479-1532）あたりを最有力候補とし、ポムペオがこの土地を相続するのが1508年のことで、彼がユリウス二世と対立して1511年に近傍のスビアコの修道院に引きこもっ

てしまうまでの間にこれを計画したのではないかと考えていたようである（Frommel, 2003 [1969], p. 236）。これに対し Döring (*cit. sopra*) は、ポムペオはこれには関わっておらず、計画はコロンナが土地を取り戻した1504年にはプロスペーロによって開始されていて、後にポムペオの弟のヴェスパシアーノ Vespasiano (m. 1528) が1520年ころにこれに増築（ロッジャ両脇の正方形の部屋）を加えたが、1528年以後工事は中断し、建物は未完のまま遺されたものであろうとしている。ラッファエッロ晩年の作品であるヴィッラ・マダーマ（これについては第 X 章で触れる）の計画案（GDS. 273A. 1518年頃）のロッジャ平面がこの建物と酷似していることが指摘されており、これもジェナッツァーノの建設時期を考える手がかりの一つとされている（cf. Frommel, *op. cit.*, pp. 233-234）。

35. Frommel, 2003 [1969], p. 237.
36. C. Thoenes, *op. cit.*, pp. 577-578.
37. Bruschi, A., "Tra Milano e Roma. Qualche considerazione sul coro 'bramantesco' di Capranica Prenestina", in *Studi di storia dell'arte in onore di M. L. Gatti Perer*, Milano 1999, p. 205 sgg., Id., "L'architettura a Roma negli ultimi anni del pontificato di Alessandro VI Borgia (1492-1503) e l'edilizia del primo Cinquecento", in *Storia dell'architettura italiana: Il primo Cinquecento*, Milano 2002, pp. 55-56. ブルスキはその計画年代をアレクサンデル六世の時代（つまり1503年以前）であろうとしている。
38. Frommel, 2003 [1969], pp. 229-230, p. 238 n. 23.
39. 実際に造られたのが13スパンであることは間違いないが、当時の史料ではこの数がまちまちで、*Cod. Coner*, f. 17では14スパンに表記され、またペルッツィ（GDS. 569A）も 14 と記している。cf. Ackerman, 1954, pp. 25-26. アッカーマンはこれらの異同を史料の「誤り」としているが、上段の庭の東西歩廊については実施されたものとは別に複数の案があった可能性も否定できないように思われる。
40. Bruschi, 1990, pp. 149-152.
41. Ackerman, 1954, pp. 27-32 & Pl. 2. *Cod. Coner*, f. 17では外側の半円形部分が3段、踊場より上の弧状部分が8段とする。一方ペルッツィのスタディ図（GDS. 569A）ではどちらも 8 段とする。セルリオの図（Lib. III, 119 *v*, 120 *r*）ではどちらも 12 段としている。ヴァザーリ（Vasari-Milanesi, VII, p. 228. 後出の注44参照）はペルッツィと同じく両方とも 8 段とする。
42. Frommel, 2003 [1998], pp. 111-112.

43. Ackerman, 1951, *op. cit.*（retrieved in *Distance Points*, 1991, pp. 343-344）; Id., 1954, pp. 132-134.
44. Vasari-Milanesi, VII［Vita di Michelagnolo Buonarroti］, p. 228.──"... ed operò con Sua Santità［Giulio III］che quella non facessi cosa nessuna attenente al disegno senza il giudizio suo; che l'osservò sempre: perchè nè alla vigna Iulia fece cosa alcuna senza il suo consiglio, nè in Belvedere, dove si rifece la scala che v'è ora in cambio della mezza tonda che veniva innanzi, saliva otto scaglioni, ed altri otto in giro entrava in dentro, fatta già da Bramante, che era posta nella maggior nicchia in mezzo Belvedere; Michelagnolo vi disegnò e fe' fare quella quadra coi balaustri di peperigno che vi è ora, molto bella." これによればエクセドラの変更は教皇の指示によるもので必ずしもミケランジェロのアイデアではなかったようにも読み取れる（Ackerman, 1954, p. 138 はそのように主張している）が、その一方、多くの研究者はこのベルヴェデーレの階段と、これと前後する時期（1544～54）にミケランジェロが設計したカムピドリオのパラッツォ・セナトリオ Palazzo Senatorio 前面の大階段との関わりを指摘しており、ベルヴェデーレのそれをカムピドリオの縮小版とする見方が多い。教皇からの強制があったにせよ、いずれミケランジェロはブラマンテのエクセドラの計画意図に気づいていなかったかないしはそれを高く評価していなかったということになろうか。管見ではこのミケランジェロによるベルヴェデーレの階段を直接の主題とした論考は見当たらず、カムピドリオとの関連で触れているだけのようである。cf. Franco Barbieri & Lionello Puppi, "Catalogo delle opere architettoniche di Michelangiolo", in Bruno Zevi（a cura di）, *Michelangiolo architetto*, Torino 1964, pp. 939-941（"Scala a doppia rampa, Vaticano, Nicchione del Belvedere"）. なおこの階段と "Nicchione" は 18 世紀初めにも改造されている。
45. Ackerman, 1954, pp. 73-76.
46. 古代ローマのもので、アグリッパの大浴場跡から発見されたという。頂部から水を噴き上げる噴水の装飾であったらしい。その後サン・ピエトロ聖堂の中に移されていたものを "Nicchione" のための装飾としたのであった。1990 年には上段の庭中央にポモドロ Arnaldo Pomodoro（1926-）の巨大な金属製の「球を抱えた球」*Sfera con sfera* のモニュメントが置かれている。
47. ヴィニョーラの設計になるカプラローラのパラッツォ・ファルネーゼ Palazzo Farnese, Caprarola（1559-73）の最前面のテラスにはそのヴァリエーションと見られるものがあるがごく控えめで、全体の計画の中ではほとんど積極的な役割は与えられていない。私の知るかぎり、このモティーフを正面から取り上

げたものとしては、パッラーディオの初期の作品、ロニゴのヴィッラ・ピザーニ Villa Pisani, Lonigo, prov. di Vicenza（c. 1540）のための初期スタディと見られるもの（RIBA, XVI, 2 v）があるだけである。おそらくこれはセルリオの図（Lib. III, pp. 119, 120）をヒントにしたものであろう。

48. アッカーマン（Ackerman, 1954, p. 18, n. 2）はこれを "the first museum building"（つまり既存の建物の再利用ではなく最初から美術品展示目的で計画された建築）であるとし、ペヴスナーもこれを公共的美術館の嚆矢として位置づけている（N. Pevsner, *A History of Building Types*, Princeton 1976, p. 111）。

49. アッカーマンによる当初の彫像群の配置復原は、南東隅を占める「アポローン」を除けば、現在の配置とはかなり異なる。現在南西隅にある「ラオコーン」は当初は南辺の壁中央のニッチにあり、北東のニッチには当時は「クレオパトラ」として知られていた「アリアドネー」横臥像が置かれ（これは現在は中庭北の旧インノケンティウスのヴィッラの南のテラスを転用した Galleria delle Statue の方にある。ここは現在はカノーヴァによる「ペルセウス」など幾つかの古代彫刻の模作が置かれている）、西北隅は「ティグリス」（現在は「ヘルメース」が置かれている。これはパウルス三世時代に取得されたもので、当初は中庭北辺の壁中央のニッチに置かれていたもの）となっていた。これらの彫像は幾度も配置が変えられており、20世紀後半になってようやく場所が定着したようである。現在は中央の噴水には河神はなく、それらが現在どこにあるか確認していない。

50. この西側のロッジアと庭園はピウス四世の代の1561年にここに文書庫を造るために取り除かれるが、さらにクレメンス十四世（Clemens XIV, 在位1769-74）の代にこの中庭を囲むブロック全体を "Museo Pio-Clementino" とするための改修工事が開始され（ミケランジェロ・シモネッティ Michelangelo Simonetti, 1721-84による）、1775年から99年にかけてこの場所に "Sala Rotonda" や "Sala delle Muse"、"Sala a Croce Greca"、"Sala degli Animali" などが新築され、中庭へはこれらの各室を経て出られるようになった。一方1771年にはシモネッティにより八角形の回廊が付加されており、四隅に設けられていたニッチはそれぞれ独立した小部屋 Gabinetto となった。なお中庭を囲む部分の上層と "Nicchione" 各階は "Museo Gregoriano Egizio" として使用されている。

51. 1504年には下段の広場中央の噴水が造られていて、そのための導水管はブラマンテの計画にそって北のモンテ・マリオの丘から引き込まれており、その途中で「彫像の中庭」の噴水につなぐことが可能となっていた。

52. cf. Frommel, 2003 [1998], pp. 119-127.

53. "Sommario del Viaggio degli oratori Veneti che andarono a Roma a dar l'obbedienza a Papa Adriano VI", cit. Ackerman, 1954, p. 34（abstract in English）& pp. 144-146（Descriptions 4）
54. ユリウス二世は枢機卿時代の住居であるパラッツォ・デイ・サンティ・アポストリ（第 IV 章参照）に置いていたアポローンを初めとする古代美術のコレクションを、ベルヴェデーレに移すのをかなり躊躇していた様子で、あるいはこれは旧ヴァティカン宮殿での自分の居室の整備方針がなかなか定まらなかったこととも関わるのかも知れない。cf. Frommel, 2003［1998］, p. 123.
55. 歩廊の北端からは「彫像の中庭」レヴェルまで到達するための幅広い階段が設けられ、その入口は凱旋門風に飾られた。階段を上りきったこところは四角い前室（現在の Gabinetto del Torso——有名な「ベルヴェデーレのトルソ」を置く。1550 年代にはヴァザーリがここに「クレオパトラ」を移していた）がありその前に円形の前室がある。
56. Ackerman, 1954, p. 34.
57. この斜路は東の歩廊が未完成でここまで到達する以前にすでに着工されており、当初は工事用の資材を運び上げるためのものとして計画されたのではないかとも言う。cf. Frommel, "La città come opera d'arte: Bramante e Raffaello (1500-20)", in *Storia dell'architettura italiana, Il Primo Cinquecento*, Milano 2002, pp. 85-87.
58. A. Bruschi, 1990, pp. 157-162.
59. ただしブルスキはこの後の方では、「このいささかも偏見に囚われることがなく主知主義を貫いているものと比べるなら、この後千五百年代やバロック期に造られて行く螺旋階段は（これの亜流も含めて）、型にはまったアカデミックな演習のように見えてしまう」としており、ブラマンテの試みの意義をそれなりに高く評価していたと言えよう。*Ibid*., p. 162. この階段をソースにしたと見られるものは数多いが、中でもヴィニョーラによるカプラローラのパラッツォ・ファルネーゼの中の螺旋階段は、支柱をトスカーナ式だけとし、ブルスキが指摘するような古典的規範への背馳となるのを避けている。ブルスキの言う「アカデミックな演習」の中にはおそらくこのパラッツォ・ファルネーゼが含まれているのであろう。
60. 1534 年以後、この修理・再建に当たっていたペルッツィのメモ（GDS. 569A）では "rotto can.［canne. "canna" = 2.23 m］15" と記されており、これは 33.5 m に相当する。下段歩廊のアーケードは 1 スパンが 8.4 m ほどなので、ほぼ 4 スパン分が崩壊していたと考えられるが、アッカーマンはヘームスケルクによ

る1534/5年頃のスケッチ（Wien, Albertina）から判断して、崩壊は2箇所に別々に生じており、それぞれが2スパン分ずつであったとしている（Ackerman, 1954, p. 58）。

61. これらの報告は Ackerman, 1954, pp. 146-147 にそれぞれ Description 6a（1531, Jan. 7. Gierolamo Cattaneo, letter to the Duke of Milan）, Description 6b（1531, Jan. 9. Francesco Gonzaga, letter to Federico Gonzaga, Duke of Mantua）として採録されている。そのフランチェスコの報告によれば、教皇は毎日のようにこの歩廊を往復していたから、この事故に巻き込まれる懼れもあったのだという。

62. Vasari-Milanesi, IV, pp. 157-158.

63. Serlio, *Regole generali...*, Lib. III, p. 118 *v*.

64. このことについては Ackerman, "Notes on Bramante's bad reputation", in *Studi Bramanteschi*, Roma 1974, pp. 339-349 を参照。ブラマンテ（及びラッファエッロを含むそのサークル）とミケランジェロとの不仲説は、ミケランジェロの最初の伝記作者コンディヴィ Ascanio Condivi（1525-74. *Vita di Michelangelo Buonarroti*, Roma 1553）が特に強調していたものだが、個人的な怨嗟による歪曲が含まれていると見られそのままは受け取りがたく、晩年のミケランジェロはブラマンテの業績を高く評価していた。しかし生前のブラマンテとミケランジェロとの関係がかなり緊張を孕むものであったことは確かで、システィナ礼拝堂天井画制作のためにブラマンテが用意した足場をミケランジェロが拒否した一件は有名である（Condivi, *Vita*, pp. 24 *v*-25 *r*）。

65. この図の考証と宮殿やサン・ダマソのロッジァなどの建設経過については Hoogewerff, G., "Documenti che riguardano Raffaello ed altri artisti contemporanei", in *Rendiconti della Pontiff. Accad. Romana di Archeol.*, XXI, 1945-46, p. 265 sgg.; Redige de Campos, Deoclecio, "Bramante e le Logge di San Damaso", in AA.VV., *Studi Bramanteschi*, Roma 1974, pp. 517-521; Frommel, Christof Luitpold, "Bramantes 'Disegno grandissimo' für den Vatikanpalast", in *Kunstchronik*, XXX, 1977, pp. 63-64; Id., "Lavori architettonici di Raffaello in Vaticano"; "Catalog No. 2.17.1", in *Raffaello architetto*（*op. cit.*）, pp. 60 sgg. & 357 sgg. などを参照。

66. 1508年7月にユリウスに仕える儀典長 Paride Grassi（この人物については第VIII章の注29参照）が記しているところによると、教皇はこの部屋に教皇玉座を造ることを望まず、北側に大きな窓を設けそれを背にして座を占めることを主張したが、1511年10月にその窓やヴォールト天井が完成した際に、Grassi が教皇を説得して伝統に従い玉座を造らせたとされる。cf. Frommel, 2003［1998］, pp. 238-239, n. 23.

67. Vasari-Milanesi, II, p. 147. ただしジュリアーノ・ダ・マィアーノがヴァティカンの作事に関与したかどうかは確証はない。
68. *Ibid.*, IV, pp. 362-363.
69. ルネサンス期における「グロッテスカ」装飾、特にラッファエッロ一派によるその普及については、Nicole Dacos, *La découverte de la Domus Aurea et la formation des grotesques a la Renaissance*, The Warburg Institute, 1969を参照。またその美術史上の意義については André Chastel, *La Grotesque*, Paris 1988 (邦訳「グロテスクの系譜」、永澤峻訳、ちくま学芸文庫、2004年) がある。
70. Ackerman, 1954, pp. 140-141.

VII.「テムピエット」

fig. 126　「テムピエット」、ローマ、サン・ピエトロ・イン・モントリオ修道院

サン・ピエトロ・イン・モントリオ修道院聖堂とカルバハル枢機卿

　テヴェレ西岸のジャニコロの丘 Gianicolo にあるサン・ピエトロ・イン・モントリオ修道院 S. Pietro in Montorio は9世紀以来そこに設立されていたものであるが、その後シクストゥス四世の時代から、ポルトガル出身の修道士アメデオ・ダ・シルバ Amedeo［Amadeo］da Sylva（1420-82）が率いるフランチェスコ会の一派 Amadeiti が管理するところとなっており、現存の聖堂は1481/3年ころに新築計画が開始されたようで、当初はジュリアーノ・デッラ・ローヴェレ枢機卿がフランス王に働きかけ、その出資で工事がなされていたようであるが、1488年にはスペイン王室の実力者ベルナルディーノ・ロペス・デ・カルバハル Bernardino［Bernardo］López de Carvajal（1456-1523）の手によって起工式が行なわれ、1500年には献堂式の運びとなった。聖堂の設計者については、ヴァザーリが確信が持てないとしながらもバッチョ・ポンテッリの名を挙げている[1]。この聖堂の向かって右（北）側にある小さな中庭（約15×25 mの広さ）にブラマンテの設計とされる聖ペテロのための円形の記念廟「テムピエット」Tempietto があり、その壁の中から大理石の銘板が発見され、それにはスペイン王イサベルとフェルディナンドの援助によって建設されたものであることが1502年の日付とともに記されている[2]。

　「テムピエット」はセルリオがこれを「古代建築」を扱う第三書にサン・ピエトロ聖堂の図と共に取り上げ（Lib. III, pp. 67 r-68 r）、またパッラーディオも古代建築の壮麗さに匹敵する当代の最初の作品であるとしてその《建築四書》に取り上げていたし（Lib. IV, pp. 64-66）、Codex Coner（f. 31）をはじめとする16世紀の多くの手稿にもその図が繰り返し描かれていた。これはおそらくブラマンテの作品の中でも最もよく知られ、「盛期ルネサンス建築」を代表する作品でありかつ「古典主義建築」の頂点に立つものとして位置づけられてきている。さらにこの建築は、本来「異教文化」の産物であるべき古典建築を「キリスト教建築」として仕立て上げることに成功したものであるとして、そこにこめられているであろう様々な宗教的シムボリズム――とりわけこの建築を構成している諸形態や様々な数値の意義

233

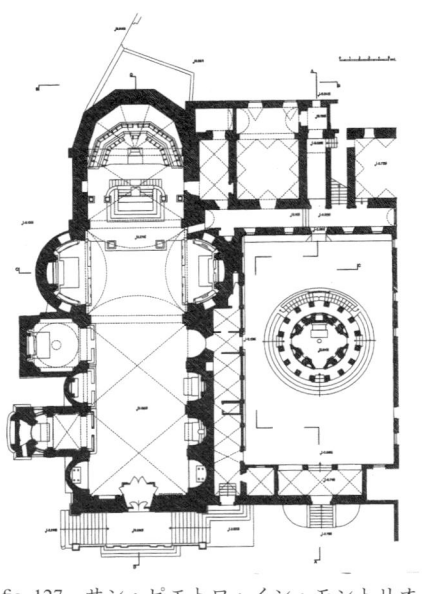

fig. 127　サン・ピエトロ・イン・モントリオ
聖堂と「テムピエット」(図の右が北)

――について、数多くの論考が寄せられてきている。

　ブラマンテがこの建築を構想するに当たって、そうしたシンボリズムへの配慮がどの程度意味を持ったか、また建築形態が「キリスト教的」か否かといった問題に彼が意を用いることがあったかなどについては、ここではその論議に立ち入ることは控えておきたい。ブラマンテにとってただ一つ重要なことは、古くからの記念廟形式の一つの周柱式円形建造物を採用したときに、そこにいかにして新たな空間的創意を盛り込むことが出来るかということであったはずで、新鮮な宗教的表象性を産み出すものは、歴史の中で意味が固定してしまった形態の使用や周柱の数、あるいは建物の寸法数値などではなく、それらが与えられた場所の中でいかに新たな建築的意味を帯びるに至っているかということなのである。

　とはいえ、こうした記念建造物の計画に際しては避けられないことだが、企画者側からは建物が担うべき表象性について様々な要請がなされていたはずであり、それらをどのように切り捌くかが建築家の技倆の一部であってみれば、当然ブラマンテもそれらに付き合わざるを得なかったであろう。しかもこの建物の場合その企画には――ルネサンス以後の建築にはありがちのことだが――どろどろした政治的な目論見も絡んでいたようであり、とうてい純粋な宗教的動機によってその企図が説明できるようなものではなかった。そのような企図を正当化すべく、建物に負わせるべき表象や数値の意味などについては、それだけにいっそう周到な説明準備がなされて

いたに違いない。

　修道院聖堂の改築を最初に計画したアメデオ・ダ・シルバは、修道院改革に熱心に取り組み、1464年以来ロムバルディアで厳しい戒律を確立していたことでシクストゥス四世に取り立てられ、1472年からサン・ピエトロ・イン・モントリオ修道院を任されていたのであったが、彼はそこの穴倉（現在のテムピエットがある場所？──ペテロが十字架にかけられたのはその「ジャニコロの穴倉」*cavernula* であったとする言い伝えがある[3]）に籠もって瞑想に耽り、天啓を受けて「新黙示録」*Apocalipsis Nova* と称する著作をものしていたとされる。その著はしばらく所在不明であったが、ボスニア出身の修道士で古典学者のジョルジョ・ベニーニョ・サルヴィアティ Giorgio Benigno Salviati（もとの名は Juraj Dragišić, c.1450-1520）という人物がその草稿を「ジャニコロの穴倉」から「発見」し、それを転写したと称して、1502年にカルバハルの援助で公刊する。それにはいつの日か優れた宗教者が現れて東西教会を統一し、教会を改革するであろうと記されており、その人物の肖像（カルバハルによく似ている）までも挿絵に描かれていたという。

　カルバハルは1493年以来枢機卿に取り立てられ、優れた外交手腕で教皇庁内の実力者となっていて、将来の教皇候補たることを自認し、実際にも1503年にアレクサンデル六世が死去した後のコンクラーヴェではその地位を争ったが果たすことが出来なかった。こうした経緯から見ると、アメデオの著作と称するものの「発見」と「テムピエット」の建設（ないしは少

fig. 128　サン・ピエトロ・イン・モントリオ聖堂

なくともアメデオの原稿が発見された穴倉の「修復」)は、コンクラーヴェに向けてのカルバハルの「選挙運動」の一環であって、ベニーニョと示し合わせての企みであったとも考えられる[4]。

　ブラマンテが最初から彼らの策謀に協力していたものかどうかは分からない。これまでの通説としては、銘板の1502年という年代は地下祭室着工の時期を示すもので、その上に載る「テムピエット」は計画時期もそれよりかなり遅れるであろうとするものであった[5]。実際、地下祭室の内径と上の「テムピエット」の内径が違っており、地下の方が若干広くなっている (地下祭室の内径4.72 m; テムピエットのケラ内径が4.58 mとなっている)。こうしたことから地下と上屋の計画は同時ではなかった可能性も考えられるが、地下祭室は17世紀にグロッタ風の装飾が施され、そのときにはむしろ地下祭室の内径は縮められていて、当初は5.28 mもあったといい、ブラマンテは当初からその広さの違いを承知の上で上屋を載せていたとも考えられる。この建物に関しては工事記録が乏しく、状況証拠や様式的細部手法 (たとえばここで用いられているドーリス式オーダーの完成度 etc.) の比較検討などを動員して計画・建設時期を推測するしかないが、これには様々な見方があり目下のところ意見の一致は見られない。筆者はそれらに裁定を下すだけの材料を持ち合わせている訳ではないので臆断は控えるべきであろうが、ブラマンテの諧謔好きで狡猾な性格からして、カルバハルらの政治的企図への共感の有無にかかわらず、そのような建築的策謀自体に興味を持ったとしても不思議はなく、参画は割合に早い時期の可能性もあり得ると思われることから、ギュンターがブラマンテによる計画時期をアレクサンデル六世在世中 (1500年？) としていた[6]ことを支持したい気持ちに傾いている。

　修道院と聖堂は、アメデオの最初の計画以来、幾度かの計画変更・改修がなされている。修道院に関する古記録は19世紀の混乱の中でほとんど失われてしまっていて、建設の経過を正確に辿ることは難しいが、ギュンターによる考証や外部の史料、その後の修理で判明した事実などを付き合わせると概略は以下のようなことになろう。

　フランス王の出資による最初の聖堂の建築は、単廊式で木造小屋組天井

VII.「テムピエット」

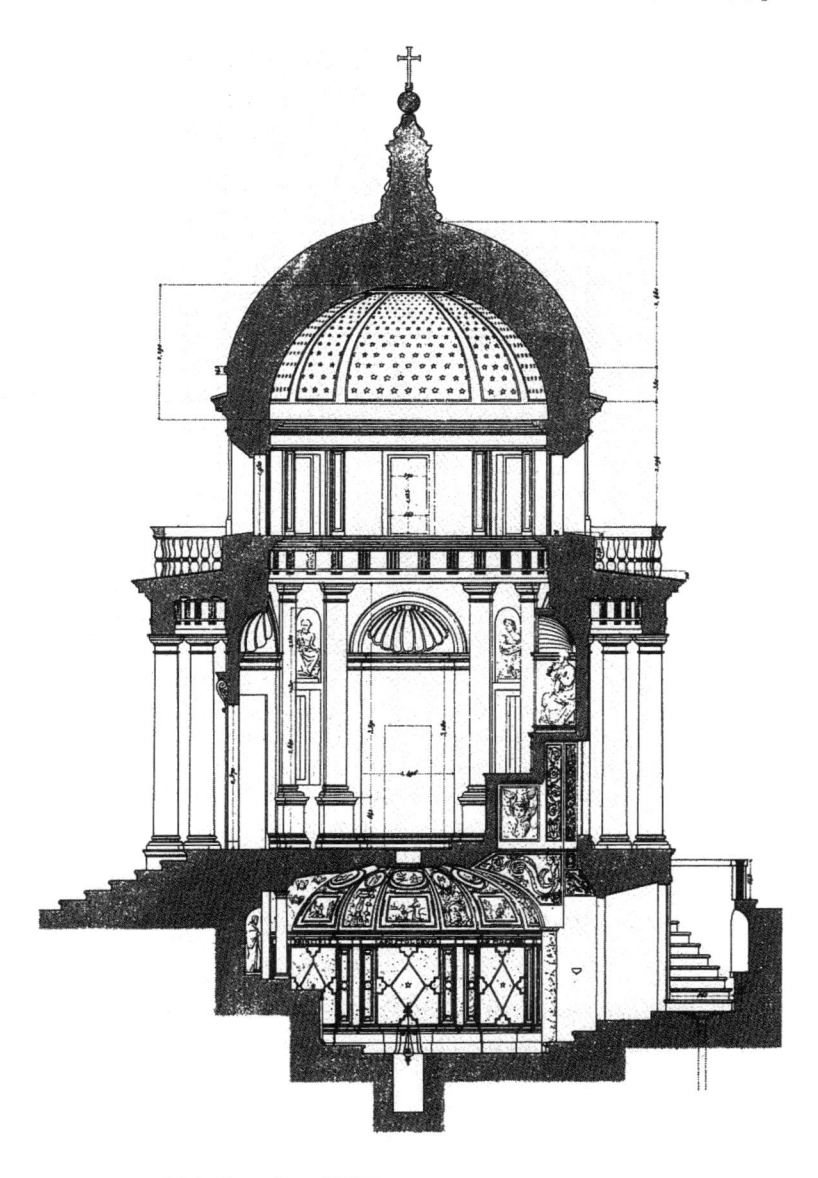

fig. 129　「テムピエット」　断面図
　　　　　from P. Letarouilly, *Edifices de Rome Moderne ...*, 1868-74, tav. 103.

237

の簡素な聖堂であったらしい。カルバハルが乗り出してきて事業がスペイン王に受け継がれた段階で、内陣を拡張し、全体を石造ヴォールト天井として身廊両側面に半円形に張り出すチャペル群をとりつけた形に拡張される。その工事は1498年にはほぼ完成していたが、その段階でスペイン王は突如、何らかの新たな拡張計画を命じたらしい形跡がある（フェルディナンドが書簡でそのように指示しているという）。しかし16世紀の間はこれによって聖堂本体に変更がなされた様子はなく、また聖堂北側の「テムピエット」が建つことになる中庭を囲む東西の棟も、すでにフランス王による工事の時に中世の遺構を利用して出来上がっていたと見られることから、この指示は聖ペテロの磔の行なわれた場所（穴倉？）の改修と中庭の北側を区切る壁[7]に対するものであったようで、着工時期は不明であるが、おそらくこれが「テムピエット」の計画の始まりと考えられる（ギュンターはこれを根拠にブラマンテの関与を1500年としていたのであった）。

　「テムピエット」は1510/12年ころには、ほぼ形をなしていたと見られている。1523年初にはスペイン王による修道院建設事業は完了したとされ、その後1605年頃には、どのような理由からであったか不明であるが、「テムピエット」のクーポラに手が加えられ、煉瓦で新たな被覆層が重ねられた。その新たな被覆層の立ち上がり部を支えるために、これまであったコーニスの上にもう一段のコーニス様のものが取り付けられることとなった。現存の頂部のランターンはこのときに造り変えられたものと言われる。このクーポラの被覆はその後も19世紀に二度にわたってやり変えられ、一時は鉛板のこけら葺きになっていたことがあった[8]。1628/9年には地下祭室の改修がなされており、同時に上屋の西側（祭壇のある方）の基壇に沿って両側から曲線状に地下へ降りる階段が造られている（当初は小さな直登階段だけであった）。そしておそらくその前後に、現在の中庭の南北両側の壁が造られたと見られる[9]。19世紀には幾度かの戦乱に巻き込まれ、修道院は一時は傷病兵のための病院として使用されていたこともあったという。1878年には修道院は「テムピエット」も含めスペイン王室に譲渡され、それ以後スペインのローマにおける王立アカデミィの施設の一部となっている（「テ

ムピエット」のある中庭の北隣のキオストロがその本拠)。

セルリオの図と当初案復原——鏡像空間

　セルリオは Lib. III, p. 67 r（fig. 130）では次のような説明を書き添えている。

「下に示した平面図はブラマンテの計画になるもので、実施されなかった当初案に沿ったものである。Bと印した部分はローマ市城外のサン・ピエトロ・イン・モントリオ聖堂である。Aは古いキオストロである。この部分の半分にブラマンテはその当初案が収まるようにしたのである。Cと印したのは四隅に小さなチャペルをそなえたロッジアである。Dの部分は中庭である。Eの部分が小神殿〔tempietto〕で、これは上記のブラマンテが造らせていたもの。これをもっと拡大したものは次頁に掲げてある。この平面図に関しては寸法は示さずにおく、それというのもこれは試案として作成しただけのもので〔solamente io l'ho fatta per invenzione〕、建築家ならばこれでも充分なはずだからである。」

　「テムピエット」を描いた数多くの図の中でも、それを取り巻く円形回廊や聖堂との関係を描いたものはこれだけであり、果たしてどれほど信頼できるものなのかは不明である（セルリオ自身「試案」と断っており、彼流の推定復原ないし修正がなされている可能性があり、肝心の「テムピエット」の平面構成も実施されたものとは違っている）が、「実施されなかった当初案」として提示されている以上、これによってブラマンテの案を推測するしかない。ブラマンテは「テムピエット」だけではなくこの中庭についても何らかの提案を行なっていたはずで、ヴァザーリも「もしキオストロ全体も彼の案に見られるような形で完成していたならば、もっと美しいものとなっていたであろう」としていた[10]。

　しかしこれまでの「テムピエット」についての評価のほとんどは、それと中庭との関わりには触れないままに、それ単独での姿についてなされてき

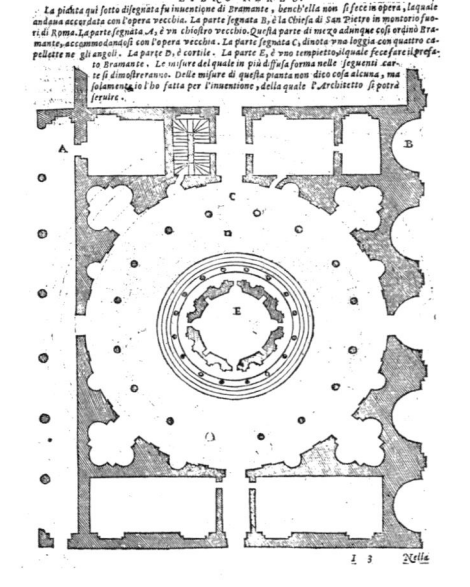

fig. 130 セルリオによる「テムピエット」平面図 *Regole generali* ..., Lib. III, p. 67 r

たものであり、いきおいその評価の仕方は、同様に単体として建つ古代の円形神殿にその先例を求め、それらの手法との照合からその「古典的完成度」を称揚するかたちとなっている。それはあたかも工芸品や彫刻を愛でるときのような視点であって、建築をそれが創り出す空間から切り離してしまっている。ブラマンテの建築がそうした工芸品的完成度を目指すものでなかったことは、これまでの各章のなかで折りに触れ示唆してきたところであり、むしろそうした通俗的な建築の捉え方に対する批評であり叛逆ですらあったはずである（躯体は煉瓦にスタッコをかけたもの、開口部枠やフリーズなどはトラヴァティンであるが、円柱は粗い肌の御影石でそれを白く塗り上げていたと見られる。どこにも高価な素材を用いた様子はない）。形態がいかに「古典的」な姿を装っていたとしても、空間の中で与えられた役割が、それらがまとっていた「古典性」——歴史的意味づけ（「本来性」?）を揶揄し、あるいは否定してしまっていた。おそらくここ「テムピエット」でも、ブラマンテがそうした空間的企みなしにそれを造っていたはずはなく、人々が表層的な外見から「古典的」と見なすであろうものを、裏返しかねないような仕掛けがそこには用意されていたはずである。セルリオの図はそれを探るための唯一の手がかりであり、この建築の再評価のためには欠くことの出来ない史料としなければならないが、しかしこれを現状と照合しようとすると復原はそれほど容易ではない。

VII.「テムピエット」

　まず方位が問題で、図の右手に聖堂側面の壁体が描かれていることからすれば、図の上右隅が東面している聖堂ファサードということになるが、聖堂ファサードは「テムピエット」の置かれたキオストロの建物東面と揃っているはずなのが、聖堂の方の壁はそれより外に飛び出している。また図の上の方のキオスト

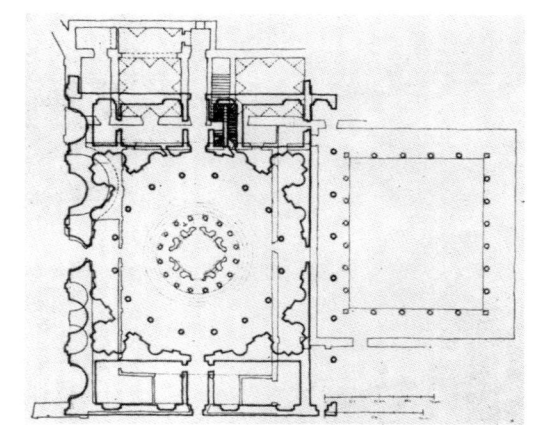

fig. 131　セルリオの図を裏返して現状配置と重ねた図
　　　　　太線がセルリオ、細線が現状（from Günther）

ロの入口（?）と見られる部分の横の階段室は現状では見当たらず、それに相当するような階段室は実際はこの図で言えばそれとは反対の下側の方に造られていた聖器室などのある棟に付属すべきものである。どうやらセルリオは製版の際に図の左右を反転させてしまったものらしく（原図の表側を上にしたまま版木に貼り付けたのであろう、こうした現象は当時の木版本などではよく見かける）、裏返して見ると現在の位置関係に近いものとなるが、それを現状の建物配置図と重ねて見るとあちこちに食い違いが現れてくる（fig. 131）。現在の中庭の南北両側面の壁は、「テムピエット」完成後の仕事と思われるのでそれらを除いて考えなければならないが、それでもまだ実際の配置とは一致しない部分がある。

　聖堂身廊北側に取り付く半円形のチャペル群はセルリオの図では 5 個となっていて、それより奥は内陣の壁となって直線状に延びているかのようであるが、現状ではセルリオのものよりも小さな半円形チャペルが 4 個と、聖堂交叉部の南北側面に取り付いて翼部を構成する大きなアプスがあり、このアプスが「テムピエット」のある中庭西南隅に大きく張り出している。これでは円形回廊の西南隅に取り付くべきチャペルは不可能である。この

241

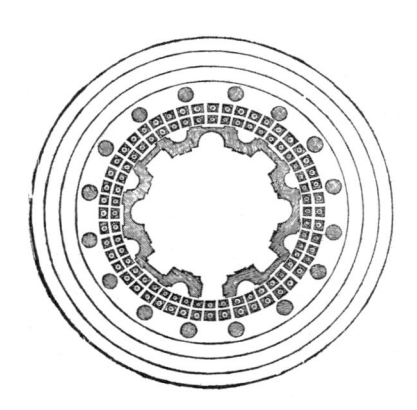

fig. 132　セルリオによる「テムピエット」
拡大平面図 Lib. III, p. 67 v

聖堂翼部のアプスは、1480年代初めのフランス王の出資による最初期の聖堂では考えられていなかった可能性があるが、スペイン王家による聖堂拡張事業の際には計画に含まれていて、ブラマンテが加わった時点ではすでに存在していたはずであり、セルリオの描く円形中庭はそのままでは実現できないことになる。一方中庭の東西を画する現存の二つの棟の間隔はセルリオの図よりも広い。

　これらのことから、セルリオの図は実際の敷地状況を無視した「理想案」であったと見なければならないが、しかしこれをブラマンテの計画とは無関係のセルリオの純然たる「創作」であるとして片付けるわけにもゆかない。「テムピエット」とともにこうした円形回廊を造るという構想がブラマンテの当初案の中にあった可能性は充分にあり、その案が既存の建物との関係で実現不可能であるために放棄されていたものと考えられる。セルリオはその案を実際に目にする機会がなく、おそらく彼の情報源の一つであったペルッツィ[11]などからその様子を聞かされていたものによって再現したと見られ、かなりの部分を「創作」せざるを得なかったのであろう。そしてそのついでに、実際に建ち上がっていた「テムピエット」の平面構成にも自己流の修正を加えたと見られる。Lib. III. p. 67 v (fig. 132) に掲げられた拡大平面図で見ると、ケラ内部の付柱の配置が、4個の四角く描かれたニッチ（実物は半円形で下部が窓となっている）を挟む両側の壁（実物では大きな半円形ニッチがある）の中央に取り付くようになっているが、実際の建物ではこのニッチはもっと幅が狭く、それを挟むように壁の両端に付柱が取り付けられている (fig. 133, 134)。従って内部の柱間リズムは、広―狭―広と交互に並ぶ形となる。セルリオはこうした不均等な配置やそれから生じる破格の比例を嫌って修正してしまった

VII.「テムピエット」

のであろう。しかしこれによって、ケラ内外の付柱や周柱、それに円形回廊の円柱などがすべてケラ中心点から放射される軸線上に配置されるという原則(おそらくそれがブラマンテのオリジナル・コンセプトであったと考えられる)からは外れることになった。

fig. 133 「テムピエット」内部付柱配置

このようにセルリオの図にはいろいろな問題があるが、ともかくこれをブラマンテのオリジナル・アイデアを窺い知るための手がかりとして見て行かなければならない。そしてその目論見の核心をなすものが、同心円とその中心から放射する軸線群であることだけは間違いないだろう。幾つもの円形の上に配置された構造体をすべてそれらの軸線との交点に関係づけるというのはきわめて単純な着想であるとも言えるが、それらの同心円の上にある形態は、互いに内外のものと向かい合い、あるいは背中合わせとなっており、あたか

fig. 134 西側祭壇横のベイ詳細

も一つの基本的リズムを円の中心点からそれぞれの外の円の上に投影させたようになる。それは核の周りに円筒形に閉じた鏡を置いて、そこにその核の外形を映し出した「鏡像」のようなもので、ベルヴェデーレの「エクセドラ」の階段に見られたのと同様な空間の反転と同時に、それがスケールを変えて現れるという「非古典的」イメージをも惹起するのである。

243

fig. 135　セルリオの図の円形回廊輪郭を実際の中庭に印してみたもの（1970年のブラマンテ展図録による）

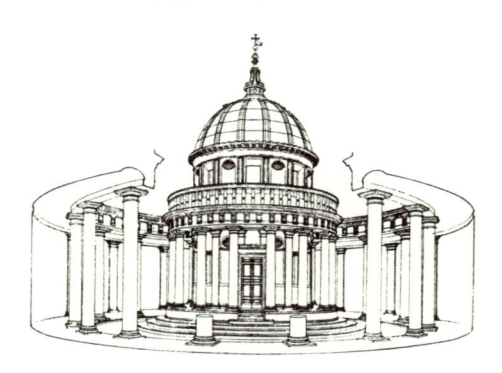

fig. 136　セルリオの図による円形回廊推定図　回廊の高さについては不明で、もっと高くすべきだとする意見もある。（from Bruschi）

「古典主義」の中には形態の完結性という固定観念があり、これが円形や正方形への信仰を産み出しているのだが、その一方ではいわゆる「対称性」——自己同形を裏返しに転写する操作（鏡像）の繰り返し（ウィトルウィウスやユークリッドの言う「シュムメトリア」 symmetria とは若干意味が異なるが、その特殊な一例）——への執着があり、一方は「閉じた」系を志向するのに対し、他方は無限に繰り返し可能な「開かれた」系である。円は形態の完結性の理想的なケースであり、完全に「閉じた」空間であるが、同心円を重ねてゆくという「対称性」の操作によって、その内と外との関係が裏返され、「閉じた」系と「開かれた系」が無限に繰り返されることとなる。ブラマンテの空間実験はそうした「古典主義」のパラドクスを具体的な空間として提示しようとしたものに他ならない。

　もとよりこの「テムピエット」のケースでは視覚的には完全な鏡像とはなり得ないが、注意深い観察者ならば円形回廊の周壁に取り付けられたニッチや付柱と、「テムピエット」本体の周壁の付柱・ニッチなどとの対応関係から、その目論見は容易に読み取ることが出来るはずである。この仕掛けがあってはじめて、ケラ内外の異常に狭い付柱の間隔や破格の比例の

意図が理解されるのであって、そのことへの考慮なしにこの建築の比例について、ウィトルウィウス的規範との関わりなどを論議するのは、参照すべき円形回廊が存在していない以上致し方のないことであるとは言え、あまり意味がない。

　ブラマンテにとって、その意図の理解のための重要な手がかりを欠く形でこの建物を遺さなければならなかったのは残念なことではあったに違いないが、しかし憶測を逞しくするなら、彼は人々がこの建物をどのように理解することになるかはあるていど予測していて、表面的には「古典建築」の再現と見なされるような手法を用いる一方で、各処に破格の部分を残したままにすることにより、それらが答えの見つからない謎となるような仕掛けをも用意していたのではなかったかと思われるのである。ブラマンテの不遜とも受け取られるような性格からして、そうしたこともあり得たのではなかろうか。

「古典性」と「マニエリズモ」

　これまでほとんどすべての研究者たちが熱心に説いてきたこの建物の「古典性」の諸相については、それらが後世の建築に最も大きな影響を与えてしまったものである以上、あるいはそれがブラマンテの意図を取り違えた結果であるかもしれないとしても、一応は触れておくべきだろう。

　ローマを中心とするラツィオ地方で当時知られていた周柱式円形神殿としては、テヴェレ河畔のいわゆる「ヴェスタ神殿」や、ティヴォリの同じく「ヴェスタ神殿」と呼ばれるもの、ローマ東郊のパレストリーナの「フォルトゥーナの神殿」などかなりの数があり、フランチェスコ・ディ・ジョルジョもそうした例を自分流の修正を加えて図示していたのであったが、ブルスキは現在のローマ空港の近く（フィゥミチーノ Fiumicino）にトラィアヌスが建設していた港「ポルト」Porto にある「ポルトゥヌスの神殿」Temple of Portunus 遺構がそのモデルであったろうとしている。この遺跡は現在は周柱もケラの壁もほとんど失われてしまっているが、ジュリアーノ・ダ・サンガッロがケラの壁がまだ残っていた状態をスケッチしており[12]、「テム

245

fig. 137　ジュリアーノ・ダ・サンガッロ　ポルトゥヌスの神殿の図（左側）*Cod. Barberiniano, Lat. 4424*, f. 39
右手の図はローマの「ヴェスタ神殿」

ピエット」と似た形で周壁内側に四角いニッチと半円のニッチが交互に設けられている様子を記録している。またケラの壁上部を取り巻く勾欄の手摺子も、「テンピエット」の周柱の上の勾欄と同様な、その後の「古典主義建築」で盛んに用いられることとなる徳利形を二つ重ねたものとなっている[13]。しかし周壁の外側は平滑なままで、付柱やニッチなどが設けられていた形跡はなく、また「テンピエット」の周柱は16本であるが、ブルスキが掲げるポルトゥヌスの復原図では周柱の数は24本で[14]、この違いは「テンピエット」の方の直径（壁心間）が5. 59 m (=25 palmi) という小さなものであるためであろう。

　ブルスキは、ポルトゥヌス神が穀物庫などの鍵を預かる神で、かつジャニコロの丘（古名 Ianiculum はヤーヌス Janus から出たものとされる）がその聖地とされていたヤーヌス神の分身とも考えられていたという連想から、天国の鍵を預かる聖ペテロやジャニコロの土地のイメージと重ねられて、その神殿の形式が採用されたのであろうとしている。古典の学殖豊かなベニーニョがそうしたいわくからブラマンテにその建物形式の採用を奨めたということはあり得たかもしれないが、しかしそれをそのまま受け取ってしまうようなブラマンテではなかったようである。

　ブラマンテの作品すべてについても言えるところだが、古代ローマの建

VII.「テムピエット」

築手法が随所に採り入れられていることは確かであるにしても、その「古典」のソースを特定することは困難である。一方そのように「非キリスト教的」建築の形態をこうしたキリスト教のモニュメントに用いることについては、欧米の美術史家たちは大きな問題として取り上げているのであるが、当時の人々がそのことをどの程度意識していたか、果たしてそれに抵抗を示すようなことがあったかは、やや疑問が残る。守旧的な枢機卿や聖職者たち、あるいは逆に教会改革を訴えるプロテスタント的心情の人々の中には、そうしたことを問題視する向きもあったことだろうが、初期キリスト教の建築はそのほとんどが「異教」文化の産物であったはずの古代ローマの建築手法に依っていたのであり、古典主義的建築を「邪教」の産物であるとする声が大きくなるのは、むしろ近代のゴシック・リヴァイヴァルのころからである。少なくともブラマンテやまたこの策謀の企画者たちも、その問題にあまり頭を悩ましたとは思われない。ケラの内径とその高さの比が1：2となっているのは、ローマのサンタ・コスタンツァやラヴェンナのサン・ヴィターレ聖堂などのやり方に従った「キリスト教的」なものだとされるが、しかしそのような空間比例がキリスト建築固有のものであるという保証はないし、形態を幾何学的に整理しまたそれらに様々な意味を付会しようとするのは、大昔から見られた現象であり、この建築だけにかぎったことではない。

「テムピエット」は古代神殿のような外に向かって閉じた空間ではありえず、その地下の穴倉の方が本来の聖所なのであって、上屋はその場所を示すための目印にすぎない。現在はその内部ニッチの一つに祭壇が設けられていて、あたかも"cappella"の如くに仕立てられているが、この修道院に所属するジュゼッペ・ティバウド師は、これは本来は礼拝空間ではなく、ブラマンテは当初これを、四方に開放された入口を持ち人々が自由に出入りできる場所として計画したのではないかと示唆している[15]。もしそうだとすれば、すでにその段階で円形＝閉じた空間という古典の常識は裏返されていたことになろう。

ここに用いられている「オーダー」は内外共にドーリス式であり、柱頭だ

けでなくフリーズにはきちんとトリグリフまでそなえた「正しい」古典様式であることが、セルリオ以来特筆されてきており、同じ頃にブラマンテが計画していたのではないかと考えられるパラッツォ・カプリーニ(「ラッファエッロの家」。第Ⅴ章を参照)とともに、ルネサンス期におけるこのオーダーの「正しい」用法の最も初期の例とされる。このオーダーの採用の理由としては、ローマ教会の創設者とされるペテロは「英雄」なのであり、その栄誉を顕彰するためにはウィトルウィウスによって最も荘重な形式とされたドーリス式でなければならなかったのだという。しかし私の知るかぎりでは、古代ギリシアの「トロス」Tholos などを除けば、ローマ期の周柱式円形神殿で周柱にドーリス式を用いたものは希なようで、多くはイオニア式やコリント式、ないしはコムポジット式などの手の込んだものが多い。「英雄」としての聖ペテロの性格を表現しなければならないという要請は確かにあったかも知れないが、ブラマンテにとって重要なのは空間の重層性を表現することの方であって、コリント式などのような彫刻的ないし装飾的な細部はその印象を弱めてしまう虞れがあり、ドーリス式の明快な形が必要であったと考えられる。

　ついでながら、従来この作品の年代判定のために用いられてきていた物差しの一つには、様式的な成熟度、つまり古典的細部様式手法がどれほどこなれているかということがあり、この建物に見るドーリス式の「正しい」用法は、ローマに到着してまもなくのブラマンテには考えられず、充分な経験を積んだ「円熟期」の作品であろうとする見方が一般的であった。しかしこれがもしギュンターの主張するような早い時期のものであったとすると、そのような「様式」による物差しは、ブラマンテの作品に対しては通用しないことを意味する。実際、これまでも見てきた如く、ブラマンテの建築は常に端倪すべからざる新たな空間的実験の繰り返しであって、経験を重ねる中である一定の様式手法を熟成させて行くというようなものではなかった。ヴァザーリが重視する作家的個性("maniera")の確立などは、ブラマンテの眼中には存在しなかったであろう。それはヴァザーリ的テーゼに寄りかかってきた美術史家たちの表層的な判断に基づく位置づけを拒

VII.「テムピエット」

否するものであったとも言えよう。

　その一方では、そのオーダーに要請されるはずの比例の規範などはここではほとんど無視されている。ケラ周壁の外側と内側とではその凹凸が逆転したような関係となっているので、内側の構成は外側のそれを反転させて転写した形として表現されなければならず、そのためには周柱と円形回廊との関係のように同じ比例で拡大・縮小を行なう訳にはゆかない。従って内部にはその狭さにもかかわらず、付柱の幅（基部で37cm強＝1,1/4 piedi. かなりきつい先細りとなっている）は外側のそれと同じ寸法が採用される。このため付柱に挟まれるニッチの幅は50 cmほどしかなくなるが、その両隣は大きなニッチとするために外側の付柱二本分に対応すべき付柱は省略され、これによってケラ内部の柱間リズムが「広—狭—広」というダイナミックなものとなり、全く前例のない緊張感が創り出されている。

　そして周柱が取り付く下層階外部の「正しい」ドーリス式手法に対して、ドームを支えるドラム部分については手法は極端に抽象化され、付柱の柱頭はほとんどあるかなきかの僅かな突起で表現され、フリーズも全く平坦な幕状の帯となっている。内側ではもっと徹底していて、上層階の柱型は壁から少し張り出した狭い壁にすぎないものとなり、柱頭も見当たらない。

　こうした手法が惹き起こすある種異様な視覚的効果について、いわゆる「古典主義」建築の規範から逸脱したものとして批判するか、あるいは逆にそれに叛逆したものとしてその勇気を讃え、来るべき「マニエリズモ」の先駆であるとして位置づける[16]か、どちらの評価もあり得るが、いずれにせよ「古典主義」というドグマを前提にしての評価であり、それにこだわりすぎることは、そのような区別に対しては半ば無頓着であったと見られるブラマンテの自由な手法の目指すところを見失わせる懼れがある。もとよりブラマンテも、ここで採用した空間反転手法から派生する視覚的効果が異様なものとなるであろうことは充分に承知していたはずで、そうした謎めいたたたずまいが却ってこの特殊な建築——聖堂のようにそこで行なわれる儀式によってではなく、建物それ自体の存在によって「聖性」を表現しなければならない建築——にはふさわしいことを見抜いていたに違い

ない。この建築が提起している問題性とは、通念的な「様式」や先例との照合によってしか評価を下すことが出来ない批評家たちへの警告として受け止めるべきであろう。

fig. 138 「テムピエット」フリーズ詳細

　この建築にまつわる形態や比例数値に付会された「キリスト教的」表象性については、ブルスキの汗牛充棟の考証・解釈に委ねることとし、外周フリーズのトリグリフに挟まれたメトープの各種図像についてだけ触れておくこととする（ケラ内部のフリーズにはそうした図像はない）。それらはカルバハルとベニーニョが、虚構の聖地の存在を分かりやすく大衆に伝えるための涙ぐましい苦心を示すものなのであろう。

　ここには12種類の図像があり、それらはいずれも教会典礼のための用具などを表したものである。「聖体拝受」のためのチャリス chalice（聖体＝聖餅の容器）、二本組の燭台、香を入れるための容器、司教が使用する香油の容器、宝石をちりばめた十字架、ミサに用いる聖水と葡萄酒を入れる容器、教皇を表す交叉させた鍵、バジリカを表現する半分閉じた傘、教会を表象する船、書物、聖アンデレ（ペテロの兄弟）の斜め十字架（X）、灯を消すための覆いをかぶせた蝋燭を交叉させたもの、以上である。これらの表象が建物の「聖性」を高めるためにいかに寄与しているかは、見る人の判断に待つしかない。

サンタ・マリーア・デル・ポポロ聖堂後陣

　ヴァザーリがローマにおけるブラマンテの作品の一つとして挙げる[17]サンタ・マリーア・デル・ポポロ聖堂については、1505年秋にユリウス二世が聖堂内陣の拡張を命じ、この年に死亡したアスカニオ・スフォルツァ

VII.「テムピエット」

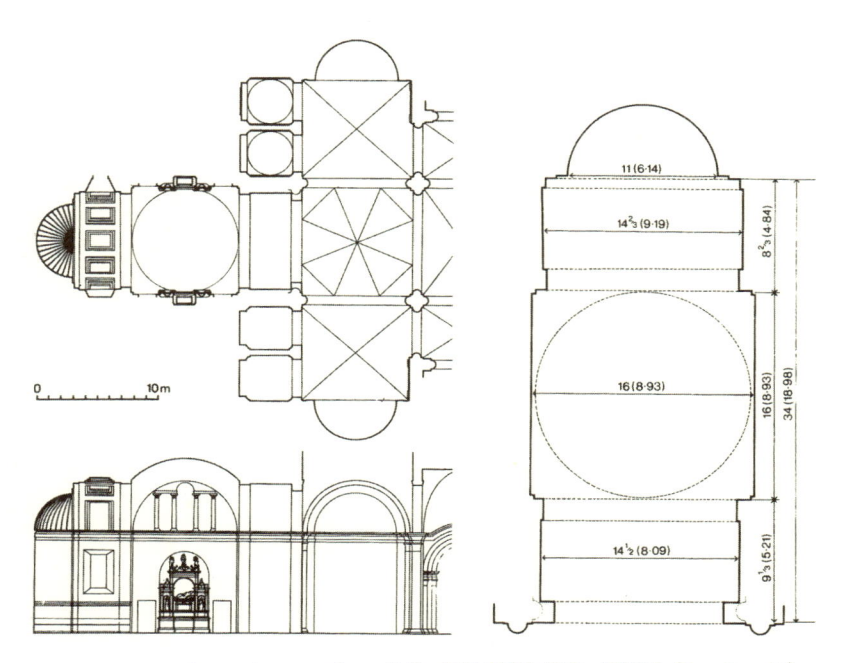

fig. 139　サンタ・マリーア・デル・ポポロ聖堂内陣と後陣　実測図（from Bruschi）

枢機卿の墓をそこに設置するよう、彫刻家アンドレア・サンソヴィーノ[18]とブラマンテに依頼したとされ、さらに1507年にはユリウスの従兄にあたるジロラモ・バッソ・デッラ・ローヴェレ（同年に死亡）の墓も同じくサンソヴィーノが制作に当たり、建築もこれらの彫刻も1509年頃には完成していたと見られる[19]。

　15世紀にシクストゥス四世の命によって改築されていた聖堂はT字形の平面で、八角形のドームを戴き半円形のアプスのある正方形の内陣の両側に、クロスヴォールトの翼廊が取り付き、内陣アプスの両側に一つずつ正方形のチャペルをそなえていたが、増築は内陣アプスの代わりに翼廊のチャペルと同じ奥行きの空間をとってその奥にスフォルツァの墓のための正方形の祭室を置き、更にその奥に修道士たちの勤行のための後陣を設けるというものであった。

251

fig. 140　サンタ・マリーア・デル・ポポロ後陣

　祭室は円形のセイル・ヴォールト天井で、両側面のリュネットには「セルリアーナ」の窓が設けられ、その下の壁面にサンソヴィーノによる二つの墓が取り付けられた。セルリアーナの窓にはフランス人のギヨーム・ド・マルシラ[20]によるステンドグラスが取り付けられ (1509)、セイル・ヴォールトの天井は1509年から11年にかけてピントゥリッキオによる装飾が施されている。
　これに続く後陣は白一色の仕上げで、奥行きがごく浅く、5 m弱しかないが、それに半径3 mほどの半円形アプスが取り付く。天井ヴォールトには大きなコファリングが施され、その側面には天井コファリングの一つ分を切り取った形で窓が設けられている。アプス天井には鋭く「コンキリエ」が刻み込まれる。このコンキリエやそれぞれの空間を区切るアーチ、壁のエッジ、天井コファリングの深い切り込みなどが、側面窓からの光によってくっきりと縁取られ、全体をめぐるコーニス以外には古典的モティーフ不在のこの幾何学的空間の成り立ちを、鮮やかに浮かび上がらせる。
　平面の構成はミラノのサンタ・マリーア・デッレ・グラツィエ聖堂内陣や「テムピエット」の円形回廊四隅に計画されていたチャペル群などの発展形と見ることができるが、ここではミラノの場合のような彩色グラフィズムは影をひそめており、純粋な空間のドラマによって成り立っている。これは建築の一部分にすぎないが、その洗練ぶり・完成度の高さは驚くべきものであり、より大いなる建築全体を統御して行くことのできる新たな建築語法を提示したものと言える。それはアルベルティがマントヴァ

のサンタンドレア聖堂で示唆していた"lineamentum"のさらに高度な姿であり、古代ローマのコンクリート建築を彷彿させるものがあるが、決してその模倣ではない。もはやそれはフィレンツェの初期ルネサンスともウルビーノのそれとも無縁であり、それらをすべて超えた「ユニヴァーサルな」建築言語構築のための手がかりが、そこに提示されているのである。

　ブラマンテの不思議さは、こうした飛躍がそれまでの作品のどれとも直接につなげて考えることの出来ない形で、突如として現れることである。部分的には前身と見られるものが各処に指摘できるとしても、それらは全く違った新たな意味を持って現れ、過去の記憶を引き摺ることがない。ある手法の展開を時系列的にあとづけようとしても、その作品の年代判定が困難でしかも多くが未完成のまま残されていることも手伝って、その糸口を掴むのは容易ではない。そうしたなかではこのサンタ・マリーア・デル・ポポロの後陣は、日付が明らかでかつほぼ建設当初の姿を保っており、ブラマンテの建築の一つの到達点として確実に位置づけることができるものである。

ブラマンテと「集中式聖堂」

　「集中式聖堂」は西洋建築史、とりわけルネサンス建築史の中では、その人文主義的イデオロギィ（特にネオプラトニズモ）との関わりから、格別な意味を持つものとして注目されてきている。「テムピエット」への関心の高さも、大部分はそのことに由来するのであるが、ブラマンテ自身がそれをどのように認識していたかは、あらためて問い直しておく必要があるように思われる。ブラマンテが関わったとされる聖堂の計画は、いずれも何らかの形でこの形式を意識して造られていたことは確かであり、そしてそれはサン・ピエトロ聖堂の計画において壮大な規模で展開されることとなるのであって、実際それらに表れた様々な手法がサン・ピエトロの計画（そのほとんどは実現しなかった）に採り入れられていて、その意味からも研究者たちの関心を集めているのであるが、それらを単にサン・ピエトロ計画のための前哨戦ないし習作として位置づけるだけではなく、それらにこめら

れていた独自の可能性にももっと目が向けられて然るべきであろう。

　この建築形式が、前にも触れたごとく、完結した（「完全な」、あるいは閉じた）幾何学形態に対する「古典主義」の思い入れと結びついていたことは明らかだが、ブラマンテの建築方法の根幹は、そうした完結した形態を単位としながら、むしろその自己同形の「転写」操作を重ねることによってオープンな系を創り出すことを目標とするものであって、パンテオンのようないわば孤立した「特異点」として都市の中にそれを出現させることではなかったと見られるのである。それは無限定な空間環境を一つの空間単位の展開によってコントロールする（しかしそれらは与えられた持ち場毎に常にその意味を変える）可能性の追求であり、一個の建築はその「ユニヴァーサルな」空間単位に与えられたオープンな構造により、それを取り巻く環境へと浸透してゆき、支配して行くことを目指す尖兵として位置づけられる。「シミア」の著者がブラマンテの建築にそうした「デミウルゴス」的脅威を感じ取っていたのは、その意味では全く正しかったのであり、研究者たちがブラマンテの方法の中に近代の「都市計画」につながるものを見出そうとしているのも、故なしとしない。

　ブラマンテと都市との関わりについては後章でとりあげることとし、ここではそのような方法が「集中式聖堂」という課題に向けられたときにいかなる課題を提起することとなったかという点から見て行きたい。

＊

　ユリウス二世の郷里であるピエモンテ地方サヴォナ Savona の近く、小村ロッカヴェラーノ Roccaverano の小さな教区聖堂 S. Maria Annunziata は、1509年ないしそれ以前にブラマンテが設計案を提供したものとされている。依頼したのはタラント Taranto の大司教でユリウス二世のもとでサン・ピエトロ聖堂の工事に関わる財務を任されていたエンリコ・ブルーニ Enrico Bruni (m. 1509) であった。ブルーニの一族はロッカヴェラーノの出身でシクストゥス四世からユリウス二世の時代にかけて5人もの司教を輩出しており、この時代としても異例の権勢を誇る家柄であったという[21]。

　ブルーニは当然ブラマンテとは懇意になっていたはずで、おそらくそう

したつながりからブラマンテに郷里の聖堂の設計を依頼したものとみられるが、多忙なブラマンテは現地を訪れることはなく、模型を作成して現地に送っただけで、施工は地元の工匠たちに任せていたようである。このため建ち上がったものが

fig. 141　ロッカヴェラーノの教区聖堂

どれだけブラマンテの案に忠実に従っているかには疑問が残るが、大筋ではそれに沿ったものと認められている。ファサードの銘板にはこれが1509年にエンリコの手によって着工されたものであり、1516年にエンリコの係累のノーラの司教ジョヴァンニ・フランチェスコがそれを完成させたと記されている。

　平面はいわゆる「賽の目」quincunx 形で中央にドームを載せ、屋根は十字形にするというものである。側面の各ベイには浅い弧状のニッチが取り付いているが、おそらくブラマンテの案ではもっと深い半円形だったのではないかという。内部の構成についてはどこまでがブラマンテの案に沿ったものか不明なのであまり論じられていないが、注目されているのはファサードの意匠である。集中式聖堂の問題の一つは、その内部の空間構成に適合したファサードを造るのが難しいということである。そのため初期キリスト教の集中式聖堂――ローマのサンタ・コスタンツァやラヴェンナのサン・ヴィターレなどは、いずれも本体とは無関係に、そこから切り離された別構造のナルテクスを取り付けていた。アルベルティがマントヴァのサン・セバスティアーノ聖堂で苦心させられたのも、この問題であったと見られる[22]。

　このロッカヴェラーノのファサードは、中央のベイをコリント式のジャイアント・オーダーの付柱で区切りその上にペディメントを載せ、付柱の

255

間には大きなアーチを組み込み、それをジャイアント・オーダーの付柱に寄せた小さな付柱で支えることで内部身廊の構造を表現し、その両側も同様な手法で側廊の構造を表現するというものである。そして側廊部分には半分に割ったペディメントを載せ、あたかもそれらが大オーダーの背後でつながっているかのような表現としている。実施されたものでは中央のペディメントが小さすぎ、また側廊の方のペディメントが大きすぎるため、奇妙に押し潰したような形となってしまっているが、この方式は後にパッラーディオがヴェネツィアのサン・フランチェスコ・デッラ・ヴィーニャやサン・ジョルジョ・マッジョーレ、レデントーレ聖堂などで用いた手法の原形となるものである。これはきわめて作為的な操作であり、これによって内に閉じた集中式聖堂の空間を外に向かって開け放つ（おそらくそれがブラマンテの当初の目標であったろう）というまでには至らないが、パッラーディオの例にも見られる如く、集中式に限らず長堂式も含め、聖堂一般のファサードを内部空間の構成を表現するためのルネサンス的解決法として広く用いられることとなった。

　一方この手法は、ウィットコウアーが指摘する如く[23]、一つの平面上に大きさの異なる建築の輪郭を重ね合わせたものと読み取ることもできる。そしてこの手法はファサードに限らず、建築の内部表現にも応用でき、中世建築における「束ね柱」とはまた違った形で、建築の表層に重層的な空間イメージを盛り込むことを可能にした。しかしまたそれは建築表現の多義性・曖昧さを増幅させることにつながり、その後の「マニエリスティカ」な傾向の発生源の一つともなってしまうのである。

*

　ローマのサンタンジェロ橋の南袂、かつてピアッツァ・デル・ポンテ・サンタンジェロ Piazza del Ponte S. Angelo に面していたサンティ・チェルソ・エ・ジュリアーノ聖堂 Ss. Celso e Giuliano は、1509年にユリウス二世が「バンキ」Banchi と呼ばれ金融・両替商などが集まるこの地区再開発の一環として改築を目論み、儀典長のパリーデ・グラッシ Paride Grassi（Paris de Grassis）にその事業を委ね、ブラマンテに案を作成させたもので[24]、一部

VII.「テムピエット」

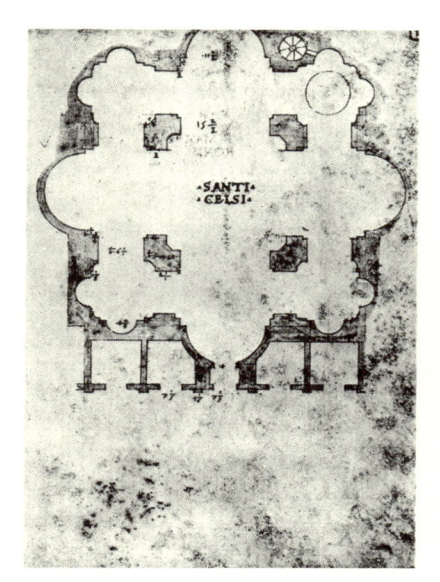

fig. 142　ローマ、サンティ・チェルソ・エ・ジュリアーノ聖堂平面図 *Codex Coner*, f. 12

fig. 143　同左　内部スケッチ *Codex Mellon*, f. 57 r　New York, Pierpont Morgan Library

着工されたものの財源不足のため事業は中止され、その後しばらくしてからアントーニオ・ダ・サンガッロ・イル・ジョヴァネが手を加えて工事を継続しようとしたらしい形跡が見られるが[25]、結局18世紀には撤去されてしまった。この界隈はサン・ピエトロ聖堂に詣でる巡礼客たちが必ず通る場所であり、"Canale di Ponte"とも呼ばれ、すでに開始されていた新しい街路の計画——Via Giulia や Via della Lungara など——とともに、ユリウスの目論むローマ市街改造 *Renovatio Urbis Romae* のための重要なポイントと考えられたのであろう。その建築のあらましは *Codex Coner*(f. 12) や *Codex Mellon*（New York, Pierpont Morgan Library, ff. 56 *v*, 57 *r*）[26] などから窺い知られる。現在バンコ・ディ・サント・スピリト通り Via di Banco di S. Spirito にある同じ名前の聖堂は、18世紀に計画を縮小して建設されたものである。

　平面はロッカヴェラーノと同様の *quincunx* で、広場に面する側には店舗のためと見られるあるが、注目されるのは、中央のベイの四本の大柱を、

257

二本の角柱を45°方向にずらせて配置する形とし、その間をつなぐ湾曲した壁体から幅広いペンデンティヴを立ち上がらせていることで、これにより下部の構造とペンデンティヴとが視覚的に連続し一体となって球形の空間を包んでいるような効果が産み出されていたと考えられる。そしてこれと同じ手法が四隅のベイでも繰り返されたと見られ、正方形のベイが円形空間と重ね合わせられたものとして読み取ることができるが、むしろこれの重要なところは、同じ空間単位をつなげて行くときに、これまでのように直角方向だけではなく45°方向にも展開させて行く可能性を創り出していることであって、これはすでにサン・ピエトロ聖堂のための第一次案「羊皮紙のプラン」 Piano di pergamena（fig. 148）にも表れていたものだが、ここではその手法がもたらすであろう空間効果がよりはっきりと読み取ることができる。しかしこのような内部空間の構成が外部に対してどのように働きかけることができるかは、事業の中断により確かめられることなく終わった。

*

　ブラマンテが関わったであろうとされる「集中式聖堂」としては、この他、1514年からラッファエッロの手によって着工されたローマのサンテリジオ・デリ・オレフィチ聖堂 S. Eligio degli Orefici[27]の原案（1509-10 ?）や、ウムブリア地方の小都市トーディ Todi の城外西南の丘に造られたサンタ・マリーア・デッラ・コンソラツィオーネ聖堂 S. Maria della Consolazione (1508-)[28]が挙げられるが、これらについてはブラマンテの関与が史料的に確認できず、疑問とする意見も多い。ブルスキはどちらについてもブラマンテの参画を認めているようであるが、筆者としてはそれらの建築の内容からして、ブラマンテの積極的な関与は認めがたいように感じている。しかしブラマンテの「集中式聖堂」とはどのように異なるかを見るためにも、トーディの例を取り上げておくこととしたい。

　この聖堂はこの付近の古い墓地から発見された聖処女の絵姿とそれが惹き起こしたとされる「奇跡」を記念して1508年に建造が開始されたとされ、当初はコラ・ディ・カプラローラ Cola di Matteucci da Caprarola という工匠

VII.「テムピエット」

が工事に当たっていたが、建設はスムーズには進まなかったと見え、その後様々な工匠たちが入れ替わり立ち替わり関わっていて、1518年にはペルッツィが招かれて何らかの助言をしたようであり、1532年にはアントーニオ・ダ・サンガッロ・イル・ジョヴァネがこの計画に関わると見られるスケッチを遺している[29]。結局、正方形の上にクーポラを載せ四方に多角形のアプスのあるウィングを取り付

fig. 144　トーディのサンタ・マリーア・デッラ・コンソラツィオーネ聖堂

けた現在の四弁形が出来上がるのは、1617年になってからのことであった。この建築とブラマンテを結びつけたのは、1574年に教皇の使節が「伝承に依れば」との但し書きをつけて報告していたのが最初とされる[30]。

　四弁の各ウィングは同じ形ではなく、北側のものは半円形に近いが他の三つは多角形となっており、これら三つのウィングには内側に四つずつの浅いニッチがあるが、北側のものにはニッチは存在しない（この北側のウィングは祭壇の位置などとの関係で幾度か造り直されているらしい）。奇妙なのは、中央のクーポラを支えるペンデンティヴ・アーチと各ウィングのクーポラの立ち上がりが同じ高さであるのに、中央の大柱だけが「大オーダー」で、他の付柱群はすべて二層に重ねられていて、しかも内部では上層の方が下層よりもせいが高い（外部では上下ともほぼ同じ高さとなっている）。これらの不整合は主として長い工事期間と様々な工匠たちの異なる手が入っていたためと見られるが、頼りとなる明確な「当初案」が存在しなかったとも考えられ、一貫したコンセプトで工事を続けることが出来なかったようである。

　北側のアプスを除く3本のウィングが当初の形である可能性が高いと考えられているようで、とすれば当初案は北側も同様な多角形アプスで考え

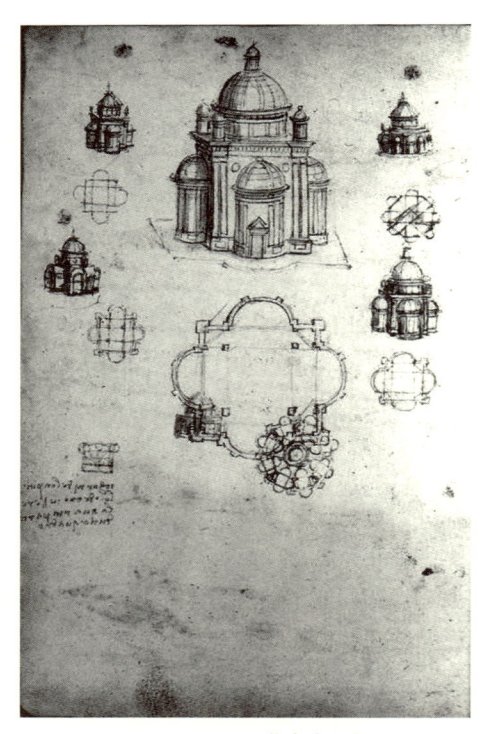

fig. 145　レオナルドによる集中式聖堂のスタディ
Ms. B, f. 93 v, Paris, Institut de France

られていて、完全な対称形の「集中式」聖堂であったということになり、その形はレオナルドが様々な形でスタディを試みていた「集中式聖堂」（たとえば Ms. B, 93 v）と良く似たものとなる。そしてこのような形式は、15世紀末ころのロムバルディア地方に数多く見られたものであり、ブラマンテのローマにおける革新以前の、いわば「ヴァナキュラーな」形に退化した集中式聖堂の姿であるとも言える。

　1508年ないし09年というブラマンテの活動の最盛期に、果たして彼がこのような使い古した形式を持ち出したであろうかという疑問もさることながら、この建築がブラマンテの作品にみられるような「ユニヴァーサルな」自己完結的な空間単位をそなえておらず、単に外見上「集中式」の輪郭を取っているだけにすぎないことの方が問題であろう。ブラマンテが何かの折りに助言を求められて、四弁形を示唆したことはあり得たかも知れないが[31]、担当した工匠たちにはブラマンテの考えるような「集中式」の成り立ちを理解する能力がなく、ブラマンテの「作品」とは言い難いような結果となってしまったのであろう。この建築からは、少なくともブラマンテの新たな創意を読み取ることはできないように思われる。

VII.「テムピエット」

注
1. Vasari-Milanesi, II, p. 653. ヴァザーリはこの工事がポルトガル王の出資によってなされたとしているが、実際にはシクストゥス四世の甥のジュリアーノ・デッラ・ローヴェレ枢機卿がフランス滞在中にフランス王を説得し出資させたものであったらしく、おそらくアメデオがポルトガル人であったことから取り違えたのであろう。しかしカルバハルが乗り出してきて以後、計画は幾度か拡張されて現在の姿になった模様である。ファサードについてはメオ・ダ・カプリーノ説もある。その建設経過については Hubertus Günther, "Bramantes Hofpojekt um den Tempietto und seine Darstellung in Serlios drittem Buch", in *Studi Bramanteschi*, Roma 1974, pp. 483-501; Frommel, "Roma", in *Storia dell'architettura italiana. Il Quattrocento*, Milano 1989, pp. 408-410 などを参照。
2. 銘文は以下の通り ── "LAPIDEM PRINCIPIS APOSTOLORVM MARTIRIVM SACRVM / FERDINANDVS HISPANIARVM REX ET ISABELLA REGINA CATHOLICA / POSTO ERECTAM AB EIS SEDEM POSVERVNT / ANNO SALVTIS CHRISTIANAE MCII". cf. Giuseppe Tibaudo O. F. M., "Precisazioni sul Tempietto di S. Pietro in Montorio", in *Studi Bramanteschi*, Roma 1974, p. 515. この銘板は現在はテムピエット地下祭室にある。
3. フィレンツェの修道士フラ・マリアーノ Fra Mariano da Firenze（1477-1523?）によるローマ案内 *Itinerarium urbis Romae*（執筆は1519年頃とされる）はそのように記している。ただしこの言い伝えがどの程度知られていたかは疑問で、中世にこの場所を記念するような儀式などが行なわれた様子はないという（cf. Günther, *op. cit.*, p. 490）。
4. この経緯については Tafuri, M., "'Roma instaurata'. Strategia urbana e politiche pontificie nella Roma del primo '500", in *Raffaello architetto*, Milano 1984, p. 102, n. 65を参照、また Bruschi, A., 2002, pp. 57-64 もこれについて詳述している。工事はカルバハルとは政治的に対立していたユリウス二世の時期に進められていたわけだが、カルバハル推戴策謀の推進者であったジョルジョ・ベニーニョはユリウス支持にすばやく鞍替えしていたらしく、1507年にはカリ Cagli の司教に任命されており、またその間に *Apocalipsis Nova* の中にあったユリウスを非難するようなくだりを削除した別ヴァージョンを作成しユリウスに献呈していた模様で、ユリウスはそれを自分の宗教政策を権威づけるのに役立つものとして受け入れ、「テムピエット」の工事継続も認めていたものと見られる。なおカルバハル枢機卿は1511年のユリウスに退位を迫るピサの宗教会議に参

261

加していたために失脚している。

5. ドッサート（G. De Angelis d'Ossat, "Preludio Romano del Bramante", 1966, *op. cit.*）は1506-08年とし、ブルスキ（2002, p. 58）はベルヴェデーレの中庭とサン・ピエトロの計画開始との間（1503-06）に位置するものとしている。

6. Günther, *op. cit.*, p. 491, n. 19.　ギュンターはカルバハルによる「穴倉修復」工事はすでに1498/9年頃には開始されていて、1500年にはブラマンテが計画に参画していたのではないかとしていた。

7. このあと引用しているセルリオの記述では、テムピエットを「（中庭の）半分に収まるようにした」としているので、当初の中庭はまだこれより北の方に広がっていたのであろう。

8. このクーポラの被覆の問題については Giovanni Di Geso, Ruggero Pentrella, "Da recente restauri di fabbriche romane del Primo Cinquecento: indagine sulla genesi costruttiva delle strutture a cupola", in AA.VV., *Baldassarre Peruzzi. Pittura scene e architettura nel Cinquecento*, Roma 1987, pp. 689-698を参照。

9. 実はその工事がいつ行なわれたものか確認しておらず、時期については確信が持てない。18世紀にはすでに現在の規模となっていたようであるが、16世紀の間はそれらは存在しなかったことは確かである。

10. Vasari-Milanesi, IV, p. 160.　ただしヴァザーリがブラマンテの当初案を実際に見る機会があったかは怪しく、おそらくこれはセルリオの図からの判断と見られる。

11. 一般にはセルリオはペルッツィに「師事した」とされているが、実際のところは二人の間にそのような「師弟関係」があったことは確認できない。セルリオはペルッツィよりも年長であるうえ、他にも様々な人々との交流があったと考えられる。このことについては1987年のパッラーディオ研究センターのセミナー記録 *Sebastiano Serlio. Sesto Seminario Internazionale di Storia dell' Architettura*（a cura di Christof Thoenes), Milano 1989を参照。

12. Biblioteca Apostolica Vaticana, *cod. Barberiniano, 4424*, f. 37 r.

13. この「古典主義的」手摺子のルネサンスにおける用いられ方については Wittkower, R., "Il balaustro rinascimentale e il Palladio", in *Bollettino del Centro Internazionale di Studi di Architettura Andrea Palladio*, vol. X, 1968, pp. 332-346（Engl. vers., in Id., *Palladio and Palladianism*, London 1974, pp. 41-48）で論じられている。古代の建築の中でこうした形の手摺子が用いられた例としては、今のところこのサンガッロによる「ポルトゥヌスの神殿」のスケッチ以外には知られていないようである。これが実際に存在したものなのか、あるいはサン

ガッロの「創作」なのかは不明である。ドナテッロがその後期の作品「ユーディット」*Giuditta e Oloferno* (c. 1460) の台座の角にこのモティーフを取り付けているが、ウィットコウアーは実際の建築でこれを普及させたのはジュリアーノ・ダ・サンガッロであったろうとしている。

14. Bruschi, 1973 (Engl. ed.), p. 131, Ill. 137.
15. G. Tibaudo, "Precisazioni...", *op. cit.*, pp. 513-4. Frommel [2002, p. 80] も、当初の計画は祭壇などは設けないか、ないしはケラの中央に置くことが考えられていたのであろうとし、現在の形はカルバハルがブラマンテに変更を迫った結果であるとしている。
16. 1970年にローマで行なわれたブラマンテ展のためのカタログは "Bramante; tra Umanesimo e Manierismo" と題されており、歴史家たちがブラマンテ作品の「謎めいた」様相を「古典主義」では捉えきれなくなり始めていたことを示している。また Bruschi (1990, p. 207) も「テムピエット」の実験的手法について「マニエリズモ」という言葉で表現していた。「マニエリズモ」とは便利な概念で、既知の様式的規範では説明できなくなると、美術史家たちはすぐにこの概念で括ってしまうのである。しかしこの概念を適用したことで作品の特質が解明されている例は、とりわけ建築の場合には、ほとんどなかったように思う。
17. 第 V 章、注24参照。
18. Andrea di Niccolò di Menco di Muccio detto Sansovino (1467-29). シモーネ・デル・ポリィオーロ（イル・クロナカ）の工房で修業した後、1489年から1501年頃まではポルトガルやスペインで墓廟彫刻家として活躍し名声を得ていた。アスカニオ・スフォルツァとバッソ・デッラ・ローヴェレの墓は、いずれも墓の主の像をこれまでの死せる姿の横臥像ではなく、石棺の上に片肘をついて横になった形で表し、あたかも生前の姿のように表現しており、ローマにおける新しい墓の形式を創り出したものとされる。1530年代以降ヴェネツィアで活躍することになるヤーコポ・サンソヴィーノ Jacopo Sansovino (Jacopo Tatti, detto il Sansovino, 1486-1570) はアンドレアの弟子でその娘を娶りサンソヴィーノの名を引き継いだ。
19. Bruschi, A., *Bramante*, 1990, p. 238; Frommel, C. L., "Giulio II e il coro di Santa Maria del Popolo", in *Bollettino d'Arte*, N. 112, 2000, pp. 1-34. ユリウス二世が政敵であったはずのアスカニオ・スフォルツァ枢機卿の墓の制作を許したというのはやや不思議なことと思われるが、ユリウスとしては教皇庁内の諸勢力のバランスに配慮して、寛容な姿勢を示す必要があったものと見られる。一方、

このことと絡んで、ヴァザーリがあたかもこれをブラマンテのローマにおける初期の作品のごとくに取り上げていることも踏まえて、この計画はアスカニオ・スフォルツァが生前に計画していて、すでにその一部はユリウスが教皇となる以前にブラマンテにより着工されていたのではないかとする説もあるが、(cf. E. Bentivoglio, S. Valtieri, *S. Maria del Popolo a Roma*, 1975, p. 35 sgg.) ブルスキはこれを退けている。

20. Guillaume de Marsillat [Marsillac] (1470-1529). ヴァザーリによれば、彼はブラマンテによってヴァティカン宮内の窓のステンド・グラス制作のために呼ばれていた画家で、ラッファエッロに協力して「スタンツェ」の装飾にも関わっていたといわれる (Vasari-Milanesi, IV, pp. 417-430)。

21. Manuela Morresi, "Bramante, Enrico Bruno e la parrocchiale di Roccaverano", in *La piazza, la chiesa, il parco*, a cura di M. Tafuri, Milano 1991, p. 271 sgg.

22. 拙著「アルベルティ」第 IX 章を参照されたい。

23. Wittkower, *Architectural Principles in the Age of Humanism*, 1949, part. 2.

24. Gabriele Segui, Christof Thoenes, Luisa Mortari, *Ss. Celso e Giuliano*, Roma 1966; Frommel, 2002, pp. 94-96.

25. ウッフィツィ GDS. 4037A がそのためのスタディと見られる (1534/40年頃のものとされる)。

26. この手稿は従来メニカントーニオ・デ・キァレッリ Menicantonio de' Chiarelli の手になるとされてきていたものだが、フロンメルによればこの人物は1518/20年ころに生まれており、彼が作成した可能性はあり得ず、ボローニャ出身のドメニコ・ダ・ヴァリニャーナ Domenico da Varignana により、1513年ころに作成されたものであろうという (Frommel, 1984, p. 27)。

27. この建築については、Simonetta Valtieri, "Sant'Eligio degli Orefici", in *Raffaello architetto* (a cura di Frommel, Ray, Tafuri), Roma 1984, pp. 143-156を参照。しかしこれはブラマンテの関与には触れていない。

28. cf. Jürgen Zänker, "Il primo progetto per il santuario di Santa Maria della Consolazione a Todi e la sua attribuzione", in *Studi Bramanteschi*, Roma 1974, pp. 603-615; Umberto Nofrini, "La chiesa della Consolazione a Todi", *ibid.*, pp. 617-624; Maria Cristina Bonagura, "Considerazioni sulla chiesa di S. Maria della Consolazione a Todi, *ibid.*, pp. 625-630; Mario Pericoli, "Precisazioni sulla Consolazione di Todi", *ibid.*, pp. 631-636 などを参照。Zänker はブラマンテの関与の可能性を否定しているが、後三者は認める内容となっている。しかしこれらの見解はいずれも状況証拠とスタイル上の判断からなされているもので、決定的なものとは為しがたい。

29. Uffizi. GDS. A731 v. おそらくこれに付設されるべき修道院の計画に関わるものと見られる。
30. Zänker, *op. cit.*, p. 612.
31. Nofrini（*op. cit.*, pp. 623-4, n. 14）はブラマンテがロレート Loreto の Santa Casa（これについては第 IX 章で触れる）の計画のため、トーディを訪れる機会があったとしている。

VIII. サン・ピエトロ聖堂の計画

fig. 146　サン・ピエトロ聖堂着工記念メダル 1506年
　　　　カラドッソ作と伝える。ブロンズ φ 5.7 cm　Washington, National Gallery of Art

ニコラス五世からユリウス二世まで ——ユリウスの墓とミケランジェロ

　コンスタンティヌス大帝によって建設されていたヴァティカンのサン・ピエトロ聖堂 Basilica di S. Pietro（c. 320-335）は、ニコラス五世とベルナルド・ロッセッリーノが改築計画に着手する1551年ころまでの間、ほとんど手つかずであった。この計画はしかし内陣の背後に大きな後陣を造る工事が行なわれただけで、身廊部分の改築には及ぶことなく終わり[1]、それ以後は半世紀近くものあいだ放置されている。ニコラスの後を承けたピウス二世は聖堂本体には手を触れることなく、聖堂前面のアトリウム外側に、教皇が民衆に祝福を与えるための「祝福のロッジァ」建設に着手し、この工事だけはアレクサンデル六世の時代まで引き継がれていた[2]。この時期の教皇たちの関心はむしろヴァティカンの防備と自分の権威を誇示するための方策に気をとられており、由緒ある聖堂本体に自分の代に手を加えることには躊躇があったものと見られる。

　そしてようやく聖堂の改修に踏み切ったユリウス二世にしても、当初の動機は同じようなもので、1505年の初め頃にブラマンテに命じていたのは、まず聖堂に自分の墓を置くためのチャペルを新設することであった。同じ時期、ユリウスはフィレンツェからミケランジェロを呼び寄せ墓の制作を命じており、ミケランジェロは40体にも及ぶ彫像を配する壮大な構想を創り上げ、そのための大理石を確保するべく数ヶ月間、カッラーラの採石場に滞在することとなる[3]。この時点で墓の設置場所をどこにする予定であったかは定かではないが、コンディヴィによれば、ミケランジェロはニコラス＝ロッセッリーノの後陣を完成させてそこに設置すべきことを進言していたのだという[4]。この後陣は着工したものの壁が2 m弱の高さまで建ち上げられたところで、おそらくアルベルティの進言により工事は中断し、半ば廃墟状態になっていたものであった。フロンメルによれば、その年の初め頃に検討されていた案は Uffizi, GDS. 3A（fig. 147）から推測でき[5]、それは旧聖堂の輪郭はあまり変えないまま交叉部にクーポラを載せ、ニコラス＝ロッセッリーノの後陣の左右に新たにチャペルを設け、また側廊の外壁を補強した上、側廊各ベイに半円形のチャペルを取り付けるもの

であったと考えられるという。しかし4月11日にはユリウスから新たな指令が出され、旧聖堂全体の修復ないし改築にまで計画を拡大する方向で新たな案が検討されることとなった。

1506年4月18日には起工式が行なわれて、12個の着工記念メダル（fig. 146)[6]が大クーポラを支える大柱の一つ[7]の基礎に埋められた。このメダルの表には聖堂の立面が描かれ、中央に大きなクーポラをそなえ、その周りに小さなクーポラをもつチャペル群を従え、正面両脇には塔が建つ形となっており、これはブラマンテの計画案の一つとされる羊皮紙に描かれた平面図 Uffizi, GDS. 1A（fig. 148. "Piano di Pergamena" と呼ばれる）に基づくものと考えられる。これによりブラマンテがサン・ピエトロ聖堂の建築家として認められたかたちとなるが、この図の裏には、おそらくアントーニオ・ダ・サンガッロ・イル・ジョヴァネの筆跡で、「これはブラマンテの手になるサン・ピエトロの計画案であるが、実現しなかった」("Piano di Sto. Pietro di mano di Bramante che non ebbe efetto") との書き込みがあり、実施されたのはこれとは異なる案であったことになる。

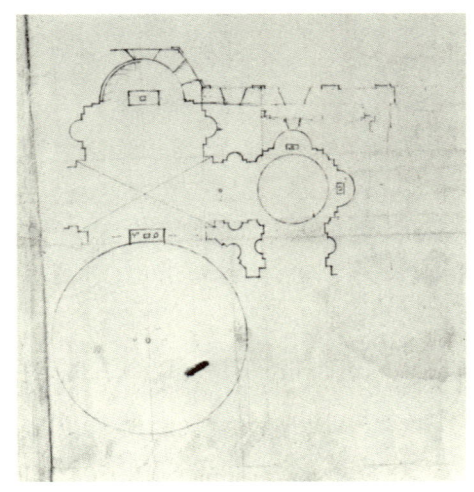

fig. 147　サン・ピエトロ聖堂初期案スタディ（？）Uffizi, GDS. 3A.

そしてこの計画の重要なポイントであったはずのユリウスの墓の制作を担当していたミケランジェロは、この起工式には立ち会っておらず、その直前に家財を処分してローマを引き払いフィレンツェに引きこもっていた。これは一般には建築を担当するブラマンテとの不和が原因であったとされているが[8]、むしろミケランジェロがカッラーラに出かけていて留守の間に、ユリウスの意向で一方的に計画が変更されていたことに対する抗議で

VIII. サン・ピエトロ聖堂の計画

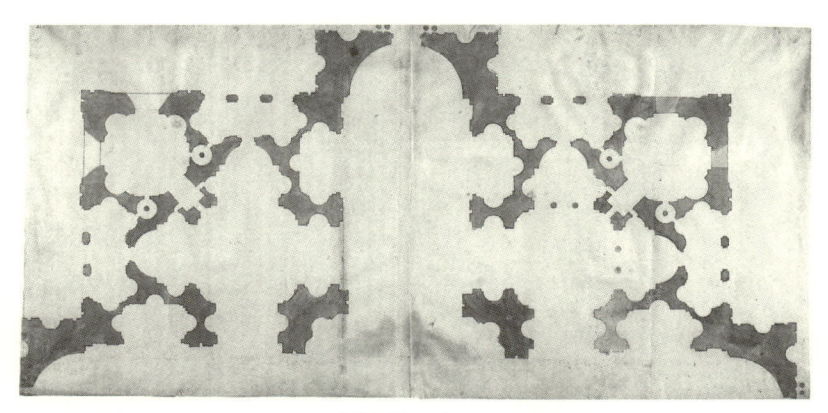

fig. 148　ブラマンテによるいわゆる「羊皮紙のプラン」*Piano di Pergamena* Uffizi, GDS. 1A.

はなかったかと考えられる。こうした経過からすれば、ミケランジェロが構想していた墓はこの GDS. 1A 以前の初期案を念頭にしていたものと考えられ、ミケランジェロは1505年の11月頃までカッラーラに滞在していたから、GDS. 1A はその間に作成されていたものであろう。ローマに戻ったミケランジェロが自分の計画がご破算になったと考え、憤激したものと見られる。

　ところが着工直前になって、ユリウスがこの GDS. 1A について構造的な不安やその他の問題を指摘したようで、ジュリアーノ・ダ・サンガッロやヴェネツィアから招請されたフラ・ジョコンド[9]らの検討に委ねられ、ブラマンテは計画変更を余儀なくされたらしい。しかしその後の計画変更については様々な断片的なスタディ図などはあるものの、着工に向けたブラマンテの「最終案」と見られるものは遺されておらず、それが1Aのような「集中式」であったのか、あるいは後継の建築家たちによって検討されるような長堂式であったのかは全く不明であり、ユリウスに急かされて全体像が決定されないままにとりあえず交叉部から着工してしまった可能性もある。セルリオによれば、ブラマンテは木製の模型（部分模型か？特に交叉部の上に載るクーポラのため？）を作成していたといい[10]、以後の工事は少なくとも部分的にはそれに従ってなされたと考えられる。

271

ユリウスの死後、後継のレオ十世は引き続きブラマンテを主席建築家として遇するとともに、ジュリアーノ・ダ・サンガッロを新たに指名し、二人に共同で工事の継続とさらに規模を拡張する計画の作成を命じたようであるがブラマンテは病に臥し、その進言によってラッファエッロが補助に指名され[11]、さらにブラマンテの死後には正式に "magister operis" に任じられ[12]、ジュリアーノ・ダ・サンガッロとフラ・ジョコンドがそれを補佐するかたちとなる。しかし間もなくフラ・ジョコンドは死亡し、ジュリアーノ・ダ・サンガッロもフィレンツェに戻り、1516年には死亡している。後継の補佐役にはジュリアーノの甥で、すでに1508年前後からブラマンテの下で大工として働いていたアントーニオ・ダ・サンガッロ・イル・ジョヴァネが指名された[13]。ラッファエッロが1520年に死亡すると、アントーニオ・ダ・サンガッロ・イル・ジョヴァネとならんでバルダッサーレ・ペルッツィが工事を担当することになるが、レオ十世が1521年に死亡した後は工事はほとんど進まず、また1527年には "Sacco di Roma" の事件があり、計画はしばらく中断を余儀なくされ、再開されるのはパウルス三世の代の1534年になってからのことであった。

　1530年代半ばのヘームスケルクによる幾つかのスケッチやヴァザーリらの記述から察すると、このころには交叉部に接する内陣のヴォールトの一部、後陣の壁（コーニスの高さまで）などは建ち上がっていたようであり、それらはラッファエッロやアントーニオ・ダ・サンガッロ・イル・ジョヴァネらが微修正は加えていたであろうが、大筋としてはブラマンテの指示（部分模型）に従って造られていたものと考えられる。しかしまだ聖堂全体の形は決定しておらず、北側の宮殿との取り合いとの関連での規模の再検討やブラマンテが遺した中核部に長堂式の平面をつなげる方策が繰り返し検討されていたものの、半分取り壊された古いバジリカが温存されており、クーポラもまだ姿を現していない。

　1546年にアントーニオ・ダ・サンガッロ・イル・ジョヴァネが亡くなった後ミケランジェロが引き継ぐと、一転してブラマンテの *Piano di Pergamena* にミケランジェロ風に手を加えた集中式聖堂のコンセプトを復

活させ、大クーポラの形を決定する。更にヴィニョーラ、ピッロ・リゴリオ、ジアコモ・デッラ・ポルタ、ドメニコ・フォンターナ、カルロ・マデルノと引き継がれて、ようやく現在の聖堂の形が整い、1626年に献堂式が行なわれた。ベルニーニによる聖堂前の広場を囲む柱廊の完成は1667年のことである。

Piano di Pergamena

　アントーニオ・ダ・サンガッロ・イル・ジョヴァネの死以後、サン・ピエトロ聖堂の工事を引き継いでいたミケランジェロは、晩年の1555年のある書簡（宛先人不詳）の中で、十数年前までは自分を陥れようとしたとして非難していたブラマンテについて、「古代以来このかた、建築においてブラマンテほどに優れた人物はいなかった」として絶賛し、自分の前任者であったアントーニオ・ダ・サンガッロ・イル・ジョヴァネなどはブラマンテの光に満ちた内部を暗くしそれをすっかり歪めてしまったのだとしていた[14]。これから察するにミケランジェロは着工時のブラマンテの計画ないしはそれのもとになっていたと見られる GDS. 3A や GDS. 1A を目にしていて、それらを念頭にしてこのような評価を下していたものと考えられる。またヴァザーリもおそらくこの GDS. 1A を指して、「（ユリウスは）彼に無数の案を描かせたが、その一つは素晴らしいもので、彼はそこに持てる知性を最大限に表現していたのであり、二つの鐘楼をそなえたファサードの半分が描かれていて、その様子はユリウス二世やレオ十世がカラドッソに鋳造させた硬貨にも表されている……」としていた[15]。

　かくてブラマンテによるサン・ピエトロ聖堂の計画内容については、この羊皮紙のプラン以外には明確な手がかりは存在しないことになるが、まずこの案がなぜ実施されなかったのかを見て行く必要がある。

　サン・ピエトロ聖堂は言うまでもなくキリスト教会の最初の司教であったとされる聖ペテロを記念して造られたものだが、その遺骸を収めたと称する祠は、2世紀末頃に現在の聖堂の真下にある「ヴァティカンの地下墓地」Grotte Vaticane の一郭に造られていて、コンスタンティヌスのバジリ

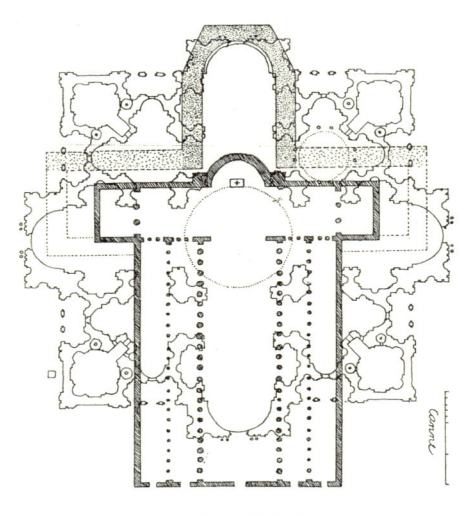

fig. 149　GDS.1Aを旧聖堂平面と重ね合わせた図
　　　　　斜線が旧聖堂、網かけはニコラス五世
　　　　　が着工した新しい後陣。

カはちょうどその真上に祭壇がくる形で造られていたのであった。この位置関係は動かしがたい神聖なものと考えられていて、新しく造られる聖堂も当然それに従ったものでなければならないというのが第一条件であったと見られる。新しい聖堂の交叉部の中心はこの聖ペテロの墓の位置とするのが自然な形と考えられたらしく、GDS. 3A はその原則に従って計画されていたと見られるが、GDS. 1A では交叉部を旧聖堂の翼廊の壁位置を基準にして定めたため、クーポラの中心はもとの祭壇の位置から大きくずれることとなった。ユリウスはまずそれにクレームをつけたと見られる。この時期ユリウスのスポークスマンとして重用されていた古典学者エジディオ・ダ・ヴィテルボの記すところによれば[16]、ブラマンテは新しい聖堂実現のためにはペテロの墓を移動させることが必要だとしてユリウスに許可を求めたが、ユリウスは肯んじなかったという。またブラマンテはこの1Aの案に関わって、これまで東面していた聖堂の方位を変えて南面させ、そちらの方に建っていた「カエサルのオベリスク」[17]と呼ばれていたものを聖堂の正面に相対するようにしたいとも提案していたが、これも拒否されたという。

　もう一つ新聖堂に求められる必要条件は、旧バジリカの全領域は「聖別」されることにより画定されていたのであるから、新しい聖堂も当然その全域を含み込むべきだということであった。しかし1Aが完全な点対称形の集中式平面の半分だけを示したものであるなら、方位を変えないとしても

VIII. サン・ピエトロ聖堂の計画

fig. 150　ジュリアーノ・ダ・サンガッロ案
　　　　　Uffizi, GDS. 8A r

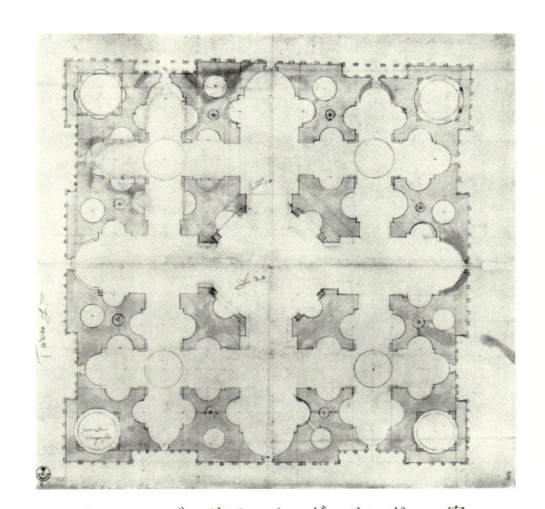

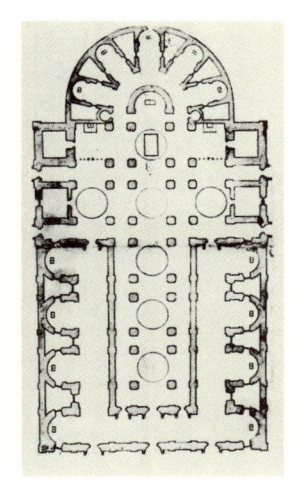

fig. 151　フラ・ジョコンド案
　　　　　Uffizi, GDS. 6A

旧聖堂身廊の東の部分はかなりはみ出してしまうことになるし、聖堂前面のアトリウムやピウス二世の「祝福のロッジア」(ユリウス二世も1507年頃まではその工事を続行するつもりでいたらしい)の処置も問題であった。さらに、ブラマンテの作品にはいつもつきまとう問題だが、この大規模な空間に対しては、構造体がいかにも華奢で、当時の常識からすれば不可能と考えられるようなものであった[18]。

　おそらくこの1Aの対抗案としてジュリアーノ・ダ・サンガッロとフラ・ジョコンドが作成したものでも、問題が解決されているとは言い難く、ジュリアーノ・ダ・サンガッロの案(GDS. 8A r)は1Aの形で構造部材をそのまま拡大したような集中式平面で、これだと構造的な不安は解消されるが、ペテロの墓との関係は考慮されていない。フラ・ジョコンド案(GDS. 6A)はヴェネツィアのサン・マルコ聖堂をモデルにしながら、そのギリシア十字のウィングの一つを引き伸ばし、また後陣をすっぽり包み込むような二重のアムビュラトリィ(周歩廊)からなる半円形アプスを取り付けるというもので、交叉部の奥のベイに主祭壇と聖ペテロの墓が来るようにし

275

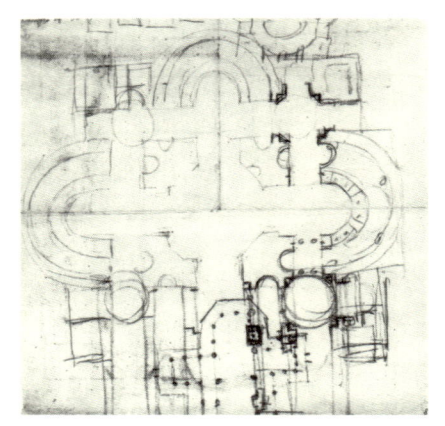

fig. 152　ジュリアーノ案の裏に描かれたブラマンテによるスケッチ　Uffizi, GDS. 8A v

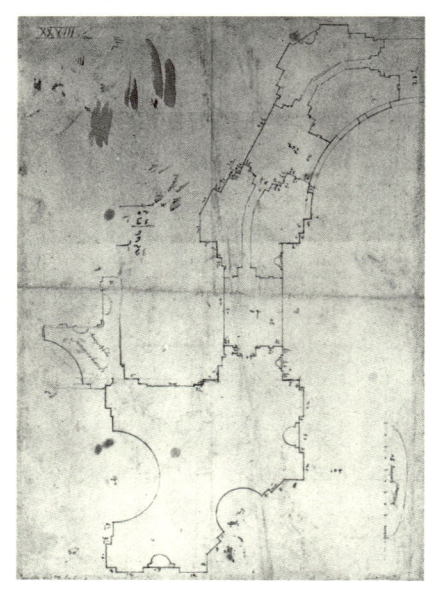

fig. 153　交叉部の南東大柱詳細
アントーニオ・ダ・サンガッロ・il G. 筆　c. 1514/15-19. Uffizi, GDS. 44A v
ブラマンテによる計画案の最も正確な記録。ただし大柱左手に薄く描かれているのはフラ・ジォコンド案による聖器室の図という。

て、墓の位置を動かさずとも済むように考えられている。しかしブラマンテやジュリアーノの案と比べると、創意の乏しさは否定しがたい。

　ブラマンテはすぐさまジュリアーノ案の検討にかかったようで、この 8A の裏側に赤いチョークで表のジュリアーノの線をなぞり、修正案をスケッチしている。ジュリアーノの図を全体に上にずらして祭壇位置とクーポラ中心とを重ね合わせられるように考えたらしく、一方ではこの中核部に既存の聖堂の平面に近い長堂式平面をつなげる可能性を探っていたようでもあり[19]、交叉部の大柱から 3 スパン（?）ほど東へ延長した図を描いている。

　キリスト教建築における長堂式（いわゆる「バジリカ・タイプ」）と集中式のタイプについては、長堂式は信徒たちの集会・礼拝のための空間であり、集中式は聖人などのための霊廟ないし記念廟であって、両者はその機能からして異なる系

VIII. サン・ピエトロ聖堂の計画

fig. 154　ブラマンテ案の後陣透視図と聖堂ファサード案（作者不詳）
　　　　Uffizi, GDS. 5A *r*

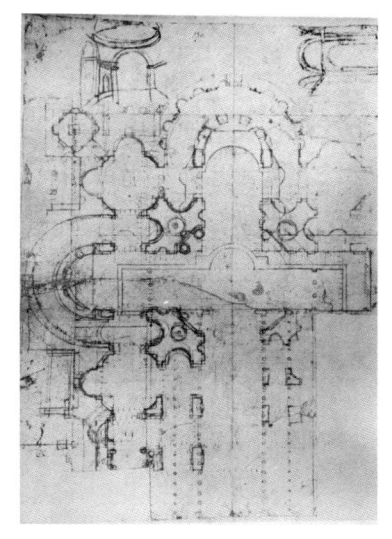

fig. 155　Uffizi, GDS. 20A
　　　　GDS. 8A *v* を基にしたスタディ

譜に属するものとする常識が研究者たちの間にはあり、*Piano di Pergamena* の集中式平面については、ブラマンテがその形式を採用するに当たってそのことにどれほど意を用いたかが話題とされることが多い。しかしブルネッレスキのサンタ・マリーア・デリ・アンジェリ[20]やジュリアーノ・ダ・サンガッロによるプラトのサンタ・マリーア・デッレ・カルチェリ聖堂などの例を挙げるまでもなく、ルネサンスの建築家たちは必ずしもそのような区別にこだわることなく、集中式平面を一般的な礼拝空間に対しても採用しようと試み続けていたのであり、聖職者たちからは伝統的な典礼上の要請からそれを忌避する意見が出され続けていたとしても、16世紀初めころまでには聖堂の一形式として定着してしまっていたはずである。それが「霊廟」なのか礼拝空間なのかといった議論は、あるいはエジディオ・ダ・ヴィテルボらにとっては大きな問題であったかも知れないが、ブラマンテにはあまり意味のないことだったと思われる。

277

サン・ピエトロ聖堂の場合はペテロの墓への配慮という問題は確かにあったが、*Piano di Pergamena* での集中式は建築空間を組織化して行く上での手がかりの一つとして採用されているのであり、*quincunx* という空間区分ないしはその完結した輪郭が重要なのではなく、それらを構成する大きさは異なるが相似な単位空間同士を関連づけ連結して行くプロセスを検証する

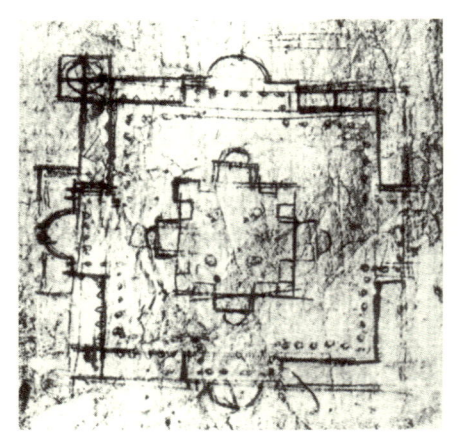

fig. 156　Uffizi, GDS. 10A *v*

ための「ケース・スタディ」としてみるなら、その希な成功例というべきであろう。それを可能にした工夫の一つが交叉部の大柱の特異な形（二本組の付柱とそれに挟まれるニッチをそなえた壁の組み合わせ――fig. 153）であり、これについてはサンティ・チェルソ・エ・ジュリアーノ聖堂のところでも指摘していたことだが（前章参照）、これが単にクーポラの重量を支えるためだけものではなく隣接する空間のための繋ぎ――「コネクター」の役割を果たし、このモティーフの巧みなヴァリエーションによってすべての空間が関連づけられ、ヒエラルキィを与えられているのである。その結果、あたかも空間の形に合わせて構造体を彫り出したかのような建築が出来上がった。これは古代ローマのコンクリート建築からの示唆によるところが大きいと思われるが、これほどまで精緻にすべての部分が関連づけられた計画は他に例を見ない。

　この計画案と直接に関連づけることはできないが、後陣のあたりを描いたと見られる作者不詳の部分的な透視図が二点遺っており（Uffizi, GDS. 4A *v*, 5A r）、5A r には聖堂ファサードとおぼしき絵も描かれている。これらは透視図が狂っているうえ、付柱の配置間隔も違っていて、あまり信用できるものではないとされているが、ヴォールトのコファリングや側面の窓の

VIII. サン・ピエトロ聖堂の計画

意匠などは、この時点で構想されていた内部空間を推測する手がかりとなる[21]。空間ヴォリュームや天井の意匠の抽象性はサンタ・マリーア・デル・ポポロ聖堂の後陣を想わせるが、側面ぐるりに穿たれた窓（「ブラマンテスコ」の変形と見られる形）が、おそらくそこに置かれるユリウスの墓に四方から光を当てることになっていたのであろう。ミケランジェロが念頭にしていたのは、こうした構成であったと見られる。

Piano di Pergamena は、「テムピエット」がそうであったように、一般にはその完結した形態ゆえに高く評価されているのであるが、ブラマンテはこの案が出来上がった時点ですでに、その空間システムを更に外に向けて展開して行くための方策を、新たな課題として意識していたはずであり、聖堂の方位の変更やオベリスクを手がかりとする聖堂前広場の整備の提案などはそのことと関わっていた可能性がある。GDS. 8A v などとの前後関係は不明であるが、ウッフィツィには GDS. 1A と同じ輪郭の建物を一回り大きく回廊で囲うというアイデアを描き留めた小さなスケッチ GDS. 10A v が遺されており、これはヴァティカン宮殿全体を改築しないかぎり不可能な案なのだが、このように一つのモティーフを大きさを変えながら反復して行く手法によって、大きな空間を支配して行くことに強いこだわりを持っていたことを示すものと言えよう。

第二次案

GDS. 8A v には、おそらくフラ・ジョコンドの案からヒントを得たらしく、ニコラスの後陣やそれと対称のかたちで交叉部の両側に延びる両翼部もアプスとし、それらにアムビュラトリィを設ける案を模索していた様子が見え、この 8A v のスケッチを承けて作成されたと見られる GDS. 20A (fig. 155) のスタディにもそれが現れてくる。このアムビュラトリィのアイデアはブラマンテの気に入ったらしく、かなり晩年近くの *Codex Mellon* の中の 2 葉の図面（ff. 70 v, 71 r）にも現れており、これらはおそらくレオ十世の計画拡大指令と関わって作成されたものかと思われる（71 r は 70 v の配置図の聖堂部分だけを拡大したもの）。これらではアムビュラトリィのモティー

279

フが quincunx のシステムの中に見事に組み込まれており、「テムピエット」における中核と円形回廊との関係がさらに複雑化されたかたちで、すべての部分について展開されたもののように見える。

特に注目されるのは、70 v では GDS. 10A v の大回廊で聖堂を囲むアイデアを採り入れた上で、quincunx の聖堂の前面に大きなアトリウムを囲い取り、ちょうどミラノの由緒ある初期キリスト教聖堂サン・ロレンツォ[22]のような構成をとるが、このアトリウム自体も、聖堂を成り立たせている例の「コネクター」とアムビュラトリィのモティーフによって聖堂の内部空間と緊密に関連づけられることで、内に向かって完結しているかに見えた集中式の空間を、外のオープンな空間へとつなげて行く手法がそこに示唆されているのである。この図は GDS. 1A を更に高い次元で発展させたものということができ、ブラマンテの空間構想力の頂点を示すものと言って良いであろう。

この案は聖堂南側にあったオベリスクの移動だけではなく、北側に隣接するシスティナ礼拝堂を含む宮殿にも手をつけないかぎり不可能であり、試案にとどまらざるを得なかったと見られるが、アムビュラトリィのアイデアだけはその後に引き継がれる。ブラマンテの確実な「第二案」とされるものは遺っていないが、同じ時期にジュリアーノ・ダ・サンガッロが作成していた図（GDS. 7A; *Cod. Barberiniano, 4424*, f. 64 v など）にもそれが現れ、さらにラッファエッロの案としてセルリオが掲げている図（Lib. III, p. 65 r）や

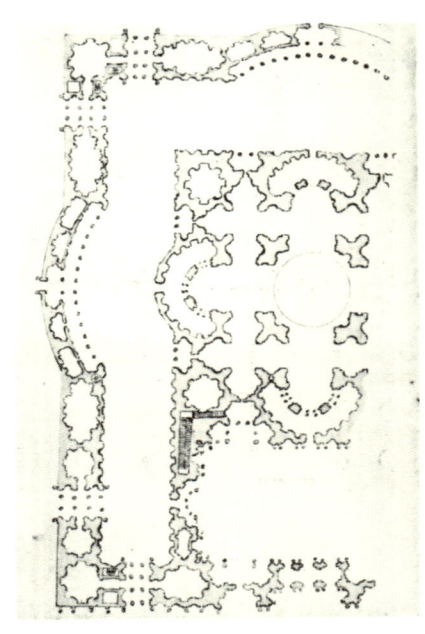

fig. 157　*Codex Mellon*, f. 70 v

VIII. サン・ピエトロ聖堂の計画

fig. 158　ブラマンテの「第二案」の内陣推定アクソメ図（？印は不明箇所 from Bruschi）

そのもととなったと見られる Cod. Mellon, f. 2 r（後出の fig. 181）も長堂式の平面であるが、後陣と両翼のアプスにアムビュラトリィを取り付けた図を描いている。これらはおそらくブラマンテの失われた「第二案」に近いものと思われ、ミケランジェロが登場してくるまで、これをもとにしたスタディが後継の建築家たちによって繰り返されていた。しかしそれらはいずれも、ブラマンテに見られたような内部のシステムを外に向けて展開して行く力は失っていた。

　Codex Mellon の中には、「第二案」をもとにしたと見られる聖堂ファサードの立面と身廊断面を描いた図（ff. 71 v, 72 r — fig. 159）があり、その立面図によれば、ファサードは巨大なペディメントをのせた神殿風プロナオスで、

281

fig. 159　ブラマンテの「第二案」に基づくと見られる断面と立面図 *Codex Mellon*, ff. 71 *v*, 72 *r*.

中央部はオーダーを二層に重ねた5スパンのロッジァとし、その両端を二本組のジャイアント・オーダーで収めるというものである[23]。ファサードの両脇には、7層の塔が取り付けられている。これがどの程度までブラマンテのアイデアを伝えるものかは不明であるが、後のラッファエッロやアントーニオ・ダ・サンガッロらによるファサードのスタディは、これを下敷きにしながら進められていたものと見られる。しかしこれはまだ満足すべき解決からはほど遠いものであった。

クーポラの問題

　セルリオはブラマンテが計画していたクーポラの平面図と立断面図を掲げ（Lib. III, 66 *r*, *v*）、これはすでに建設されていた交叉部の構造がクーポラの重量に耐えきれないとの判断から採用されなかった案であるが、案自体としては素晴らしいものであり、建築家の参考になるので示すことにした

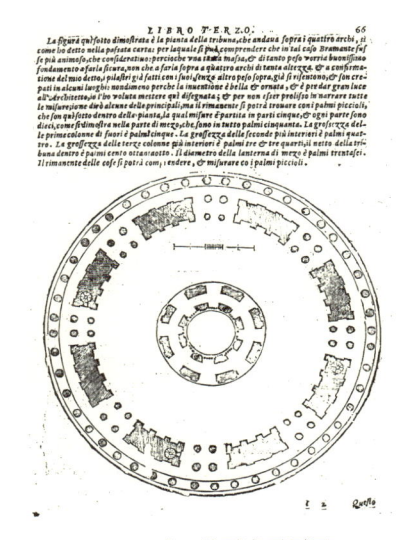

VIII. サン・ピエトロ聖堂の計画

fig. 160 クーポラ計画案平面図 Serlio, Lib. III, p. 66 r

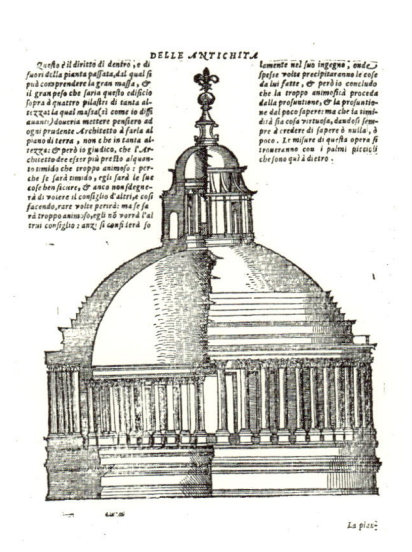

fig. 161 クーポラ計画案立・断面図 Serlio, Lib. III, p. 66 v

としている。これがどの時点での計画案に基づくものなのかはっきりしないが（着工記念メダルにはドラムに列柱が取り付けられた様子が表れているので、すでに最初期の段階で構想されていたものかも知れない）、その前の頁では GDS. 1A ではなく、ペルッツィが造った模型（1520年ころのものか？）によると称する聖堂全体の平面図を掲げていて、それがよりブラマンテのオリジナルの計画に近いものだからとしている。

　いずれにせよクーポラはミケランジェロが新たに二重シェルのものを計画するまで着手されることはなかったから、これが第二案のころまでブラマンテが考えていた形を伝えるものと考えてよいと思われる。クーポラを支えるドラムの上半は二重の列柱となっており、クーポラはパンテオンと同様な内部が完全な半球形で、ブルスキによればこれは明らかにパンテオンをモデルにしたもので、ドラムの列柱はパンテオン内部（初層）の構成を裏返して外に表そうとしたものであろうとしている[24]。ドラムないしクーポラ基部からの採光手法は、外部の列柱こそ存在しないがビザンティンの

283

聖堂などには一般的に見られた手法であり、おそらくチリアコ・ダンコーナ[25]による東方建築の見聞記などがブラマンテにも伝わっていたはずで、必ずしもパンテオンだけがその手本であったとは言い切れないが、このように列柱を取り付けることによって、それまでは単なる内部空間の覆いにすぎなかったクーポラが、初めて外に向けた建築的な「顔」をそなえるものとして位置づけられたと言うことができる。

　ブルネッレスキによるフィレンツェのドゥオモのクーポラ以来、その「フィレンツェ・タイプ」が一般的となっていて、小規模なクーポラは別として、このように大規模なもの（直径40 m強）に半球形のパンテオン・タイプを用いる試みは存在しなかったうえ、ドラムを列柱で置き換えるという手法も前例のない新奇なものであった。実際にはこの施工にはその重量や仮枠の問題があり、このままの形では実現不可能なものであったが、交叉部への採光のためには理想的な方法であり、ミケランジェロもこのドラムからの採光方式を採り入れ、以後こうした列柱を取り付けたドラムでクーポラを支える手法が、18世紀末の米合衆国議事堂に至るまで、用いられ続けることとなった。

　セルリオの図ではクーポラ内面のコファリングは描かれていないが、上に触れた Cod. Mellon の図ではクーポラ断面にパンテオンのそれと同様なコファリングを表すと見られる形がクーポラの途中の高さまで描かれており、あるいは部分的にせよパンテオンのイメージを引用しようとしていたのかも知れない。ブラマンテの目指していたのはこの建築を成り立たせている空間の幾何学的形態をできるだけ明確に表現することであり、サンタ・マリーア・デル・ポポロ聖堂の後陣と同様な抽象的表現で統一することを考えていたのであろう。

ラッファエッロの「アテネの学堂」とサン・ピエトロ聖堂

　1508年から1519年にかけてラッファエッロが装飾を手がけたヴァティカン3階の4室、いわゆる「スタンツェ」"Stanze di Raffaello" のうち、西から二番目の部屋「署名の間」Sala della Segnatura の東壁面を飾る「アテネの

VIII. サン・ピエトロ聖堂の計画

fig. 162　ラッファエッロ「アテネの学堂」*Scuola d'Atene*
　　　　ヴァティカン宮殿の Stanze, Sala della Segnatura 東壁面
　　　　画面奥中央の二人の人物はプラトーン（左、モデルはレオナルド？）とアリストテレース（右）、手前左手で地球儀をかざすのはゾロアスター（モデルはカスティリオーネ）、その右で黒いベレの若い人物はラッファエッロ自身という。またその手前で人々にとり囲まれ屈んでコンパスで円を描いているのはユークリッド（モデルはブラマンテ）、画面手前左寄りで頬杖をついているのはヘラクレイトス（モデルはミケランジェロ）とされる。この他にもこの画面には多くの実在の人物が歴史上の思想家の姿として描かれているとされる。

学堂」*Scuola d'Atene*[26] に描かれた建築空間は、同じ時期に進められていたサン・ピエトロ聖堂の計画との関連が言われ、ヴァザーリはブラマンテがその下図を用意したとしており[27]、ブラマンテが同郷のウルビーノ出身のラッファエッロを呼び寄せ制作に当たらせるようユリウスに進言していたのだという[28]。それまでペルジーノのアトリエでフィレンツェなどの15世紀ルネサンスの空間的コンセプトを学び、「マリアの婚約」*Sposalizio*（現ミラノのブレラ画廊蔵、1504）では背景に集中式の聖堂を描くこともしていたラッファエッロではあったが、1508年に初めてローマに出てきたばかりで、

285

そこで展開されていた盛期ルネサンスのスタイルには全くなじみがなかったはずであり、ブラマンテの教示なくしてはこのような建築空間の描写は不可能であったと思われる。ブルスキは「少なくともその集中式の空間とそれを覆うコファリングの施されたヴォールトは、新しいバジリカのアイデアと部分的に重なるものがある」としている[29]。

　平面は GDS, 1A をはじめとする当時検討されていたサン・ピエトロ聖堂の計画案のどれとも合致せず、翼廊はあるが側廊なしの建物らしく、人物群はその交叉部とおぼしきところに集まっているが、その背景のヴォールト架構の先にはもう一つドームをのせた交叉部があるようで、そこから奥へ延びるヴォールトはそのまま外に向かって開いているらしく青空が見え、さらにその向こうには離れて建つ凱旋門らしきものが見えている。交叉部のペンデンティヴの上にはクーポラを支えるドラムがあるが、そこにはセルリアーナの窓とおぼしき開口がある。ヴォールトを支える壁の付柱が二本組で、間に彫像を収めるニッチが設けられているところなどはサン・ピエトロの手法を想わせるが、それらはコムポジット式の実物とは異なりドーリス式で溝彫りもない。もとよりこれは空想の空間であり、サン・ピエトロ聖堂の計画をそのまま写したわけではないが、この時期のローマでこれほど壮大な古代風の空間を構想できる人物としてはブラマンテ以外には見当たらないことも確かで、ヴァザーリの記述はほぼ事実であろうと思われ、この絵をブラマンテがイメージしていたであろうサン・ピエトロ聖堂の内部空間を推し量るための手がかりとすることも可能であろう。おそらくこのような、光が充満しそれが空間の輪郭をくっきりと描き出すような光景こそが、彼の目指す建築の姿であったと思われる。

"Maestro Ruinante [o Guastante]"（「壊し屋」）

　この当時ローマの人々がブラマンテに献上していた綽名 "Maestro Ruinante [o Guastante]"（「壊し屋」）という語は、ユリウス二世の儀典長であったパリーデ・グラッシ[30]の記述に最初に現れるが、その後アンドレア・グアルナの「シミア」によって広く知られることとなり、それはブラマン

VIII. サン・ピエトロ聖堂の計画

テが新しいサン・ピエトロ聖堂の工事のために、コンスタンティヌスによって造られていた由緒ある初期キリスト教時代の建築や多くの周辺の建物[31]を取り壊しておきながら、生前にはついにそれに代わるべき新しい聖堂の姿を提示することなく終わってしまったことと結びつけられている。

ヘームスケルクは1530年代半ばの工事現場の状況

fig. 163　1535年頃のサン・ピエトロ聖堂工事現場　ヘームスケルク Maarten van Heemskerck　Berlin, Kupferstichkabinett, Skizzenbuch, II, f. 52 r

を様々な角度から記録しているが、その一つに取り壊された旧聖堂の身廊のあたりから交叉部の状態を描いたものがあり (fig. 163)、クーポラなしのその場所でミサを執り行うために、レオ十世が応急的にブラマンテに造らせた教皇玉座のための覆屋 "tegurio" (or tiburio) が置かれている様子が見える。これはその直下にある聖ペテロの墓の保護も兼ねるもので、1513年に着手されたが、ヴァザーリによればブラマンテの死後にペルッツィにより完成されたものという[32]。ドーリス式の円柱でペペリーノの石材によるものであったと言うが、その後新聖堂の完成と共に取り壊された (1591年)。その奥の後陣のヴォールトはレオ十世の代に造られた。画面手前の両側に見えている列柱はまだ取り壊されずに遺っていた古い聖堂のものである。

聖堂を東南の方から眺めた図 (fig. 164) では、東の翼部のアプスの壁 (おそらくその外側にアムビュラトリィが取り付くことを予定したもの) が途中まで立ち上がっており、もとそこにあったはずのホノリウス帝の陵墓はすでに取り壊され、残骸となっている。その右手の方にある円形の建物は3世紀頃に造られた聖アンデレの墓廟 (16世紀末に撤去された) で、更に画面の右端には「カエサルのオベリスク」が見えている。この図とは反対側の西か

fig. 164　ヘームスケルクのスケッチ　東南から見た様子　Berlin, Kupferstichkabinett, Skizzenbuch, II, f. 54 r

fig. 165　ヘームスケルクのスケッチ　西から見た様子　Berlin, Kupferstichkabinett, Skizzenbuch, I, f. 15 r

ら見た図（fig. 165）では、交叉部の両側に取り付くせいの高いヴォールトが重なって見え、その下にはまだ古い聖堂の壁の残骸が残っている。右手には後陣、左手には半分になった旧聖堂があり、そのあいだからオベリスクが顔をのぞかせている。

　その後も数十年間はこの状態にほとんど変化は無く、その間、ローマ市民たちは半分取り壊されたままの旧聖堂の東部分と、その背後に立ち上がる新聖堂交叉部の壁を見続けていたわけで、その有様をブラマンテの所業として記憶にとどめてしまったとしても無理はない。それはブラマンテの傲慢な「メガロマニア」のなれの果ての姿として取り沙汰され、また現代の批評の多くも、必ずしもそれを否定していないように見える。しかしアッカーマンが指摘する如く[33]、こうした批判の大半は、ユリウス二世の野望に対して向けられるべきものが、ブラマンテの傲岸な資質に起因するもののように言われてきた部分も少なくはなかったはずであり、言うまでもないことだが、その事業につぎ込まれた財源のほとんどは民衆への苛烈な重税から得られたものであり、とりわけローマ市民からの収奪によるところが大きかったから、ブラマンテに対するこの評

言は単に君主の浪費を揶揄するだけの生やさしいものではなく、圧政に対する怨嗟とうめきの声でもあったと見なければならない。その意味ではブラマンテはこの時代の権力者の恣意に翻弄された被害者であったとも言えるが、とはいえブラマンテがユリウス二世をはじめとする強大な政治権力と密着することによって、それが要請してくる暴挙に加担した「共犯者」であったことも否定できない。そしてそれはブラマンテのみならず多かれ少なかれ近代以前の（あるいは現代でも？）建築家の宿命とも言えるものであって、それが何らかの権力との「癒着」によってしか存立し得ない職能であることを、ブラマンテは身を以て示すことになった。

　おそらくブラマンテは、自分が置かれたそうした立場の意味を誰よりもよく理解していたと見られる。「シミア」に揶揄的に描写されたその人間像はかなりの部分、真実を含んでいたと考えられ、自分が手がけている巨大プロジェクトについて「教皇の財布をできるだけ軽くするため」と傲然と言い放つその言葉には[34]、居直りと言うよりはむしろある種の諦念の響きがあり、その裏には、施主からの抗いがたい無理難題に対してもそれを建築的課題に置き換えるべくやるだけのことをやるのだという、不敵な決意が読み取られるように思う。この時代に建築技術の独自性を貫く建築家であろうとすることは "maestro ruinante" となる危険を常に孕んでいたのであり、逆説的な言い方になるが、そのような呼称を与えられることはむしろ建築家にとっての栄光であったとすべきかも知れない。

注
1. ニコラス五世の改築計画については、拙著「アルベルティ」VII 章、特に pp. 219-223 を参照されたい。
2. この「祝福のロッジァ」の経過については、本書第 IV 章（及びその章の注3）を参照。
3. Ascanio Condivi, *Vita di Michelagnolo Buonarroti*, Roma 1553, p. 15 sgg.; Vasari-Milanesi, VII, pp. 162-168, 319-330 ("Commentario alla Vita di Michelangiolo Buonarroti", da Milanesi). この墓の計画は1511年頃には中断され、ユリウスの死後になってその係累の依頼によりサン・ピエトロ・イン・ヴィンコリ聖堂の方

に造られることとなるが、それもミケランジェロの当初の計画とは全く違ったものになってしまった。ミケランジェロは1542年ころ（日付なし）に知人の高位聖職者（Milanesi はセニガッリアの司教であった Marco Vigerio であろうとしている）に宛てた長文の書簡の中で、この計画がいかに難航したかを縷々述べており、これが計画通りに実現しなかったのはブラマンテとラッファエッロらの妬みによるものだとしていた。

4. メッテルニヒ（Franz Wolff Metternich, "Le premier projet pour St-Pierre de Rome", in *Studies in Western Art. The Renaissance and Mannerism*, II, Princeton 1963, p. 79）はこのコンディヴィの記述は信用できないとし、ミケランジェロの当初案は後陣の脇に取り付くチャペルを想定したものであったろうとしていた（ただしメッテルニヒは GDS. 1A を当初案であると考えており——次注参照——その図にある後陣脇のチャペルの一つがそれであろうとしていた）。

5. Frommel, 2002, pp. 87-88. この図はメッテルニヒ（*op. cit.*, p. 74）がサンガッロ（Antonio il V. or G. ?）ないしその一派の手になるもの（つまりブラマンテ没後）であろうとしていたものだが、フロンメルはこれがフィレンツェの braccia で寸法が決定されたものであるとすればロッセッリーノの計画とよく一致し、その後のサン・ピエトロの計画に用いられていたローマの palmi だとすると合わなくなると指摘し、この裏側にはブラマンテ自筆と見られる書き込みがあることなどから、ブラマンテが助手の Antonio di Pellegrino に描かせた初期案であろうとする。そして交叉部の大クーポラと後陣の両脇にやはり小さなクーポラをそなえる方形のチャペルを配する形が、この後の *Piano di pergamena* の *quincunx* の原形となったものであろうとしている。

6. ヴァザーリが言うごとく（Vasari-Milanesi, IV, p. 161）、当時有名であった金細工師カラドッソ Cristoforo Caradosso Foppa（1452-1526/27）が作成したものと推測されている。彼はロムバルディア出身で永くルドヴィーコ・イル・モーロに仕えていて、マントヴァやフェッラーラなどの宮廷にも出入りしており、かなりの名声を得ていた。ベンヴェヌート・チェッリーニは自伝の中で彼の技倆を高く評価していた（Benvenuto Cellini, *Vita*, Vol. I, cap. 26）。ローマで仕事をするようになるのは1505年以後とされているが、すでにそれ以前の1503年頃からユリウス二世のための仕事を始めていたようである。メダルの他に同様意匠のコインも造られたようであるが、メダル表の銘は "TEMPLI PETRI INSTAVRACTO VATICANVS M"、裏面はユリウスの胸像で "IVLIVS LIGVR PAPA SECVNDVS MCCCCCVI" となっている。カラドッソはブラマンテの肖像メダルも作成していたとされ、ワシントンのナショナル・ギャラリィには

その一つが所蔵されており、表にはブラマンテの裸体半身像（銘文は"BRA-MANTES ASDRVALDINVS"）、裏面は「建築」を表す女神像がコンパスを携えた姿、背景にはサン・ピエトロ聖堂と見られる建物が表され、"FIDELITAS LABOR"の銘がある（φ 4.34 cm）。おそらくこれも着工記念メダルと同じ時期に作成されたものと思われる。

7. 現在の交叉部南西の大柱で聖ヴェロニカの像が取り付けられている場所。

8. Condivi, pp. 17 *r*-20 *r*. ミケランジェロは1月にフィレンツェの父宛に、ユリウスの墓のために作成していた下図類を送るので大事に保管して欲しい旨を依頼しており、5月にはローマにいるジュリアーノ・ダ・サンガッロに宛てて、教皇との間を取りなしてくれるように懇請している（cf. Giovanni Poggi, a cura di, *Il Carteggio di Michelangelo*, Firenze 1965, I, Let. I & VIII）。この年の暮れから翌年にかけてミケランジェロはボローニャに滞在しており、その間にボローニャに進攻していた教皇と会い、関係が改善されたと見え1508年4月ころにはローマに戻っている。しかし教皇は新たにミケランジェロにシスティナ礼拝堂の天井画の制作を命じ、墓の計画は先延ばしにされてしまう。

9. フラ・ジョコンド Fra Giovanni Giocondo（c. 1433-1515）。ヴェローナ出身の古典学者。修道士（当初ドメニコ会、その後フランチェスコ会に移る）であったため、"Fra"の肩書きで呼ばれる。彼がどのようにして建設技術を習得したのかはよく分からないが、1483年から98年ころまで、フランス国王からの招請によりパリに滞在し、その間にノートルダム橋 Pont Notre-Dame の設計をはじめ幾つかの建物の設計に関わったとされる。1500年前後にはイタリアに戻り、郷里のヴェローナやヴェネツィア、パドヴァ、トレヴィーゾなどで、多くの橋や城壁の改良、運河の建設、公共建築などに関わったと見られる。ブラマンテの死後1514年には、ヴァティカンのサン・ピエトロ聖堂改築計画のスタッフに加わっている。彼は主として、1511年に上梓した初めての図入りのウィトルウィウスの版本 *M. Vitruvius per Iocvndvm solito castigator factvs cvm figvris et tavula...*, Venezia や、幾つかのラテン語古典文献の編纂などで、優れた古典学者として知られている。ラッファエッロは彼を師と慕っていたと言われる。

10. Serlio, Lib. III, p. 64 *v* ── "...ma interotto dalla morte [di Bramante] lasciò non solamente la fabrica del tempio di san Pietro di Roma: ma ancora il modello rimase imperfetto in alcune parti".

11. 1514年4月1日のこと（cf. V. Golzio, *Raffaello nei documenti, nelle testimonianze dei contemporanei e nella letteratura del suo secolo*, Città del Vaticano 1936, p. 29, cit. in Stefano Ray, *Raffaello architetto*, Bari 1974, p. 298）。ブラマンテの病状につい

ては第 VI 章の注23参照。
12. 1514年8月1日（cf. Golzio, *op. cit.*, pp. 34-35; Stefano Ray, *op. cit.*, p. 298）。
13. 1516年12月1日（cf. Golzio, *op. cit.*, pp. 50-51; Stefano Ray, *op. cit.*, p. 299）。
14. Vasari-Milanesi, IV, p. 163, n. 1.
15. Vasari-Milanesi, IV, p. 161. ヴァザーリの書き方から察すると、この図面には平面図だけでなく、半分にした立面図も一緒に描かれていた可能性があり、現存の図は左端が欠けていてそこで切り取られた形跡があることから、その切り取られた部分に立面図があったものと推定される。
16. Egidio Antonini da Viterbo（Giles of Viterbo, 1469-1532）。アウグスティヌス派の修道士であったが、パドヴァで学んだ後、マルシリオ・フィチーノに就いてネオ・プラトニズモに傾倒した。弁舌に長け、その才を買われてアレクサンデル六世、次いでユリウス二世、レオ十世にも取り立てられ、外交でも活躍した。その著 *Historia vigniti saecularum*（*cod. C. 8. 19*, Biblioteca Angelica, Roma）は1513年頃から書き始められたもので、この時代のヴァティカンやローマの雰囲気を伝える貴重な記録とされている。
17. これはカリグラ帝がエジプトのヘリオポリスから運ばせて、そこにあったネロのキルクスを飾るために建設させたもので、旧聖堂の南側にあったが、1586年にシクストゥス五世がドメニコ・フォンターナに命じて新しい聖堂正面の広場に移築させた。その工事の模様を記録したフォンターナの著書については第 VI 章の注9を参照。
18. アッカーマン（Ackerman, "Notes on Bramante's bad reputation", 1974, *op. cit.*, p. 343）は、「ルネサンス期の実際の建築のための計画としては最も使い物にならないものであった」（"the most impractical project for an actual building to have survived from the Renaissance"）と断じている。組積造を主体とする当時の構法を踏まえた判断としてはそのとおりであろう。構造力学の専門家の意見を仰がなければ確かなことは言えないが、クーポラの重量にもよるであろうし、ブラマンテが手本にしようと努めていたであろう古代ローマのコンクリート構法ならば、必ずしも不可能とは言い切れないようにも思われる。
19. この図の下の部分には聖堂の多角形のアプスの一部とおぼしき平面が小さく描き重ねられており、ブルスキによれば（Bruschi, 1990, p. 229）、これはミラノのドゥオモの図であろうと言う。
20. この建築については拙著「ブルネッレスキ」第 XI 章を参照されたい。
21. Frommel, 1984（*op. cit.*）, pp. 256-7, fig. 2.15.1.
22. Basilica di S. Lorenzo Maggiore, Milano（after 378）. 古代ローマ末期、首都がミ

ラノに移されたことから、皇帝の宮殿に付属する礼拝堂として建設された。集中式聖堂としては最大のもの。前面に柱廊で囲まれた広いアトリウムをそなえる。

23. フロンメルはこの図は、ブラマンテ案というよりはラッファエッロ案と見られる *Cod. Mellon*, f. 73 *v* の平面図（第 X 章参照）と関わるものと見ているようである（cf. Frommel, "San Pietro. Storia della sua costruzione", in Frommel, Ray, Tafuri, *Raffaello architetto*（*op. cit.*）, pp. 270-271.
24. Bruschi, 1990, p. 222.
25. Ciriaco d'Ancona（Ciriaco di Filippo Pizzicolli, 1391-1452）。東ローマ帝国領やダルマティア地方などを広く旅行し、多くの古代建築の詳細な記録を遺した。彼のノートはジュリアーノ・ダ・サンガッロもその建築図集のために利用していたと言われる。cf. Brown, Beverly L. & Kleiner, Diana E. E., "Giuliano da Sangallo's Drawings after Ciriaco d'Ancona: Transformations of Greek and Roman Antiquities in Athens", in *Journal of the Society of Architectural Historians*, XLII, n. 4, 1983, pp. 321-335.
26. この題名は18世紀頃から言われ始めたもので、実際はそれから想像されるようなプラトーンの「アカデメイア」を描こうとしたものではない。この部屋（当初はユリウスの書斎に充てられていた。「署名の間」という名称は後の用途——宗教裁判などの最終評決の批准を行なう——から出た）の四面の画題は、それぞれ神学、哲学、芸術、正義を表象するものとなっており、この「アテネの学堂」とされるものは「哲学」を扱い、古代以来の思想家たちが一同に会した様子を表している。ヴァザーリはこれが「署名の間」の壁画の内最初に制作されたとしているが、最初に描かれたのはこれの向側壁面の「神学」*Disputa* で、「哲学」は1509〜11年ころの制作と見られる。
27. Vasari-Milanesi, IV, p. 159.
28. Vasari-Milanesi, IV, pp. 328-329.
29. Bruschi, 1990, p. 235.
30. Paride Grassi（Paris de Grassis, c. 1450/60-1527）。1506年から主席儀典長を務めていた。彼の執務記録 *Diarium* は当時の教皇庁内の様子を伝える貴重なものとされている（cf. Massimo Ceresa, "Grassi, Paride", in *Dizionario biografico degli Italiani*, vol. 58, 2002）。ブラマンテとは日常的に接する立場にあったと見られるが、かなり辛辣で執念深い人物であったらしく、ブラマンテに対しては個人的にもかなり怨みがあったようである。1511年6月11日の日記には、ロレートの聖域の計画（これについては次章で触れる）について、教皇は「これを

再建するための建築家としてブラマンテを指名したが、彼はむしろ『壊し屋』と言うべきである」"quae per eius architectum moliebantur nomine Bramantem, seu potius Ruinantem..." と記している。この年の4月にロレートの近辺はかなり大きな地震に見舞われていて、工事中の建物が破損したため造り直そうとしたものらしいが、グラッシはそれをローマでのブラマンテの評判と結びつけてしまったものと見られる。彼は1509年にはサンティ・チェルソ・エ・ジゥリアーノ聖堂（前章を参照）の主任司祭に任じられているが、ユリウスはそれと同時に新しい聖堂を造ることに決め、ブラマンテに命じて古い聖堂を取り壊させ、彼は聖堂を持たない住職となってしまった。彼のブラマンテについての評言は、おそらく自分に直接関わるこうした経緯もあってのことであろう。

31. 1508年頃までには、聖堂前の広場整備のため古いバジリカのアトリウムやそれに付随していた重要な施設を取り壊すことが決定されており、その一つにはアトリウムの向かって右手の「インノケンティウスのパラッツォ」Palatium Innocentianum と呼ばれていた建物があって、そこは教会内の訴訟問題を扱う役所 "La Rota" や教皇庁の財務を管掌する "Camera Apostolica" などを収容していた。その除却計画に伴ってローマ市内に新たな代替施設が必要となり、1508年から着工された新街路 Via Giulia の複合公共施設 Palazzo dei Tribunali の計画につながることとなる（次章参照）。実際にはこれらの建物が除却されるのは17世紀初めのことであった。

32. Vasari-Milanesi, IV, p. 163. この建物の考証については John Shearman, "Il «Tiburio» di Bramante", in *Studi Bramanteschi* (*op. cit.*), pp. 567-573 を参照。

33. Ackerman, 1974, pp. 339-349.

34. cit. Bruschi, 1990, p. 261.

IX. ブラマンテと都市

fig. 166　ローマ、パラッツォ・デイ・トリブナリ着工記念メダル
Biblioteca Apostolica Vaticana

教皇と自治都市ローマ

　ローマ市民は 14 世紀の教皇不在の間に着々と経済的実力を蓄え、それを背景に自分たちこそが古代都市ローマの栄光を受け継ぐべき主役であるとの意識を強めていた。コラ・ディ・リエンツォの「共和国」宣言[1]はその代表的な表れであった。そのため教皇のローマ帰還後は、有力な同業者組合や宗教的友愛組織 Confraternità が実権を握る自治都市ローマと教皇との関係は、常にある種の緊張を孕むこととなる。ニコラス五世に対するステファノ・ポルカリの叛乱[2]も、同じことから発したものであった。以後の教皇たちは、折を見てはローマ市の自治権に掣肘を加え、その一方では劣悪な環境を改善し市民の福祉に寄与するとの名目で、枢機卿たちに指示して聖堂の修復や邸宅建設に伴う周辺広場・噴水などの整備を行なわせ、ローマ市街をコントロールするための拠点を確保しようと努めている。

　ユリウス二世の伯父シクストゥス四世が最も力を注いだのはオスペダーレ・ディ・サント・スピリトの建設で、これはローマ市民を強力に束ねる講中 "Sancta Sanctorum"[3] が運営していた病院と対抗しその力を殺ぐと同時に、ローマ市街とヴァティカンとの間の重要な地点を扼するためでもあった。また彼が主導したサンタゴスティーノ聖堂やサンタ・マリーア・デッラ・パーチェ聖堂建設（これらの建設事情については本書第 IV 章参照）は、それらをつなぐ形で東西に通るコロナリ通り Via dei Coronari (Via Recta =「直線道路」と呼ばれた)[4] によって、商業活動の中心であるナヴォナ広場との繋がりを求めてのことでもあったと見られる。その建設事業は常に市民の経済活動の拠点に楔を打ち込むような形でなされ、その地区の自治権を握る同業者組合や講中の力を殺ぐことを狙いとしていた。シクストゥス四世の戦略は一貫してローマ市民や古くからの土豪 baron たちの力を抑えることであり、その施策によって多くの古参市民たちが没落させられている。ローマを代表する豪族であるコロンナの一党と親しく、ローマ市議会の書記官であったステファノ・インフェッスーラによる年代記[5]には、シクストゥスはネロにも匹敵する暴君として叙述されており、その建設活動は必ずしもローマ市民から歓迎されていた訳ではなかった。シクストゥス四世は晩年

fig. 167　ローマ、「ユリウス通り」南から見た様子（20世紀の改修前）

に甥のリアリオ枢機卿にサン・ロレンツォ・イン・ダマゾ聖堂とそれに付属する邸宅（のちのパラッツォ・デッラ・カンチェッレリア——第Ⅳ章参照）を与え、教皇の死後のことではあったが、枢機卿はその全面改築を通じて巡礼者たちが多く往き来するペッレグリーノ通り Via del Pellegrino とその南の物流の拠点であるカンポ・デイ・フィオリ Campo dei Fiori との結びつきを強めることに寄与し、シクストゥスの目論見を忠実に引き継ぐこととなる。

　しかしそれらの事業はローマ市の都市活動活性化を目指すというよりは、ヴァティカンによるローマ支配のための拠点づくりといった観が強い。それらにも新たな「古典様式」によって中世的都市構造に対抗しようというそれなりの目標はあったが、ばらばらに孤立した点を抑えたのみで面的な広がりを欠き、都市構造に変革をもたらすまでのものではなかった。そこにはいまだ建築と都市とを統一的な空間手法によって捉えるという視点——アルベルティの言う「小さな都市としての住居と大きな住居としての都市」というコンセプト——ないしはそれを実現するための建築的手法が見出されておらず、結果として剥き出しの政治的意図だけが露呈してしまうこととなる。

　ユリウス二世がローマ市攻略というニコラス五世以来の企図を引き継ぐに当たっては、その猛々しい政治的意図を包み込むようなより高次の哲学とそれに見合う建築的手法が必要であった。世俗的には古代ローマ皇帝の権威の継承者であることを宣言する必要があると同時に、キリスト教世界

IX. ブラマンテと都市

——アウグスティヌスの「神の国」——の代表者の資格において、その両面で歴史的にも特権的な地位を占めるローマ市は、精神的にもまた実質的にも教皇が統治すべきであり、都市とそれを形作る建築空間は、その普遍的権威の表象となるのでなければならない、すなわちラッファエッロの「アテネの学堂」に表されたような、ブラマンテ的「ユニヴァーサルな空間」が要請されるというのである[6]。

ユリウス通り Via Giulia

ユリウス二世の手がけたローマ市改造事業の一つ、「ユリウス通り」Via Giulia の計画について、ヴァザーリは次のように記している。

「教皇はブラマンテに命じて、ユリウス通り［Strada Giulia］にローマ市のすべての役所や裁判所をまとめさせ、関係者たちが契約手続きなどを行なうのにそれまでは非常に不便であったものを、便利となるように計らわせた。そこでブラマンテはまずテヴェレに面してサン・ビアジョ聖堂とともに一つのパラッツォを造ることにし、この聖堂はコリント式で未完のままであるがきわめて新奇なものであり、また着手されたうち残っている部分はルスティカ仕上げで壮麗なものである。かくも立派で有益かつ壮大な建物が未完に終わったことは大いなる損失であって、それというのもこのような営みのために充てられたものとしては、かつて例を見ないような美しいものだったからである。」[7]

1508年の8月11日には、この新街路予定地の一郭を占めていたフィレンツェ商人たちの組合の建物の除却工事に、ブラマンテとその配下の工匠たちが取りかかっていたことが知られており[8]、この事業は1508年ないしその前年頃から計画されていたものと考えられる。この新しい通りは、ポンテ・シスト Ponte Sisto[9] の袂から北西に向かって現在のサン・ジョヴァンニ・デイ・フィオレンティーニ聖堂 S. Giovanni dei Fiorentini[10] の場所にまで達する長さ約1kmの直線道路で、本来はそこからネロの時代にあった

299

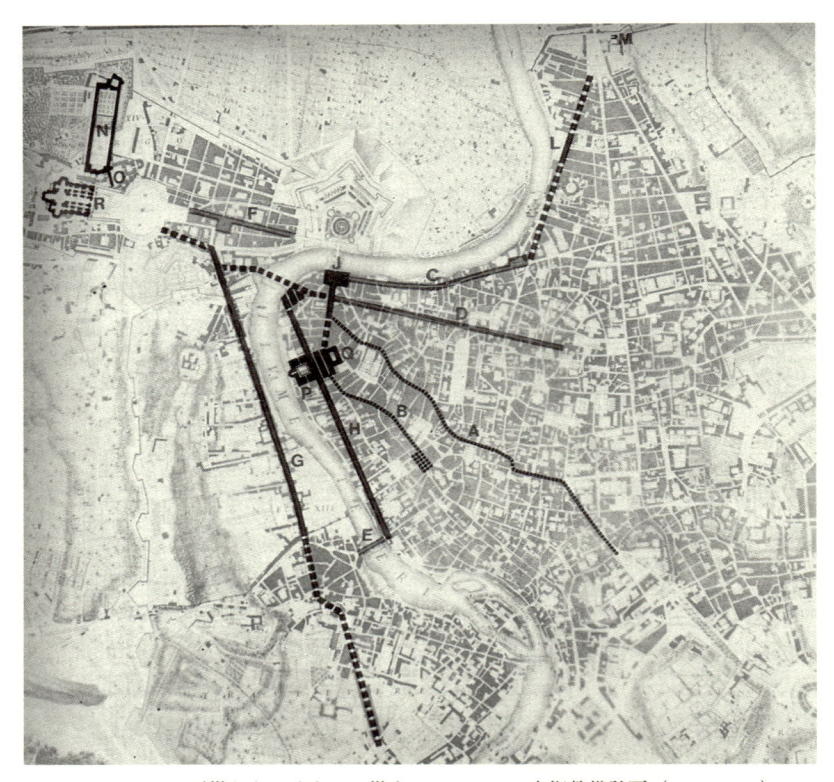

fig. 168　ニコラス五世からユリウス二世までのローマの市街整備計画（from Tafuri）

15世紀──A: Via Papale ／ B: Via Floreale と Campo dei Fiori
シクストゥス四世──C: Via Sistina ／ D: Via Recta (Via dei Coronari) ／ E: Ponte Sisto
アレクサンデル六世──F: Via Alessandrina（Borgo Nuovo）
ユリウス二世──G: Via della Lungara ／ H: Via Giulia ／ I: Piazza e Canale di Ponte ／ L: Via della Ripetta ／ M: S. Maria del Popolo 後陣 ／ N: Cortile del Belvedere ／ O: Logge di S. Damaso ／ P: Palazzo dei Tribunali ／ Q: Cancellerìa ／ R: S. Pietro

橋を再建して対岸のオスペダーレ・ディ・サント・スピリトに繋ぐ予定であったと見られるが、その橋は19世紀まで造られることはなかった[11]。この通りは同じ時期に着工されたテヴェレ西岸のルンガーラ通り Via della Lungara[12] とともに、ヴァティカンへの南からのアクセスを狙いとしたもので、テヴェレ下流の河港 Ripa Grande からの物流、そこから上陸する巡礼

者たちのための往還、軍隊の迅速な移動、儀式の行列用の街路など、様々な機能を託されていたものと見られる。

　一方、この街路が貫通する界隈は、有力な古参のローマ市民であるプランカ・インコロナーティ Planca Incoronati の地所や14世紀以後その勢力を増してきていた「ゴンファローネ講中」Arciconfraternità del Gonfalone の勢力圏域であり、この計画がそれらを分断し勢力を殺ぐことにあったのも明らかであるとされる[13]。そしてヴァザーリが「ローマ市のすべての役所や裁判所をまとめさせ」たとしているのは、一つにはサン・ピエトロの広場整備のために取り払われることとなった教皇庁の裁判所 "La Rota" と「大蔵省」"Camera Apostolica"[14] のための新しい場所を確保するついでに、それまでカムピドリオにあったローマのコムーネの裁判機構や行政機構などをその新しい施設「パラッツォ・デイ・トリブナリ」Palazzo dei Tribunali の中に一緒に収めてしまおうとするもので、自治都市ローマの統治機構をもすべて教皇の支配下に取り込むことが目論まれていたのである[15]。

　事業は1509年から11年にかけて突貫工事で進められていたが、それ以後は完全に停滞し、そしてその1511年8月27日には、教皇の圧政に反対してきたポムペオ・コロンナをはじめとする有力ローマ市民たちと教皇との間で和解の協定が締結され（"Concordia dei baroni", o "Pax Romana"[16]）、教皇は裁判権や行政権をローマ市民へ戻すことを約束させられ、教皇による Palazzo dei Tribunali の計画は意味を失い、工事は中断されることとなった。

　ユリウスの都市整備事業を記念する銘板は、Via Giulia ではなく、ピアッツァ・デル・ポンテから南下して現在のコルソ・ヴィットーリオ・エマヌエーレに突き当たるヴィア・デル・バンコ・ディ・サント・スピリト Via del Banco di Santo Spirito の No. 30 の建物の壁に取り付けられており、それは次のような文言となっている——"IVLIO. II. PONT : OPT : MAX : QVOD FINIB : / DITIONIS. SRE. PROLATIS ITALIQ: / LIBERATA VRBEM ROMAM OCCVPATE / SIMILIOREM QVAM DEVISE PATEFACIIS / DIMENSISQ : VIIS PRO MAIESTATE / IMPERII ORNAVIT / DOMINICVS MAXIMVS HIERONIMVS PICVS / AEDILES, F.C. MDXII"〔大祭司ユリウス二世はイタリ

アの領土を広め、ローマ市を解放せしめ、かつて侵略者の占拠せるごとき観を呈したるこの地を壮麗なるものとなさしめたり。ローマ市建設長官ドメニコ・マッシモ、ジロラモ・ピキ（or ピコ）、1512年。〕

　前年には反教皇派の枢機卿たちが結集したピサの宗教会議で退位を迫られ、1512年には「神聖同盟」でフランスと敵対し戦果を上げることが出来ず心身ともに疲れ果て、またローマ市との間では "PAX ROMANA" の協定を結ばなければならず、Via Giulia の計画も当初の目的を果たさないままに終わるという、ことごとくその野望を打ち砕かれていたユリウスに対する賛辞としては、これはいささか皮肉に響く感がなくもない。しかしこの計画が後世に与えた影響を考えるなら、ある程度は認めても良いのかも知れない。ただしそれがユリウス自身の功績であったのか、あるいはブラマンテに帰すべきものなのかはいま少し検討が必要であるように思われる。

パラッツォ・デイ・トリブナリ

　未完に終わったパラッツォ・デイ・トリブナリの建築的様相については、着工記念メダル[17]（fig. 166）と建物平面（2層目）をかなり詳細に描いた図 Uff. GDS. 136 A r（fig. 169）があるほか、実施後に描かれたと見られる部分的な実測図（ペルッツィによる初層の図 GDS. 109A v [18]）、Cod. Coner にある付属聖堂サン・ビアジョの平面図（f. 7—fig. 172）、バイエルン州立図書館蔵のアントーニオ・ダ・サンガッロ・イル・ジョヴァネによるサン・ビアジョ聖堂のスタディ（Bayerische Staatbibliothek, München, inv. 35343）、アンドレア・パッラーディオが描いた聖堂断面図（Vicenza, Museo Civico, D11 v）などの史料がある。

　メダルには異なるヴァージョンが幾つかある模様だが、ヴァティカン図書館蔵のもの[19]では、"IVLI・REDD" の銘と建物立面が描かれている。この図では建物は両端に矢狭間のあるパラペットのついた塔が取り付き、中央にはひときわ高く同様に矢狭間をめぐらした塔があるという中世城郭風の意匠で、いささかブラマンテらしからざる構えである。そして GDS. 136 A r から読み取られるファサードの構成とは異なり、翼部の下層アーチが3

IX. ブラマンテと都市

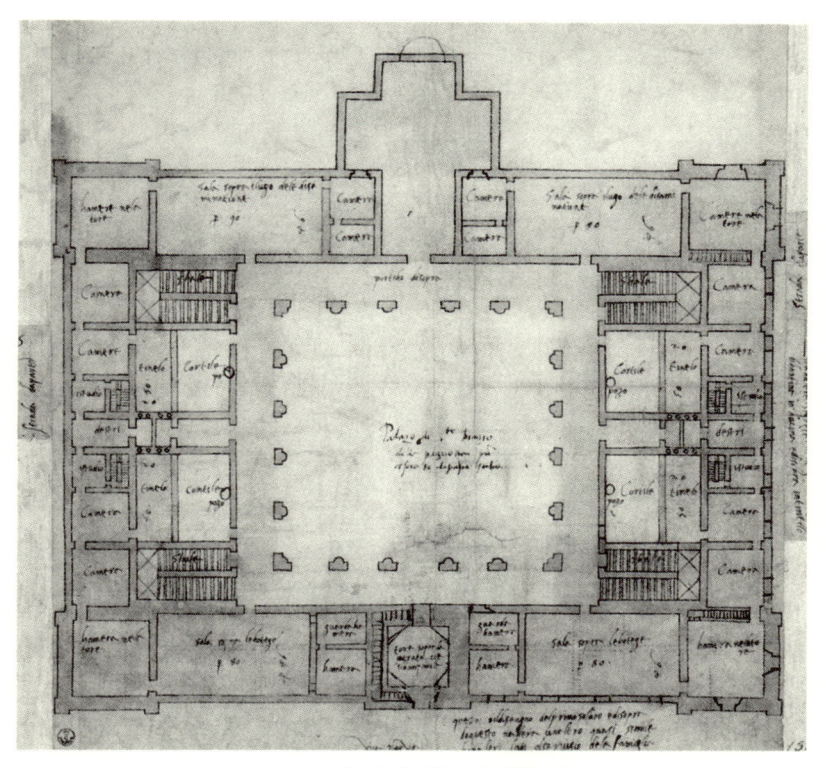

fig. 169 パラッツォ・デイ・トリブナリ計画案 Uffizi, GDS. 136A r

個しかなく、おそらくブラマンテが計画着手する以前の教皇の腹案であろうとされる。

　GDS. 136 A r は室名や寸法などの書き込みがあり、その筆跡などからブラマンテの助手であったアントーニオ・ディ・ペッレグリーノの手になるものと推測されるが、ペルッツィの実測図 (GDS. 107 A v) とは多少異なる部分があり、実施前の初期案であろうとされる。しかし全体の構成を伝えるものとしてはこれしかなく、ブラマンテの構想を読み取るための最も重要な史料となる。

　規模は街路に面する間口96 m、奥行き78 m ほどで（フロンメルの考証に

303

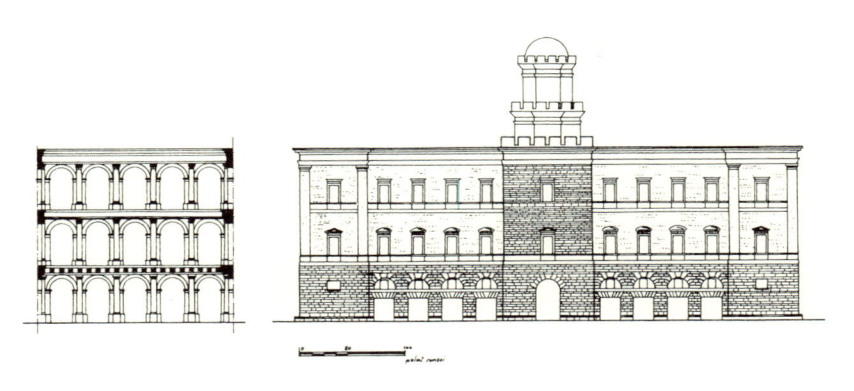

fig. 170　パラッツォ・デイ・トリブナリ立面・断面推定図（from Frommel）

よる）、北は現在の Via del Cefaro から南は Via del Gonfalone までの間を占めていたようである。ファサード中央には入口を兼ねた高い塔があり、建物四隅には四角い塔が取り付いていて、内側には5スパンのアーケードで囲まれた広い中庭があり、河側中央にはギリシア十字に近い形の聖堂が張り出している。室配置は対称形で、中庭を囲む四つの角を占める部分がそれぞれ完全に独立して使用できるようになっており（独立した階段・中庭や厨房をそなえている）、この建物が収用する四つの機能、La Rota と Camera Apostolica、ローマ市の行政部門、それに市民のための裁判所に充てられていたものであろう。建物四隅の塔は監獄などに使用されたと見られる。書き込みによれば3層目もこれと同様な室配置で役人たちの家族のためであるとしており、3層構成であったことが分かる。街路側入口両側の広間には "Sala sopra le botteghe" と書き込まれており、街路側初層は店舗に充てられていたと見られる。おそらくリアリオ枢機卿のパラッツォ・デッラ・カンチェッレリアの Via del Pellegrino 側やボルゴのパラッツォ・カプリーニの初層のような形となっていたのであろう。中庭アーケードは壁柱に半円柱が取り付く形で表されており、3層構成であったとすれば、コロッセウムのように初層ドーリス式、2層目をイオニア式、3層目はコリント式とするはずであったと考えられる。

IX. ブラマンテと都市

現在 Via Giulia 側の南角にあたる部分には、初層コーニスの高さにまで達していたと見られる巨大なブニャートの石積壁の一部が遺っており、街路側初層はすべてこのブニャートの壁仕上げとなっていたと見られる。一方 GDS. 136A r で

fig. 171　Via Giulia 側に残存するパラッツォ・デイ・トリブナリの基部

は、四隅の塔のそれぞれの角には、幅広い付柱のような突出が描かれており、ブルスキはこれは3層まで立ち上がる大オーダー ordine gigante であったろうと推定しており[20]、とすればこれはミケランジェロがカムピドリオで試みることとなるものの先例ということになる。街路側中央の塔の部分にはそのような突出は描かれず分厚い壁のままなので、おそらくブニャートの壁がそのまま3層目まで立ち上がっていたのであろう[21]。この立面構成については推定の域を出ない部分が多いが、初層ブニャートでその上に平滑な壁面の上層部をのせるという手法は、この後の都市建築、特に公共建築などに広く用いられるファサード意匠のモデルとなったことが考えられる。

　都市建築の中にブニャートを導入することは、すでにミケロッツォがフィレンツェのパラッツォ・メディチやモンテプルチアーノのパラッツォ・コムナーレなどで試み、さらにジゥリアーノ・ダ・サンガッロがそのパロディのようなかたちでパラッツォ・ストロッツィやパラッツォ・ゴンディなどに用いていたものだが、ミケロッツォのそれが中世城郭の記憶を引き摺っていたのに対し、「ベルヴェデーレの中庭」の「ユリウスの門」(第VI章)でも触れていたごとく、ブラマンテのものはそれらとは明らかに異なるコンセプトに基づいており、この自然の造形のような偶発的な形態をも、「オーダー」と同等な建築的言語の一端を担うものとして扱おうとする

305

ものである。

　ブルスキはこのブラマンテのブニャートについて、次のようなアルガンの言葉（これはセルリオについて言った言葉だが）を引いてその建築的意義を強調している、すなわち、「空間コンセプトを形態造形のコンセプトと同一視するような考え方を超え、拡張しようとする傾向」[22]であるというのである。アルガンの言い方には彼一流の禅問答的な含みがあるが、これについてブルスキが「視覚的な示唆によって、知的というよりは、情緒的に観察者に語りかけるやり方」であるとパラフレーズしているのは、やや misleading であるように思われる[23]。これこそむしろ最高度に知的な、偶発的形態をも建築的言語の一つとして認識するように迫るものであって、現代音楽における "music concrete" ないし無調音楽のような、楽音の領域を拡張しようとする試みと同様なものと言うべきであろう。

　確かにこの手法は、一歩扱いを誤れば、直ちに彫刻的な方向に逸れてゆき、「マニエリスティカ」な、すなわち「情緒的」なものとなりかねないものであり、事実、アントーニオ・ダ・サンガッロ・イル・ジョヴァネの作品、あるいは「アカデミック」であるとされるヴィニョーラの建築や古典に造詣深いとされるピッロ・リゴリオらの作品では、それは建築的言語というよりは一種の厳めしい「雰囲気作り」のための装飾的手法に矮小化されてしまっていたのであり、一般には「マニエリズモ」の典型とされるジュリオ・ロマーノの諧謔的手法やサンミケーリの峻厳な表情、そしてパッラーディオの作品に見られる闊達な扱いなどの方が、逆にブラマンテのそれに近いのである。

　未完に終わったこの建物の敷地はその後民間に切り売りされ、シクストゥス五世の時期にはサン・ビアジョ聖堂の残骸は慈善事業に協力するとの名目で演劇興業のための場所に用いられ、さらにインノケンティウス十世 Innocentius X（在位1644-55）はここに監獄を建設させることとなる[24]。かくてユリウスが Via Giulia に託していた当初のイメージは、全く違うものとなって遺ることとなった。

サン・ビアジォ聖堂

パラッツォ・デイ・トリブナリのための礼拝堂として組み込まれていたサン・ビアジォ聖堂 San Biagio della Pagnotta とその修道院[25] は、10世紀頃からこの場所を占めており、貧民救済などの活動でローマ市民から親しまれていたものであった。ユリウスとしてはこれを取り込むことで、新たな施設が市民のためのものであることを強調する狙いがあったものと見られる。

GDS. 136 r では聖堂は単純な十字形の輪郭と河側に張り出すアプスとおぼしきものしか描かれていないが、Cod. Coner の図では内部はサン・ピエトロ聖堂のための Piano di Pergamena の交叉部のような構成となっていたことが読み取れる。そしてアントーニオ・ダ・サンガッロ・イル・ジョヴァネの図では、この上にクーポラが載り、セルリオが図示していたサン・ピエトロのクーポラ計画案のように、ドラムの開口から光を取り入れるようになっていたものと考えられる。この聖堂の存在は街路側からは見えないが、河や対岸の Via della Lungara からの眺めは重要なランドマークとなるはずであったと考えられる。

中庭から通ずる前室のような部分の構成はよく分からないが、おそらくはサンタ・マリーア・デル・ポポロ聖堂後陣のような、大きなコファリングが施されたヴォールト天井であった可能性もある（サンガッロの図では交叉部に取り付く左右の短い翼部にはコファリングの天井が描かれている）。内部壁面はすべて付柱とそれに挟まれたニッチで統一されており、余分な要素を取り払った抽象的な均質感の高い空間となったであろうと想像され、ブラマンテ晩年の澄み切った境地を体現したものと言えるであろう。

パッラーディオによる図（Vicenza, Museo Civico, D11 v）は彼の最初のロー

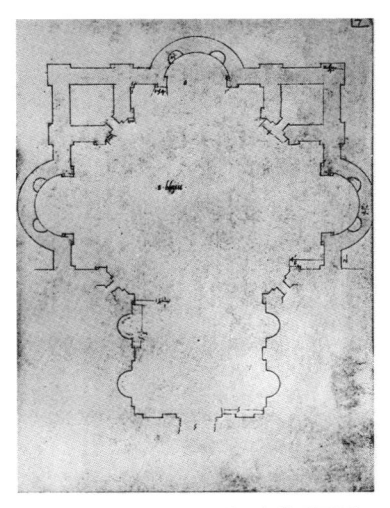

fig. 172　サン・ビアジォ聖堂平面図
Cod. Coner, f. 7

マ訪問後に作成されたものと見られ、おそらく実施された部分を実測したものに基づいていると考えられるが、どこまでブラマンテのオリジナルのコンセプトを伝えているかははっきりせず、彼自身の創作になる部分が多いと思われる。しかし彼があえて未完成のこの建物を記録していたというのは、そこに彼の後の作風につながる透明感のある空間構成を読み取ってのことであったと考えられる[26]。

ユリウス二世の都市戦略とブラマンテの役割

　ユリウスは Via Giulia と Via della Lungara とほぼ同時に、まだ幾つかの場所で街路整備・地区再開発を目論んでおり、その一つにはサンタンジェロ橋のローマ市街側袂のピアッツァ・デル・ポンテ Piazza del Ponte とそこから南へ続く短い通り（現在の Via del Banco Santo Spirito）の界隈の整備があり、サンティ・チェルソ・エ・ジュリアーノ聖堂の改築（第 VII 章参照）はその一環として計画されていたものであった。この地区は、当時はローマ市街とヴァティカンのボルゴとを結ぶ唯一の橋であったサンタンジェロ橋のおかげで多くの巡礼客たちが往来し（"Canale di Ponte" と呼ばれていた）、また両替商や銀行などが集中している場所で（"Banchi" と呼ばれる）、少し南でニコラス五世が整備した Via Papale[27] と交わる角には造幣所 La Zecca があり、ユリウスは教皇即位と同時にその機構改革に着手していた。ここから南は Via dei Banchi Vecchi となり、そこにはリアリオ枢機卿のサン・ロレンツォ・イン・ダマゾの館が Cancelleria（教皇庁尚書院）に転用される以前にその役所に充てられていた古い建物があり、教皇の甥に当たる Sisto della Rovere がその次官という肩書きで使用していた[28]。

　フロンメルは GDS. 136 の図の裏側にラフな走り描きの図があるのを発見し、それは Palazzo dei Tribunali の前面を Via dei Banchi Vecchi まで切り開き、古い Cancelleria との間に広場（55×110 m）を設け、また Cancelleria の建物もそれに合わせて拡張する計画を記したものであろうとの仮説を提起していた[29]。もしこの推測が正しければ、Palazzo dei Tribunali は単に Via Giulia の中間点を占めるというだけでなく、"Banchi" や "Canale di

Ponte" のゾーンとも直接につながる重要な結節点となり、かつ広場に面して Cancelleria を正面に控えるという、カムピドリオにとって替わるローマ市の最も格式ある場所ということになる。

　タフリはこれを承けて、広場とそこから発する直線街路群がいずれも橋とつながる形となることに注目し、直線街路・広場・橋（実現しなかったネロの橋の再建も含め）がワン・セットとして計画されていた可能性を指摘し、さらにそれらが構成するネットワークが、ヴァティカンに向かって収斂してゆく大きな三角形によってローマ市街を包み込むような空間イメージがあったのではないかと想像している[30]。それと同様な構想は後の教皇たちによる北のポポロ広場から放射状に南へ展開する3本の直線街路、Via della Ripetta、Via del Corso、Via del Babuino に受け継がれて行くことになり、それらが現在のローマ市の骨格を形作っているというのである。それは古代以来の都市整備の常套手段となっていた均一なグリッド・プランとは異なる、全く新しい都市空間のコンセプトを提起するものであり、後のシクストゥス五世のローマ計画やバロック的「都市計画」の前哨であったとすることができよう。そしてこの「三角形」のコンセプトは市街内部の小さな部分でも繰り返され、ブラマンテにとって都市空間をコントロールするための「ユニヴァーサルな」手法の一つとして考えられていた可能性がある。

　こうした空間コンセプトがユリウスの政治的目論みと交叉し、それに奉仕するものとなっていたことは確かだが、しかしその政治的野望の中からだけでは決して産み出し得ないものであり、タフリはその交叉の仕方を「直交的」（"per tangenza"）であったと表現している。つまり、ユリウスの政治的目論見が、ブラマンテによって新たな空間的課題に置き換えられていたというのである。これまでにも幾度か強調してきたことだが、この時代の施主たちの飽くなき権威誇示の欲求（建築にとっての外在的要請）をいかに即建築的課題にすり替えるかがブラマンテが自らに課していた目標であり、それは単体の建築手法にとどまらず、都市空間全体にまでも及ぶものであったということである。

　ただしそれは綱渡りにも似た危険な賭であり、その形態がアムビヴァ

レンツなものとなることは避けがたく、体制側のイデオローグ——たとえばエジディオ・ダ・ヴィテルボやジョルジョ・ベニーニョ・サルヴィアティのような人々——たちによってたやすく体制擁護の表象に仕立て上げられ、その空間的意義を理解できない人々（後世の美術史家たちも含め？）からは、そのような政治的表象としてそのまま受け取られてしまうこととなり、事業の推進者たちを取り巻く情勢如何によっていつなんどき"maestro ruinante"と呼ばれることになるかは見通しがたい。ブラマンテ以後の建築家たちは、ブラマンテが遺してくれた空間的遺産を利用しつつも、その「曖昧な」——特定の外在的意味づけが困難なはずの——即建築的手法を、むしろ歴史的記憶と積極的に結びつけ、「神話化」すること（「古典主義」）によって、保身と延命を図ることとなるのである。

チヴィタヴェッキァの城砦と港湾整備

　ローマの北西のティレニア海に面する港チヴィタヴェッキァ Civitavecchia は、小プリニウス Gaius Plinius Secundus（Pliny the younger, AD. 61-c. 112）が友人に宛てた書簡の中で、「ケントゥムケッラエ」Centumcellae の名でそこの港湾をトライアヌスが建設したものであるとして紹介していたのが歴史に現れる最初である[31]。この港はローマ帝国崩壊後もビザンツ帝国や中世の土豪たちによって維持され、15世紀にはエウゲニウス四世が教皇領とし、その後の教皇たちもこの港を物流・軍事の両面から重視し、幾度か改修を施しながら使用してきていた。シクストゥス四世は1481年にはジョヴァンニーノ・デ・ドルチを派遣して砦の修理に当たらせており、さらに1483年にはウルビーノから出てきたばかりのバッチョ・ポンテッリもそこに呼ばれている[32]。

　1508年12月14日、儀典長パリーデ・グラッシの記すところによれば、チヴィタヴェッキァの城砦工事のため、教皇ユリウスが「ある建築家が縄張りを行なった敷地に」最初の礎石を置いたという[33]。この定礎式のことについては同時期の多くの史料が書き留めているが、それらのどれもその「ある建築家」の名は記していない。しかしこれよりかなり後の史料（日付

IX. ブラマンテと都市

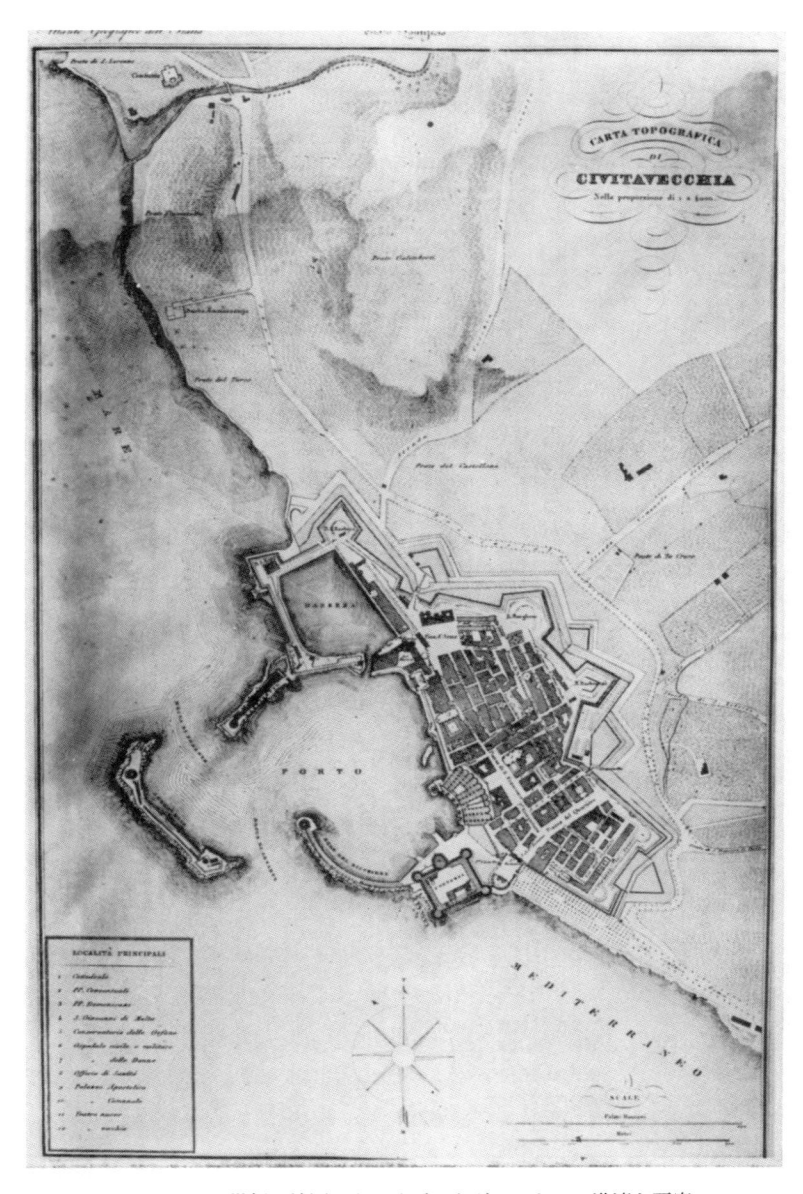

fig. 173　19世紀の地図によるチヴィタヴェッキァの港湾と要塞

fig. 174　チヴィタヴェッキアの要塞着工記念メダル

fig. 175　チヴィタヴェッキアの要塞（通称「ミケランジェロの砦」）

はないが1513ないし14年ころと推測される）では、ジウリアーノ・デ・マッシモ Giuliano de' Massimo という工匠が船溜まりの浚渫工事について「ブラマンテ師の指示に基づいて」それを行なったとあり[34]、ブラマンテがその建築家であったことは疑いない。

　ブラマンテの手になる計画案と見られるものは現存せず、それがどこまで実現したのかも不明で、その後様々な手が加えられたこともあり、現在のチヴィタヴェッキアにはブラマンテの手になることが確認できるような様相は少ないが、港湾の南側に位置する長方形の砦（「ミケランジェロの砦」Forte Michelangelo と呼ばれており、それは未完であった城壁や塔の上部をミケランジェロが完成させたとの言い伝えによるが、彼がこれに関わったという確証はない[35]）だけは、着工記念メダル[36]にもその姿が表されていて（Palazzo dei Tribunali のメダルの図柄とよく似ている）、ブラマンテの原案に基づくものと認められている。平面（fig. 176）はミラノのカステッロ・スフォルツェスコのそれを想わせる形で、四つの角には円形の塔が取り付き、長手の一辺（おそらく湾内に面する北側）の中央には多角形の塔が張り出している。中庭に囲まれた一隅に居室と見られる部分を配するやり方などもミラノのものと共通するところがある。ブルスキはこの中庭の隅部が斜めになっていて「隅切り」の形となっていることについて、ベルヴェデーレの「彫像の中庭」と似ているとし、ブラマンテ作であることの傍証の一つに挙げているが、これはやや牽強付会とすべきであろう。それはともかく、ブルスキの

IX. ブラマンテと都市

言うごとく、記念メダルに表された姿は実用的な軍事建築にはあまり似つかわしくない様相を呈しており、むしろ都市の中の宮殿のような観があり、そのことはブラマンテがこの計画を手がけるにあたってのコンセプトの一端を窺わせるものと見ることもできよう。

　ブルスキによればレオナルドのノートにある幾つかのス

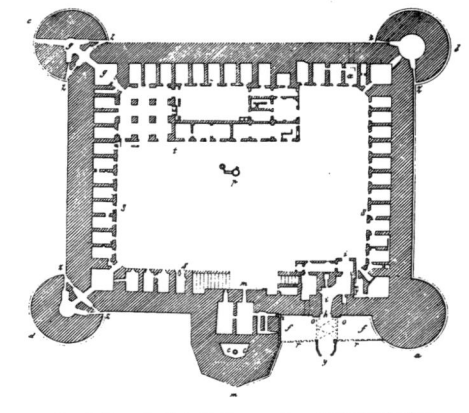

fig. 176　チヴィタヴェッキァの要塞平面図
（from Guglielmotti）

ケッチ（*Cod. Atlantico*, ff. 271 *r-f.*; 97 *r.b.*; 63 *v.b.* など）がブラマンテの全体計画と関わるものと見られ、またブラマンテの死後に工事を担当したアントーニオ・ダ・サンガッロ・イル・ジョヴァネによる幾つかのスケッチ（GDS. 933 A; 934 A; 935 A; 946 A; 1032 A など）との照合によりその計画の概略を推測できるとし、復原案を提示していた[37]。

　レオナルドはレオ十世の招請に応じて1513年から16年までローマに滞在し、ベルヴェデーレの中に一室を与えられている。チヴィタヴェッキァに関わる *Cod. Atlantico* 中の図は、おそらくその時期の産物と見られ、ブラマンテとの直接の情報交換を通じて描かれたものと考えられる。これらの図については、ハイデンライヒがトライアヌスによる古代の Centumcellae の復原を試みたものであろうとしていたのであった[38]が、*Cod. Atlantico*, 271 *r-f* に描かれている港湾の右肩に描かれている四角い建物は、ブラマンテの計画になる新しい砦であると考えられることから、これは1508年以後のユリウス＝ブラマンテの全体計画に基づくものであろうというのである。レオナルドがこの有名な古代の港湾施設について考古学的関心を寄せていたであろうことは、フランチェスコ・ディ・ジョルジョなどもおそらくこのチヴィタヴェッキァを念頭にして「港湾都市」の項（*Cod. Senese & Cod.*

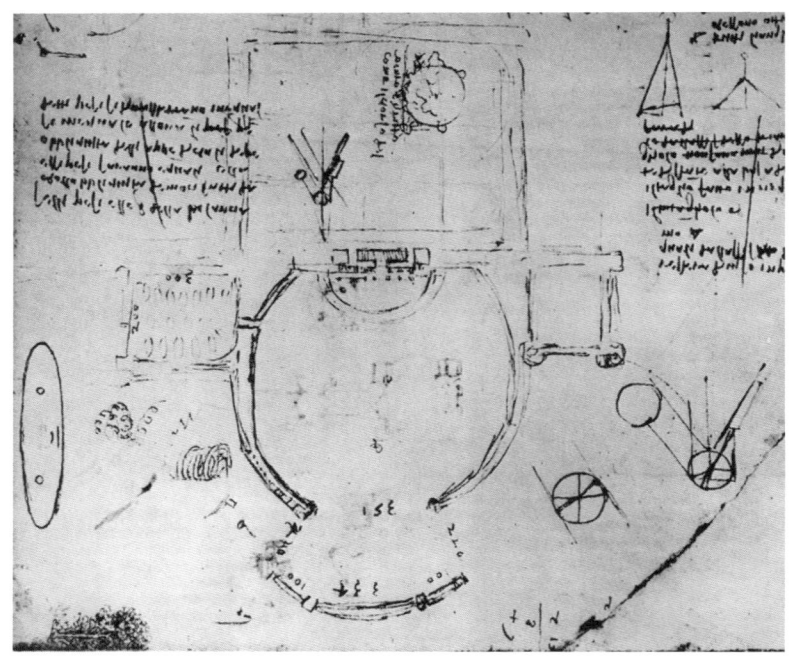

fig. 177　レオナルドによるチヴィタヴェッキァの港湾と要塞計画メモ
　　　　　Cod. Atlantico, f. 271 *r*

Magliabecchiano, f. 86 *v*-89 *r*, etc.)[39]を執筆していたと見られることからも充分考え得るし、それらの図の中にそうした「考古学的復原」に基づく部分ないしレオナルド自身の想像になるものが含まれている可能性は否定できないが、ブルスキはそれらも含めブラマンテの計画に関わる「提案」であったと見ることができるとしている。

　計画された港湾都市というテーマはルネサンス期の人々にとって全く新しい課題であったから、そのヒントを古代の先例に求めようとしたのは当然であり、またプリニウスの賞嘆をこめた記述や、5世紀の旅行者ルティリウス・ナマティアヌス Rutilius Namatianus（*it*. Rutilio Namaziano）の詩 *De reditu suo*（＝「帰郷の記」、414/5, vv. 237-48）[40]に記されている寂れつつあるその様子の描写などを通じて、ロマンティックな空想を掻き立てられていたも

のでもあろう。

　Cod. Atlantico, 271 *r-f* には、弧状に大きく（直径450 m）港湾を取り囲む突堤とともに、その奥に柱廊をそなえた長大な建物が描かれ、その前面には湾内にエプロン・ステージのように張り出す埠頭がある。この建物については別の図（f. 63 *v.b.*）にその詳細を示すと見られるものがあり、"camere imperiale" と名付けて「港の埠頭の上に造られるもの」で、岸壁の縁は9段の階段が水中に3ブラッチァの深さまで伸びていると記し、断面図も記されている。この camere imperiale 背後には、港湾とほぼ同じ幅の正方形の区画が描かれており、これは城壁に囲まれた街区を表すものと見られるが、この街区は中世にあった水辺の集落の範囲を大きく超えて区画されており、その内部は整然とグリッド状に街路が配置されていると見られる。

　これらは部分的には古代以来の港湾の遺構を手がかりにしながらも、それらをより壮麗なものに仕立て上げようとした「理想案」であり、後にピエトロ・カタネオがその著書に掲げている「海辺都市」"città marittima"[41] のモデルともいうべきものとなっており、フィラレーテの「スフォルツィンダ」以来の様々な「理想都市」の提案の系譜上に位置づけることもできそうである。しかしこれはユリウスの政治上・軍事上の目的[42]実現のために要請された、きわめて現実味を帯びた提案であって、おそらくそこにはレオナルドの水利技術についての豊富な知識や持ち前の「科学的」探求心から出た様々な工夫が盛り込まれたものであったと考えられ、架空の「理想都市」ではなかった。

　とは言え、これらをレオナルドの「創作」よりはブラマンテの全体計画を伝えるものだとするブルスキの主張を、そのまま受け容れるべきか否かは微妙な問題である。ブルスキはこれらの史料から復原してみたチヴィタヴェッキァの空間的様相について、それらがレオナルドの「科学的」な実用的工夫を伝えるというよりは、「ブラマンテらしい」空間的演出——その「劇場的」構成（ナマティアヌスが言うような Amphitheatrum？）——から、これはブラマンテのイメージによるものであろうとする。実際1509年8月には、このチヴィタヴェッキァの港でユリウスを讃えるための演劇的催し

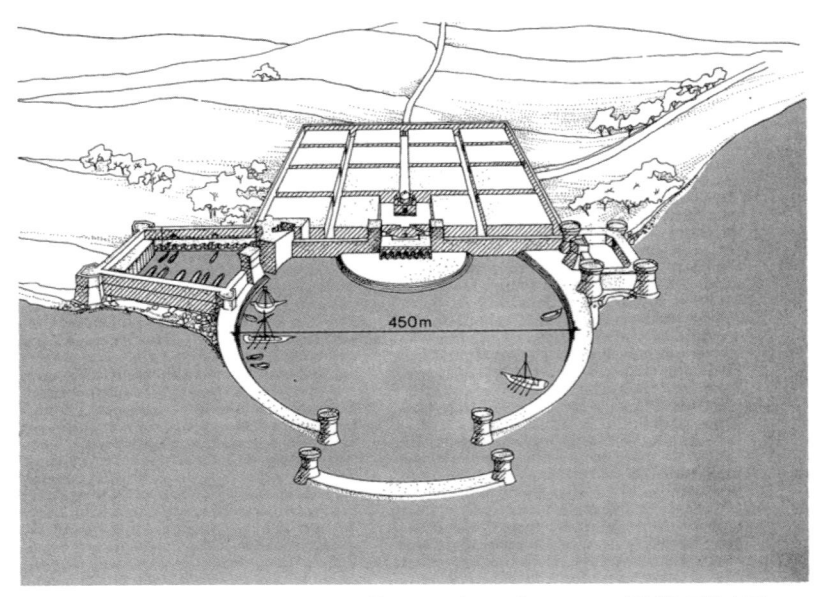

fig. 178　レオナルドのスケッチに基づくチヴィタヴェッキァの港湾計画推定図
　　　　（from Bruschi）

("naumachia"？) が行なわれたと言われ[43]、ユリウスとしても単なる実用的な計画以上の、その権威を誇示するような空間的様相（古代風の壮麗さ）をこの計画に盛り込むこと要請していたとも考えられ、ブラマンテがそれを受け容れたであろうことは充分ありうる。

　しかしブルスキの博捜を極める復原的考察にもかかわらず、これを全面的にブラマンテのアイデアに帰するためにはやや材料に乏しいことは否めない。そこには "città marittima" という言葉が想起させるある種のロマンティックなイメージがあるのは確かだが、これをブラマンテの都市に対する考え方を示す典型例として挙げるのには躊躇を感じる。レオナルドの図に関するかぎり、港湾と背後の都市空間とは完全に切り離されており、Via Giulia を初めとするローマの街路計画から読み取られたような、広場や橋、河岸などの空間装置と都市との活きいきとした対話は、ここからは感じ取ることができない。もしこれが実現していれば、その規模からしてベル

ヴェデーレやサン・ピエトロ聖堂に劣らぬものとなっていたことであろうが、そのことだけをもってブラマンテの重要な「作品」として位置づけることは難しいように思われる。その再評価のためには更なる考古学的調査と史料的検討が必要であろう。

ロレートの聖域計画

　1507年に開始されたロレートの聖域 Santuario della Santa Casa di Loreto の計画については、ブラマンテの関与の範囲がいかなるものであったか、またそれをどのように評価すべきか、未だに多くの不明な点を残している。

　マルケ地方のアドリア海に近い山岳都市レカナーティ Recanati に隣接する小邑ロレートは、13世紀末以来、ナザレにあった聖母マリアの家の遺構「サンタ・カーザ」Santa Casa を護持する聖地として、多くの巡礼者を引き寄せていた場所である[44]。当初は簡単な覆屋で囲われていただけであったが、教皇パウルス二世が本格的な聖堂の建設に取りかかり、ジュリアーノ・ダ・マイアーノがそれに関わったとされる[45]。工事はその後も継続され1498年から1500年にかけては、ジュリアーノ・ダ・サンガッロがクーポラの建造を手がけていた[46]。

　1507年10月20日、ユリウス二世はこの聖地を保護し巡礼者たちの便を図るべく、これを教皇の直轄下に置き、聖域整備に取りかかることを宣言する[47]。ブラマンテはその年の秋頃から計画に取りかかったと見られ、1511年まではその仕事に関わっていたと考えられる。ユリウスの死後、1513にはレオ十世によってアンドレア・サンソヴィーノが工事の継続を命ぜられ、サンソヴィーノは1517年までこれに携わるが[48]、それをアントーニオ・ダ・サンガッロ・イル・ジョヴァネが引き継ぎ[49]、その後も様々な工匠たちが関わって、現在の姿となったのは20世紀初めのことである。

　1507年11月25日、ユリウスはロレートの聖域の管理責任者に対し、「サンタ・マリーア・ディ・ロレートで大工事（"cose magne"）を開始すべく、早急にブラマンテを招請し多くの設計を行なわせ、またそれに必要な費用を支弁すること」を命じており、翌年の6月には管理責任者から教皇に宛

た書簡では、ブラマンテが聖域を囲む防塁や水道設備などに関する既存の計画[50]を検討し、それらについては新たな設計が必要だと言っているとある[51]。そして1509年の6月11日には、模型製作を行なったことに対するアントーニオ・ディ・

fig. 179　ロレートの「サンタ・カーザ」の聖域

ペッレグリーノへ[52]の支払書にブラマンテが署名しており、この年、聖堂のファサードを表した着工記念メダルが造られていて、ブラマンテの計画がいちおう整ったものと見られる。

　さらに1510年の2月には、アントーニオ・ディ・ペッレグリーノが、ブラマンテからの依嘱により「聖堂前のパラッツォ」と聖堂内の Santa Cappella の装飾（おそらく煉瓦剥き出しのままであった "Santa Casa" の壁を大理石の外装で包む工事）のための模型製作で支払を受けており[53]、同じ年の9月にはユリウスが工事現場の視察に訪れ、1511年の6月11日にはブラマンテに代わってジャンクリストフォロ・ロマーノが建築家に指名され[54]、これ以後はブラマンテの名は工事関係史料には現れない。

　1513年4月25日、新教皇レオ十世は、ブラマンテが造らせていた "Santa Casa" の模型をローマに運ばせてそれを検討の上、6月にはアンドレア・サンソヴィーノを工事担当に任命する。サンソヴィーノによる工事の経過については史料に乏しく、おそらくはブラマンテの計画に沿ったかたちで工事が進められたと見られ、"Santa Casa" の外装などはかなりサンソヴィーノの手が加わってはいるもののほぼブラマンテ案に従ったものとされており、「聖堂前のパラッツォ」、すなわち2層の柱廊として広場の北と西をL字形に囲む現存の「パラッツォ・アポストリコ」Palazzo Apostolico についても、アントーニオ・ダ・サンガッロ・イル・ジョヴァネが到着す

る1517年頃までには、現存の北側アーケード6スパン分ほどが建ち上がっていたと考えられるという[55]。

聖堂前に柱廊で囲われた広場を設けるというアイデアは、ブラマンテが登場するより以前にすでに存在していたものらしく、ジュリアーノ・ダ・サンガッロの手になると見られるスケッチ（GDS. 1552 A）にはそれらしきものが描かれているといい[56]、とすればブラマンテの計画はそれをなぞる形であった可能性もある。

fig. 180　ロレートのサンタ・マリーア聖堂着工記念メダル

ブラマンテないしアントーニオ・ディ・ペッレグリーノの手になる計画図は遺されていないが、1517年からこの工事を委ねられたアントーニオ・ダ・サンガッロ・イル・ジョヴァネの手になる聖堂前の広場（あるいは「アトリウム」）の平面図（GDS. 922A － fig. 179）があって、それの裏には「マルケのサンタ・マリーア・ディ・ロレート、すなわち聖堂前のパラッツォで、ブラマンテにより開始されたものだが、サンソヴィーノにより改悪されているので修正が必要」と記されている[57]。

この文章をどのように解釈すべきかやや判断に迷うところがあり、もしこれがブラマンテの案そのままを示すもので、実施に当たってサンソヴィーノがこれとは違う形にしているという意味なのか、あるいはこの図の姿がサンソヴィーノが変更した後の様子なのか、これだけでは不明である。ポスナーはアントーニオによる別の図（GDS. 921 v）に注目し、その図には広場を囲む2層の柱廊の北西隅の部分が描かれていて、西側の柱廊に当たる箇所に（一部切り取られてしまって全体は不明）微かに円弧が描かれていることを指摘している。つまり聖堂と向かい合う西側の回廊の一部は「エクセドラ」となっていたのであろうという（とすれば922Aの図はサンソ

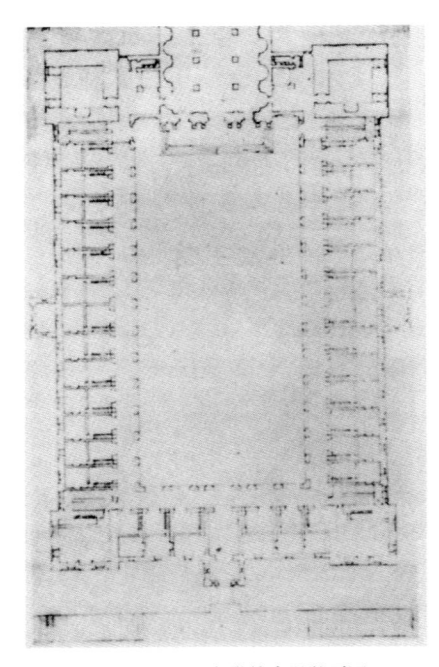

fig. 181 ロレートの聖堂前広場計画図
アントーニオ・ダ・サンガッロ・イル・ジョヴァネ　Uffizi, GDS. 922A

ヴィーノの変更後の様子ということになるのだろうか）。そしてこれがブラマンテのオリジナル・アイデアであった可能性があるとしている[58]。

　しかしアントーニオはそれに沿った形で工事を進めようとした形跡はなく、彼はむしろ聖堂の構造的補強の方に力を注いでいたようで、広場については北側回廊に造られていた初層の店舗群[59]を壁で閉鎖することだけを行ない、西側は直線状にし[60]、南側の柱廊の工事には手をつけることがなかった。その結果、Palazzo Apostolicoは北と西のL字形だけで終わってしまい、広場南側はやや南に反れ曲がった家並みがそのまま残っていて、広場へは西側の中央の入口からではなく、広場南西隅からその家並みに沿って入ってくる形となっている。現在の大理石による聖堂ファサードは1571年からロマーニャ地方出身のジョヴァンニ・ボッカリーニ・ダ・カルピ Giovanni Boccalini da Carpi (c. 1520-1580. 広場へ入ってくる街路にその名前がつけられている）の設計によって造られたものという（1587年完成）。このファサードは着工記念メダルに表されたものとは全く異なるが、そのメダルの図自体も、果たしてブラマンテのアイデアを伝えるものであったか疑わしいとされる。

　このように見てくると、ブラマンテの「当初案」は、古代のフォルムのように店舗群を収める柱廊や、聖堂との軸線上にエクセドラを置くといった工夫はあるものの、それらはブラマンテとしてみればすでに検証済みの手

法による演習といった観があり、それ以上の建築的企みを感じ取ることが出来ない。判断材料の乏しさの問題があるにしても、これはむしろ土地の空間的特性を無視した形で「ユニヴァーサル」な空間形態をそこに押しつけようとするルネサンス的広場の一つの限界を感じさせるものとなっているように思われる。現在のこの広場の魅力のかなりの部分は、自然発生的に形作られた奇妙に曲線状をなす南側の家並みに沿って導かれる、思いがけない視界の開け方にあり、アントーニオ・ダ・サンガッロ・イル・ジョヴァネによる「アカデミック」な手法による柱廊の意匠は、そうした「中世的」アメニティには太刀打ちできない。

　ブルスキはブラマンテのオリジナルの計画から想像される視覚的効果——エクセドラの暗示する劇場性や古代のフォルムを想起させる構成、軸線など——を強調し、屋外のオープン・スペース——都市空間——のためのブラマンテの実験の一つとして重視するのであるが[61]、その空間が核となって都市を発展させて行くような契機がここには欠けている。これはブルスキがブラマンテの都市空間へのもう一つの提案例として挙げているヴィテルボの城砦中庭についても言えることであって、サン・ピエトロ聖堂のための *Codex Mellon*, f. 70 *v* のスタディやあるいは「テムピエット」のための円形回廊のような、空間の自己展開がこれらでは封じられてしまっているのである。それがブラマンテ個人の限界であるのか、あるいはこうした課題を彼に強いた企画者側の問題であるのかはよく分からないが、ここでもヴァティカンの「サン・ダマゾのロッジァ」のごとく、"grand manner" だけが残ることとなった。

注
1. 第 II 章、注 53（pp. 61-62）参照。
2. 同上、第 VII 章、pp. 217-218, 及び同章の注 6, 8, 9（p. 256）を参照。
3. サン・ジョヴァンニ・イン・ラテラーノ広場 Piazza S. Giovanni in Laterano の東北隅を占める小聖堂サン・ロレンツォ・イン・パラティオ S. Lorenzo in Palatio（別名 Sancta Sancturm, *o* "Scala Santa". もとはラテラン宮の一部で教皇の私的

礼拝所であった）を奉ずる講中で、精肉業者の組合がその中心であった。
4. 聖器具を扱う業者 Coronari たちが集まっていたことからその名がある。これは古代ローマ期にカムポ・マルツォを東西につないでいた直線道路 Via Recta の一部で（西半の 500 m ほど）、中世には多くの建物でふさがれていたものを、シクストゥス四世がクリアし舗装・整備した。
5. Stefano Infessura (c. 1435/6-1500), *Diario rerum Romanarum* (a cura di Oreste Tommasini, Roma 1890). これは14世紀末からのローマ市に起こった様々な出来事を年代記的に書き綴ったもので、ラテン語とイタリア語が入り交じり、虚実取り混ぜた叙述で錯誤も多く、更に反教皇の旗頭であるコロンナに強く肩入れした書き方で、エウゲニウス四世以後の教皇の事蹟については一貫して批判的な調子となっていて、そのまま受け取りがたい部分も多いとされる。しかしパウルス二世からシクストゥス四世、インノケンティウス八世の時代については、彼自身が実際に見聞きしたものの記録となっており、当時のローマ市民の心情を伝えるという意味で重要な史料と言える。シクストゥス四世についての記述は上記 Tommasini の刊本では pp. 71-170 を占める。シクストゥスをネロに擬えたラテン語の風刺詩は p. 158 に見える。
6. ユリウス二世を初めとする教皇たちの「都市戦略」については Tafuri, M., "'Roma instaurata'. Strategie urbane e politiche pontificie nella Roma del primo '500", in *Raffaello architetto* (a cura di S. Ray, C. L. Frommel, M. Tafuri), Milano 1984, pp. 59-107 を参照（タフリはこれに「都市計画」という語を充てることを慎重に避けている）。また Bruschi, A., *Bramante*, 1990, Cap. 7 "L'immagine della città bramantesca" (pp. 167-184) も参照。ブルスキがブラマンテの建築的コンセプトとユリウスの都市戦略とが完全に重なり合っていて、ブラマンテの主導によってユリウスの都市戦略が導き出されたかのように論じているのに対し、タフリはそうした判断には一定の留保を示しているようである。
7. Vasari-Milanesi, IV, pp. 159-160.
8. cf. Frommel, C. L., "Il Palazzo dei Tribunali in Via Giulia", in *Studi Bramanteschi*, 1974, p. 523, n. 2.
9. 1475年にシクストゥス四世によって建設された。インフェッスーラ (*op. cit.*) は1473年にその定礎式が行われたと記している。
10. 取り壊されたフィレンツェ人商人の組合の建物に代わって、1508年の末にブラマンテが新しい聖堂の計画を提示していたとされるがこれは実現することなく、1518年になってユリウスの後継のレオ十世が新たにペルッツィやラッファエッロ、アントーニオ・ダ・サンガッロ・イル・ジョヴァネ、ヤーコポ・

サンソヴィーノらに競作を命じ、サンソヴィーノ案が選ばれ（Vasari-Milanesi, V, pp. 498-490）、1519年にはその案に沿って着工された。しかしこの案は建物がテヴェレにまで張り出す部分があって工事が難航した上、サンソヴィーノが工事中に倒れ、アントーニオ・ダ・サンガッロ・イル・ジョヴァネが引き継ぐが、レオ十世死後は工事が中断してしまう。サンソヴィーノの案は失われてしまっているが、それをアントーニオ・ダ・サンガッロ・イル・ジョヴァネが修正したと見られる案が多数遺されている。この間に集中式の平面は長堂形式に変更されたと見られるが、工事は基礎部分が造られただけで放置されていた。その後ミケランジェロも駆り出されるが実現せず、16世紀末にジアコモ・デッラ・ポルタ、さらにカルロ・マデルノにより完成（1620）、ファサードは18世紀のアレッサンドロ・ガリレイ Alessandro Galilei（1692-1737）の設計になる。

11. アンドレア・フルヴィオ Andrea Fulvio（c. 1470-1527）の *Antiquitates Urbis*（1527. f. 30 *r*, cit. in Tafuri, 1984, p. 102 n. 60）は、「ユリウス二世は橋を再建しそれをユリウス通りと結ぶべきことを決定した」("Iulius II instaurare decreverat et viae iuliae connectere") と記している。この橋の起源については古代の文献には現れておらず、12世紀半ばの文献 *Mirabilia Romae Urbis* の中に "Pons Neronianus" として取り上げられ、ネロないしカリグラのころに建造されていたものと見られる。しかし2世紀にはハドリアヌスがそのすぐ上流に Pons Aelius（Ponte Elio）を建造していて、この Pons Neronianus の方はあまり実用的な目的のために利用されることがなく、儀式用ないし皇帝の私的利用のためであった可能性がある。5世紀頃にはすでに廃墟となっていたと見られ、*Mirabilia* の後世のヴァージョンでは "Pons ruptus"（壊れた橋）として記されていた。19世紀頃までは橋脚の残骸が水面上に見えていたという。現在の Ponte Vittorio Emmanuele II はこの場所をまたぐ形で造られている（若干角度が異なる）。フランチェスコ・アルベルティーニ Francesco Albertini（fl. 1493-1510）の *Opusculum novae et veteri Urbis Romae* の中には、この橋がヴァティカン側では将軍たちが凱旋行進などを行なう Via Triumphalis につながっていたとして、"Pons Triumphalis" と記されていた。cf. Samuel Ball Platner & Thomas Ashby, *A Topographical Dictionary of Ancient Rome*, London 1929, p. 401.

12. この街路の計画はすでにアレクサンデル六世によって進められていたものであった（第 V 章の注37参照）。

13. Tafuri, "Roma instaurata"（*op. cit.*）, p. 70. またこの辺りはコロンナ家と共にローマの二大勢力の一つであったオルシーニ家の勢力範囲であり、オルシーニは

サン・ビアジォ聖堂とも深い関わりがあったとされる。
14. 第 VIII 章の注30参照。
15. Frommel, "Il Palazzo dei Tribunali in Via Giulia"(*op. cit.*), p. 524.
16. これに際して教皇は記念メダルを有力者たちに配ったが、それには "PAX ROMANA" の銘文があった。cf. G. Gennaro, "La «Pax Romana» del 1511", in *Archivio della Società Romana di Storia Patria*, N. 21, 1968, p. 17 sgg.
17. この時期、La Zecca に雇われていたトスカーナ出身の金工職人 Pier Maria Serbaldi (c. 1455-1522) の作と考えられている。
18. この図の表 (109 A r) には、サン・ビアジォ聖堂のものと見られるかなり詳細な部分平面実測図がある (Heinrich Wurm, *Baldassarre Peruzzi. Architekturzeichnungen*, Tübingen 1984, S. 383. ただし Wurm はこの図をサン・ビアジォのものとは認定していないようである)。
19. 裏面はユリウスの半身像で "IVLIVS・II・ARCIS・FVNDAT・" の銘がある。
20. Frommel, 1974, p. 525; Bruschi, 1990, p. 251. ただしブルスキはこれは後にアントーニオ・ダ・サンガッロ・イル・ジョヴァネがパラッツォ・ファルネーゼで試みたような隅石積み bugnato angolare の可能性も考えられるとしている。
21. この部分の書き込みは "tore sopra la merata coe il hampanile" となっていて、矢狭間のパラペットが設けられそれより上部は鐘楼 (あるいは時計塔) となっていたと見られる。
22. Giulio Carlo Argan, "Sebastiano Serlio", in *L'arte*, 1932, n. 3, pp. 190-191.
23. Bruschi, 1990, p. 251.
24. Tafuri (1984, *op. cit.*), p. 71.
25. 4世紀のアルメニア出身の聖者サン・ビアジォ (St. Blaise) を奉ずる。修道院は当初は Via del Gonfalone からサン・ジォヴァンニ・デイ・フィオレンティーニまでの土地を占めていたと言われる。現在の Via Giulia, No. 64 にある建物は19世紀に改築されたもの。"Pagnotta" の名は、この教会が聖人の祝日に貧民たちにパンを配ったことに由来するとされる。19世紀以来アルメニア人のための聖堂として、S. Biagio degli Armeni と呼ばれている。
26. cf. Lionello Puppi, *Palladio. Corpus dei disegni*, Milano 1989, pl. 43 & p. 110.
27. 現在の Via dei Banchi Nuovi から Via del Governo Vecchio、そして Corso Vittorio Emmanuele、Via Aracoeli、カンピドリオなどを経てラテラン宮にまでつながる街路。
28. La Zecca は現在の Palazzo Sforza Cesarini のある場所にアレクサンデル六世が建造していた建物に置かれていたが、ユリウスはそれをサンティ・チェルソ・

エ・ジュリアーノ聖堂の近くに移し、こちらは Cancelleria として使用することにしたものであった。La Zecca の移設についてはブラマンテが関わったと見られるが、その詳細は不明である。これは後に（1525）アントーニオ・ダ・サンガッロ・イル・ジョヴァネが新しいファサードを取り付けることとなる。しかし1541年には使用が停止され、17世紀以後はサント・スピリト銀行 Banco di S. Spirito が使用していたため、Palazzo del Banco di S. Spirito あるいは La Zecca Vecchia と呼ばれている。

29. Frommel, 1974（*op. cit.*）, pp. 526-527.
30. Tafuri, "Roma instaurata", *op. cit.*, pp. 70-74.
31. C. Plinii Caecilii Secundi, *Epistularum*（Loeb Classical Library, Pliny, *Letters and Panegyricus*, ed. by Betty Radice, London & Harvard, 1972）, Lib. VI-31, "C. Plinius Corneliano Suo S."（pp. 468-475）. Civitavecchia の呼称は11世紀頃に定着したものと言われる。
32. 第 IV 章参照。
33. Paride Grassi, *Diarium*（cit. Bruschi, "Bramante, Leonardo e Francesco di Giorgio a Civitavecchia. La «città con porto» nel Rinascimento", in *Studi Bramanteschi*, Roma 1974, p. 535）. グラッシとブラマンテの関係については前章の注29を参照。
34. Archivio Vaticano, Armadio XIII, caps. XIV, n. 26, cit. Bruschi（*cit. sopra*）, p. 549 n. 21. なお「ブラマンテ師」"frate Bramante" と記されているのは、ブラマンテがフォッサノヴァ修道院の修道士の身分を得ており（その時期は不明）、また1512年7月27日に教皇庁の印璽局 Ufficio del Piombo に職を与えられていて、この職にあるものは "frate" の肩書きで呼ばれていたためである。おそらくこの指示は港湾の北側に位置する古代以来の船溜まり（"Porticina" と呼ばれている）を再利用するためであったろう。アントーニオ・ダ・サンガッロ・イル・ジョヴァネは GDS. 946 でこの部分についてのスタディを行なっており、これはブラマンテの指示に基づくものと見られる。
35. ミケランジェロ説を最初に唱えたのはグリエルモッティ Alberto Guglielmotti, *Storia della marina pontificia*, Vatican 1880-93（vol. V, 1887, "Storia delle fortificazioni nella spiaggia romana risarcite e accreciute dal 1560 al 1570", p. 218 sgg.）であるとされ、その後も多くの著者がそれを引き継いで来たが、アッカーマン（J. S. Ackerman, *The Architecture of Michelangelo*, London 1961 & 64, Catalog, p. 149）はその可能性を否定している。
36. ブルスキはこれを Serbaldi（前出の注17参照）作とする通説に反対して、ロレートの工事に関わった Giancristoforo Romano（1456-1512）の作であろうと

している。φ 36.5 mm.
37. Bruschi, 1974 (*cit. sopra*), pp. 535-565.
38. L. H. Heydenreich, "Studi archeologici di Leonardo da Vinci a Civitavecchia", in *Raccolta vinciana*, Milano, XIV, 1930-34, p. 39 sgg.; Id. *Leonardo architetto, Il Lettera vinciana*, Firenze 1963, pp. 9 & 14.
39. Corrado Maltese & Livia Maltese Degrassi, *Francesco di Giorgio Martini, Trattati di architettura ingegneria e arte Militare*, Milano 1967, tom. II, pp. 485-491, tavv. 309-315. ブルスキはフランチェスコ・ディ・ジョルジョとチヴィタヴェッキアとの関わりについて、彼は1483年にナポリ王の招請に応じて南イタリアに赴く途上にローマに立ち寄っており、そのときおそらくバッチョ・ポンテッリとともにチヴィタヴェッキアを訪れていた可能性があるとしている。Bruschi, *op. cit.*, p. 554, n. 26.
40. これはナマティアヌスがローマから領地のあるガリアへ戻る途上での見聞を記したもので、そのテキストは15世紀末にボッビオの修道院で発見され、トムマーゾ・インギラーミ Tommaso Inghirami によって公表された（インギラーミについては第IV章の注56参照）。インギラーミは1505年以来ヴァティカン図書館長となっており、ブラマンテとも交流があったと考えられ、当然ブラマンテやレオナルドも *De reditu suo* の内容は知っていたはずであるとされる（Bruschi, *op. cit.*, p. 557 n. 31）。ナマティアヌスは港湾を囲む突堤の様子を「円形競技場」Amphitheatrum のごとしと形容していた（v. 240）。なお、この *De reditu suo* のテキストは Web 上でも読むことが出来る（http://www.thelatinlibrary.com/rutilius.html）。
41. Pietro Cataneo（1510-74）, *I quattro primi libri di architettura*, Venezia 1554, Lib. I, cap. XVIII-XX.
42. ユリウスがこの港湾整備を急いだ理由の一つには、この港の東方の山中トルファ Tolfa に産出する明礬を搬出するためであったと考えられ、その採掘権はユリウスの金庫番として1504年以来重用されていたシエナ出身の銀行家アゴスティーノ・キジ Agostino Chigi（1466-1520）が握っており、その経済活動を支援することはユリウスにとって重要な政治的課題の一つとなっていた。
43. Carlo Calisse, *Storia di Civitavecchia*, Firenze, 1898. p. 360（cit. Bruschi, p. 564 n. 45）
44. 言い伝えによれば、1291年、パレスティナの聖地がイスラーム教徒によって占領された際、ナザレにあったマリアの家、すなわちキリストの生家が「天使たちによって」運ばれクロアチア地方のテルサット Tersatto に到着したが、

IX. ブラマンテと都市

1294年には忽然と消えアドリア海を越えてレカナーティ近傍の森の中に現れ（その後の古文書発掘から、東ローマ皇帝の縁者である De Angelis の一族の者が船で運んできたものという説が提起されたが、偽文書らしい）、さらにそこが盗賊によって荒らされそうになると再び天使によって別の場所に運ばれ、その後こんどは人の手によって月桂樹 lauro（Loreto の語源とされる）の茂る丘である現在の地に置かれることになったものという。この「奇跡」は直ちにローマ教会の認めるところになったものらしく、レカナーティの司教の管理下に置かれることになっていた。この「聖遺物」はナザレ地方の民家の特徴を示す建物の壁（煉瓦）と見られるという。現在の形は、おそらく運ばれてきた煉瓦の壁の断片をを組み合わせて造られたものであろう。

45. Vasari-Milanesi, II, p. 472.
46. *Ibid.*, IV, pp. 277-278.
47. この聖域整備にかかわる史料のほとんどは Bruschi, *Bramante architetto*, Bari 1969, pp. 652-667, 960-979 に収録されている。またユリウス二世とブラマンテ及びアントーニオ・ダ・サンガッロ・イル・ジョヴァネによる作事についての考証は Kathleen Weil-Garris Posner, "Alcuni progetti per piazze e facciate di Bramante..."（*Studi Bramanteschi, op. cit.*）, pp. 313-338 を参照。
48. Vasari-Milanesi, IV, pp. 516-520. サンソヴィーノは1513年の6月にレオ十世からロレートの仕事を委ねられている（cf. Bruschi, 1969, p. 965; Posner, *op. cit.*, p. 319）。
49. Vasari-Milanesi, V, pp. 459-460 はアントーニオのロレートへの関与については1526年以後のことにしか触れていないが、レオ十世から1517年の1月にロレートの工事現場の査察を命じられており、その3月以降、工事監督となっていたと見られる（Posner, p. 320, n. 26）。
50. この計画は Francesco da Siena〔史料では "Francesco da Sena" と記されている〕によるものとされ、大方の見方はこれは Francesco di Giorgio Martini を指すとしているようであるが、彼は1501/2年には死亡しており、その関与を疑う声もある。しかし彼はセニガッリアの領主ジョヴァンニ・デッラ・ローヴェレ Giovanni della Rovere（1457-1501. ユリウス二世の縁者）のためにこの地域の軍事施設の計画にたずさわっており、また同じくユリウスの縁者であるジロラモ・バッソ・デッラ・ローヴェレ枢機卿 Girolamo Basso Della Rovere（1434-1507）がレカナーティ司教の地位にあってかねてからロレートの聖域整備に努めていたことから、フランチェスコ・ディ・ジョルジョにその仕事を依頼していた可能性は高い。なおこの時期、アドリア海沿岸一帯はトルコなどの

327

海賊の襲来が相次いでおり、ロレートの聖域もそれに備えて要塞化の工事が進められていた。

51. その新たな設計が何に対するものであったのかははっきりしない。上記の防塁強化工事の他にも、聖堂自体にも問題があって、ジュリアーノ・ダ・マイアーノの聖堂交叉部の構造が弱すぎて、ジュリアーノ・ダ・サンガッロが造ったクーポラに耐えられず崩壊の危険もあり、それらへの早急な手当も必要となっていた。
52. この人物はヴァティカン宮殿の計画などに関わってすでに1505年ころからブラマンテの助手となっていたと見られる（第VI章の注22参照）。
53. Posner, p. 317, n. 18.
54. Giancristoforo Romano（c. 1465-1512）はピサ出身の彫刻家で、1470年代初め頃からミラノやマントヴァの宮廷で仕事をしており、1505年にはユリウスが（あるいはブラマンテの進言によって？）ローマに呼び寄せていた。おそらくミラノ時代にブラマンテとは知己となっていたと見られる。彼がロレートの建築家に任命されたことは Paride Grassi, *Diarium*（*op. cit.* 第VIII章の注30も併せ参照されたい）のこの日付の項に記されている。彼はすでに1509年頃からはロレートの現場で働いていた形跡があり、1512年5月31日にロレートで死亡している（Posner, p. 318 n. 18）。彼の伝記は Matteo Ceriana, "GANTI, Giovanni Cristoforo（Gian Cristoforo Romano）", *Dizionario biografico degli Italiani*, vo. 52, 1999を参照。
55. Posner, pp. 319-320.
56. *Ibid.*, p. 314, n. 4.
57. *Ibid.*, pp. 320-321, 329-330.　この図の製作時期は不明で、1520年代以後ではないかと推測されるという。
58. *Ibid.*, pp. 322-323, 331-332.
59. 広場を囲む三方の柱廊初層にはすべて店舗群が計画されていた様子がGDS. 922に見えている。1516年の支払記録にはこの店舗の内部階段の工事に関するものがあり、サンソヴィーノの時期に造られていたことが分かる（Posner, p. 331）。
60. アントーニオの図の中には西側の柱廊のスタディ（GDS. 924 A）があるが、これはGDS. 922と同様の直線状のままである。
61. Bruschi, 1990, pp. 168-175.

X. ブラマンテとそのサークル

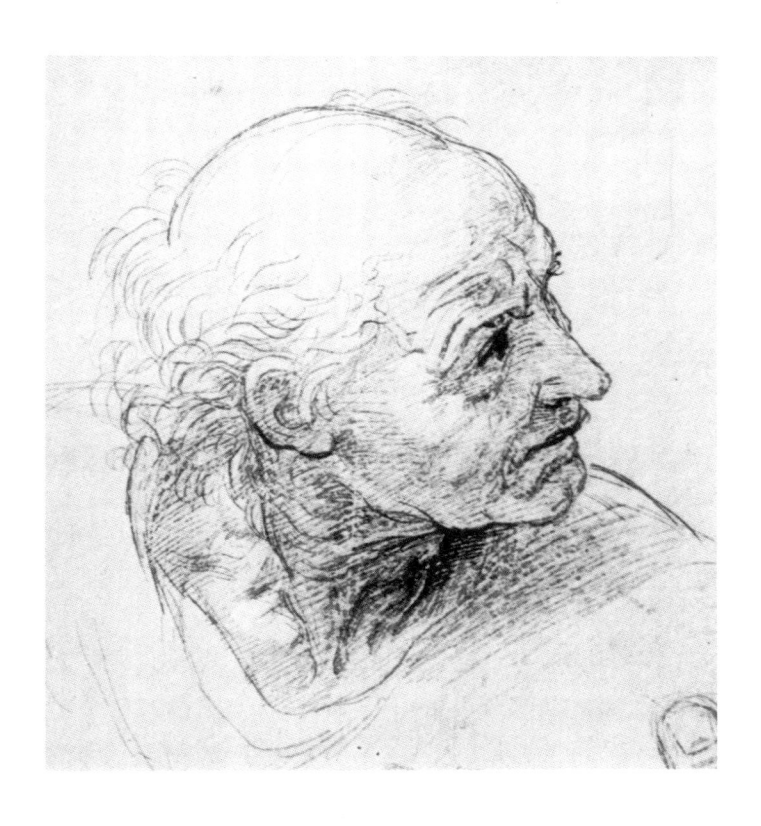

fig. 182　ラッファエッロによるブラマンテ肖像習作（Paris, Musée du Louvre）

X. ブラマンテとそのサークル

ブラマンテの周辺

　郷里のモンテ・アズドゥルアルドを出奔して以後、生涯独身を通し家族を持たなかったブラマンテであるが、常に多くの友人に囲まれ、「ブラマンテのサークル」とも言うべき集まりの中心となっていたようである。特にローマに来てからは、当時を代表する芸術家たちのリーダー的存在となっており、ラッファエッロをはじめバルダッサーレ・ペルッツィ、アントーニオ・ダ・サンガッロ・イル・ジョヴァネらの活動は、ブラマンテと切り離して語ることは出来ない。またブラマンテのローマの食卓には、ペルジーノやピントゥリッキオ、ルカ・シニョレッリらの画家たちも加わっていたことが知られている[1]。

　ヴァザーリはこのことに関わって次のように記している。

「ブラマンテの人柄はいとも快活できさくであり、いつも周りの者たちと冗談を言い合って楽しんでいた。優れた人材を好み、そうした才能を発揮できる人々を厚遇した。そのことはかの高雅なるラッファエッロ・ダ・ウルビーノ、名高い画家である彼に対するローマでの遇し方にも見られることである。常に輝かしい栄誉に包まれて暮らしていたのであるが、そのような暮らしが与えてくれる恵まれた境遇の中で、自分の出費のことなどは一切顧みることがなかった。詩作を楽しみ、即興に耳を傾けまた自らもリラを奏でながら詠い、幾つかのソネットも、それらは昨今のものと比べればあまり洗練されておらず少なくとも本格的とは言い難く欠陥も免れないものではあったが、ものしている。聖職者たちからも高く評価され、無数の貴紳たちとの知遇も得ていた。」[2]

　屈託が無くノンシャランスな彼の生き方が、必ずしも経済的に豊かではなかったミラノ時代でも同様であったことはチェザリアーノやブラマンテ自身の戯れ唄などが伝えるところであるが[3]、とりわけ生活に不自由のなくなったローマでは、ヴァザーリもほのめかしている如く、人目を憚ることなく享楽的な暮らしを楽しんでいたようであり、アンドレア・グアルナ

fig. 183　「アテネの学堂」中のブラマンテをモデルにしたユークリッド像

は「シミア」の中でブラマンテに「楽しく暮らすのに金は惜しまない」と言わせている[4]。また「轆轤よりも速く頭が回転する」性格であったといい、実際にはかなりの教養を積んでいたはずであるが[5]、自ら「無学」を標榜し、ラテン語を操ることができるというだけでお高くとまっている人々（宮廷に群がる文人たちやとりわけ聖職者たち）を密かに嘲笑していたようであり、サッバ・ダ・カスティリオーネの伝えるところでは、Ufficio del Piombo（印璽局）の frate（在家修道士の資格）に任命され、友人から「調子はどうだ」と聞かれると、「結構なことだよ。なにしろ無学のおかげで浪費できるのだから」と答えたと言い、それにサッバ・ダ・カスティリオーネが注釈を加えていて、「ローマの印璽局の frate は……無筆でも務まるのだ」としているという[6]。

　しかしこのような外向的「エピキュリアン」的なブラマンテの表情は、ブルスキが指摘する如く[7]、孤独な一匹狼としてこの苛酷な時代を泳ぎ渡るための「仮装」maschera であったとも考えられ、それがときに辛辣な皮肉や諧謔となり、また建築創作に立ち向かうときには一転して激情が噴出し、ヴァザーリが幾度も"terribile"と形容しているような振る舞いとなるのであった。

　もとよりこのような彼の表面上の気前の良さだけではなく、建築的難題を鮮やかに解決してみせたその実績が多くの人々を惹き付けていたのであって、サン・ピエトロ聖堂の計画が始まり仕事が増えてくるに従ってス

X. ブラマンテとそのサークル

タッフも増え、この時代としては初めて自ずから組織的な設計集団が出来上がり、"ditta Bramante"（＝「ブラマンテ事務所」）とでも呼ぶべき形となっていたと言われる[8]。ラッファエッロは「アテネの学堂」の中でブラマンテをユークリッドに仕立て上げて、彼がコンパスを操っているのを人々が驚嘆の眼差しで見入っている様子を描いているが（fig. 183）、画面の手前でヘラクレイトスに擬されたミケランジェロが、独り離れて座り込み不機嫌そうに物思いに耽っているのとは対照的である（fig. 162）。

しかしこの絵の様子とは裏腹に、その後の大衆的人気は圧倒的にミケランジェロに集まり、「ブラマンテのサークル」に属していた人々ですら、その影響を免れることは少なかった。このようなブラマンテを取り巻く状況の変わりようについてブルスキは、ユリウスの「デッラ・ローヴェレ王朝」からメディチ家教皇レオ十世への交替に伴う「フィレンツェ派」の巻き返し現象と捉え、ブルネッレスキ＝アルベルティからフランチェスコ・ディ・ジョルジョ、レオナルドそしてブラマンテへとつながる「透視図法」理論派に対して、ギベルティ＝ドナテッロに始まりミケロッツォ、サンガッロの一党を経てミケランジェロに至る「大理石派」、すなわち彫刻的・装飾的スタイルの復活であると説明している[9]。歴史的経過としてはまさにそのような流行的現象が起こっていたことは確かであるが、しかしそのような外側からの観測とは別に、創り手の内側の問題としてこれを考えて見るとすればどのようなことになるのであろうか。

それを見て行くためには、ブラマンテに師事した人々がブラマンテから何を受け取り、あるいは何を受け取らなかったかが問題にされよう。それはブラマンテ論の付録のような形で扱うには大きすぎる問題であり、本来ならばそれぞれの作家毎のモノグラフの中で考察すべきものであろうが、とりあえず彼らの建築がブラマンテのものとどのように異なるのかに限って、その主要なメンバーの活動の一端を覗いてみることにしたい。

ラッファエッロと古典――「レオ十世宛書簡」

ブラマンテとその「教え子」たちとの最も際だった違いは、彼らがいずれ

も熱烈な古典主義者というよりは「古代建築研究者」であったということであろう。もとより同時代の多くの証言が異口同音に述べている如く、ブラマンテ自身も古代建築の熱心な研究の中から独自の建築的方法を掴みだしていたことは確かだが、しかし彼はそれをジゥリアーノ・ダ・サンガッロやフランチェスコ・ディ・ジョルジョの如くに参考図集として遺すことはしなかったし、またそうしたソースをストレートに模倣するということは皆無であった。それらはすべて彼の中で消化され、全く別の形で新たな建築的役割を負ってその作品の中に現れてくる。それに対しラッファエッロを初めとするブラマンテのサークルの人々は、ウィトルウィウスやプリニウスの著作からだけではなく、自らの手で古代建築の遺構を探索し、それらをストレートに自分の作品に採り入れようとするのである。

　ブラマンテが最も愛しまたその最も重要な継承者と見られているラッファエッロの建築的目標は、師のそれとはかなり異なるものであったと考えられる。画家ラッファエッロが建築に取り組む際に（絵画に描写するのみならず実際の建築として創り上げる際にも）何よりも重要であったのは、そこにいかにして偉大かつ優美な「古代風」のイメージを盛り込むことが出来るかであって、ブラマンテのようにその意味を変換して新たな空間システム構築の手がかりに用いることはしていない。彼はブラマンテが創り出した手法を採用することはあっても、それらをも古典と同様な確立された権威的手法とみなし、その意味を固定してしまう。

　1514年頃、ラッファエッロは友人のバルダッサーレ・カスティリオーネに宛てた書簡の中で、ブラマンテの死後サン・ピエトロ聖堂の工事責任者に任命されたことに関わって「古代の建築の美しい形態を見出そうと考えておりますが、ただしそれがイカロスの飛翔とならない保証はありません。ウィトルウィウスからは多大の啓示を得ましたが、しかし充分ではありません」と述べている[10]。その一方で、同じ年の8月15日、彼はラヴェンナ出身の古典学者ファビオ・カルヴォ[11]宛ての書簡で「イタリア語訳ウィトルウィウス」の清書稿を受け取ったと報告しており、バイエルン州立図書館蔵のカルヴォ訳ウィトルウィウスの稿本の一つ[12]では、Lib. X の末尾にカ

ルヴォとは別の手で「ラッファエッロ・ディ・ジョヴァン・ディ・サンクテ・ダ・ウルビーノの家で、彼の要請により翻訳された」との書き込み[13]があり、ラッファエッロがかねてからこの学者にイタリア語訳を依頼していたものと見られる。ウィトルウィウスのラテン語版は1486年のスルピツィオ・ダ・ヴェロリによるものに加え、フラ・ジョコンドによる挿絵入り刊本が1511年に出ており、このジョコンドは1514年にはラッファエッロの補佐役としてサン・ピエトロ聖堂の計画に関わっていて、ラッファエッロは彼に心服し常に教えを乞うており、その古代建築に関する学殖に全幅の信頼を置いていたのだが、ラテン語に通じていないラッファエッロはカルヴォにはイタリア語訳を依頼していたのであろう。

　このウィトルウィウス翻訳の他にもカルヴォは1515年には、*Urbis Romae cum regionibus simulachrum* と題した詳細な古代ローマ地誌を完成させており、これもラッファエッロの企画になるものであったと見られ、おそらくこの時期、フラ・ジョコンドを囲んで、ラッファエッロ、カルヴォ、それに「アッカデーミア・ロマーナ」のポムポニウス・ラエトゥスの弟子であるアンドレア・フルヴィオ[14]、更にはカスティリオーネまでが加わったサークルの中で、そうした古代地誌作成の計画が進められていたと考えられる。カルヴォの著作は1527年4月になってようやく甥の手で刊行されたが、フルヴィオも1527年2月に同様な古代ローマ市街のガイドブック *Antiquitates urbis* を刊行しており、その前書きにはラッファエッロがその死の数日前にこのテキストに付するためのローマ地図を作成していたと記している。してみればラッファエッロは、カスティリオーネ宛ての書簡にあるごとく、ウィトルウィウスだけでは満足できず、自分たちの手で古代ローマの実際の姿を確認しそれを再現しようとしていたと見られる。これまで主としてウィトルウィウスやアルベルティの著作を通じて、古代建築の実像と言うよりはその「虚像」を追い求めていた「古典主義」は、ラッファエッロに至って初めて「真正の」古代ローマ建築の復活という方向に歩み出したと言える。そしてそれは初期ルネサンスの理想主義の中で創り出された「古典的」調和のイメージとも、あるいは1520年代以降の美術に

ついて言われる「非古典的＝マニエリズモ」的志向とも関わりなく、古代ローマ文化総体を来たるべき世界にとっての最高の文化モデル（もとより教皇を頂点とする世界秩序に合致するように「理想化」されたものではあるが）として丸ごと引き受けるという態度であった。

　一方、ラッファエッロが最晩年に起草したと見られる未完の「レオ十世宛書簡」という一文があることが知られており[15]、これは彼の建築についての考え方を記したほとんど唯一の史料として重視されているのであるが、レオ十世の小勅書 breve により1515年8月27日にローマ市中の古代遺跡の監察官に任命されていたことに関わって、その後の調査・研究から得た建築に関する自分の見解を披瀝しようとしたものと見られる。ただしこれは未完ということもあって、とうてい「理論」の体をなしているとは言い難く、むしろこの文書の重要さはラッファエッロとそのサークルがどのようにして古代ローマ市街の復原作業に取り組んでいたかを推察出来るという点にあり、実際その後半は実測調査のために用いた測量器具（アルベルティの「ホリゾン」[16]にもう少し改良を加えた現在の平板測量の元祖のようなもの）の説明に終始しており、ラッファエッロが作成していたという図が遺っていない以上、その片言隻句からラッファエッロの建築観を導き出そうとするのは却って危険であり、そのような作業は彼のあまり筋だっているとは言い難い文章からではなく、その作品の分析を通じてなされるべきであろう。

　ただ一つここから言えることは、彼にとっての古代都市ローマの問題は、アルベルティの場合とは違い、そこに暮らしていたであろう人々の生活の容器総体ではなく、その「美観」の様相を再現することであって、支配者＝宮廷人の視点から捉えられた都市像に他ならないということである[17]。彼は言う、「もとより、現代の建築は非常に進歩し、古代の様式にきわめて肉薄しており、それはブラマンテの美しい作品の数々に見てとることが出来るのではありますが、しかしながら装飾もその材料も古代のそれほどに高価なものではなく、〔古代のそれらは〕その想い描いたものを実際の形とするべく、ひたすらあらゆる困難を克服しようとの想いから、莫大な費用をつぎ込んで造られたものでした。」[18]この言葉は、一面ではブラマンテ

の手法――煉瓦とスタッコの建築、高価な素材を用いることをせず、装飾も控える――に対する批判を含んでいると見ることもでき、ラッファエッロにとっての建築の価値は、素材の高価さや装飾に注がれた労力によって推し量られるのであり、それはこの時代の施主の欲求と重なり合うものであったと言えるかもしれない。建築家はもはやアルベルティが夢想したような批判者＝アウトサイダーではありえず、社会の欲望と完全に同化してしまったもののように見える。もしそうだとして、そのような姿勢が建築に何をもたらしたのか、その中でどのような建築技術の革新ないしはその領域の拡張があり得たのか、この際どい問いについて考えて見なければならない。

サンタ・マリーア・デル・ポポロ聖堂キジ家礼拝堂

　ラッファエッロが実際の建築に関わるのは、1511/2年ころから没する1520年4月迄の8年足らずの間であり、従って作品の数も少なく、さらにそのほとんどは未完成で、中には取り壊されて痕跡をとどめないものもある。また作品年代の確定が困難で明確に系統づけることはできない。ここではそうした考慮を抜きに三つの作品だけ――キジ家礼拝堂（1512/14）、サン・ピエトロ聖堂計画（1514-20）、ヴィッラ・マダーマ（1518-20）――を取り上げることとしたい[19]。

　ヴァザーリによれば、ラッファエッロはアレクサンデル六世の時以来教皇庁の金庫番となっていたシエナ出身の銀行家アゴスティーノ・キジの依頼で、サンタ・マリーア・デル・ポポロ聖堂内にキジ家の礼拝堂を設計したという[20]。その時期についての確かな史料はなく、これまでのところ1512年から14年ころにかけての計画であろうとされている[21]。これは小さなものながらラッファエッロの建築作品中では唯一完成した姿を保ち、絵画や彫刻などの装飾的要素と建築とが一体となってカラフルな密度の高い空間を創り上げているという点で、彼の代表的な作品として取り上げられることが多い。しかし彼の死の時点では未完成で、絵画や彫刻・装飾などはかなり後になってから加えられたものが多く、最終的な完成は17世紀半ば

337

になってからのことであり、バロックの巨匠ベルニーニまでが動員されていた。このためどこまでがラッファエッロのオリジナル・アイデアに基づくものなのか、問題を残している。

　これは聖堂入口を入って左手側廊の二番目のチャペルとなっているもので、間口6.60 m、奥行き7.15 mの長方形の中に収まっている。聖堂側廊に面して幅5 m弱、奥行き3 mほどのアーチを開き、その奥に正方形の祭室を配する。祭室はサン・ピエトロ聖堂の交叉部のように四隅に斜めの壁を設け、そこからクーポラを支えるペンデンティヴ（ディスクに囲われた聖者像の壁画がある）を立ち上げている。この斜めの壁はかなり幅が広く、祭室平面は「隅切り」というよりは八角形に近い形となり、それらの壁に設けられたニッチには大きな彫像が取り付けられている（それらのうちの二体はベルニーニによる）。正面奥の壁面は入口と同じ大きさのアーチで囲われた中に「キリストの生誕（ロレートのマリーア）」の絵[22]が描かれ、その前に祭壇が置かれる。両脇の壁面には色大理石によるピラミッドが取り付けられ、それぞれアゴスティーノと弟のシジスモンドの墓碑に充てられている。クーポラを支えるドラムには8個の窓が設けられ、それらの間の壁にも壁画がある。クーポラはモザイクによる仕切りのコファリングが施されているが、そのそれぞれの区画にも装飾が加えられている。

　壁面を区切る大理石のコリント式付柱やフリーズ、コーニスなどは精巧な仕上がりで、全く緩みを感じさせない完成度を見せているが、しかし空

fig. 184　サンタ・マリーア・デル・ポポロ聖堂キジ家礼拝堂

間全体としては、これらの建築的要素は絵画や彫刻などのための枠取りといった観が勝っており、あまり建築的な緊迫感は見られない。入口のアーチ部分やその他様々な箇所についてはパンテオンからの引用が見られると言われる[23]が、それらもむしろ密度の高い装飾的細部の方が目立つ結果となっている。

17世紀の仕事は別としても、16世紀の間になされていた工事は、ラッファエッロが遺した装飾図像プログラムにほぼ沿った形でなされていたと考えられているようであり、とすれば、建築が主役の座から退いて他の装飾的要素の引き立て役となっているようなその構成は、ラッファエッロの意図するところであったと考えざるを得ない。アルガンは[24]ラッファエッロの目標をミケランジェロのそれと対比させて、ミケランジェロの作品が、ユリウスの墓やシスティナ礼拝堂の天井画をはじめ、すべて彼独りの手によって、つまり彼個人の手業 *maniera* によって造られていたのに対し、ラッファエッロの場合は、すでに「スタンツェ」の制作のころから、その作品のほとんどは彼の「アトリエ」の共同作業のかたちで進められていたのであり、彼個人の強い個性によって作品をコントロールするというよりは、様々な異なる技能の統合による「ユニヴァーサル」な空間の実現を目指していたのだとし、キジ家礼拝堂をその好例として挙げていた。

実際、この建築を肯定的に評価しようとするなら、こうしたアルガンの言い方以外の評言を見出すのが難しいのは確かなのだが、それは反面ではラッファエッロが、建築と絵画・彫刻あるいは工芸などの他の造形美術ジャンルとの関係の在り方について、新たなアポリアを提起してしまって

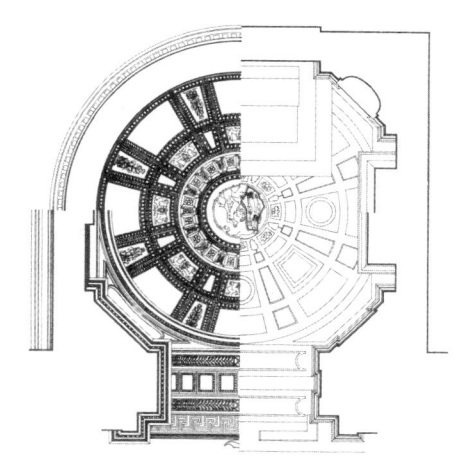

fig. 185　キジ家礼拝堂　平面と天井見上げ図（from S. Ray）

いたということを意味する。つまり建築がそのような co-ordinator としての役割を務めるべきものであるとすれば、その技術の独自性とはいかなるものであるべきか、それを保証すべき理論的根拠はどこに求められるのか。「建築家」はそれらの技芸の狭間にあって、どこに身を置けばよいのか。しかしラッファエッロをはじめとするこの当時の人々は、この問題に頭を悩ましたような形跡はあまり見られない。彼らはアルベルティ以来のテーゼ、"concinnitas" の原理＝「自然」を楯にとり[25]、しかもいとも簡単にその「自然」を「古典」と結びつけてしまう。古典建築研究こそが建築技術の根幹であるとの信念はここから生まれた。そしてこの「自然」＝「古典」というドグマが、18世紀に至るまで西欧美術のアカデミックな理論の根幹となる。「美しい自然」を体現した「古典」の美を探求することというトートロジィがその内容であった。しかし現代の我々も、ラッファエッロの作品に対しては、「優美な」あるいは「調和の取れた」というような形容詞の羅列以外に、それを的確に評するための言葉を見出すことが出来ずにいるのではなかろうか。

ラッファエッロのサン・ピエトロ聖堂計画案

　1514年4月1日、ブラマンテの遺言によってその後継の "magister operis" に指名されたラッファエッロは、ジュリアーノ・ダ・サンガッロとフラ・ジョコンドの補佐を得て、本格的にサン・ピエトロ聖堂の工事継続に関わることとなる[26]。すでにブラマンテは晩年には *Piano di Pergamena* に見られたような集中式を諦め、長堂式平面の可能性を探っていたと見られ、ジュリアーノもおそらくブラマンテの方針に沿ったと見られる長堂式平面のスタディを行なっており[27]、ラッファエッロも当初はそれらを基にして案を練っていたものと見られる。彼の初期案については走り書きの部分的なメモていどしか残っていないが、セルリオが Lib. III, p. 65 *r* にラッファエッロ案として掲げている平面図はそのころの案を伝えるものと考えられている。

　1515年にフラ・ジョコンドが死去し、ジュリアーノもフィレンツェに

戻ってしまうと、ラッファエッロはそれらの先行案に囚われず自由にデザインできる立場となっていたが、多忙な彼はアントーニオ・ダ・サンガッロ・イル・ジョヴァネを補佐役に迎え、自分のアイデアの実現可能性を豊富な実務経験を積んでいたアントーニオに検討させる形で仕事を進めたと見られる。これ以後のアントーニオによるスタディは Uffizi, GDS. に多数遺されているが、特に1518から19年にかけては二人の密接な共同作業が行なわれていた様子が窺われる。*Cod. Mellon*, f. 72 *v* の平面図はその時期の産物と考え

fig. 186　ラッファエッロのサン・ピエトロ聖堂計画案 *Cod. Mellon*, f. 72 *v*

られ、この後もこれに色々と微修正が加えられたようであるが、ラッファエッロ案の骨子がいちおうまとまった状態を示すものと考えられ、それに同じく *Cod. Mellon* 中の立・断面図 ff. 71 *v*-72 *r*（第 VIII 章に掲げた fig. 159）とを突き合わせて作成された推定復原図（fig. 187）の姿から、彼の目論見を推測してみることとしたい。

　ひときわ目立つのはファサード両端にそびえ立つ塔の存在でこれは中央のクーポラのヴォリュームと拮抗するかに見え、着工記念メダルに見えていたクーポラに向かってすべてのヴォリュームが収斂して行くようなブラマンテのコンセプトに対して、むしろそれを発散させて行くような印象を与える。また側廊の各ベイに取り付けられた小さなクーポラの連続は、側面にまわってみるとまるでゴシックの聖堂側面のような印象を与えたのではないかと考えられる。ダブル・アムビュラトリィの後陣や南北翼廊にも

fig. 187　ラッファエッロ案によるサン・ピエトロ聖堂推定図（from Frommel）

中央のクーポラを小型にしたようなものが載せられており、それらは多様な内部空間の役割をできるだけ外観に反映しようとしたものと見ることもできるが、ブラマンテのような内外共に一つのプリンシプルによって統一しようというような意識は薄いとしなければならない。

　その反面、個々の部分に与えられた意味づけ——その典拠については、周到な準備がなされていたようである。バーンズによれば[28]、この二つの塔は、伝説上の古代ローマの建設者ロムルスとレムスのモニュメント *Meta Romuli & Meta Remi*[29] を意識したものであると言い、またアントニヌス・ピウスのコインに描かれたその墓廟の意匠を採り入れているとされる。細かな装飾的細部についてもその典拠が古典と無関係なものは存在しないと言ってよく、カスティリオーネへの書簡にあった如く、まさに「古代の建築の美しい形態」を寄せ集めた一大 "assemblage" からなっている。建築はここでは「システム」ではなく、それぞれに独立した場面の「シークエンス」として存在しているのである。

こうした手法は、寄せ集めである以上、必ずと言って良いほどどこかに不連続が生じるのは避けがたい。実際、ラッファエッロの死後まもなく、密接な共同作業のパートナーであったはずのアントーニオ・ダ・サンガッロ・イル・ジョヴァネは教皇に訴えるための意見書[30]を執筆し、それまでにラッファエッロの指揮によって完成していた部分と計画されていた長堂やダブル・アムビュラトリィの構成などについて11項目にわたり「誤り」を指摘し、手厳しく批判している。それらの計画についてはアントーニオ自身も少なからず加担していたはずであるのだが、それらをすべてラッファエッロの力量不足のせいにしてしまっている。社会的には身分の高くない職人階層から野心に燃えてのし上がってきたアントーニオは、自分より実務経験の少ないラッファエッロの下の地位に甘んじてこなければならなかった怨みが、ラッファエッロの死によって一挙に吹き出したものであろう。しかしアントーニオのラッファエッロに対する感情的しこりはともかくとしても、ブラマンテのコンセプトをできるだけ忠実に守ろうとするアントーニオと、それには必ずしも囚われずに自己流を通そうとするラッファエッロとの考え方の違いをそこから読み取ることができる。

　その後アントーニオ・ダ・サンガッロ・イル・ジョヴァネはバルダッサーレ・ペルッツィと共同で計画を進めることとなり、ペルッツィもアントーニオの批判を採り入れて長堂部分の計画変更などを認めた模様であるが、実質的には工事はほとんど進行せず、やがて1527年の *Sacco di Roma* によってすべての計画が中断され、1534年にようやく再開されてペルッツィとアントーニオはそれぞれに独自の計画変更案を作成するもののどれも実施には至らず、1546年ミケランジェロの出馬によってようやく完成に向けた態勢が整ったのであった。

ヴィッラ・マダーマ計画案

　ローマ市北郊のモンテ・マリオの丘 Monte Mario に建つヴィッラ・マダーマ Villa Madama は、その規模の壮大さと共に建築と庭園とが一体に計画されたルネサンス最初のヴィッラとされている[31]。その施主はレオ十世

の従弟の枢機卿ジュリオ・デ・メディチ（のちの教皇クレメンス七世）[32]であったが、これを相続したメディチの一党のアレッサンドロ[33]と結婚したマルゲリータ・ダウストリア[34]が、アレッサンドロの死後（従兄弟に暗殺された）その所有者となったことから、Villa Madama の名で呼ばれることとなったものである。

　ヴァザーリの証言やカスティリオーネへの書簡などから、ラッファエッロがこの計画に関わっていたことは疑いないが、計画のかなり早い時点からアントーニオ・ダ・サンガッロ・イル・ジョヴァネが加わっていて、敷地の整備・庭園の配置などに大きな役割を果たしたとみられ、現存する計画図の大半が彼の手になることや、また1520年からは若いジュリオ・ロマーノ[35]が参加し、ラッファエッロ没後に建築のかなりの部分に手を加えていたことなどから、ラッファエッロの関与がどれほどのものであったか、果たしてこれをラッファエッロの「作品」とすることができるかについては、多くの疑問が提起されてきている。

　モンテ・マリオの地に迎賓館を兼ねた別業を設けることは、1516年頃からレオ十世自身が企画していたようで、その年にローマ大司教区参事会が管理していたその土地の使用権を譲り受け、ラッファエッロやアントーニオ・ダ・サンガッロ・イル・ジョヴァネらにそこの葡萄畑や既存建物などの整備の可能性を打診していたようである。実はレオは教皇着位と同時に兄のジュリアーノ[36]にナヴォナ広場に面して壮大な邸宅を造らせ、そこを迎賓館とするつもりであったらしいが、その早逝によって計画を変更し、市内ではなく市外のモンテ・マリオの場所をそれに宛てることにしたものであろう。そして1517年には従弟のジュリオ枢機卿にモンテ・マリオの土地の整備を委ねている。

　初期の段階では丘の東斜面に沿って、南から北へだんだんにレヴェルが高くなってゆく正方形の庭と円形の庭、大きな「ヒッポドロモス」状の長円の庭の三つを様々な階段でつなげてゆく案が検討されていたようだが[37]、そこにどのような建物を配置するつもりであったのかは全く見えていない。しかしその後大きな計画変更があったらしく、1519年には、バルダッサー

X. ブラマンテとそのサークル

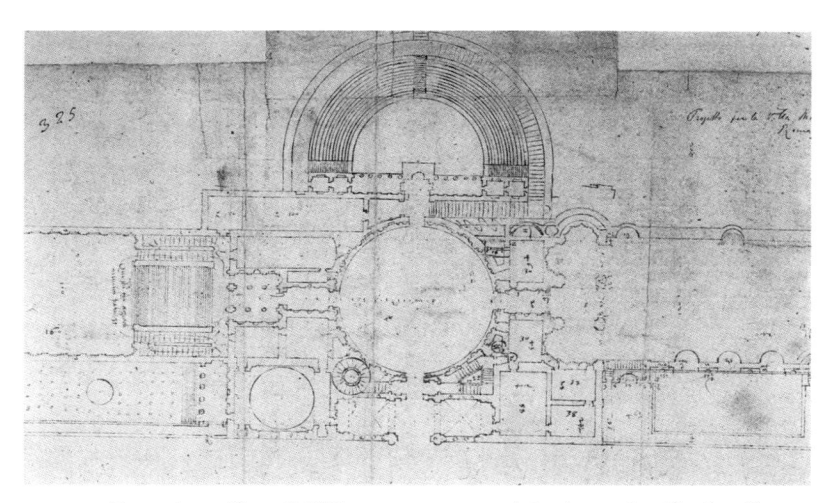

fig. 188 ヴィッラ・マダーマ計画案 Uffizi, GDS. 314A（アントーニオ・ダ・サンガッロ・イル・ジォヴァネ作図。部分）

　レ・カスティリオーネがマントヴァ侯妃イザベッラ・デステに宛てた書簡でこの年の初めにはヴィッラの工事が始まっていると報告しており、そしてちょうどその頃にアントーニオ・ダ・サンガッロ・イル・ジォヴァネによるとみられる全体計画の平面図 Uffizi, GDS. 314 A が作成され、それによって工事が進められたものと考えられる。
　この図は601 mm×1258 mm という大きなもので敷地全体が描かれており、その規模はおそらく南北長さが約1 km に及ぶものであったと見られる。fig. 188 はその中核部だけ抜き出したものだが、円形中庭を囲む建物の東ファサード（眼下にテヴェレを見下ろすかたちとなる）の幅は210 m あったとされる。実際に建ち上げられたのは円形中庭を囲む棟の北の部分（円形中庭は半分だけとなりエクセドラ状に外に向かって開いている）とそれに続く長方形の庭の半分ほどまでで、左側の部分や背後の半円形劇場などは実現することなく終わった。
　この野外劇場までも含む壮大な構想については、レオ十世やジュリオ枢機卿としてはユリウス二世のベルヴェデーレの中庭に対抗しようという意

fig. 189　ヴィッラ・マダーマ中核部　完成予想模型　1984年の展覧会のために作成されたもの

気込みは当然あったに違いないし、またラッファエッロらにとっては、その古典の知識を総動員してそれらに見出されるモティーフを寄せ集め、新たなヴィッラ＝庭園の姿を描き出す絶好の機会と考えられていたことであろう。バルダッサーレ・カスティリオーネが1522年にフランチェスコ・マリーア・デッラ・ローヴェレに宛てた書簡の中に、ラッファエッロがモンテ・マリオのヴィッラの成り立ちについて詳細に説明した書簡があったことが記されており、後にその原文と見られるものがメディチ家の所蔵文書の中から発見されている[38]。ステファノ・レイによれば、その説明の文言が小プリニウスが自分のヴィッラを描写している文章と酷似しているものがあり、また共和制末期の農学者ウァッロの著 *Rerum rusticarum libri III*[39] の言い回しを用いているところも幾つかあるという。一方アントーニオ・ダ・サンガッロ・イル・ジョヴァネのスタディ図の中の書き込みには、帝政期初期のイベリア半島出身の農学者コルメッラの名を記したものがあり[40]、彼らが知られるかぎりの古代文献を博捜していたことが窺われる。またGDS. 314A に描かれた野外劇場は、フラ・ジョコンド版ウィトルウィウスに掲げられた劇場の図（Lib. V, p. 52）とよく似ているし、円形の中庭をそなえた邸宅の図はフランチェスコ・ディ・ジョルジョの手稿の中に繰り返し現れる。ヘームスケルクによるスケッチ[41]からは庭園の中やロッジァのニッチなどには様々な古代彫刻が取り付けられていたことが知られる。北側の庭に面する「ロッジァ」（fig. 190. 庭側は現在は壁で閉じられてしまっている）は、ジョヴァンニ・ダ・ウーディネとジュリオ・ロマーノによる絢爛た

X. ブラマンテとそのサークル

る装飾で有名であるが、この三連のアーケードの平面構成は、ジェナッツァーノの「ニンフェオ」から採られたものではないかとの推測もある[42]。

　こうしたことからすれば、ヴィッラ・マダーマはルネサンス古典主義の集大成であるとも言え、これが「盛期ルネサンス建築」の頂点と位置づけられてきたこともうなずけなくはない。しかしそれはブラマンテが目指していた空間の在り方——すべての小部分が全体と関連づけられるあたかも結晶のような構造——とは明らかに異なるものであり、さきにサン・ピエトロ聖堂の計画案について指摘したような「シークエンス」としての空間、自然の風景と同様に半ば偶発的に継起する驚きに満ちた空間体験、それは「庭園」にこそふさわしいものである。これがその後の「イタリア式庭園」——バニャイアのヴィッラ・ランテやカプラローラのパラッツォ・ファルネーゼ、ティヴォリのヴィッラ・デステなどの手本となったのは当然のことであった。

fig. 190　ヴィッラ・マダーマ　「ロッジア」

　このような空間認識の相違は、単にブラマンテとラッファエッロの個人的な好尚の違いというだけでは説明の出来ないものであろう。それは互いに正反対の方向からのアプローチであるが、そのどちらか一方だけが「建築的」なものだとすることもできない。建築はその歴史の当初から、その双方のアプローチの併存を容認する形で歩んできた。ただ一方があるモティーフの（形態・素材のいずれについても）内在的な自己展開の契機にこだわるのに対し、他方はその場毎の選択をある種の外在的な契機（社会の好尚？）に求めるということであって、そのどちらを選ぶかは創作者の立場

347

を決定的に分かつこととなるのである。かくてブルネッレスキからアルベルティ、そしてブラマンテにまで到達した「人文主義者的建築」の系譜は、ここで一旦休止符を打たざるを得ないこととなった。

バルダッサーレ・ペルッツィとキジ家別荘（「ラ・ファルネジーナ」）

シエナ出身のペルッツィは、同郷のフランチェスコ・ディ・ジョルジョと同様、画家としての活動の他にも、建築家、軍事技術者、エンジニアなど多面的な顔を持っている[43]。シエナでピントゥリッキオの助手として修業し透視図法をマスターしており、その影響から建築にも強い関心を持つに至っていたと考えられ、ローマでアゴスティーノ・キジのためにトラステヴェレの別荘にとりかかる以前に、すでにシエナ近郊でアゴスティーノの弟シジスモンドのためにそのヴィラ "Le Volte" の建設を手がけていた[44]。

アゴスティーノのローマのヴィラは（1579年にファルネーゼの所有となったために "La Farnesina" と呼ばれることとなる）1505/06年頃に開始されたとみられるが、そのヴォリューム構成——コの字形に翼部を張り出しその間に庭園に面したロッジァを設ける——は "Le Volte" と酷似しており、おそらくアゴスティーノはシジスモンドのシエナの作事を見て、それと同様なものをとペルッツィに注文したのであろう。違いは "Le Volte" がフランチェスコ・ディ・ジョルジョ風に外観に付柱を用いることなく窓配置だけで立面を構成しているのに対し、ローマの方ではやや細身の付柱で壁面を区切っていることぐらいであり、材料も開口部枠と柱礎以外はすべて煉瓦を用いるという簡素なものである。

躯体は1511年には出来上がっており、その後ペルッツィ自身やラッファエッロ、セバスティアーノ・デル・ピオムボらによって1519年頃までかけて内部装飾が行なわれる。建築手法はまだ初期ルネサンス的な様相を遺しているが、このような外に向かって開く開放的な形式は、都市近郊のヴィラ、いわゆる "villa suburbana" としては目新しいものであり、当時のローマでは新鮮なものに映ったことであろう。その端正なたたずまいを、ヴァザーリは「造られたと言うよりはまさに生まれてきたもののようだ」

X. ブラマンテとそのサークル

fig. 191 「ラ・ファルネジーナ」(ヴィッラ・キジ) 北側
（1989年の状態。その後修復されて壁は色揚げされている）

と形容していた[45]。

　一方、このヴィッラの北側（ロッジァのある側）は、エジディオ・ガッロが キジに献呈したラテン語の頌詩に「喜劇ないし悲劇のための背景」("scaena pro comoediis vel tragoediis") として造られたとの記述があり、またペルッツィ と親しい古典学者ブロジオ・パッラーディオが捧げた頌詩[46]にも同様の記 述があるという。ここが実際に演劇上演に用いられたという記録は見当た らず、どのような様相を指して舞台背景と言っているのかは不明である。 ガッロはこのヴィッラの庭園の素晴らしさ（その「古代風」の様相）を賛美 しており、また彼自身、プラウトゥス風の喜劇も書いていたことから、あ るいは建物両翼に挟まれたロッジァの成り立ちに古代の劇場の雰囲気を感 じ取ってそのように表現したのかもしれない（翼部を古代劇場における舞台両 袖の構造「パラスケニア」parascenia とみなした？）。

　ペルッツィがその後幾つかの演劇上演や祝祭のための装置を手がけ、そ の分野でのエキスパートと見なされるまでになったことはヴァザーリが力

説していて、セルリオがその著（Lib. II, pp. 43 *v*-48 *v*）に掲げている透視図法を立体で用いた舞台背景装置はペルッツィから受け継いだものと考えられ、ペルッツィは18世紀まで西欧の劇場で用いられ続けた透視図法による立体描割の始祖と見なされるまでとなる。しかしヴァザーリの記述には多くの錯誤があると見られ、ペルッツィがセルリオ型立体描割装置を造ったことが確認できるのは、1531年にローマで行なわれたチェザリーニ枢機卿の従弟とプロスペーロ・コロンナの娘との婚儀の際に行なわれた古典劇（プラウトゥスの「バッキス姉妹」*Bacchides*）のための装置が最初であり、それ以前のペルッツィが関わったと見られる祝祭のための装置では、古典風建築を描いた絵（平面的描割？）や凱旋門風の装置などの存在が認められるものの、セルリオ型装置が用いられた形跡はない[47]。

　ペルッツィが透視図法による空間描写に強い関心を持ち続けていたことは、彼が1508年からラッファエッロに協力して「スタンツェ」の壁画制作に関わっていたことや、1519年に彼が制作したとされる「ファルネジーナ」上層階の「透視図の広間（列柱の間）」Sala della Prospettiva (*o delle Colonne*) の巧妙な騙し絵からも窺われるところであり、また建築の設計の際にも平面図や立面図の他に透視図法によるスタディを用いていたことからも明らかであり、それらが何らかのかたちで「劇場的空間効果」と関わるものであったのも確かであろう。しかしこの当時の「劇場的空間」の認識がすべて透視図法と結びつけられていたわけではなく、古典風の左右対称の空間構成一般や柱廊、ロッジァなどですらも、ある種の劇場的雰囲気をそなえるものと考えられていた可能性があり、「劇場的空間＝透視図法によるイリュージョナルな空間」という固定観念が出来上がるのは、むしろセルリオ以後の現象と考えて良いであろう。

　それにしてもすでに15世紀後半からはローマにも「古典風」の建築が現れていたなかで、殊更に「ラ・ファルネジーナ」が、過渡的性格にもかかわらずその「劇場性」が言われたということは、一考を要するもののように思われる。おそらくそれは「都市近郊のヴィッラ」"villa suburbana"という新たな空間形式の出現と関わると考えられ、ベルヴェデーレやヴィッ

X. ブラマンテとそのサークル

fig. 192 「ラ・ファルネジーナ」二階の「透視図の広間」

　ラ・マダーマのような大規模でドラスティックな形での屋外空間の再編成とは異なり、半都市的環境をそのまま受け容れながら、イマジナルな形で空間に働きかけようとする建築の在り方に由来するものと見られる。「透視図の広間」のイリュージョニズムが、建築空間そのものの成り立ちを表現するというよりは、むしろ建築の外の空間の広がりを暗示するものとなっているのも、そうした彼の志向を示すものと言えよう。ヴァザーリが「生まれてきた」と評したのは、このヴィッラのそのような成り立ちを指して言ったものと受け取ることが出来る。建築が主役なのではなく、庭園の「景物」、すなわち風景の引き立て役としての建築であり、ラッファエッロの「空間のシークエンスとしての建築」とはまた違った意味で、ブラマンテ的建築手法から離れて行く契機を、そこに読み取ることができよう。ペルッツィの建築家としての活動最盛期はむしろ Sacco di Roma 以後の9年

351

間ほどのことであるが、彼の個性はすでにこの「ラ・ファルネジーナ」に紛れもないかたちで表れていたと言える。

アントーニオ・ダ・サンガッロ・イル・ジョヴァネと
　　　　　　　　　　　　　　パラッツォ・ファルネーゼ

　アントーニオ・ダ・サンガッロ・イル・ジョヴァネ Antonio da Sangallo il Giovane（Antonio Cordini, 1484-1546）は、ジュリアーノ・ダ・サンガッロとアントーニオ・イル・ヴェッキォのサンガッロ兄弟の甥に当たる（サンガッロ兄弟の妹の息子）。伯父たちと同様に大工として建築の途に入った。1503年にはローマに出て伯父たちの下で働き始め、主として砦などの工事に当たっていたと見られる。やがてその才覚を認められたらしく1508年ころにはサン・ピエトロ聖堂のアーチの仮枠工事を一介の職人ではなく請負業者として引き受けるまでになり、ブラマンテに信頼されて様々な仕事を任されるようになる[48]。

　この当時の大工職はかなり大規模な土木的な工事から細々とした寄木細工のような仕事まで引き受けるのが常であり、そうした中で透視図法なども一応マスターしていて、作図は彼らの必須の技能とされていたから、建築家たちが要求する新しい建築形態にも柔軟に対応することが出来たのであろう。また彼自身が書き遺しているところによれば、ローマに出てからは熱心に古代建築を調査し研究を怠らなかったという。しかし彼は系統的な古典的教養を身に着ける機会がなく、また絵画の素養も充分ではなかったと見られることから、エンジニアとしての評価は高くなったとしても、「建築家」と認められるまでにはやや時間を要したようである。ヴァザーリは次のように記している。

「しかしアントーニオはすでに建築における巧者との名を得ており、またその建築も優れたスタイルをそなえるまでになっていたので、このため、アレッサンドロ、すなわちファルネーゼ家の最初の枢機卿で後のパウルス三世は、彼にその古いパラッツォを再建させることを思い立ったのであり、これ

X. ブラマンテとそのサークル

fig. 193　ローマ、パラッツォ・ファルネーゼ 東側ファサード

はカムポ・ディ・フィオリにあってそこに家族と共に住んでおられたのであった。アントーニオはこの仕事を通じて名声を得ようと望み、様々なスタイルの案を作成した。その中の一つで、二世帯の住居を収められるようにしたものが猊下のお気に召し、それというのも猊下にはピエル・ルイジとラヌッチョの二人のご子息があり、お二人をこの建物に住まわせようとなさったからである。こうして工事が始められ、年毎に着々と進められてかなりの部分が出来上がった。」[49]

ヴァザーリはこの仕事がアントーニオの「建築家」としての最初の仕事であったかのように書いているが、彼は1513年ころにはファルネーゼのカポディモンテの居城の改修を手がけており、また1512年から14年にかけてはトムマーゾ・インギラーミのためのパラッツォの設計を引受けている。しかしこのパラッツォ・ファルネーゼが規模からしても、また後への影響からしても、彼の建築家としての名を知らしめるきっかけとなったもので

353

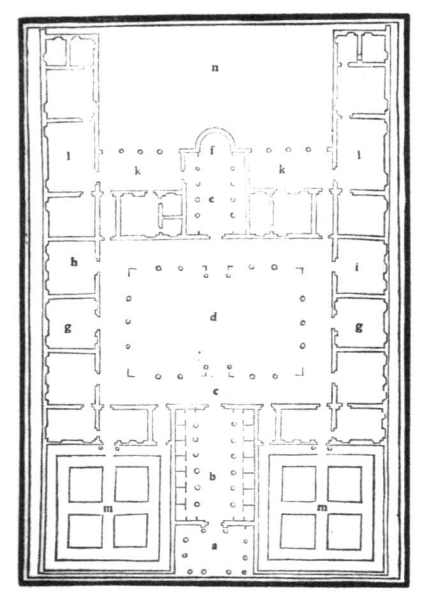

fig. 194　フラ・ジォコンド版　ウィトルウィウス　Lib. VI, cap. 7「ギリシア人の邸宅」

あることは確かであろう。当時における彼の盛名の半ばは、軍事建築家としての活躍に負うところが多いが、伯父たちのその分野における業績と比べそこにどれほどの新たな要素を盛り込むことが出来ていたかはよく分からない。むしろそこでの経験から得た威圧的な構造感覚——無装飾の壁や分厚い古典的モティーフの扱い——を民生建築の中にも持ち込んだという点に、その特徴を見ることが出来るように思われる。

　従来はこのパラッツォ・ファルネーゼの計画が開始されたのは、ジュリアーノ・ダ・サンガッロがフィレンツェへ戻り、替わってアントーニオがサン・ピエトロ聖堂の工事におけるラッファエッロの補佐役となった後の1516/17年ころのことと考えられていた[50]が、近年の研究ではすでに1513年頃からアントーニオはこの工事に関わっていたといい、ただしその時点では全体計画が出来上がっていたわけではなく、既存の建物も利用しながら仮設的に敷地の各コーナーに幾つかに分けて（塔のようなかたちで）造られ始めていたようである[51]。細部意匠を除いて平面計画がまとまるのは1515年ころと見られるが、これにはフラ・ジォコンドからの助言があったと考えられ、その1511年版ウィトルウィウスに掲げられた「ギリシア人の邸宅」(Lib. VI, cap. 7, p. 64 v) の平面とよく似たものとなった。特に列柱のたち列ぶ「アトリオ」の構成はそれをヒントにしたものと見られる。Uffizi, GDS. 627A r の中庭立面のスタディはこの少し後に作成されたと見られ、初層ドーリス式、二、三層はイオニア式とコリント式の半円

X. ブラマンテとそのサークル

柱を重ねた開放的なアーケードとなっており、ブラマンテのパラッツォ・デイ・トリブナリを手本にしたと考えられる。二層目から上は高さが二案示されていて、まだ建物の高さ関係が決定していなかったようである。

この時点での立面意匠がどの程度固まっていたのかはよく分からないが、正面入口のアーチを縁取るブニャートはベルヴェデーレの「ユリウスの門」から採られたと見られ、建物角のブニャートの隅石積みはインギラーミのパラッツォのために検討されていたもので[52]、壁面は窓間を付柱で区切ることをせず、煉瓦にスタッコをかけた平坦なままとするのも、そこに見られたものである。これらの手法はラッファエッロがフィレンツェのパラッツォ・パンドルフィニで早速採り入れることとなる。二層目と三層目の窓枠は当初はインギラーミのパラッツォのためのスタディに見られたパラッツォ・デッラ・カンチェレリアと同様なものが考えられていたようであるが、それらは逆にパラッツォ・パンドルフィニに用いられたエディキュラ——セグメンタル・アーチと山形の破風とを交互に配する形——に変更された。こうしたことからも、この時期アントーニオとラッファエッロが互いに影響を与え合っていたことが窺われる[53]。

ファルネーゼ枢機卿は建物の計画と同時にその周辺の土地の買収にもかかっており、これはその一族郎党——1526年の戸籍調査では306名を数えている——のための住居に充てるためもあった[54]と見られるが、特に東側ファサードに面する場所は壮大な広場とする計画を立てていて、これは

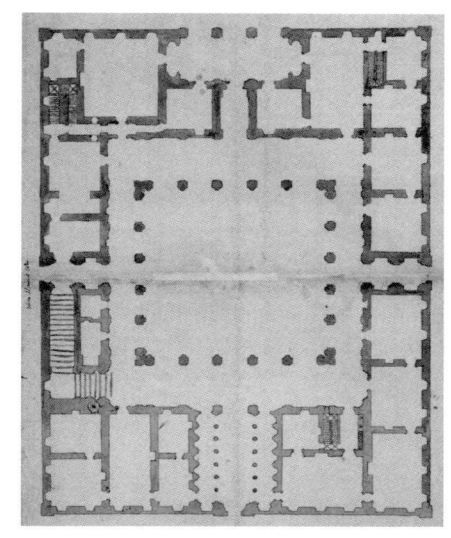

fig. 195　パラッツォ・ファルネーゼ計画案
1540年頃の増築案　Uffizi, GDS. 298A r

355

彼が教皇となった1530年代半ばに実現している（Piazza Farnese）。ファルネーゼの地所は西の Via Giulia にまで達しており、その街路と計画された建物の間は庭園となったが、そこを街路に向かって開くもう一つの広場とする計画もあったのではないかとする推測もある[55]。

1519年には教皇が建設現場を訪れて、その壮大さを称賛する言葉を残しているが、しかしヴァザーリの記述からも察せられるごとく、工事の進行はさほど順調とは言い難いものだったようで、*Sacco di Roma* 前後（c.1520-40）に描かれたと見られる建物の図（作者不詳。Napoli, Biblioteca Naz., ms. XII, D 74）では、ファサードは二層目までは建ち上がっているが、その背後にはおそらく仮設の住居ないし既存建物が見えており、ファルネーゼの財力をもってしてもこの大工事はそれほど容易なものではなかったと見られる。その図で興味深いのは、建物の二層目の両角が、初層のブニャート石積みではなく、おそらく三層目まで建ち上げるはずであったと見られる「ジャイアント・オーダー」の付柱となっていて、その後完成した建物のブニャート石積みとは異なることである（Uffizi, GDS. 998 A にそのためのスタディと見られるものがある。これでコリント式であったことが分かる）。これがいつの時点で造られていたものかは不明であるが、工事関係史料は1520年以後しばらく途絶えてしまうので、おそらくその後ブニャートの隅石に変更されたのであろう。1525年頃に作成されたと見られる平面図がミュンヘンのバイエルン州立図書館に所蔵されており[56]、これには建物の広場に

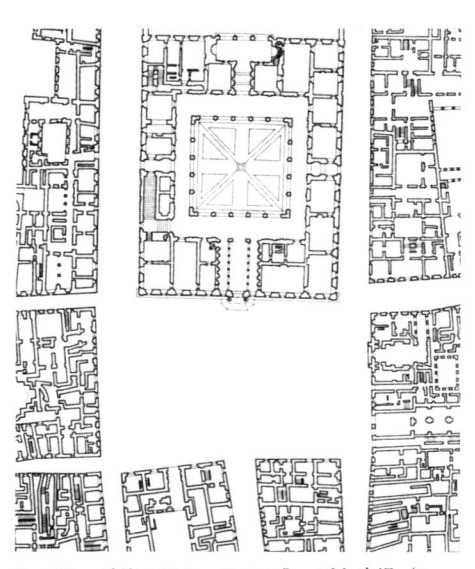

fig. 196　パラッツォ・ファルネーゼと広場（from Portoghesi）

X. ブラマンテとそのサークル

fig. 197　パラッツォ・ファルネーゼ　東西断面図（from Portoghesi）

面する部分と中庭回廊の一部だけが描かれあとは空白となっており、それがこの時点までに実施されていた部分を示すものと考えられる。

　ヴァザーリは、枢機卿が教皇パウルス三世となると拡張計画が検討され、あたかも以前の計画を完全に破棄してやり直したかのように記している[57]。工事記録によれば既存のヴォールトの取り壊しや基礎のやり直しなど相当に大規模な改修が行なわれたようで、ロッツは[58]、ヴォールトのやり直しというのは「アトリオ」のヴォールトの高さのことで、そのことと関わって中庭のアーケードの初層アーチもやり変えられ、そのためにドーリス式半円柱両脇に取り付く添え柱の二段重ねのイムポスト（あるいは柱頭？——古典建築には見られない異例の手法）が導入され、そのことがこの中庭に独特の表情をもたらしたとしている。もしそうだとすればこれは初層の階高全体に関わるはずで、立面も含め全面的な造り変えであったということになるが、二段重ねのイムポストとみられるものはすでに GDS. 627A の図にも表れていたものであり、階高全体の変更がなされたような形跡はない。GDS. 627A にはアーチにキィストーンの表現が見られるが実施されたものではそれがないことぐらいしか違いは見当たらない。実際のところは、当初の計画の未完成であった部分を継続しつつ、階段室の改造や piano nobile の各室の拡張、最上層の高さの変更、それに中庭西側の棟の拡充などにと

fig. 198　パラッツォ・ファルネーゼ中庭

どまり、大筋では1515年の計画に沿ったものであったと考えられる。ただしその間にも装飾的な細部などは、彼自身の古典建築についての知識の進展に伴い、少しずつ加えられていったものと見られる。ただしそれらは建築全体のシステムとは無関係な寄せ集めであり、また必ずしもウィトルウィウス的規範に沿ったものではない。

　1546年のアントーニオの死の時点までには、ファサードは最上部のコーニスを残してほぼ建ち上がり、中庭を囲むロッジアも二層目までは出来上がっていたと見られる。ヴァザーリによれば、まだアントーニオが存命中に未完成部分の工事のために、ミケランジェロやセバスティアーノ・デル・ピオムボ、ペリーノ・デル・ヴァーガ、それにヴァザーリ自身を加えた顔ぶれで「コムペティション」が行なわれ、ミケランジェロの案が採用されたというが、実際にはそれはアントーニオ死後のことであったと見られる。ミケランジェロが手を加えたのは、ファサード二層目中央の窓とその上に取り付けられたファルネーゼの紋章、最上部のコーニス、中庭ロッジア三層目の窓枠などである。ミケランジェロの後は更にヴィニョーラ、ジャコモ・デッラ・ポルタと引き継がれて、最終的な完成は1589年のことであった。

　この経過から見て取られるごとく、アントーニオの建築作法は、建築の大きな枠組みについては先例を疑うことなく受け容れ、そこにたまたま彼の目にとまった古典建築の装飾モティーフを加えて行くというやり方で

あって、ブラマンテのラディカルな空間実験も、ラッファエッロのシークエンスとしての空間演出も、あるいはペルッツィのイリュージョナルな空間の広がりも、そこには見出すことができない。よく言われるこの建築の「モニュメンタリティ」は、もっぱらその大きさとモノトナスな同一モティーフの繰り返しに由来するものであり、ミケランジェロの造形力をもってしてもその基本的な性格を変えることが出来なかったのであろう。

＊

かくてブラマンテに始まるとされる「盛期ルネサンス」の建築は、表面上は「古典主義」と「モニュメンタリティ志向」ということで概括されるように見えながら、実際には建築へのそのアプローチの仕方はさまざまな方向へと発散していたのだと考えなければならない。少なくともそれは、もはやアルベルティの透明な建築理論ではカヴァーし切れない広がりを見せるもののように思われる。それを「建築」概念の「拡張」と見るべきなのか、あるいは「変質」と捉えるのかは、容易には答えることの出来ない問題である。ただブラマンテの死をもってルネサンス建築が一つの区切りを迎えていたことだけは確かであり、建築技術の内的発展という視点だけでは「建築家」という存在を規定し得なくなったとすべきであろう。それを考えるのはまた別の機会に譲ることとしたい。

注

1. Bruschi, "Donato Bramante e i suoi amici pittori umbri", in *Annali di Architettura*, N. 21, 2009, pp. 11-19.
2. Vasari-Milanesi, IV, p. 164.
3. 本書第 I 章参照。
4. Andrea Guarna, *Simia*（cit. Bruschi, 1990, p. 258）
5. 1510年の末から11年にかけて、ブラマンテは「カムブレェ同盟戦争」でのミランドーラ Mirandola の攻防戦を陣頭指揮しようとした教皇に随行していたが、教皇は体調を崩しボローニャで静養を余儀なくされた。教皇随員のボローニャからの報告によれば、ブラマンテはその間教皇の病床に付き添ってダンテを読み聞かせ、解釈してみせていたと言われる（Bruschi, 1990, p. 258）。

6. サッバ・ダ・カスティリオーネについては第Ⅰ章の注13を参照。
7. Bruschi, 1990, p. 267.
8. G. Giovannoni ("Bramante e l'architettura italiana", in *Saggi sull'architettura del Rinascimento*, Milano 1931) がそのように表現しているという (cit., Bruschi, «Bramante» in *Dizionario Biografico degli Italiani*, vol. 13, 1971)。
9. Bruschi, 1990, pp. 265-266.
10. "Vorrei trovare le belle forme degli edifici antichi, né so se il volo sarà d'Icaro. Me ne porge una gran luce Vitruvio, ma non tanto che basti." この有名な書簡（日付なし）は Bottari-Ticozzi, *Raccolta di lettere sulla pittura, scultura ed architettura*, Milano 1822, vol. I, pp. 116-117; II, pp. 23-24（vol. I 所収のものと同一）に収録されている。近代では V. Golzio, *Raffaello nei documenti, nelle testimonianze dei contemporanei e nella letteratura del suo secolo*, Città del Vaticano, 1936, p. 30；E. Camesesca (a cura di), *Raffaello: tutti gli scritti*, Milano 1956, pp. 28-30 などにも採録されている。「宮廷人」*Il Cortegiano* の著者として有名なカスティリオーネ Baldassare Castiglione（1478-1529）は1514年ころからローマにいてラッファエッロと親しく交わっており、1516年にはラッファエッロやヴェネツィア出身の人文主義者ピエトロ・ベムボ Pietro Bembo（1470-1547）らとともにティヴォリのハドリアヌスのヴィッラを訪れている（cit. Fontana & Morachielo, *op. cit.*, p. 33, n. 14)。
11. Fabio Calvo（c. 1440-1527）は特に医学に関心を持っていたようで、ヒッポクラテスの医学書をギリシア語から翻訳した（*Corpus hippocraticum*, 1515）ことでも知られるが、1510年前後にはヴァティカンで何かの職に就いていたものと見られる。ラッファエッロとの関係がいつ頃から始まっていたものかははっきりしないが、翻訳に用いられたウィトルウィウスのテキストがほぼフラ・ジョコンドのそれに沿っているところから見て、その刊行後間もなくと考えられる。
12. Bayerische Staatsbibliothek, München, *Cod. It. 37, 37a*.（37a は前半のみ。）37 にはラッファエッロの手になると見られる多くの書き込みがある。これの校訂刊本としては Vincenzo Fontana e Paolo Morachiello, *Vitruvio e Raffaello. Il "De Architectura" di Vitruvio nella traduzione inedita di Fabio Calvo Ravennate*, Roma 1975 がある。
13. "Fine del libro di Victruvio architecto, traducto di latino in lingua e sermone proprio e volgare da M[e]s[ser] Fabio Calvo ravenate, in Roma in casa di Raphaello di Giovan di Sa[n]cte da urbino eta sua instantia."（Fontana & Morachielo, *op. cit.*, p. 407)。

14. Andrea Fulvio (c. 1470-1527). フルヴィオは古代の碑文やコインなどの研究を通じてローマ地誌に初めて正確な考古学的裏付けを与えたことで知られ、すでに1513年には *Antiquaria Urbis* と題する韻文体の小冊子をレオ十世に献呈しており、*Antiquitates urbis* はそれを更に拡充したものであった。彼の名は1514年8月15日のラッファエッロのカルヴォ宛て書簡の中にも現れている。フルヴィオの事跡については Roberto Weiss, *The Renaissance Discovery of classical Antiquity* (*op. cit.*), pp. 86-89 を参照。
15. これには三種の異稿があるが、現在ではバイエルン州立図書館にファビオ・カルヴォのウィトルウィウス訳稿とともに保存されているもの (*Cod. It. 37b*) を底本としたテキストが用いられ、V. Golzio, *Raffaello nei documenti, nelle testimonianze dei contemporanei e nella letteratura del suo secolo*, Città del Vaticano, 1936 ; E. Camesesca (a cura di), *Raffaello: tutti gli scritti*, Milano 1956, p. 39; Bruschi, Maltese, Tafuri, Bonelli (a cura di), *Scrittori rinascimentali di architettura*, Milano 1978, pp. 459-484 (a cura di R. Bonelli) などに収録されている。また邦訳・注解としては、小佐野重利・姜雄編「ラッファエッロと古代ローマ建築」、中央公論美術出版、1993年がある。
16. 拙著「アルベルティ」III 章 (pp. 67-69) を参照されたい。
17. 彼がファビオ・カルヴォ訳ウィトルウィウスの中に書き込んでいた注記やメモは、ほとんど Lib. IV と V に、つまり「オーダー」や比例を扱った部分に集中しており、彼のローマ建築に対する関心のありかを示すものと言える。
18. "Ché, avegna che a' di nostri l'architettura sia molto svegliata, e venuta assai proxima alla maniera delli antichi, come si vede per molte belle opere di Bramante, niente di meno li ornamenti non sono di materia tanto preziosa come li antichi, che con infinita spesa par che mettessero ad efetto ciò che imaginarno e che solo el volere rompesse ogni difficultate."
19. ラッファエッロの建築家としての活動に的を絞った論考としては、John Shearman, "Raphael as architect", in *The Journal of the Royal Society of Arts*, CXVI, 1968, pp. 388-409; Stefano Ray, *Raffaello architetto*, Bari 1974; Frommel, Ray, Tafuri (a cura di), *Raffaello architetto* (*op. cit.*) などが代表的なもの。ラッファエッロの建築作品として知られているものは、認定が不確実なものも含めると、トラステヴェレのキジ家の別荘 (後の La Farnesina) に付属する「ロッジァ」Loggia (1511。消失)、同じく厩舎 Stalle (c. 1512。一部壁面の残骸のみ Via della Lungara 沿いに残る)、サンタ・マリーア・デル・ポポロ聖堂のキジ家礼拝堂 (1512-14)、ローマのサンテリジオ・デリ・オレフィチ聖堂 S. Eligio degli

Orefici（1514）、Borgo Nuovo のパラッツォ・ヤーコポ・ダ・ブレシア Pal. Jacopo da Brescia（1514）、サン・ピエトロ聖堂（1514-20）、フィレンツォのサン・ロレンツォ聖堂 S. Lorenzo ファサード計画案（1515-16）、Piazza del Ponte S. Angelo 近傍のパラッツォ・アルベリーニ Pal. Alberini（1515）、ヴァティカンの「ロジェッタ」Logetta（1516）、フィレンツェのパラッツォ・パンドルフィニ Pal. Pandolfini（1516-17）、Borgo Nuovo のパラッツォ・ブランコニオ・デッラクイラ Pal. Branconio dell'Aquila（1518。取り壊し）、ローマのサン・ジョヴァンニ・デイ・フィオレンティーニ聖堂 S. Giovanni dei Fiorentini 競技設計案（1519）、モンテ・マリオのヴィッラ・マダーマ Villa Madama（1518-20）、Via Giulia の自邸計画（1519-20）などがある。その他1519年にはヴァティカン宮内での喜劇上演のための舞台装置を作製したことも知られている。

20. Vasari-Milanesi, IV, pp. 340, 368.　ラッファエッロはおそらくこれより少し前（1511年）、キジのためにそのトラステヴェレの別荘（「ラ・ファルネジーナ」——これについては後述）内の壁画（*Galatea*）を手がけ、また庭に面する「ロッジァ」の設計も行なっていた。
21. この建築についての主な論考としては、John Shearman, "The Chigi Chapel", in *The Journal of the Warburg and Courtauld Institutes*, XXIV, 1961, p. 129 sgg.; Stefano Ray, 1974, *op. cit.*, pp. 128-147; Enrico Bentivoglio, "La cappella Chigi", in Frommel, Ray, Tafuri（a cura di）, *Raffaello architetto, op. cit.*, pp. 125-142 などを挙げておく。
22. ヴェネツィア出身の画家セバスティアーノ・デル・ピオムボ Sebastiano Luciani, detto Del Piombo（1485-1547）による。彼は1511年頃にはアゴスティーノ・キジに招かれてローマで「ラ・ファルネジーナ」の装飾に参加し、そこでラッファエッロやペルッツィらの影響を受け、そこにヴェネツィア派の華麗な色彩（ローマでは少なかった油絵の技法を携えていた）によって人気作家となる。キジ家礼拝堂の「キリスト生誕」は1531年に着手された（壁のペペリーノの石に直接油絵具で描かれている）。
23. ラッファエッロの建築における古典からの引用については H. Burns, "Raffaello e 'quell'antiqua architettura'", in Frommel, Ray, Tafuri, *Raffaello architetto*（*op. cit.*）, pp. 381-404 を参照。
24. G. C. Argan, *Storia dell'arte italiana*, Firenze 1988, III, pp. 33-46.
25. この問題については Jan Bial[ł]ostocki, "The Renaissance Concept of Nature and Antiquity", in *Studies in Western Art. The Renaissance and Mannerism*, II, Princeton, 1963, pp. 19-30、また拙著「アルベルティ」第 V 章（p. 152）を参照されたい。
26. ラッファエッロのサン・ピエトロ聖堂の計画に関しては Frommel, "San Pietro.

X. ブラマンテとそのサークル

Storia della sua costruzione", in *Raffaello architetto*（*op. cit.*）, pp. 241-309を参照。

27. ブラマンテがレオ十世に提出した図は遺っていないが、ジゥリアーノの手になる Uffizi, GDS. 7A はそれに近いものと考えられ、それでは後陣部分はニコラス五世＝ロッセッリーノのものの輪郭を遺しながら、南北両翼は大きなダブル・アムビュラトリィとし、身廊は5スパン、側廊の外側には *Piano di Pergamena* の交叉部四方に取り付くチャペルと同様な形のチャペル群を並べ、聖堂前面には円柱の林立するポルティコを設けている。またこの図よりも少し遅れる時期のものとして *Cod. Barberiniano, 4424,* f. 64 *v* の図があり、これは後陣もダブル・アムビュラトリィとし、身廊は7スパンとしている。

28. H. Burns, "Raffaello e 'quell'antiqua architettura'"（*op. cit.*）, pp. 388-390.

29. *Meta Romuli* と称するピラミッド状の構造物は、中世までボルゴのかつての Via Trionfali の場所と考えられるところにあり、アレクサンデル六世の Borgo Nuovo の開設のために取り壊された。*Meta Remi* の方は市街南部のポルタ・サン・パオロ Porta S. Paolo の外にあるピラミッドで、ペトラルカがこれをレムスの墓であるとしたことから（実際は銘文から Caius Cestius Epulone の墓で BC. 1世紀末の建造）、*Meta Romuli* とともにローマ建国神話と結びつけられ、ローマ市の境域を示す重要なシンボルと見なされていた。ラッファエッロは Stanze の Sala di Constantino の壁画の中に *Meta Romuli* を描いていた。

30. Uffizi, GDS. 33A *r-v.* その全文は Frommel, "San Pietro...."（*op. cit.*）, p. 296に転載されている。

31. このヴィッラについては、R. Lefevre（a cura di）, *Villa Madama*, Roma 1973が関係史料をすべて網羅した基本的な論考で、その後のものとしては S. Ray, *Raffaello architetto*（*op. cit.*）, pp. 164-189, 316-323 があるが、現在のところは C. L. Frommel, "Villa Madama", in Frommel, Ray, Tafuri（a cura di）, *Raffaello architetto*（*op. cit.*）, pp. 311-356が最も信頼すべきものであろう。

32. Giulio di Giuliano de' Medici, 1478-1534. 1523年教皇クレメンス七世 Clemens VII となる。

33. Alessandro di Lorenzo de' Medici（1510-37）. コージモ・イル・ヴェッキォから続いたメディチ家直系の最後の子孫。

34. Margherita d'Austria（1522-86）. 神聖ローマ皇帝カール五世の庶子であったが、メディチ家に嫁いで若くして寡婦となり、その後オッタヴィオ・ファルネーゼ（パウルス三世の甥、パルマの公爵）と再婚している。

35. Giulio Pippi, detto il Romano（1499-1546）. 1515年頃からラッファエッロのアトリエに入りラ・ファルネジーナの装飾やヴァティカンのロッジェ、ヴィッラ・

363

マダーマなどでラッファエッロの右腕として重要な役割を果たし、ラッファエッロの死後はその工房を引き継いで1524年までローマで活躍していた。その後マントヴァに移り、王宮やパラッツォ・デル・テなどの作品を遺している。彼はローマでも幾つかの重要な建築を手掛けているが、それらについてここで触れる余裕がないので、詳細は AA.VV., *Giulio Romano* (Catalogo della Mostra a Mantova, 1989), Milano 1989を参照されたい。

36. Giuliano di Lorenzo de' Medici (1478-1516). 1515年には Capitano della Chiesa に任命されているが、その後まもなく死亡している。
37. Uffizi, GDS. 1356A *r* がその段階の計画案と見られる。
38. Firenze, Archivio di Stato, Archivio Mediceo avanti il Principato, filza 94, n. 162, fol. 294-299. (transcripted in Frommel, Ray, Tafuri, *Raffaello architetto*, pp. 325-326).
39. Marcus Terentius Varro (116-27 BC.). 70余にものぼる多くの著作をものしたと言われるが、現在伝わっているのはこの *Rustica* とラテン語文法に関する著作だけである。*Rustica* は Poggio Bracciolini によりその写本が発見されたもので、農場経営論であるが、ルネサンス期には主として造園・ヴィッラの計画のための手引きとして利用された。
40. Lucius Junius Moderatus Corumella (AD. 4-70). その著 *De re rustica* はもう一つの著 *De arboribus* (樹木論) ともに、Varro の著作とならんでルネサンス庭園に大きな影響を与えたと考えられている。アントーニオ・ダ・サンガッロ・イル・ジョヴァネのスケッチ Uff. GDS. 1054A の紙背には "colunela [*sic*] la villa sia partita in tre parte urbana rustica e fruttuaria" との書き込みがあり、これは Columella を指すものと考えられる。
41. Berlin, Kupferstichkabinett, Skinzzenbuch, I. 9 *v*; 24 *r*; 73 *r* など。
42. 第 VI 章の注34参照。
43. ペルッツィの多面的な活動については1981年の展覧会カタログ *Baldassarre Peruzzi, 1481-1536. Pittura, scena e architettura nella prima metà del Cinquecento*, Roma 1982及び Marcello Fagiolo e Maria Luisa Madonna (a cura di), *Baldassarre Peruzzi. Pittura scena e architettura nel Cinquecento*, Roma 1987を参照。
44. 銘板によれば1505年に完成しているが、着工がいつのことであったかははっきりしないようである。ヴィッラの計画自体はアゴスティーノやシジスモンドの父マリアーノ Mariano Chigi (キジ銀行の創設者。m. 1504) が1492年頃から企画していたようで、シエナの支店を任されていたシジスモンドがそれを引き継いだものと考えられる。ペルッツィの年齢から考えれば、彼の工事参画は1503年以後のことと見て良いであろう。このヴィッラの建設事情に関し

ては Francesco Paolo Fiore, "La Villa Chigi a 'Le Volte' e il linguaggio architettonico peruzziano nella tradizione di Francesco di Giorgio", in *Baldassarre Peruzzi*(1987, *cit. sopra*), pp. 133-167 を参照。またシエナ地方におけるヴィラとペルッツィとの関わりについては、Isa Belli Barsali, *Baldassarre Peruzzi e le ville senesi del Cinquecento*, S. Quirico d'Orcia 1977 を参照されたい。

45. "non murato, ma veramente nato"（Vasari-Milanesi, IV, p. 593）.
46. Egidio Gallo, *De viridario Augustini Chigii*, Roma 1511; Blosio Palladio（Biagio Pallai, ?-1550）, *Suburbanum Augustini Chigii*, Roma 1512. ガッロについては生没年不詳で幾つかのラテン語の喜劇や詩を発表したことの他は、経歴はほとんど知られていない（cf. Elena del Gallo, «Gallo, Egidio» in *Dizionario Biografico degli Italiani*, vol. 51, 1998）。ブロジオ・パッラーディオとペルッツィの関係については Enzo Bentivoglio, "La presenza di Baldassarre Peruzzi nei lavori della casa di Blogio Palladio", in Fagiolo & Madonna（a cura di）, *Baldassarre Peruzzi*（*op. cit.*）, pp. 193-204 を参照。
47. ペルッツィの舞台装置の問題については、Fabrizio Cruciani, "Gli allestimenti scenici di Baldassarre Peruzzi", in *Bollettino del Centro Internazionale di Studi di Architettura Andrea Palladio*, XVI, 1974, pp. 155-172、Arnaldo Bruschi, "Da Bramante a Peruzzi: spazio e pittura", in Fagiolo & Madonna（a cura di）, *Baldassarre Peruzzi* (*op. cit.*), pp. 311-357 を参照。またペルッツィとそのアトリエによる舞台装置のためのスケッチについては、前に第 III 章でも触れておいたので、併せ参照されたい。
48. アントーニオの業績を通観したモノグラフとしては G. Giovannoni, *Antonio da Sangallo il giovane*, 2 vols. Roma 1959 があるが、その後の Frommel らの研究によってかなり修正を余儀なくされているようであり、これまでのところそれらをまとめたかたちのものは見当たらない。とりあえずその伝記としては A. Bruschi, «Cordini, Antonio, detto Antonio da Sangallo il Giovane», *Dizionario Biografico degli Italiani*, vol. 29, 1983 を挙げておく。
49. Vasari-Milanesi, V, p. 450.
50. cf. J. S. Ackerman, *The Architecture of Michelangelo*, London 1964, Text, pp. 75-88, Catalog, p. 69; W. Lotz, "The Palazzo Farnese and Other Works", in Heydenreich & Lotz, *Architecture in Italy, 1400-1600*, Harmondsworth 1974, pp. 200-205.
51. C. L. Frommel, "Antonio da Sangallo il Giovane e i primi cinque anni della progettazione di palazzo Farnese", in *Annali di Architettura*, N. 23, 2011, pp. 37-58.
52. Uffizi, GDS. 1639A *r* がそのためのスタディと考えられている。

53. このことについては、Frommel, "Raffaello e Antonio da Sangallo II Giovane (1511-20)", in Id., *Architettura alla Corte papale nel Rinascimento* (*op. cit.*), pp. 257-315 (originally in German, "Raffael und Antonio da Sangallo der Jüngere", in Frommel & Winner, a cura di, *Raffaello a Roma, atti del Convegno del 1983*, Roma 1986, pp. 261-303) を参照。
54. Ackerman, *The architecture of Michelangelo*, (*op. cit.*), Text, p. 69.
55. cf. Frommel, "Sangallo et Michelange", in A. Chastel (a cura di), *Le Palais Farnese*, 1, Roma 1981, pp. 129 & 144 (*cit.* Tafuri, 1984).
56. München, Bayerische Staatsbibliothek, *Cod. icon. 190* (Heydenreich & Lotz, *Architecture in Italy, op. cit.*, Pl. 207に所収). フロンメルによれば図の作者はフランス人 Jean de Chenevièrs (c. 1490-1527) で、彼はノルマンディ出身の工匠で16世紀初め頃にローマに来ており、S. Luigi dei Francesi の聖堂の設計 (1518) を手がけていたとされる。(cf. Frommel, *Der römische Palastbau der Hochrenaissance*, Tübingen 1973; Sylvie Deswarte, «Chenevieres (Chiaviers, Chavinier), Jean de», in *Dizionario Biografico degli Italiani*, vol. 24, 1980).
57. Vasari-Milanesi, V, pp. 469-471.
58. Lotz, 1974, p. 203.

資 料

ブラマンテ年譜

1385	ミラノの領主ジャン・ガレアッツォ・ヴィスコンティ Gian Galeazzo Visconti（1347-1402）によりミラノ大聖堂建設開始。フランスやドイツの工匠たちが招請される。
1395	ジャン・ガレアッツォ・ヴィスコンティ、ミラノ公爵位を取得。
1396	パヴィアのチェルトーザ Certosa di Pavia 工事開始。
1396	ミケロッツォ Michelozzo di Bartolomeo 生まれる（m. 1472）。
1400 c.	フィラレーテ Antonio Averlino, detto il Filarete 生まれる（m. c.1470）。
1401	マザッチォ Tommaso Cassai, detto il Masaccio 生まれる（m. 1429）。
1402	ジャン・ガレアッツォ・ヴィスコンティ急死しジョヴァンニ・マリーア・ヴィスコンティ Giovanni Maria Visconti（1388-1412）が僅か7歳でミラノ公を継承。
1404	レオン・バッティスタ・アルベルティ生まれる。
1409	ベルナルド・ロッセッリーノ Bernardo Rossellino 生まれる（m. 1464）。
1412	フィリッポ・マリーア・ヴィスコンティ Filippo Maria Visconti（1392-1447）、ミラノ公爵位を継承。
1412/16？	ピエロ・デッラ・フランチェスカ Piero della Francesca 生まれる（m. 1492）。
1413/15	フランチェスコ・デル・ボルゴ Francesco del Borgo 生まれる（m. 1468）。
1414	ポッジョ・ブラッチョリーニがウィトルウィウスの《建築論》 De architectura の完全な写本を発見（？）
1417/25？	ブルネッレスキ、透視図法の実験を行なう。
1425/26	マザッチォ、フィレンツェのサンタ・マリーア・ノヴェッラ聖堂内「三位一体」 La Trinità 制作
1430	ルカ・ファンチェッリ Luca Fancelli 生まれる（m. 1502？）。
1431	画家マンテーニャ Andrea Mantegna 生まれる（m. 1506）。
1433 c.	フラ・ジォコンド Fra Giocondo ヴェローナに生まれる（m. 1515）。
1434	ブルネッレスキによるフィレンツェ大聖堂クーポラ完成。
1435	ヴェッロッキオ Andrea di Cione, detto il Verrocchio 生まれる（m. 1488）。
1435	アルベルティ、《絵画論》（ラテン語）執筆。
1438	画家メロッツォ・ダ・フォルリ Melozzo da Forlì 生まれる（m. 1494）。

1439	フランチェスコ・ディ・ジョルジョ Francesco Maurizio di Giorgio di Martini シエナに生まれる（m. 1501/02）。
1443 c.	ジュリアーノ・ダ・サンガッロ Giuliano Giamberti, detto da Sangallo 生まれる（m. 1516）。
1444	ブラマンテ、ウルビーノ近郊 Monte Asdrualdo に生まれる。
1444	フェデリーコ・ダ・モンテフェルトロ（1422-82）、ウルビーノ公となる。
1444/46	フィレンツェのパラッツォ・メディチ工事開始。
1445	画家ルカ・シニョレッリ Luca Signorelli 生まれる（m. 1523）。
1446	ブルネッレスキ死去。
1446/50	画家ピエトロ・ペルジーノ Pietro Perugino 生まれる（m. 1523）。
1447	教皇ニコラス五世 Nicholas V（Tommaso Paretucelli da Sarzana, m. 1455）即位。
1447	フィリッポ・マリーア・ヴィスコンティの死に伴い、ミラノの貴族やパヴィア大学の法律学者たちにより共和国 Aurea Repubblica Ambrosiana 設立（1450年まで）。
1447 c.	ジョヴァンニ・アマデオ Giovanni Amadeo 生まれる（m. 1522）。
1450	傭兵隊長フランチェスコ・スフォルツァ Francesco Sforza（1401-66）ミラノ公爵となる。
1450	ルカ・ファンチェッリ、マントヴァ侯の招請を受けマントヴァで活躍を始める。
1450 c.	アルベルティ、リミニの「テンピオ・マラテスティアーノ」設計。
1451	フィラレーテはフランチェスコ・スフォルツァに招かれ、ロムバルディアで活動。
1451〜55	ニコラス五世によるヴァティカンとローマ市街の整備計画。フィレンツェからベルナルド・ロッセッリーノを招請し計画に当たらせる（アルベルティが助言？）。
1451/2	アルベルティ *De re aedificatoria*（建築論）完成。
1452	レオナルド・ダ・ヴィンチ生まれる。
1453	トルコによりコンスタンティノープル陥落。東ローマ帝国の滅亡。
1453/55	このころアルベルティはフィレンツェのパラッツォ・ルチェッライのファサード設計か。
1455？	アントーニオ・ダ・サンガッロ・イル・ヴェッキオ Antonio da Sangallo, il Vecchio 生まれる（m. 1534）。

1455	ロレンツォ・ギベルティ没。
1455	教皇カリストゥス三世（Callistus III, Alfons de Borja y Cabanilles = it. Alfonso Borgia, 在位 1455-58）即位。
1455	枢機卿ピエトロ・バルボ Pietro Barbo（1417-71. 後の教皇パウルス二世）、カムピドリオの北にパラッツォ・ヴェネツィア Palazzo Venezia 建設開始。
1456〜64	フィラレーテ、ミラノのオスペダーレ・マッジョーレ Ospedale Maggiore の計画。
1457	ウルビーノ王宮建設開始。ウルビーノの画家フラ・カルネヴァーレ Bartolomeo di Giovanni Corradini, detto Fra Carnevale（1420/25-84）が関与か（？）。彼はブラマンテに透視図法の手ほどきをした最初の師であろうとされる。
1458	教皇ピウス二世（Pius II, Enea Silvio Piccolomini, m. 1564）即位。
1458/59	アルベルティ、フィレンツェのサンタ・マリーア・ノヴェッラ聖堂ファサードの設計に関与。
1458/9〜67	アルベルティ、フィレンツェのサン・パンクラツィオ聖堂ルチェッライ家礼拝堂「聖墳墓」の設計に関与。
1459	ベルナルド・ロッセッリーノ、教皇ピウス二世の郷里の小村コルシニャーノ Corsignano を理想都市「ピエンツァ」Pienza に改造する工事に着手。
1460	ピウス二世、サン・ピエトロ聖堂前面に"Loggia delle Benedizioni"の建設に着手。フランチェスコ・デル・ボルゴが工事を指揮。
1460	アルベルティ、マントヴァのサン・セバスティアーノ聖堂を設計。
1460 c.〜70	フィラレーテ、理想都市「スフォルツィンダ」Sforzinda の記述を中心とした建築書執筆。
1462〜64	ミラノの S. Eustorgio のポルティナリ家礼拝堂 Cappella Portinari 建造（グィニフォルテ・ソラリ設計？）。
1464	教皇パウルス二世即位。フランチェスコ・デル・ボルゴをパラッツォ・ヴェネツィアの工事監督とする。ジュリアーノ・ダ・サンガッロも工事に参加。
1464	コージモ・デ・メディチ没。
1464/65	フィラレーテ、ミラノを去る。
1465	フランチェスコ・デル・ボルゴはこの頃からパラッツォ・ヴェネツィアの工事指揮（？）。

1466	ドナテッロ没。
1466	ガレアッツォ・マリーア・スフォルツァ Galeazzo Maria Sforza（1444-76）、ミラノ公となる（暴君として知られ、1476年に反逆者たちの手で謀殺された）。
1467	アンドレア・サンソヴィーノ生まれる（m. 1529）。
1468	ウルビーノ公フェデリーコ・ダ・モンテフェルトロはダルマティア出身の建築家ルチアーノ・ラウラーナに王宮建設工事に関する全権を賦与する特許状を発する。
1469〜74	ピエロ・デッラ・フランチェスカはウルビーノで活動。
1470	アルベルティ、マントヴァのサンタンドレア聖堂設計。
1470	G. アマデオ、ベルガモのコッレオーニ家礼拝堂建設開始。
1471	教皇シクストゥス四世 Sixtus IV（Francesco della Rovere, m. 1484）即位。システィナ礼拝堂、ローマ市内の街路や橋の建設、聖堂の改築、病院（Ospedale di S. Spirito）などに着手。
1472	アルベルティ没。
1472	ルチアーノ・ラウラーナはウルビーノを去り、1475年ころからはフランチェスコ・ディ・ジョルジョ・マルティーニが王宮建設工事やウルビーノ領内の砦建設に関わる。
1472〜74	ブラマンテはこのころウルビーノでピエロ・デッラ・フランチェスカの助手を勤める（?）。
1473	ブラマンテはペルージャのサン・ベルナルディーノ聖堂内ニッチの聖ベルナルディーノの事績を描く8点のパネルの内の4点の建築描写に協力か（?）。
1473/4 c.	ブラマンテはフェッラーラに滞在か（?）。フェッラーラのスキファノイア宮の入口のデザインを提供した（?）。
1474	マンテーニャによるマントヴァ王宮内「婚礼の間」Camera degli Sposi の壁画。
1474〜76	ブラマンテはウルビーノ王宮の工事に参画か（?）。
1475	ミケランジェロ生まれる（m. 1564）。
1475	セルリオ Sebastiano Serlio（m. 1554）ボローニャに生まれる。
1476	ジァン・ガレアッツォ・マリーア・スフォルツァ Gian Galeazzo Maria Sforza（1469〜94）、僅か7歳でミラノ公となる（1480年には叔父のルドヴィーコ・イル・モーロに実質的な権限を譲る）。
1477	ブラマンテ、ベルガモのパラッツォ・デル・ポデスタの壁画「哲学者

	群像」制作。
1478	ミラノのサンタ・マリーア・プレッソ・サン・サティーロ聖堂 S. Maria presso S. Satiro の計画始まる。あるいはブラマンテがこの時点から関与か。
1478	フィレンツェ人木工職人バッチョ・ポンテッリ Baccio Pontelli (1425-95) ウルビーノに来る（フランチェスコ・ディ・ジョルジオに師事し軍事建築の経験を積む？）。
1480 c.	ジュリアーノ・ダ・サンガッロ、ロレンツォ・イル・マニフィーコのためにフィレンツェ西郊ポッジョ・ア・カィアーノ Poggio a Caiano にヴィッラを設計。
1480	ルドヴィーコ・イル・モーロ Ludovico il Moro (Ludovico Maria Sforza, 1452〜1508)、ミラノ公国の実質的支配者となる（1499まで）。
1480 c.	このころ、フランチェスコ・ディ・ジョルジオは建築書を執筆。
1481	バルダッサーレ・ペルッツィ Baldassarre Peruzzi シエナに生まれる (m. 1537)。
1481.10.24	ブラマンテ、銅版画師プレヴェダリ Bernardo Prevedari のために「神殿廃墟」Tempio in rovina の原画制作を契約。
1482	レオナルド・ダ・ヴィンチ、ルドヴィーコ・イル・モーロに招かれ、ミラノで活動を始める。
1482	バッチョ・ポンテッリ、ローマに出て軍事建築家として活動開始。
1482.12.4	ブラマンテはミラノのサンタ・マリーア・プレッソ・サン・サティーロ聖堂の工事契約にミラノ在住の工匠として名が挙げられる。このころからレオナルドとの交流が始まったと考えられる。
1483	ラッファエッロ Raffaello Sanzio ウルビーノに生まれる。
1483	チェーザレ・チェザリアーノ Cesare Cesariano 生まれる (m. 1543)。
1483	フランチェスコ・ディ・ジョルジオ、ウルビーノのサン・ベルナルディーノ修道院と聖堂の計画。
1483 c.	ローマのジャニコロの丘（聖ペテロの殉教の場所？）にサン・ピエトロ・イン・モントリオ聖堂の建設開始。バッチョ・ポンテッリ Baccio Pontelli の設計 (?)。
1484	ジュリアーノ・ダ・サンガッロ、「集中式」のプラトのサンタ・マリーア・デッレ・カルチェリ S. Maria delle Carceri, Prato 聖堂を設計。
1484	ミケーレ・サンミケーリ Michele Sanmicheli ヴェローナに生まれる (m. 1559)。

373

1484	教皇インノケンティウス八世（Giov. Battista Cybo, m. 1492）即位。
1484/5	アントーニオ・ダ・サンガッロ・イル・ジョヴァネ Antonio da Sangallo il Giovane（m. 1546）生まれる。
1485	フィレンツェでアルベルティの *De re aedificatoria* 初版刊行。
1485 c.	シクストゥス四世の甥ラッファエーレ・リアリオ枢機卿（Raffaele Riario, m. 1521）がサン・ロレンツォ・イン・ダマゾ聖堂に付属する自邸（後のパラッツォ・デッラ・カンチェッレリア）建設開始。バッチョ・ポンテッリの設計(?)。
1485 c.	セバスティアーノ・デル・ピオムボ Sebastiano del Piombo 生まれる（m. 1547）。
1485.9.16	ブラマンテ、ヴェネツィア大使の依頼によりミラノのオスペダーレ・マッジォーレの「建築の図」を描いたことで支払を受ける。
1486	G. アマデオ、ブラマンテの設計に基づきサンタ・マリーア・プレッソ・サン・サティーロ聖堂の工事（身廊とファサード）を行なうことを契約。
1486	スルピツィオ・ダ・ヴェロリによるウィトルウィウスの最初の刊本、ローマで刊行。
1486	ヤーコポ・サンソヴィーノ Jacopo Sansovino（Jacopo Tatti, detto il Sansovino）生まれる（m. 1570）。
1486	アンドレア・デル・サルト Andrea del Sarto 生まれる（m. 1530）。
1487	ブラマンテは友人の詩人ガスパーレ・ヴィスコンティの家の一室の装飾を引き受ける（のちパニガローラの家となり、「パニガローラのフレスコ」として知られる。ブレラ画廊にその一部が保存）。
1487～90	ミラノ大聖堂の"tiburio"（頂塔）の建設に関わり、ルカ・ファンチェッリ、フランチェスコ・ディ・ジョルジォ、レオナルド、ブラマンテらが相次いで諮問を受ける。
1488/89	ブラマンテは大聖堂工事局に対して、「ティブリオ」工事の進め方に関する「意見書」を提出。
1488.8.22	ブラマンテは枢機卿アスカニオ・スフォルツァ Ascanio Sforza（ルドヴィーコ・イル・モーロの弟）の要請を受け、G. アマデオやクリストフォロ・ロッキ Cristoforo Rocchi らとともに、パヴィア大聖堂の工事に関し諮問を受ける。この年の12月にはこの件で報酬をうけている。
1489	パルマの画家コッレッジォ Correggio 生まれる（m. 1534）。
1490	パヴィア大聖堂の工事に関し、フランチェスコ・ディ・ジョルジォと

	レオナルドが諮問を受ける。
1490.1.13	レオナルドはジャン・ガレアッツォ・マリーア・スフォルツァとイザベッラ・ダラゴーナの婚礼の祝祭の折り "Festa del Paradiso" のための装置を作製する。
1490	ヴィジェーヴァノの Piazza Ducale と広場の計画開始。
1490？	ブラマンテはキァラヴァッレ修道院のために「円柱のキリスト」像制作。
1491/2	ブラマンテはサンタ・マリーア・デッレ・グラツィエ聖堂内陣を設計？
1492.3.15	ルドヴィーコ・イル・モーロの秘書の記すところによれば、ブラマンテは祝祭のための装置作成に関わる。
1492〜93	ブラマンテはサンタムブロジョ修道院の「カノニカ」Canonica の計画に関わる。
1492.5	ブラマンテは8月ころまでミラノを留守にする（フィレンツェを訪問か？）。
1492.10	ブラマンテはサンタンブロジョ修道院参事会から近傍のサン・クレメンテ聖堂のために「聖母」像の作成を依頼される（聖堂はその後取り壊された）。
1492	教皇アレクサンデル六世（Rodorigo Borgia, m. 1503）即位。
1492	ロレンツォ・イル・マニフィーコ死去。ジュリアーノ・ダ・サンガッロと弟のアントーニオ・ダ・サンガッロ・イル・ヴェッキォがローマに来る。ジュリアーノはミラノを訪問、あるいはこのときブラマンテやレオナルドと接触したか？
1493	アントーニオ・ダ・サンガッロ・イル・ヴェッキォ、教皇庁の建築家に指名され、カステル・サンタンジェロの工事に関わる（？）
1493.6.29	ブラマンテは Val d'Ossola の Crevola の砦建設に関わり意見書提出。
1493.12.20	レオナルド、フランチェスコ・スフォルツァの騎馬像の模型完成。
1493.12〜1494.1	ブラマンテはミラノを留守にし、フィレンツェ、ローマなどを訪れる？
1494〜98	フィレンツェでサヴォナローラによる「共和国」
1494	ジャン・ガレアッツォ・マリーア・スフォルツァ死去。ルドヴィーコ・イル・モーロが正式にミラノ公爵となる。
1494〜99	ジュリアーノ・ダ・サンガッロはローマを離れてフランスやジュリアーノ・デッラ・ローヴェレ枢機卿の郷里サヴォナなどでの仕事に従

		事。
1494.2		ブラマンテはヴィジェーヴァノでの工事（Castello？）のための石材調達の許可を得る。このときの関係文書で初めて"architetto"の肩書きで呼ばれる。
	1494.12	フランス王シャルル八世がナポリ王国の王位継承権を主張し、イタリアに侵入。
1495.3.4		ヴィジェーヴァノの Castello について "camera nova che fa depinzere Bramante, che è appresso alla strada" との文言あり。
1497		アッビアーテグラッソ Abbiategrasso の S. Maria Nascente ファサードの刻銘の日付（ブラマンテの設計か？）
	1497	レオナルド、サンタ・マリーア・デッレ・グラツィエ修道院食堂の「最後の晩餐」完成。
1497.9		ブラマンテ自作の詩に Taracina を訪れた旨の記述あり。
1497～98		ブラマンテはサンタムブロジオ修道院に関わる幾つかの工事（聖堂南側に隣接する二つのキオストロなど）に関与。
	1498	ミラノのポッツォボネッリのための農園とヴィッラ Casicna Pozzobonelli の計画に関与（？）。
	1498～1512	フィレンツェ市はメディチ家を追放。
	1499	ヴェネツィアの書肆アルド・マヌツィオ Aldo Manuzio、フランチェスコ・コロンナ Fra Francesco Colonna による *Hypnerotomachia Poliphili* 刊行。
	1499	ジュリオ・ロマーノ（ジュリオ・ピッピ Giulio Pippi）生まれる（m. 1546）。
	1499	アントーニオ・ダ・サンガッロ・イル・ヴェッキォ、アレクサンデル六世の命によりチヴィタカステッラーナ Civitacastellana の城砦の増築計画担当。
1499		ミラノの公爵位を要求するフランスのルイ十二世によりルドヴィーコ・イル・モーロは退位を迫られ、ブラマンテはローマに逃れる。
1500 c.		ブラマンテ、*Antiquarie prospettiche romane* を執筆（？）。レオナルドに献呈。
1500		ヴァザーリによればブラマンテはローマで幾つかの作事（サン・ピエトロ広場の噴水、トラステヴェレの広場の噴水、Piazza Navona の S. Giacomo degli Spagnoli の拡張計画など）に関わる。またローマ近郊の古代遺跡をくまなく調査した。スペイン出身の有力な聖職者たちの知

	己を得る。
1500	ナポリの枢機卿オリビエロ・カラファの庇護を受け、サンタ・マリーア・デッラ・パーチェ修道院中庭の設計を行なう。
1500	ベンヴェヌート・チェッリーニ Benvenuto Cellini 生まれる（m. 1571）。
1500？	ボルゴのアドリアーノ・カステッレージのパラッツォ設計。
1501〜04	ミケランジェロ、フィレンツェ市の依頼でダヴィデ像制作。
1501/10？	ボルゴのパラッツォ・カプリーニ Palazzo Caprini の計画（1517年にラッファエッロの所有となり"Casa di Raffaello"として知られる）。
1502	サン・ピエトロ・イン・モントリオの「テムピエット」の銘文の日付（ブラマンテはすでに1500年ころから工事に関わっていた可能性あり）。
1503.11.1	教皇ユリウス二世（Julius II, Giuliano della Rovere, m. 1513）即位。
1504/05	ブラマンテ、ベルヴェデーレの中庭 Cortile del Belvedere 計画着手。
1504〜11？	ジェナッツァーノ Genazzano の Ninfeo の計画（？）。
1505	ブラマンテ、ジュリアーノ・ダ・サンガッロ、フラ・ジョコンドらと競作でサン・ピエトロ聖堂の計画案作成。
1505	シエナのバルダッサーレ・ペルッツィ、ローマに出てくる。
1505	ユリウス二世はミケランジェロに自分の墓廟の制作を依頼。
1505/07	ブラマンテはヴァティカン宮殿の全体計画を策定（？）
1505〜07	サンタ・マリーア・デル・ポポロ聖堂後陣の計画（1509年の文書にブラマンテの名が現れる）。アンドレア・サンソヴィーノがそこに置かれるアスカニオ・スフォルツァの墓廟を製作。
1506.4.18	サン・ピエトロ聖堂定礎。ブラマンテは capomaestro に指名。
1506	ネロのドムス・アウレア遺跡近傍から「ラオコーン群像」発見（1509年、アポローン像とともにベルヴェデーレの「彫像の中庭」に移す）。
1506	ブラマンテはヴィテルボ Viterbo の城砦計画に関わる
1506	ブラマンテはボローニャで軍事施設の計画に関わる。この間 Palazzo d'Accursio (o degli Anziani) の scalone の計画に関与？
1506 c.〜1512	チヴィタカステッラーナ Civitacastellana の要塞工事に関わる。
1506.10	ブラマンテはカステル・サンタンジェロの修理に関わる。
1507	ロレートの聖域の整備計画 Santa Casa di Loreto（1509年頃までブラマンテの名が史料に現れる。のちアンドレア・サンソヴィーノ、アントーニオ・ダ・サンガッロ・イル・ジョヴァネに引き継がれる）。
1507	ヴィニョーラ Jacopo Barozzi da Vignola ボローニャ近郊に生まれる（m.

	1573)。
1507〜08	ローマの Via Giulia, Via della Lungara, Via dei Banchi などの街路整備計画に関与。
1507〜08	オスティアの城砦の工事の契約に保証人として名が挙げられている。全体計画にも関与か？
1508	ブラマンテは Via Giulia に面するパラッツォ・デイ・トリブナリ Palazzo dei Tribunali を計画（1511年には中断。未完に終わる）。
1508	アンドレア・パッラーディオ Andrea Palladio、パドヴァに生まれる（m. 1580）。
1508	ラッファエッロ、ローマで活動開始。
1508	チヴィタヴェッキア Civitavecchia の要塞の定礎（港湾の計画、レオナルドのスケッチの中にその計画案と見られるものがある）。
1508〜11	ミケランジェロ、システィナ礼拝堂天井画の制作。
1508 c.	トーディの S. Maria della Consolazione, Todi の原案提供（？）
1508〜10 c.	ローマ近郊のマリアーノ Magliano の教皇のヴィッラ計画に関わる（実現せず）
1508〜14	ラッファエッロ、ヴァティカンの「スタンツェ」Stanze の壁画制作に着手。
1509	ヴァティカン、サン・ダマゾのロッジア Vatican, Logge di S. Damaso の工事開始（おそらく計画は1507〜08. ラッファエッロにより完成）。
1509	ピエモンテ地方ロッカヴェラーノ Roccaverano の聖堂計画。
1509〜10	ラッファエッロの「スタンツェ」の壁画「アテネの学堂」Scuola d'Atene のための透視図原案作成？
1509〜11	バルダッサーレ・ペルッツィ、シエナの銀行家アゴスティーノ・キジのためにテヴェレ右岸の別荘を設計、ラッファエッロも協力（のちファルネーゼ家の所有となり、「ラ・ファルネジーナ」La Farnesina の名で知られる）。
1509〜10 c.?	ローマのサンテリジオ・デリ・オレフィチ聖堂 S. Eligio degli Orefici の原案作成（？のちラッファエッロが着手）
1509	サンタンジェロ橋のたもとのサンティ・チェルソ・エ・ジュリアーノ聖堂 Ss. Celso e Giuliano の改築計画（中断、後取り壊された）。
1511	ピッロ・リゴリオ Pirro Ligorio 生まれる（m. 1583）。
1511	ジョルジオ・ヴァザーリ Giorgio Vasari、アレッツォに生まれる（m. 1574）。

1511	フラ・ジョコンドによる挿絵入りウィトルウィウス刊行。
1512 c.	カステル・サンタンジェロとヴァティカンを結ぶ回廊 Corridore の計画。
1512〜14？	ラッファエッロ、サンタ・マリーア・デル・ポポロ聖堂内キジ家礼拝堂設計。
1513	未完のサン・ピエトロ聖堂内に仮設の祭壇覆屋 "tegurio" を設計（ペルッツィにより完成。その後撤去）。
1513	レオ十世即位（Leo X, Giovanni de' Medici, 在位 1513-21）。
1513〜16	レオナルド、レオ十世に招請されローマに滞在。
1513	レオ十世にテヴェレ両岸の整備計画を提案（？）
1513	レオ十世はブラマンテとならんでジュリアーノ・ダ・サンガッロをサン・ピエトロ聖堂の capomaestro に指名。ブラマンテはこの頃から発病。ラッファエッロを後継に指名することを進言。
1513 c.	アントーニオ・ダ・サンガッロ・イル・ジョヴァネ、ファルネーゼ枢機卿（のちのパウルス三世）のためにパラッツォ・ファルネーゼの計画着手（？）
1514.4.11	ブラマンテ没。ラッファエッロが後継の capomaestro に指名される。ジュリアーノ・ダ・サンガッロとフラ・ジョコンドが補佐役となる。
1514	ファビオ・カルヴォ、ウィトルウィウスのイタリア語訳完成。
1515	フラ・ジョコンド死去。ジュリアーノ・ダ・サンガッロはフィレンツェに戻る。替わってアントーニオ・ダ・サンガッロ・イル・ジョヴァネがラッファエッロの補佐役となる。
1515	ラッファエッロ、ボルゴにヤーコポ・ダ・ブレシアの邸宅 Palazzo Jacopo da Brescia 設計。
1515	フィレンツェのサン・ロレンツォ聖堂ファサードの設計競技が行われ、アントーニオ・ダ・サンガッロ・イル・ヴェッキオやラッファエッロ、ヤーコポ・サンソヴィーノ、ミケランジェロらが参加するが、実現せずに終わる。
1516	アンドレア・グアルナのパムフレット *Simia* にブラマンテは世界を造り変えかねない人物として描かれる。
1516	レオナルドはフランソワ一世の招請に応じてフランスに赴く（その地で1519年死去）。
1517	マルティン・ルター、「95箇条の論題」*Disputatio pro declaratione virtutis indulgentiarum* 発表。プロテスタントの宗教改革運動始まる。

1518 c.	ラッファエッロ、枢機卿ジュリオ・デ・メディチ（後の教皇クレメンス七世）の依頼でローマ北郊モンテ・マリオ Monte Mario のヴィッラ・マダーマ Villa Madama の計画に着手。アントーニオ・ダ・サンガッロ・イル・ジョヴァネ、ジュリオ・ロマーノらが協力。
1519	レオナルド、フランスで没。
1520	ラッファエッロ没。アントーニオ・ダ・サンガッロ・イル・ジョヴァネはラッファエッロのサン・ピエトロ計画に対し11項目に及ぶ批判書を教皇宛てに提出。アントーニオとペルッツィがサン・ピエトロ聖堂の工事監督となる。
1521	チェーザレ・チェザリアーノによるウィトルウィウス注釈刊行。
1521	教皇ハドリアヌス六世（Adriaan Florenszoon Boeyens, m. 1523）即位。
1523	教皇クレメンス七世（Giulio di Giuliano de' Medici, m. 1534）即位。
1524	ジュリオ・ロマーノ、マントヴァに招かれる（その地で1546年没）。
1527.5〜1528.2	神聖ローマ帝国軍の一部による「ローマの劫略」Sacco di Roma。
1527	サンミケーリは郷里のヴェローナに戻り、ヴェネツィア共和国の軍事建築担当に任命、またヤーコポ・サンソヴィーノもヴェネツィアに逃れて、ヴェネツィア共和国の民生建築の責任者 Proto al Sale に任命される。
1531.1	ベルヴェデーレの中庭東側歩廊の一部が崩壊。
1534	教皇パウルス三世（Alessandro Farnese, 1468-1549）即位。
1536	バルダッサーレ・ペルッツィ没。
1546	アントーニオ・ダ・サンガッロ・イル・ジョヴァネ没。ミケランジェロがその後を継いでサン・ピエトロ聖堂の工事を引受ける。

ブラマンテ参考文献目録

＊ブラマンテに関する網羅的な文献目録は、これまでのところ見当たらないようである。これはとりあえず私の眼に触れた範囲のものを主題別に並べてみただけで、至って不充分であり、各自で補ってくださるようお願いする。

《原典・史料》

1480 c. Francesco di Giorgio Martini, *Trattati dell'architettura ingegneria e arte militare* (a cura di C, Maltese, Milano 1967)

1483 Sanudo, Marin, *Itinerario di Terraferma*, Venezia

1495 Visconti, Gaspare, *De Paulo e Daria amanti, Milano* (R. Renier, "G. Visconti", in *Archivio storico lombardo*, XIII, 1886, pp. 518, 526-531, 534 d., 778, 806-808)

1500 (before) Infessura, Stefano, *Diario rerum Romanarum* (a cura di Oreste Tommasini, Roma 1890)

1506 Burcardi, Johannes (Johannes Burcardt, Giovanni Burcardo), *Liber notarum ab anno MCCCCLXXXIII usque ad annum MDVI* (a cura di E. Celani, 2 voll., Città di Castello 1907-10)

1510 Albertini, F., *Opusculum de mirabilibus novae et veteris Urbis Romae*, Roma (ed. Schmarsow, Heilbron 1886; R. Valentini e G. Zucchetti, ed., *Codice topografico della Città di Roma*, vol. IV, Roma)

1511 Fra Giocondo, *M. Vitruvius per Jocvndvm solito casticagatio factvs cvm figvris et tabvla vt iam legi et intelligi posit*, Venezia

1511 (and after) Grassi, Paride (Paris de Grassis), *Diarium Curiae Romanae...* (in *Nova scriptorum... collectio*, a cura di C. G. Hoffmann, Lipsiae 1731, pp. 361-659)

1514 Calvo, Fabio, *De architectura di Vitruvio* (Bayerische Staatsbibliothek, *Cod. Italiano 37*. in Vincenzo Fontana e Paolo Morachiello, *Vitruvio e Raffaello*, Milano 1975)

1517 Guarna da Salerno, A., *Simia*, Milano (a cura di E. Battisti, Roma 1970; trad. in G. Bossi, *Del Cenacolo di Leonardo da Vinci...*, Milano 1819, pp. 246-249; Bruno Pellegrino, *Andrea Guarna Salernitano, Simia*, editorice Palladio, 2001)

1517-18 c. Fra Mariano da Firenze, *Itinerarium Urbis Romae* (ed. P. Bulletti in *Studi di antichità cristiana del Pontif. Ist. di Archeol. Cristiana*, Roma 1931)

1521 Cesariano, Cesare, *L. Vitruvio Pollione, De Architectura Libri Dece, tradutcti de latino in volgare...*, Como (a cura di A. Bruschi, Adriano Carugo e Francesco

	Paolo Fiore, Milano 1981)
1523 (before)	Egidio da Viterbo (Aegidius Canisius Viterbiensis, Giles of Viterbo), *Historia viginti saeculorum* (cod. 8. 19 dell' Biblioteca Angelica, Roma), in L. von Pastor, *Storia dei Papi*..., III, Roma 1959, p. 1121 sgg.
1525 (before)	Michiel, Marcantonio, *Notizia di opere di disegno* (ms. Archivo di Stato di Venezia. stampato da Jacopo Morelli, Bassano 1800, etc.)
1527	Fluvio, Andrea, *Antiquaritates Urbe, Romae* (trad. ita., Venezia 1543)
1536	Caporali, G. B., *Architettura con il comento et figure, Vetruvio in volgar lingua reportato per M. G. Caporali*..., Perugia
1537	Serlio, Sebastiano, *Regole generali di architettura*, Lib. IV (*Le Cinque Ordini*), Venezia
1540	*Ibid.*, Lib. III (*L'antiquità*), Venezia
1549	Sab[b]a da Castiglione. *Ricordi, overo ammaestramenti* [1549] Venetia 1555, p. 61*v* (ricordo CXI)
1551 [1555]	Doni, A. F., *Libraria seconda*, Venetia
1568	Vasari, Giorgio, *Le vite* (Milanesi, IV, pp. 145-174)
1559-1602	Lafréry, Antoine (Antonio Lafreri), *Speculum Magnificentiae Romanae*, Roma
1584	Lomazzo, P., *Trattato dell'arte della pittura, scultura ed architettura*, Milano (a cura di R. P. Ciardi, Firenze 1973-1974)
1590	Id., *Idea del Tempio della pittura*, Milano (s.d. ma 1590), pp. 16, 117, 133
1849-66	Letarouilly, P., *Edifices de Rome moderne*, Liège, (Paris 1868-74)
1870	Casati, C. *I capi d'arte di Bramante d'Urbino nel Milanese*..., Milano
1878-82	Müntz, E., *Les arts à la cour des papes*, V, Paris
1880	Guglielmotti, A., *Storia delle fortificazioni nella spiaggia romana*, Roma, pp. 195-224
1882	Letarouilly, P., *Le Vatican et la Basilique de St-Pierre*, Paris
1884	Beltrami, L., *Bramante poeta colla raccolta dei sonetti in parte inediti*, Milano
1888	Rossi, A., "Nuovi documenti su Bramante", in *Archivio storico dell'arte*, IV, pp. 134-137
1899	Malaguzzi-Valeri, F., *L'architettura a Bologna nel Rinascimento*, Rocca San Casciano
1915	Natali, G., "Il Bramante letterato e poeta", in *Rivista ligure di scienze ed arte*, XLII, pp. 335-41
1940	Baroni, C., *Documenti per la storia dell'architettura a Milano nel Rinascimento e nel Barocco*, I, Firenze, II (Roma 1968)
1964	Schlosser-Magnino, Julius von, *La letteratura artistica*, Firenze
1970	Sangiorgi, F., *Bramante 'Hasdrubaldino'. Documenti per una biografia*

bramantesca, Urbino-Formignano

1979　　Vasić Vatovec, Corina, *Luca Fancelli architetto. Espistorario Gonzaghesco*, Firenze

《伝記・評伝》

1836　　Pungileoni, L., *Memorie intorno alla vita e alle opere di Bramante*, Roma
1910　　Thieme-F. Becker, *Künstlerlexikon*, IV, Leipzig, pp. 515-519
1910　　Vogel, J., *Bramante und Raffael*..., Leipzig
1913-14　Gnoli, D., "Bramante a Roma", in *Annuario R. Accademia di S. Luca*, p. 51 sgg.
1914　　Natali, G., *Vita di Donato Bramante*, Firenze
1915　　Frey, D., *Bramante-Studien*, Wien
1921　　Dami, L. *Bramante*, Firenze
1923　　Venturi, Adolfo, *Storia dell'arte italiana*, vol. VIII
1930　　Giovannoni, G., sv. «Bramante» *Enciclopedia Italiana*, VII, Roma, pp. 680-684
1931　　Id., "Bramante e l'architettura italiana", in *Saggi sull'arte del Rinascimento*, Milano, pp. 61-98
1934　　Argan, G. C., "Il problema di Bramante", in *Rassegna marchigiana*, XII, pp. 212-231（ristampato in *Studi e note, da Bramante a Canova*, Roma 1970, pp. 9-23）
1944　　Baroni, C., *Bramante*, Bergamo
1951　　Gombrich, E. H., "Bramante and the Hypnerotomachia Poliphili", in *Journal of the Warburg and Courtauld Institutes*, XIV, pp. 119-120
1954　　Chierici, G., *Bramante*, Milano
1956　　Förster, Otto H., *Bramante*, Wien-München
1958　　Förster, Otto H., sv. «Bramante», *Encyclopedia Universale dell'Arte*, Venezia-Roma, coll. 777-78
1960　　Bonelli, R., *Da Bramante a Michelangelo*, Venezia
1960　　Chierici, G., *Donato Bramante*, New York
1969　　Murray, Peter, *The Architecture or the Italian Renaissance*, London（pp. 105-144）
1969　　Bruschi, A., *Bramante architetto*, Bari
1970　　AA.VV., *Bramante tra Umanesimo e Manierismo*（mostra storico-critica, settembre 1970）, Roma
1973　　Frommel, C. L., *Der Römische Palastbau der Hochrenaissance*, 3 voll., Tübingen
1973　　Bruschi, A., *Bramante*, Bari（1985, 1990; *ed. Engl.*, London, 1973 & 1977; 1985年版からの邦訳、稲川直樹訳「ブラマンテ」、中央公論美術出版、2002）
1974　　Heydenreich, L. H. & Lotz, W., *Architecture in Italy 1400-1600*, Harmondsworth（Lombardy, pp. 103-113; Roma, pp. 149-177）

1974	AA.VV., *Studi Bramanteschi, Atti del Congresso internazionale, Milano-Urbino-Roma 1970*, Roma
	—Brandi, Cesare, "Considerazioni sulla spazialità in Bramante pittore e in Bramante architetto", pp. 81-85
	—Cavallari Murat, Augusto, "La venustà bramantesca tra razionalismi gotici e vitruviani", pp. 87-116
	—Pica, Agnolodomenico, "Città di Bramante", pp. 117-136
	—Ackerman, James S., "Notes on Bramante's bad reputation", pp. 339-349
	—Rivosecchi, Mario, "Dal pittorico di Bramante al pittoresco del Borromini", pp. 373-389
	—Thoenes, Christof, "Bramante e la «bella maniera degli antichi»", pp. 391-396
	—Marchini, Giuseppe, "Spigolature Bramantesche", pp. 397-403
1977	Thoenes, Christof, "Bramante und Saulenordnungen", in *Kunstchronik*, 30, p. 62 sgg.
1978	Pedretti, C., *Leonardo architetto*, Milano (1980²)
1989	Borsi, Franco, *Bramante*, Milano
1990	Denker Nesselrath, C., *Die Säulenordnungen bei Bramante*, Worms
1992	Tafuri, Manfredo, *Ricerca del Rinascimento. Principi, città, architetti*, Torino
2001	Di Teodoro, F. P. (a cura di), *Donato Bramante. Ricerche, proposte, riletture*, Urbino

《ウルビーノとブラマンテ》

1951	Rotondi, Pasquale, "Contributi urbinati a Bramante pittore", in *Emporium*, XIII, pp. 109-129
1959	Id., "Nuovi contributi a Bramante pittore", in *Arte Lombarda*, IV, n. 1, pp. 74-81
1961	Zeri, F., *Due dipinti, la filologia e un nome. Il maestro delle Tavole Barberini*, Torino
1970	Sangiorgi, F., *Bramante 'Hasdrubaldino'. Documenti per una biografia bramantesca*, Urbino-Formignano
1974	Rotondi, Pasquale, "Ancora sullo Studiolo di Federico da Montefeltro nel Palazzo Ducale di Urbino", in *Studi Bramanteschi* (*op. cit.*), pp. 255-265
1974	Battisti, Eugenio, "Bramante, Piero e Pacioli ad Urbino", *ibid.*, pp. 267-282
1974	Maltese, Corrado, "Architettura «ficta» 1472 circa", *ibid.*, pp. 283-292
1974	Burns, Howard, "Progetti di Francesco di Giorgio per i conventi di San Bernardino e Santa Chiara di Urbino", *ibid.*, pp. 293-311
1981	Clough, C. H., *The Duchy of Urbino in the Renaissance*, London

1983	AA.VV., *Urbino e le Marche prima e dopo Raffaello*, Firenze
1992	Cleri, Bonita, "Fra' Carnevale e la cultura prospettica urbinate", in Cieri Via, C. (a cura di), *Città e Corte nell'Italia di Piero della Francesca, Atti Conv. Intern. di Studi Urbino, 4-7 ottobre 1992*, Venezia, pp. 347-358
1997	Borsi, Stefano, *Bramante e Urbino il problema della formazione*, Roma

《ペルージャのサン・ベルナルディーノのオラトリオのパネル》

1963	Santi, F., *La nicchia di S. Bernardino*, Milano
1969	Bruschi, A., *Bramante architetto*, Bari, pp. 53-75

《ロムバルディアとブラマンテ》

1901	Beltrami, L., "Bramante a Milano...", in *Rassegna d'arte*, I, pp. 33-37
1912	Beltrami, L., *Bramante a Milano*, Milano
1915	Malaguzzi-Valeri, F., *La corte di Lodovico il Moro*, Milano, II (Bramante e Leonardo), pp. 2-362
1936	Fiocco, G., "Il primo Bramante", in *La critica d'arte*, I, p. 109 sgg.
1974	Brizio, A. M., "Bramante e Leonardo alla corte di Ludovico il Moro", in *Studi Bramanteschi* (*op. cit.*), pp. 1-26
1974	Murray, P., "Bramante paleocristiano", *ibid.*, pp. 27-34.
1974	Förster, Otto H., "Bramante und der norden", *ibid.*, pp. 35-42
1974	Mulazzani, Germano, "Nuove ipotesi su viaggio di Bramante in Lombardia", *ibid.*, pp. 43-47
1974	Romanini, Angiola Maria, "Il Quattrocento «padano» e il Bramante", *ibid.*, pp. 49-69
1974	Perogalli, Carlo, "Inserimento di Bramante nel decorso dell'architettura lombarda e suo ruolo fra Quattrocento e Cinquecento", *ibid.*, pp. 71-80
1974	Cadei, Antonio, "Induzioni sulla determinazione delle strutture in Bramante", *ibid.*, pp. 157-169
1974	Piccaluga, G. F., "Rapporti tra decorazione e architettura nel Bramante lombardo", *ibid.*, pp. 171-176
1974	Giordano, Luisa, "Bramantino architetto e il rapporto Bramante-Bramantino", *ibid.*, pp. 233-237
1974	Scurati-Manzoni, Pietro, "Influenza di Bramante nell'architettura delle regioni settentrionali del ducato di Milano", *ibid.*, pp. 245-254
1988	Guillaume, J., "Léonard et Bramante. L'emploi des ordres à Milan à la fin du XVe

	siècle", in *Arte Lombarda*, 86-87/3-4, pp. 101-106
1992	Bruschi, A., "L'Antico e il processo di identificazione degli ordini nella seconda metà del Quattrocento", in Guillaume, J., (a cura di), *L'emplois des ordres dans l'architecture de la Renaissance*, atti del congresso (Tours, 9-14 giugno 1986)
1997	Frommel, C. L., "Bramante: struttura, aggetto e la tradizione medievale", in G. Simoncini, a cura di, *Presenze medievali nell'architettura di età moderna e contemporanea*, Milano, pp. 49-62 (retrieved in Id., *Architettura alla corte papale nel Rinascimento*, Milano 2003, pp. 193-213)
1998	Giordano, Luisa, "Milano e l'Italia nord-occidentale", in Fiore, Francesco Paolo (a cura di), *Storia dell'architettura italiana : Il Quattrocento*, Milano, pp. 166-199
2001	Di Teodoro, F. P. (a cura di), *Donato Bramante. Ricerche, proposte, riletture*, Urbino
2001	Pedretti, C., "Bramante, 'un pittoraccio di poco credito'", *ibid.*, pp. 207-214
2002	Frommel, C. L.; Giordano, L.; Schofield, R. (a cura di), *Bramante milanese e l'architettura del Rinascimento lombardo*, Venezia/Vicenza

《「プレヴェダリの版画」》

1917	Beltrami, L. "Bramante e Leonardo praticarono l'arte del bulino? Un incisore sconosciuto, B. Prevedari" in *Rassegna d'arte*, XVI, pp. 187-194
1938	Hind, A. M., *Early Italian engravings...*, London, I, 1, pp. 273, 274; tavv, 451, 456; II, 5. pp. 101-106; II, 6, tavv. 633-635
1957	Arrigoni, P., "L'incisione rinascimentale milanese", in *Storia di Milano*, VIII, pp. 706-708
1957	Mazzini, F., "La pittura del primo Cinquecento", *ibid.*, VIII, pp. 642-661
1962	Murray, P., "Bramante milanese. The paintings and engravings", in *Arte lombarda*, VII, pp. 25-42
1967/68	Wolff Metternich, F. G., "Der Kupferstich Bernardos de Prevedari aus Mailand von 1481", in *Römische Jahrbuch für Kunstgeschichte*, XI, pp. 9-108
1972	Mulazzani, "«Ad civitatem veni»: il senso dell'Incisione Prevedari", in *Studi sulla cultura lombarda in memoria di M. Apollonio*, Milano
1976	Schofield, R. V., "Drawing for Santa Maria presso San Satiro", in *Journal of the Warburg and Courtauld Institutes*, n. 39, pp. 246-53
1978	AA.VV., *Atti della tavola rotonda...per illustrare l'incisione di B. Prevedari*, Milano
1978	Emiliani, Marisa Dalai, "'Secundum designum in papiro factum per magistrum Bramantem de Urbino': riflessioni sulla struttura prospettica dell'incisione Prevedari", in *Rassegna di Studi e di Notizie*, 6, pp. 73-82

1979	Dal Mas, M., "Donato Bramante: incisione Prevedari. Studio di restituzione prospettica", in *Bollettino del Centro Studi per la Storia dell'architettura*, n. 25, pp. 15-22
1994	Strinati, Claudio. "Bernardo Prevedari, *Temple Interior.*" in *The Renaissance From Brunelleschi to Michelangelo: The Presentation of Architecture*, ed., Henry A. Millon and Vittorio M. Lampugnani, Venezia, pp. 502-04
2006	飛ヶ谷潤一郎、「盛期ルネサンスの古代建築の解釈」、中央公論美術出版、pp. 135-155
2010	Kleinbub, Christian K., "Bramante's *Ruined Temple* and the Dialectics of the Image", *Renaissance Quartery*, n. 63, pp. 412-58

《チェーザレ・チェザリアーノ》

1878	De Pagave, Venanzio, *Vita di Cesare Cesariano milanese*, Milano
1965	Krinsky, C. H., *Cesare Cesariano and the Como Vitruvius Edition of 1521*, Diss. Thesis, New York Univ.
1971	Gatti, S., "L'attività milanese del Cesariano del 1512-13 al 1519", in *Arte Lombarda*, N. 16, p. 227 sgg.
1978	Tafuri, M., "Cesare Cesariano e gli studi vitruviani nel Quattrocento", in, *Scritti rinascimentali di Architettura*, Milano（a cura di A. Bruschi, Corrado Maltese, Manfredo Tafuri, Renato Bonelli）, pp. 387-433

《「パニガローラのフレスコ」》

1932	Egger, H., "L'affresco di B. nel portico di S. Giovanni in Laterano", in *Roma*, X, pp. 303-306
1953	Suida, W., *Bramante pittore e il Bramantino*, Milano
1964	Mazzini, F., "Problemi pittorici bramanteschi", in *Bollettino d'Arte*, XLIX, pp. 327-342
1972	Mulazzani, G., "A Confirmation for Bramante: The Christ at the Column of Chiaravalle", in *Art Bulletin*, LIV, pp. 141-145
1974	Id., "Gli affreschi di Bramante ora a Brera", in *Storia dell'Arte*, n. 22.（con un' appendice di L. Tomei）
1977	Mulazzani, G.-Dalai Emiliani, M. e altri, "D. Bramante: gli uomini d'arme", in *Quaderni di Brera*, III
1978	Sironi, G., "Gli affreschi alla Pinacoteca di Brera di Milano: chi ne fu il committente?", *Archivio Storico Lombardo*, n. 104, pp. 100-207

《フィラレーテとミラノ》

1908	Lazzaroni, M. & Muños, A., *Filarete*, Roma	
1972	Grassi, L., *Lo 'Spedale di poveri' del Filarete. Storia e restauro*, Milano	
1983	Rovetta, A., "Filarete e l'umanesimo greco a Milano: viaggi, amicizia e maestri", in *Arte Lombarda*, N. 66, pp. 89-102	
1991	Colmuto Zanella, G., "Il duomo filaretiano: un progetto e la sua fortuna", in *Il Duomo di Bergamo*, Bergamo, pp. 136-149	

《ソラリ父子とアマデオ》

1984	Giordano, L., "La cappella Portinari", in *La basilica di Sant'Eustorgio in Milano*, Milano, pp. 70-91
1992-3	Sironi, G., "I fratelli Solari, figli di Marco (Solari) da Carona: nuovi documenti", in *Arte Lombarda*, N. 102-103, pp. 65-69
1993	Shell, J, & Castelfranchi, L. (a cura di), *Giovanni Antonio Amadeo. Scultura e architettura del suo tempo*, Milano

《サンタ・マリーア・プレッソ・サン・サティーロ聖堂・バッタジオ兄弟とアゴスティーノ・フォンドゥリ》

1887	Paravicini, Tito Vespasiano, "La chiesa di s. Maria presso san Satiro in Milano e gli scrittori che la descrissero", *Regio Istituto Lombardo di scienze e di lettere*
1914	Biscaro, G., "Le imbreviature del notaio Boniforte Gira e la chiesa di S. Maria di S. Satiro", in *Archivio Storico Lombardo*, II, 37, pp. 133-144
1956	Arslan, Edoardo, "I Mantegazza e il De Fondulis, l'Amadeo", in *Storia di Milano*, VII, Milano 1956, p. 710 sgg.
1968	Baroni, C., *Documenti per la Storia dell'Architettura a Milano del Rinascimento e nel Barocco*, II, Roma, pp. 106-132
1969	Palestra, Ambrogio, "Cronologia e documentazione riguardanti la costruzione della chiesa di S. Maria presso S. Satiro del Bramante", in *Arte Lombarda*, XIV, No. 2, pp. 154-160
1974	Mariani, Valeria, "Novità sul Battagio", in *Studi Bramanteschi* (*op. cit.*), pp. 239-244
1974	Ferrari, Maria Luisa, "Il Raggio di Bramante nel territorio cremonese: Contributi ad Agostino Fonduli", *ibid.*, pp. 223-237
1974	Palestra, A., "Nuove testimonianze sulla chiesa di S. Satiro", *ibid.*, pp. 177-188

1974	Trinci, R., "Indagini sulle fasi costruttive della chiesa di S. Maria presso S. Satiro", *ibid.*, pp. 189-95
1975	Lise, G., *Santa Maria presso S. Satiro*, Milano
1976	Schofield, R., "A Drawing for Santa Maria presso San Satiro", in *Journal of the Warburg and Courtauld Institutes*, XXXIX, pp. 246-253
1982	Kahle, U., *Renaissance-Zentralbauten in Oberitalien. S. Maria presso S. Satiro. Das Frühwerk Bramantis in Mailand*, München
1983	Frommel, C. L., "Il complesso di S. Maria presso S. Satiro e l'ordine architettonico del Bramante lombardo", in *La scultura decorativa del primo Rinascimento*, atti del convegno (Pavia, 16-18 settembre 1980), Roma, pp. 149-158
1983	Palestra, A., *La Madonna Miracolosa di S. Satiro 1200c-1983*, Milano
1983	Id., "Ricerca sulle strutture urbane di un isolato al centro di Milano comprendente la Basilica di S. Maria presso S. Satiro", in *Arte Lombarda*, LXIV, No. 1, p. 29 sgg.
1985	Piccaluga, G. F., " Il Rinascimento in Lombardia : Bramante e la chiesa di S. Maria presso S. Satiro", in O. Calabrese (a cura di), *Piero teorico dell'Arte*, Roma-Bari, p. 233 sgg.
1986	Palestra, A., *Milano ritrovato. L'Asse via Torino*, Milano, p. 264
1987	Patetta, L., *L'architettura del Quattrocento a Milano*, Milano, pp. 176-188
1992	Id., *Insula Ansperti, Il Compresso monumentale d S. Satiro*, Milano
1998	Giordano, Luisa, "Milano e l'Italia nord-occidentale", in Fiore, Francesco Paolo (a cura di), *Storia dell'architettura italiana : Il Quattrocento*, Milano, pp. 184-187
2000	Schofield, R. & Sironi, Grazioso, "Bramante and the problem of Santa Maria presso San Satiro", in *Annali di Architettura*, N. 12, pp. 17-57
2005	Astolfi, Marino, "Agostino Fonduli architetto. La formazione e la prima pratica architettonica: il caso di Santa Maria Maddalena e Santo Spirito a Crema", in *Annali di architettura*, N. 17, pp. 93-106

《パヴィア大聖堂》

1882	Magenta, C., *Il castello di Pavia*, Milano, I, p. 538.
1915	Malaguzzi-Valeri, *La corte di Ludovico il Moro*, II, p. 83 sgg.
1971	Struffolino, Krüger, "Disegni inediti di architettura relativa alla collezione di Vincenzo de Pagave", in *Arte Lombarda*, XVI, 1971, p. 292
1973	Cadei, A. "Nota sul Bramante e l'Amadeo architetti del Duomo di Pavia", in *Bollettino della Società Pavese di Storia Patria*, LXXII-LXXXIII, pp. 35-60
1974	Cavallari Murat, Augusto, "La venustà bramantesca tra razionalismi gotici e vitruviani", in *Studi Bramanteschi* (*op. cit.*) pp. 87-116

1974	Brizio, A. M., "Bramante e Leonardo alla corte di Ludovico il Moro", *ibid.*, pp. 1-26
1988	Weege, A., "La ricostruzione del progetto di Bramante per il Duomo di Pavia", in *Arte Lombarda*, LXXXVI-LXXXVII, pp. 137-140
1995	Visioli, M., " 'Per augumento de la Ecclesia de S. Siro': la vicenda progettuale e l'inizio della fabbrica", in *Storia di Pavia*, 4, 2, Pavia, pp. 770-782

《サンタ・マリーア・デッレ・グラツィエ聖堂内陣》

1968	Baroni, C., *Documenti per la storia dell'architettura*, Roma, II
1973	Pedretti, C., "The Original Project for S. Maria delle Grazie", in *Journal of the Society of Architectural Historians*, XXXII-1, 1973, pp. 30-42
1974	Id., "Il progetto originario per Santa Maria delle Grazie e altri aspetti inediti del rapporto Leonardo-Bramante", in *Studi Bramanteschi* (*op. cit.*), pp. 197-203
1983	Bruschi, A., "Architettura", in AA.VV., *Santa Maria delle Grazie in Milano*, Milano, pp. 35-89
1983-84	Rossi, M., "Novita per S. Maria delle Grazie di Milano", in *Arte Lombarda*, n. 66, pp. 34-70
1986	Sironi, G., "Novità documentarie: l'Amadeo ed il tiburio di Santa Maria delle Grazie di Milano", in *Arte Lombarda*, LXXVIII, 3, pp. 37-40
1986	Schofield, R., "Bramante and Amadeo at Santa Maria delle Grazie in Milan", in *Arte Lombarda*, LXXVIII, 3, pp. 41-58

《ミラノ大聖堂の「ティブリオ」》

1875	Geymüller, H. A. von, *Die ursprünglichen Entwürfe für S. Peter in Rom*, Paris-Wien, p. 116 sgg.（su Bramanti Opinio）
1878	Mongeri, G., "Bramante e il Duomo", in *Archivio Storico Lombardo*, fasc. III, pp. 538-541
1880	Gaetano, C.（a cura di）, *Annali della Fabbrica del Duomo di Milano*, vol. III, pp. 62-64
1949	Ackerman, J. S., "'Ars Sine Scientia Nihil Est' —— Gothic Theory of Architecture at the Cathedral of Milan", in *Art Bulletin*, 31, pp. 84-111（Id., *Distant Points*, MIT Press, 1991, pp. 206-268 に再録）
1966	White, John, *Art and Architecture in Italy: 1250-1400*, Harmondsworth, pp. 336-350
1967	Ferrari da Passano, C.; Brivio, E., "Contributo allo studio del tiburio del Duomo di

	Milano. Alcune considerazioni maturata a seguito dei lavori di restauro", in *Arte Lombarda*, XII/1. pp. 3-36
1973	Romanini, A. M., "Architettura", in *Il Duomo di Milano*, I, Milano, pp. 97-187
1974	Brizio, A. M., "Bramante e Leonardo alla corte di Ludovico il Moro", in *Studi Bramanteschi* (*op. cit.*), pp. 22-24 (Appendice — Opinio di Bramante)
1974	Starace, Francesco, "Bramanti opinio super domicilium seu templum magnum: Osservazioni slla teoria dell'architettura", *ibid.*, pp. 137-156.
1978	Bruschi, A., "Pareri sul Tiburio del Duomo di Milano — Leonardo・Bramante・Francesco di Giorgio", in *Scritti rinascimentali de architettura*, Milano, pp. 321-386
1981	Rossi, M., "Giovanni di Luxemburger di Graz e il tiburio del duomo di Milano", in *Arte Lombarda*, LXI, pp. 5-12
1982	Marani, P. C., "Leonardo, Francesco di Giorgio e il tiburio del Duomo di Milano", in *Arte Lombarda*, LXII, pp. 81-92
1987	Guillaume, J., "Léonard et l'architecture", in *Léonard de Vinci ingénieur et architecte*, Montréal, pp. 209-223
1988	日高健一郎、『アトランティコ手稿310 r, v について』(「建築史論叢――稲垣栄三先生還暦記念論集」、中央公論美術出版、pp. 385-422
1989	Schofield, R., "Amadeo, Bramante and Leonardo and the tiburio of Milan Cathedral", in *Accademia Leonardi Vinci*, 2, pp. 69-100
1993	Cadei, A., "Cultura artistica delle cattedrali : due esempi a Milano", in *La fabbrica eterna. Cultura, logica strutturale, conservazione delle cattedrali gotiche*, Vigevano, pp. 80-101
2002	Sanvito, Paolo, *Il tardo gotico del duomo di Milano: Architettura e decorazione intorno all'anno 1400*, Münster

《サンタムブロジォ修道院「カノニカ」・「キオストリ」》

1986	Nesserlath, C. Denker, "I chiostri di S. Ambrogio. Il dettaglio degli ordini", in *Arte Lombarda*, N. 69, pp. 49-60

《ヴィジェーヴァノ》

1584	Nubilonio, Cesare, *Cronaca di Vigevano ossia dell'origine e Principio di Vigevano e guerre à suoi giorni successe* (a cura di C. Negroni, Torino 1891)
1638	Sacchetti, Egidio, *Vigevano Illustrata*, Milano
1810	Biffignandi, Buccella, P. G., *Memorie Storiche della Città e Contado di Vigevano*,

	2° ed., 1870), Vigevano
1901	Colombo, A., *L'allogio del Podestà di Vigevano e il Palazzo del Comune nel secolo XV*, Mortare-Vigevano
1902	Id., "La piazza Ducale, detta del Duomo, in Vigevano, e i suoi restauri", in *L'Arte*, V, 248-252
1902/3	Id., "Vigevano e la Repubblica Ambrosiana nella lotta contro Francesco Sforza (Agosto 1447-Giugno 1449)", *Bollettino della Società Pavese di Storia Patria* 2, 315-377; 3, 1903. 3-38
1909	Barucci, G., *Il Castello di Vigevano*, Torino
1911	Colombo, A.,"Armi e Leggende sulla facciata della Piazza Ducale, detta del Duomo, di Vigevano", *Archivio Storico Lombardo*, serie 4, vol. 15, p. 180 sgg.
1924	Solmi, E., "Leonardo da Vinci nel Castello e nella Sforzesca di Vigevano", in E. Solmi (a cura di), *Scritti Vinciani*, Firenze
1964	Berghoef, "Les Origines de la Place Ducale de Vigevano, Memorie Storiche della Città di Vigevano", *Palladio*, N. S. XIV, p. 165-178
1965	Bernardi Ferrero, D. de, "Il Conte Ivan Caramuel di Lobkowitz, Vescovo di Vigevano, Architetto e teorico dell'architettura", *Palladio*, N. S. XV, 91-110
1968	Ramella, V. R., "Il Castello Sforzesco di Vigevano", *Castellum*, Fasc. 7, 67-74
1968	Lotz, W., "Italienische Plätze des 16 Jahrhunderts", in *Jahrbuch 1968 der Max Planck-Gesellschaft zur Förderung des Wissenschaften*, 1968, pp. 41-60 (English version in Id., *Studies in Italian Renaissance Architecture*, Harvard, Mass.,1977, pp. 74-116)
1974	Id., "La piazza di Vigevano. Un foro prinzipesco del tardo Quattrocento", in *Studi Bramanteschi* (*op. cit.*), Roma. pp. 205-221
1982	Schofield, R., "Ludovico il Moro and Vigèvano", in *Arte Lombarda*, LXII, pp. 93-140
1988	Giordano, L., "'Dittissima Tellus'. Ville quattrocentesche tra Po e Ticino", in *Bollettino della Società Pavese di Storia Patria*, XI, pp. 145-295
1991	Schofield, R., *Il cortile d'onore. La piazza di Vigevano : una lettura strorico artistica*, Vigevano
1992	Giordano, L., "Il rinnovamento promosso da Ludovico Sfroza. Ipotesi per Bramante", in *Metamorfosi di un borgo Vigevano in età visconteo-sforzesco*, Milano, pp. 289-323

《ローマの初期ルネサンス建築》

1878-82	Müntz, E., *Les Arts à la cour des papes pendant le XVe et XVIe siècle*. I-III, Paris

1942	Tomei, P., *L'architettura a Roma nel Quattrocento*, Roma.
1958	Magnusson, T., *Studies in Roman Quattrocento Architecture*, Stockholm
1977	Heydenreich, L. H., "Roma", in L. H. Heydenreich & Wolfgang Lotz, *Architecture in Italy. 1400-1600*, Harmondsworth, pp. 48-70
1989	Borsi, S.; Quinterio, F.; Vasić Vatovec, C., *Maestri fiorentini nei cantieri romani del Quattrocento*, Roma
1989	Frommel, C. L., "Roma", in *Storia dell'architettura italiana. Il Quattrocento*, Milano, pp. 374-433

《パラッツォ・ヴェネツィア》

1907	Zippel, G., *Per la storia del Palazzo di Venezia*, in «Ausonia», anno II, fasc. I, pp. 114-136
1909	Egger, H., Dengel, P. & Dvořák, M., *Der Palazzo Venezia in Rom*, Wien
1915	Zippel, G., "Paolo II e l'arte. Note e documenti", in *L'Arte*, XIV, pp. 181-197
1916	Artioli, R.,"Il Palazzo di Venezia a Roma", in *Arte e Storia*, XXXV, pp. 321-323
1924	Paschini, P., "Pagine di storia di Palazzo Venezia", in *Roma*, II, 1924, pp. 250-267.
1928	Id.,"Un documento sulla costruzione di Palazzo Venezia", in *Roma*, pp. 42-43
1929	Mariani, V., "La rinascita di Palazzo Venezia", in *Capitolium*, V, pp. 241-254
1935-36	Lavagnino, E., "L'architettura del Palazzo Venezia", in *Rivista del R. Istituto di Storia dell'Arte e Archeologia*, V, pp. 128-176.
1948	Hermanin, F., *Il Palazzo Venezia*, Roma
1980	Casanova, M. L., *Palazzo Venezia. Paolo II e le fabbriche di S. Marco*, catalogo della mostra Roma. Museo di Palazzo Venezia, maggio-settembre, Roma
2003	Modigliani, A., "Paolo II e il sogno abbandonato di una piazza imperiale", in *Antiquaria a Roma. Intorno a Pomponio Leto e Paolo II*, Roma, pp. 125-161
2004	Id.,"Un ritratto di Paolo II per il Duca di Milano: scelte edilizie, feste e politica cittadina", in *Roma nel Rinascimento*, pp. 255-268
2005	Bruschi, A., "Alberti a Roma per Pio II e Paolo II", in F. P. Fiore, a cura di, *La Roma di Leon Battisti Alberti. Umanisti, architetti e artisti alla scoperta dell'Antico nella città del Quattrocento*, catalogo della mostra Roma, Musei Capitolini, 24 giugno-16 ottobre 2005, Milano, pp. 113-127
2006	Barberini, M. G.; Quintiliani, G.; Raimondo, F., *Palazzo Venezia, il palazzetto e il suo lapidarium*, Roma

《フランチェスコ・デル・ボルゴ》

1983 Frommel, C. L., "Francesco del Borgo. Architekt Pius II und Paulus II. Der Petersplatz und weitere römische Bauten Pius II Piccolomini", in *Römische Jahrbuch für Kunstgeschichte*, XX, pp. 107-154

1997 Pagliara, Pier Nicola, sv. «FRANCESCO di Benedetto Cereo da Borgo San Sepolcro (Francesco del, di Borgo; Franciscus Burgensis)», in *Dizionario Biografico degli Italiani* - Volume 49

《ヤーコポ・ダ・ピエトラサンタ》

1999 Samperi, R., *L'architettura di S. Agostino a Roma 1296-1483. Una chiesa mendicante tra Medioevo e Rinascimento*, Roma

2004 Magister, Sara, sv. «Jacopo da Pietrasanta», in *Dizionario Biografico degli Italiani*, vol. 62

《ジォヴァンニーノ・デ・ドルチ》

1965 De Campos, D. Redig, "L'architetto e il costruttore della cappella Sistina", in *Palatino*, IX, pp. 90-93

1991 Wanrooij, Marzia Casini, sv. «Dolci, Giovanni (Giovannino)», *Dizionario Biografico degli Italiani*, vol. 40

《メオ・ダ・カプリーノ》

1960 Barsali, Isa Belli, sv. «Amedeo di Francesco (Meo del Caprino, Meo Fiorentino, Meo da Settignano)», *Dizionario Biografico degli Italiani*, vol. 2

1965 Solero, S., *Il duomo di Torino*, Pinerolo, p. 45 sgg.

《バッチォ・ポンテッリ》

1991-96 Morresi, M., "Baccio Pontelli tra romanico e romano: la chiesa di Santa Maria Nuova a Orciano, il Belvedere di Innocenzo VIII e il palazzo della Cancelleria", in *Architettura storia e documenti*, pp. 128-133

2002 Adams, Nicholas, "L'architettura militare in Italia nella prima metà del Cinquecento", in *Storia dell'architettura italiana. Il primo Cinquecento*, Milano, pp. 546-561

2003 Repettio, Barbara, "L'architettura militare nel periodo di transizione da Sisto IV ed Alessandro VI", in AA.VV., *Le Rocche Alessandrine e La Rocca di Civita Castellana*, Atti del convegno（Viterbo 19-20 marzo 2001）a cura di Myriam Chiabò‐Maurizio Gargano, Roma, pp. 173-190

《パラッツォ・デッラ・カンチェッレリア》

1964　　Schiavo, *Il Palazzo della Cancelleria*, Roma

1977　　Heydenreich, L. H., "Roma—Palazzi", in *Architecture in Italy, 1400-1600*, Harmondsworth, pp. 67-70

1982　　Gnolli, D., "Il Palazzo della Cancelleria", in *Archivio Storico dell'Arte*, V, p. 176 sgg.

1982　　Valtieri, S., "La fabbrica del Palazzo del Cardinale Raffaele Riario（La Cancelleria）", in *Quaderni dell'Istituto di Storia dell'Architettura*, N. 27, pp. 3-25.

1982　　Bentivoglio, E., "Nel cantiere del palazzo del Cardinale Raffaele Riario（La Cancelleria）", *ibid.*, pp. 27-34

1988　　Valtieri, S., *Il palazzo del principe, il palazzo del cardinale, il palazzo del mercante nel Rinascimento*, Roma, pp. 33-54

1989　　Frommel, C. L., "'Il Palazzo della Cancelleria', in Il palazzo del Rinascimento ad oggi in Italia, nel Regno di Napoli in Calabria. Storia e attualità", in *Atti del Convegno Internazionale*（Reggio Calabria 1988）, Roma, pp. 29-54

1995　　Id., "Raffaele Riario Committente della Cancelleria", in A. Esch, C. L. Frommel（a cura di）, *Arte, committenza ed economia a Roma e nelle corti del Rinascimento（1420-1530）*, Torino

1998　　Id., "Roma", in *Storia dell'Architettura Italiana. Il Quattrocento*, Milano, pp. 411-416

2002　　Bruschi, A., "L'architettura a Roma negli ultimi anni del pontificato di Alessandro VI Borgia（1492-1503）e l'edilizia del primo Cinquecento", in *Storia dell'Architettura Italiana. Il Primo Cinquecento*, Milano, p. 38

2002-2003　Valenti, Marco, *Trasformazione dell'edilizia privata e pubblica in edifici di culto cristiani a Roma tra IV e IX secolo*, Diss. Thesis, Univ. d. Studi di Roma "La Sapienza", pp. 40-41

《アントーニオ・ダ・サンガッロ・イル・ヴェッキォとチヴィタカステッラーナの城砦》

2000　　Zampa, Paola & Bruschi, A., sv. «Giamberti, Antonio, detto il Antonio da Sangallo il vecchio», *Dizionario biografico degli Italiani*, vol. 54

395

2003 AA.VV., *Le Rocche Alessandrine e La Rocca di Civita Castellana*, Atti del convegno (Viterbo 19-20 marzo 2001) a cura di Myriam Chiabò-Maurizio Gargano, Roma

《ローマへのデビュ：Antiquarie Prospettiche Romane》

1932 Egger, H.,"L'affresco di Bramante", in *Roma*, pp. 303-6
1962 Donati, L., "Il Problema di *Antiquarie Prospettiche Romane*", in *Sonderdruck aus dem Gutenberg-Jaharbuch*, p. 400
1966 De Angelis d'Ossat, G., "Preludio Romano del Bramante", in *Palladio*, XVI, 1966, pp. 92-94
1974 Fienga, Doris D., "Bramante autore delle «Antiquarie prospettice romane», poemetto dedicato a Leonardo da Vinci", in *Studi Bramanteschi* (*op. cit.*), pp. 417-426
1995 Scippacercola, Rosanna, *Antiquarie Prospettiche Romane composte per prospettivo milanese dipintore* (ediz. elettorica)
2005 Isella, Dante, *Antiquarie prospetiche romane*, a cura di Dante Isella e Giovanni Agosti, Milano-Parma, Agosto 2005
2006 Giontella, Massimo, "Ancora sulle 'Antiquarie prospettiche romane': nuovi elementi per l'attribuzione a Bramante." *Archivio storico italiano*, N. 164, pp. 513-518

《サンタ・マリーア・デッラ・パーチェ修道院中庭》

1915 Ricci, C., "Il chiostro della Pace—Documenti bramanteschi", in *Nuova Antologia*
1960 Bonelli, R., *Da Bramante a Michelangelo*, Venezia
1973 Lotz, W., "Bramante and the Quattrocento Cloister", in *Gesta*, vol. XII, 1973, pp. 111-112
1974 Marconi, Paolo, "Il chiostro di Santa Maria della Pace in Roma", in AA.VV., *Studi Bramanteschi*, pp. 427-436
1981 Riccardi, "La Chiesa e il Convento di S. Maria della Pace", in *Quaderni dell'Istituto di Storia dell'architettura*, serie XXVI, nn. 163-8, p. 3 sgg.
1987 Carunchio, T., Ceradini, V. & Pugliano, A., *Il chiostro di S. Maria della Pace*, Roma
2002 Samperi, Renata, "La fabbrica di Santa Maria dell'Anima e la sua facciata", in *Annali di architettura*, n. 14, pp. 109-128

《Via Alessandrina とブラマンテの都市住宅》

1973	Frommel, C. L., *Der Römische Palastbau der Hochrenaissance*, 3 voll., Tübingen, II, pp. 207-215
1974	Chiumenti, Luisa, "Spazialità bramantesca in rapporto al tessuto urbano di Roma nel '500", in *Studi Bramanteschi* (*op. cit.*), pp. 411-415
1978	Fragnito, Gigliora, *voce* 《Castellesi, Adriano (Adriano da Corneto)》, in *Dizionario Biografico degli Italiani*, vol. 21
1984	Tafuri, M., "Progetto di casa in via Giulia, Roma. 1519-1520. catalogo, 2. 14. 4 (pp. 239-240)", in Frommel, Ray, Tafuri (a cura di), *Raffaello architetto*, Milano
1985	Aurigemma, M. G., "《Qualis esse debeat domus cardinali》: il tipo della residenza privata cardinalizia nella cultura antiquaria romana del secondo '400", in AA.VV., *Piranesi e la cultura antiquaria gli antecedenti e il contesto, Atti del Convegno 14-17 novembre 1979*, Roma, pp. 53-67
1985	Madonna, M. L., "L'architettura e la città intorno al 1500", in M. Fagiolo, M. L. Madonna (a cura di), *Roma 1300-1875, La città degli anni santi*, Milano, pp. 126-132
1985	Günther, H., "Die Anlage der Via Alessandrina", in *Jaharbuch des Zentralinstitut für Kunstgeschichte*, I, pp. 287-293
1989	Bruschi, A., "Edifici privati di Bramante a Roma. Palazzo Castellesi e Palazzo Caprini", in *Palladio*, n.c., II, n. 4, dicembre, pp. 5-44
1990	Benzi, F., *Sisto IV Renovator Urbis. Architettura a Roma 1471-1484*, Roma, pp. 84-98
1997	Guidoni, E.; Petrucci, G., *Urbanistica per i Giubilei. Roma, via Alessandrina. Una strada 'tra due fondali' nell'Italia delle corti (1492-99)*, Roma
1999	Gargano, M., "Verso l'Anno Santo del 1500: la via Alessandrina tra 'Magnificentia' e 'Liberalitas'", in *Topos e progetto*, I, pp. 31-42
2002	Bruschi, A., "L'architettura a Roma negli ultimi anni del pontificato di Alessandro VI Borgia (1492-1503) e l'edilizia del primo Cinquecento", in *Storia dell'architettura italiana: Primo Cinquecento*, Milano, pp. 42-50
2002	Frommel, C. L., "Roma. Bramante e Raffaello", *ibid.*, p. 79 & pp. 127-128, n. 26
2002	Gargano, M., "Alessandro VI e l'Antico: architettura e opere pubbliche tra 'Magnificentia e Liberalitas'", in M. Chiabò, S. Maddalo, M. Miglio, A. M. Oliva (a cura di), *Roma di fronte all'Europa al tempo di Alessandro VI*, atti del convegno (1999 sgg,), 3 voll., Roma, II, pp. 549-570

《ベルヴェデーレの中庭とヴァティカン宮殿の計画》

1882	Letrouilly, P., *Le Vatican et la basilique de Saint-Pierre*, 2 voll., Paris
1920	Frey, D., "Michelangelo", in *Michelangelo-Studien*, Wien
1945-46	Hoogewerff, G., "Documenti che riguardano Raffaello ed altri artisti contemporanei", in *Rendiconti della Pontiff. Accad. Romana di Archeol.*, XXI, p. 265 sgg.
1951	Ackerman, J. S., "The Belvedere as a Classical Villa", in *Journal of the Warburg and Courtauld Institutes*, XIV, pp. 70-91 (retrieved in Id., *Distance Points*, MIT Press, 1991, pp. 325-356; postscript, pp. 357-359)
1951	Gombrich, E. H., "Hypnerotomachiana", in *Journal of the Warburg and Courtauld Institutes*, XIV, pp. 120-125
1954	Ackerman, J. S., *The Cortile del Belvedere, Studi e documenti per la storia del Palazzo Apostolico Vaticano*, III, Vatican City
1967	De Campos, D. Redig, *I palazzi vaticani*, Bologna
1970	Brummer, Hans, *The Statue court in the Vatican Belvedere*, Stockholm Studies in History of Art, no. 20, Stockholm
1974	De Campos, D. Redig, "Bramante e le Logge di San Damaso", in AA.VV., *Studi Bramanteschi*, Roma, pp. 517-521
1976	Grisebach, L., "Baugeschichtliche Notiz zum Statuenhof Julius II im vatikanische Belvedere", *Zeitschrift für Kunstgeschichte*, XXXIX, pp. 209-220
1977	Frommel, C. L., "Bramantes 'Disegno grandissimo' für den Vatikanpalast", in *Kunstchronik*, XXX, pp. 63-64
1984	Id., "Lavori architettonici di Raffaello in Vaticano"; "Catalog No. 2.17.1", in Frommel, Ray, Tafuri (a cura di), *Raffaello architetto*, Milano, p. 60 sgg. & 357 sgg.
1984	Id., "Il Palazzo Vaticano sotto Giulio II e Leone X. Strutture e funzioni", in *Raffaello in Vaticano,* catalogo della mostra (Città del Vaticano, 16 ottobre 1984-16 gennaio 1985), Milano, p. 122 sgg.
1985	Geese, Uwe, "Antike als Program — Der Statuenhof des Belvedere im Vatikan", *Natur und Antike in der Renaissance*, Frankfurt, Liebieghaus Museum, pp. 24-50
1989	Borsi, Franco & Stefano, *Bramante architetto*, Milano, pp. 264-272
1994	Eiche, S., "Il Cortile del Belvedere", in H. S. Millon, V. Magangnato Lampgnani (a cura di), *Il Rinascimento da Brunelleschi a Michelangelo. La rappresentazione dell'architettura*, catalogo della mostra (Venezia, 31 marzo-6 novembre 1994), Milano, pp. 507-509
1998	Frommel, C. L.,"I tre progetti bramanteschi per il cortile del Belvedere", in M. Winner, B. Andreae, C. Pietrangeli (a cura di), *Il cortile delle statue. Der*

Statuenhof des Belvedere im Vatikan. Akten des internationalen Kongresses zu Ehren von Richard Krautheimer, atti del convegno (Roma, 21-23 ottobre 1992, Mainz, pp. 17-66, retrieved in Id., *Architettura alla corte papale nel Rinascimento*, Milano 2003, pp. 88-155)

《ジェナッツァーノの「ニンフェオ」》

1838	Senni, G., *Memorie di Genazzano e di vicini paesi*, Roma, p. 85 sgg.
1931	Giovannoni, G., *Saggi sull'architettura del Rinascimento*, Milano, p. 156
1964	Fasolo, F., "Rilievi e ricerche sulla costiera Pontina, e inizio di studi nella valle Amaseno", in *Bollettino dell'Istituto di Storia e di Arte del Lazio meridionale*, XI, p. 168 sgg.
1969	Frommel, C. L., "Bramantes «Ninfeo» in Genazzano", in *Römische Jahrbuch für Kunstgeschichte*, XII, pp. 137-60
1974	Thoenes, Christof, "Note sul «Ninfeo» di Genazzano", in *Studi Bramanteschi* (*op. cit.*), pp. 575-583
1999	Bruschi, A., "Tra Milano e Roma. Qualche considerazione sul coro 'bramantesco' di Capranica Prenestina", in *Studi di Storia dell'arte in onore di M. L. Gatti Perer*, Milano, p. 205 sgg.
2001	Döring, M., "La nascita della rovina artificiale nel Rinscimento italiano ovvero il 'Tempio in rovina' di Bramante a Genazzano", in F. P. Di Teodoro (a cura di), *Donato Bramante. Ricerche, proposte, riletture*, Urbino, pp. 343-406

《「テムピエット」》

1964	Rosenthal, E., "The Antecedents of Bramante's Tempietto", in *Journal of the Society of Architectural Historians*, XXIII, p. 55 sgg.
1973	Günther, Hubertus, *Bramantes Tempietto in S. Pietro in Montorio*, München
1974	Tiberi, Claudio, "Misure e contemporaneità di disegno del Chiostro di S. Maria della Pace e del Tempietto di S. Pietro in Montorio", in *Studi Bramanteschi* (*op. cit.*), pp. 437- 482
1974	Günther, Hubertus, "Bramantes Hofprojekt um den Tempietto und seine Darstellung in Serlios drittem Buch", *ibid.*, pp. 483-501
1974	Fusco, Renato de & Scalvini, Maria Luisa, "Segni e simboli del Tempietto di Bramante", *ibid.*, pp. 503-512
1974	Tibaudo O.F.M., Giuseppe, "Precisazioni sul Tempietto di S. Pietro in Montorio", *ibid.*, pp. 513-516

1990	Jones, M. Wilson, "The Tempietto and the Roots of Coincidence", in *Architectural History*, XXXIII, pp. 1-28.
1992	Günther, Hubertus, "Die Anfange der modernen Dorico", in Guillaume, J., (a cura di), *L'emplois des ordres dans l'architecture de la Renaissance*, atti del congresso (Tours, 9-14 giugno 1986)
1994	Cantatore, F., "La chiesa di S. Pietro in Montorio a Roma: ricerche ed ipotesi intorno alla fabbrica tra XV e XVI secolo", in *Quaderni dell'Istituto di Storia dell'Architettura*, n.s., 24, pp. 3-34
1994	Werdehausen, A. E., "Il Tempietto...", in H. A. Millon, V. M. Lampugnani (a cura di), *Rinascimento da Brunelleschi a Michelangelo. La rappresentazione dell'architettura*, catalogo della mostra (Venezia, 1994), pp. 510-514
2001	Günther, Hubertus, "La ricezione dell'antico nel Tempietto", in Di Teodoro, F. P. (a cura di), *Donato Bramante. Ricerche, proposte, riletture*, Urbino, p. 267 sgg.

《サンタ・マリーア・デル・ポポロ聖堂後陣》

1509	Albertini, F., *Opusculum de mirabilibus*, Roma
1976	Bentivoglio, E. & Valtieri, S., *Santa Maria del Popolo a Roma*, Roma

《集中式聖堂》

ロッカヴェラーノの教区聖堂

1991	Morresi, Manuela, "Bramante, Enrico Bruno e la parrocchiale di Roccaverano", in *La piazza, la chiesa, il parco*, a cura di M. Tafuri, Milano, p. 271 sgg.

サンティ・チェルソ・エ・ジゥリアーノ聖堂

1966	Thoenes, C., "Il problema architettonico da Bramante...", in G. Sequi, C. Thoenes, L. Mortari, *Ss. Celso e Giuliano*, (serie *Le chiese di Roma illustrate*) Roma, pp. 29-52

トーディのサンタ・マリーア・デッラ・コンソラツィオーネ聖堂

1974	Zänker, Jürgen, "Il primo progetto per il Santuario di Santa Maria della Consolazione a Todi e la sua attribuzione", in *Studi Bramanteschi* (*op. cit.*), pp. 603-615
1974	Nofrini, Umberto, "La chiesa della Consolazione a Todi", *ibid.*, pp. 617-624
1974	Bonagura, Maria Cristina, "Considerazioni sulla chiesa di S. Maria della Consolazione a Todi", *ibid.*, pp. 625-630

1974　　　Pericoli, Mario, "Precisazioni sulla Consolazione di Todi", *ibid.*, pp. 631-636

《サン・ピエトロ聖堂計画案》

1875-80　Geymüller, H. A. von, *Die ursprünglichen Entwürfe für Sankt Peter in Rom* (*Les projets primitifs pour Saint-Pierre*), Wien-Paris
1963　　　Wolff Metternich, F. G., "Bramantes Chor der Peterskirche zu Rom", in *Römische Quarterschrift*, LVIII, pp. 70-81
1963　　　Id., "Le premier projet pour St-Pierre de Rome", in *Studies in Western Art. The Renaissance and Mannerism*, II, Princeton, pp. 70-81
1967　　　Id., "Über des Massgrundlagen des Kuppelentwurfes Bramantes für die Peterskirche in Rom", in *Essays in the History of Architecture presented to R. Wittkower*, London, pp. 40-52
1967　　　Murray, P., "Observations on Bramante's St. Peter", in *ibid.*, pp. 53-59
1967　　　Heydenreich, L. H., "Bramante's 'Ultima Maniera'; Die St. Peter-Studien Uff. arch. 8 v und 20", *ibid.*, pp. 60-63
1972　　　Wolff Metternich, F. G., *Die Erbaung der Peterskirche zu Rom im 16. Jaharhundert*, Wien-München
1974　　　Shearman, John, "Il «tiburio» di Bramante", in *Studi Bramanteschi* (*op. cit.*), pp. 567-573
1974　　　Oechslin, Werner, "Una ricostruzione settecentesca del S. Pietro di Bramante", *ibid.*, pp. 585-590
1984　　　Frommel, C. L., "San Pietro. Storia della sua costruzione", in Frommel, Ray, Tafuri, *Raffaello architetto*, pp. 241-309
1996　　　Id,. "La chiesa di S. Pietro sotto papa Giulio II, Appendice", in C. Tessari (a cura di), *San Pietro che non c'è*, Milano

《ローマの街路整備計画・パラッツォ・デイ・トリブナリ》

1968　　　G. Gennaro, "La «Pax Romana» del 1511", in *Archivio della Società Romana di Storia Patria*, N. 21, p. 17 sgg.
1974　　　Frommel, C. L., "Il Palazzo dei Tribunali in Via Giulia", in *Studi Bramanteschi*, pp. 523-534
1975　　　Luigi Salerno, L. Spezzaferro, M. Tafuri, *Via Giulia, Un'utopia urbanistica del '500*, Roma
1984　　　Tafuri, M., "'Roma instaurata'. Strategia urbane e politiche pontificie nella Roma del primo '500", in Frommel, Ray, Tafuri, *Raffaello architetto*, Milano, pp. 59-107

1994	Bruschi, A., "Bramante e la funzionalità. Il palazzo dei Tribunali: 'turres et loca fortissima pro commoditate et utilitate publica'", in *Palladio*, n.s., VII, p. 14
2011	Temple, Nicholas, *Renovatio urbis. Architecture, urbanism and ceremony in the Rome of Julius II*, Oxford & New York

《チヴィタヴェッキァの要塞と港湾整備・ヴィテルボの要塞》

1880	Guglielmotti, A., *Storia delle fortificazioni della spiaggia romana*, Roma, p. 189 sgg.
1974	Bruschi, A., "Bramante, Leonardo e Francesco di Giorgio a Civitavecchia", in *Studi Bramanteschi* (*op. cit.*), Roma, pp. 535-565

《ロレートのサンタ・カーザの聖域整備》

1907	Gianuizzi, P., "Bramante da Monte Asdrualdo e i lavori per Loreto", in *Nuova rivista misena*, XX, pp. 99-117
1974	Posner, Kathleen Weil-Garris, "Alcuni progetti per piazze e facciate di Bramante e di Antonio da Sangallo il Giovane a Loreto", in *Studi Bramanteschi* (*op. cit.*), pp. 313-338

《ラッファエッロの建築》

1961	Shearman, John, "The Chigi Chapel", in *The Journal of the Warburg and Courtauld Institutes*, XXIV, p. 129 sgg.
1968	Id., "Raphael as architect", in *The Journal of the Royal Society of Arts*, CXVI, pp. 388-409
1973	Lefevre, R. (a cura di), *Villa Madama*, Roma.
1974	Ray, Stefano, *Raffaello architetto*, Bari.
1984	Frommel, C. L.; Ray, Stefano; Tafuri, M. (a cura di), *Raffaello architetto*, Milano

《ペルッツィの建築》

1974	Cruciani, Fabrizio, "Gli allestimenti scenici di Baldassarre Peruzzi", in *Bollettino del Centro Internazionale di Studi di Architettura Andrea Palladio*, XVI, pp. 155-172
1974	Barsali, Isa Belli, *Baldassarre Peruzzi e le ville senesi del Cinquecento,* S. Quirico d'Orcia

1984	Wurm, Heinrich, *Baldassarre Peruzzi. Architekturzeichnungen*, Tübingen
1982	AA.VV., *Baldassarre Peruzzi, 1481-1536. Pittura, scena e architettura nella prima metà del Cinquecento*, Roma
1987	Fagiolo, Marcello & Madonna, Maria Luisa (a cura di), *Baldassarre Peruzzi. Pittura scena e architettura nel Cinquecento*, Roma

《アントーニオ・ダ・サンガッロ・イル・ジォヴァネ》

1959	Giovannoni, G., *Antonio da Sangallo il giovane*, 2 vols. Roma
1974	Lotz, W., "The Palazzo Farnese and Other Works", in Heydenreich & Lotz, *Architecture in Italy, 1400-1600*, Harmondsworth, pp. 200-205
1981	Chastel, A. (a cura di), *Le Palais Farnese*, 1, Roma
1983	Bruschi, A., sv. «Cordini, Antonio, detto Antonio da Sangallo il Giovane», *Dizionario Biografico degli Italiani*, vol. 29
1986	Frommel, C. L.,"Raffael und Antonio da Sangallo der Jüngere", in Frommel & Winner, a cura di, *Raffaello a Roma, atti del Convegno del 1983*, Roma, pp. 261-303
1994	Id., *Palazzo Farnese a Roma: l'architetto e il suo committente*, Vicenza
2011	Id., "Antonio da Sangallo il Giovane e i primi cinque anni della progettazione di palazzo Farnese", in *Annali di Architettura*, N. 23, pp. 37-58

索　引

* 対象としたのは本文・注、および年譜と文献目録中に取り上げられていた著者名（文献目録のみに出てくるものは除外した）。

ア

アーキヴォルト archivolt　84, 90, 162, 213
アカデメイア Akademeia　293
アウリジェンマ Aurigemma, M. G.　177, 397
アグリッパ Agrippa, Marcus Vipsanius　225
アゴスティーノ・ディ・ドゥッチォ Agostino di Duccio　28
脚付きアーチ stilted arch　13
アシュバーナム手稿→レオナルド
アシュビィ Ashby, Thomas　323
アストルフィ Astolfi, Marino　64, 389
アストロラーベ astrolabe　153
アダムス Adams, Nicholas　148, 394
アチディーニ Acidini, Cristina　221
アッカーマン Ackerman, James S.
　33, 107, 146, 185, 186, 191, 201, 202, 205, 212, 216, 218, 219, 220, 221, 222, 224, 225, 226, 227, 228, 229, 288, 292, 294, 325, 365, 366, 384, 390, 398
アッカデーミア・ロマーナ Accademia Romana
　136, 149, 335
アッシジ Assisi　124
アッビアーテグラッソ Abbiategrasso
　99-100, 376
アテッラーニ、ジアコモ Atellani, Giacomo
　59
アテネ、ニケー神殿 Temple of Nike　29
「アテネの学堂」→ラファエッロ
アトランティコ手稿→レオナルド
アドリア海 Mare Adriatico　129, 317, 327
アトリウム atrium
　214, 269, 275, 280, 293, 294, 319
アドルノ Adorno, Theodor　193, 223

アプス apse　12, 54, 56, 59, 62, 69, 148, 159, 241, 242, 251, 252, 259, 275, 279, 281, 287, 292, 307
アマデオ Amadeo, Giovanni Antonio
　22, 23-25, 36, 42, 45, 46, 50, 51, 53, 54, 55, 56, 60, 63, 68, 73, 74, 75, 76, 104, 106, 370, 372, 374, 388
アムピプロスティロス amphiprostylos
　13, 15, 29
アムビュラトリィ ambulatory
　275, 279, 280, 281, 287, 341, 343, 363
アムブレラ・ドーム unbrella dome　24
アムブロジォ・ダ・コルテ Ambrogio da Corte
　88
アメデオ・ダ・シルバ Amedeo da Sylva
　233, 235, 236, 261
「アリアドネー」横臥像（「クレオパトラ」）
　Ariadne　226
アリオスト Ariosto, Ludovico　95, 111
アリストテレース Aristoteles　285
アルガン Argan, Giulio Carlo
　306, 324, 339, 362, 383
アルキメデース Alchimedes　118
アルスラン Arslan, Edoardo　63, 388
アルド・マヌツィオ Aldo Manuzio　376
アルノルフォ・ディ・カムビオ Arnolfo di Cambio　31
アルベルティ Alberti, Leon Battista　5, 6, 10, 11, 13, 25, 27, 28, 31, 46, 47, 48, 65, 66, 67, 73, 80, 86, 99, 103, 105, 106, 107, 110, 111, 112, 113, 117, 119, 120, 122, 123, 124, 127, 128, 129, 132, 134, 142, 143, 144, 145, 146, 147, 148, 149, 150, 159, 164, 167, 175,

405

192, 193, 195, 203, 209, 210, 216, 218, 219, 222, 252, 255, 264, 269, 289, 298, 333, 335, 336, 337, 340, 348, 359, 361, 362, 369, 370, 371, 372, 374
── De re aedificatoria
　　105, 106, 110, 117, 120, 370, 374
──「モムス」Momus　　112
──コンキンニタス concinnitas　5, 210, 340
──リネアメントゥム lineamentum
　　132, 148, 210, 253
──パラッツォ・ルチェッライ　159, 370
──サンタ・マリーア・ノヴェッラ聖堂ファサード　124, 371
──ルチェッライ家礼拝堂「聖墳墓」　371
──リミニの「テムピオ・マラテスティアーノ」　11, 28, 167, 370
──マントヴァのサン・セバスティアーノ聖堂　255, 371
──マントヴァのサンタンドレア聖堂
　　47, 92, 103, 253, 372
──サン・マルティーノ・ア・ガンガランディ聖堂　159
アルベルティーニ Albertini, Francesco
　　323, 381, 400
アルメニア Armenia　324
アレッツォ Arezzo　10, 28, 378
アンスペルト（ミラノ司教）Ansperto　62
アンティウム Antium（Anzio）　219
アントーニオ・ダ・パンディーノ Antonio da Pandino　106
アントーニオ・ディ・ヴィンチェンツォ
　　Antonio di Vincenzo　81, 107
アントーニオ・ディ・トムマーゾ Antonio di Tommaso da Settignano　174
アントーニオ・ディ・ペッレグリーノ
　　Antonio di Pellegrino
　　212, 222, 290, 303, 318, 319
アントーニオ・モンテカヴァッロ　Antonio Montecavallo　135, 156
アントネッリ、アレッサンドロ　Antonelli, Alessandro　55, 56
アンドレアエ Andreae, B.　218, 398
アントロポモルフィズム　anthoropomorphism
　　105, 160, 192

イ

イェルサレム Jerusalem　110
異化 Verfremdung　193
イカロス Icaros　334
池上公平　27
イザベッラ・ダラゴーナ Isabella d'Aragona
　　67, 375
イザベッラ・デステ→エステ家
イサベル→スペイン王
石落とし→ベッカテッリ
イタリア語（ヴォルガーレ）volgare
　　9, 27, 30, 112, 172, 322, 334, 335, 360, 379
イタリア式庭園　347
イムプレーザ impresa
　　6, 93, 94, 100, 133, 163, 216
イムポスト impost　159, 161, 167, 220, 357
イル・クロナカ　Il Cronaca　（Simone del Polaiolo）　263
インギラーミ、トムマーゾ（「フェードラ」）Inghirami（"Fedra"), Tommaso
　　137, 149, 326, 353, 355
インコロナーティ Incoronati, Planca　301
インスラ insula　148
インフェッスーラ Infessura, Stefano
　　149, 297, 322, 381

ウ

ウールジィ（枢機卿）、トマス Wolsey, Thomas
　　174
ヴァザーリ、ジョルジョ Vasari, Giorgio
　　5, 7, 8, 9, 13, 14, 25, 26, 30, 32, 65, 66, 67, 69, 97, 102, 112, 113, 125, 127, 129, 135, 142, 143, 144, 146, 147, 148, 149, 155, 158, 161, 163, 164, 170, 172, 173, 177, 178, 181, 183, 189, 190, 192, 207, 208, 211, 214, 215, 218,

222, 223, 224, 225, 227, 228, 229, 233, 239,
248, 250, 261, 262, 264, 272, 273, 285, 286,
287, 289, 290, 292, 293, 294, 299, 301, 322,
323, 327, 331, 332, 337, 344, 348, 349, 350,
351, 352, 353, 356, 357, 358, 359, 362, 365,
366, 376, 378, 382
ヴァシッチ・ヴァトヴェチ　Vasić Vatovec,
　Corina　　　　　103, 104, 142, 383, 393
ウァッロ Varro, M. Terentius、「農学書」 De re
　rustica　　　　　　　　　　　346, 364
ヴァティカン→ローマ
ヴァルティエリ Valtieri, Simonetta
　　　　　　　　　　　　264, 395, 400
ヴァレーゼ Varese　　　　　　　　35, 56
ヴァレリア、マリアーニ Valeria, Mariani
　　　　　　　　　　　　　　　64, 388
ヴァレンティ Valenti, Marco　　　148, 395
ヴィーン、アルベルティーナ Albertina, Wien
　　　　　　　　　　　　　25, 216, 228
ヴィア・アレッサンドリーナ→ローマ、街路、
　ボルゴ・ヌォヴォ
ヴィジェーヴァノ Vigèvano　25, 82, 86, 87,
　88, 91, 99, 108, 109, 110, 375, 376, 391, 392
　——カステッロ Castello
　　　　　　　　88, 91, 108, 109, 110, 376, 392
　——広場（ピアッツァ・ドゥカーレ Piazza
　　Ducale)　　　86-94, 108, 109, 375, 392
　——大聖堂 Duomo (S. Ambrogio)
　　　　　　　　　　　　　88, 89, 90, 91
　——ラ・スフォルツェスカ La Sforzesca
　　　　　　　　　　　　　　50, 92, 108
ヴィジェリオ Vigerio, Marco　　　　　290
ヴィスコンティ、ガスパーレ Visconti, Gaspare
　　　　　　　　　　　　16, 46, 374, 381
ヴィスコンティ家 Visconti　　20, 23, 86, 87
　——ヴァレンティーナ Valentina　　　102
　——ジャン・ガレアッツォ Gian Galeazzo
　　　　　　　　　　19, 63, 99, 102, 369
　——ジャン（ジョヴァンニ）Gian (Giovanni)
　　Maria　　　　　　　　　　　99, 369

——フィリッポ・マリーア Filippo Maria
　　　　　　　　　　　　　　　369, 370
——ビアンカ・マリーア Bianca Maria（フ
　ランチェスコ・スフォルツァの妃）
　　　　　　　　　　　　　　　　21, 87
ヴィチェンツァ Vicenza
——ヴィッラ・ポイアーナ Villa Pojana
　　　　　　　　　　　　　　61, 62, 70
——ヴィッラ・ピザーニ（ロニゴ）　Villa
　Pisani, Lonigo　　　　　　　　　　226
——市立博物館 Museo Civico　　302, 307
——パッラーディオ研究センター　Centro
　Internazionale di Studi di Architettura
　Andrea Palladio (CISA)　　　　　262
ウィットコウアー Wittkower, Rudolf
　　　　　　　　68, 256, 262, 263, 264, 401
ヴィッラ・スブルバーナ villa suburbana
　　　　　　　　　　　　　　　348, 350
ヴィテルボ Viterbo　139, 168, 321, 377, 402
ウィトルウィウス Vitruvius
　12, 13, 14, 19, 29, 30, 32, 33, 84, 86, 105, 106,
　110, 135, 142, 160, 161, 168, 175, 198, 210,
　211, 244, 245, 248, 291, 334, 335, 346, 354,
　358, 360, 361, 369, 374, 379, 380, 381, 387
ヴィニョーラ Vignola, Jacopo Barozzi da
　　　　　　　　219, 225, 227, 273, 306, 358, 377
ウィリダリウム viridarium　121, 145, 204, 205
ウィリンスキ Wilinski, Stanislas　　　　70
ウィンナー Winner, M.　218, 366, 398, 403
ヴェッチェ Vecce, Carlo　　　　　　　31
ウェヌスタス venustas　　　　　　86, 210
ヴェネツィア Venezia　　10, 23, 26, 27, 35,
　36, 70, 74, 102, 106, 118, 121, 145, 148, 149,
　204, 256, 263, 271, 275, 291, 360, 362, 374,
　　　　　　　　　　　　　　　376, 380
——アッカデーミア画廊　Galleria dell'
　Accademia　　　　　　　　　　　106
——カ・ドーロ Ca' d'Oro　　　　　　36
——サン・ジョルジオ・マッジョーレ聖堂 S.
　Giorgio Maggiore　　　　　　　　256

407

──サン・フランチェスコ・デッラ・ヴィーニャ聖堂 S. Francesco della Vigna　256
　　──サン・マルコ聖堂　Basilica di S. Marco　275
　　──パラッツォ・ドゥカーレ Palazzo Ducale　149
　　──レデントーレ聖堂 Chiesa del Redentore　70, 256
ヴェネト Veneto　35
ヴェローナ Verona　133, 291, 369, 373, 380
　　──ポルタ・ボルサリ Porta Borsari　133, 148
ヴェッロッキオ Verrocchio, Andrea del　369
ヴォルガーレ→イタリア語
ウティリタス utilitas　86, 210
ウムブリア（地方）Umbria　11, 28, 113, 258
ウルバニア Urbania　26
ウルビーノ Urbino　7, 8, 9, 10, 12, 26, 27, 28, 29, 84, 85, 86, 95, 96, 99, 112, 113, 121, 123, 129, 134, 147, 149, 170, 253, 285, 310, 331, 370, 371, 372, 373, 384-385
　　──サン・ドメニコ聖堂 S. Domenico　8, 99
　　──サンタ・マリーア・デッラ・ベッラ聖堂 S. Maria della Bella　7, 8, 27
　　──サン・ベルナルディーノ修道院聖堂 S. Bernardino Zoccolanti　134, 373
　　──パラッツォ・ドゥカーレ Palazzo Ducale　8, 27, 84, 85, 86, 99, 129, 134, 147, 371, 372
　　　　──イオレの広間 Salone d'Iore　8
　　　　──ストゥディオーロ Studiolo　129, 384
　　　　──トッリチーニ Torricini　84, 99
　　　　──中庭 Cortile d'Onore　85, 86, 134
　　──「理想都市の図」Città ideale（国立マルケ美術館）　95
　　──近郊
　　　　──カステッロ・ドゥランテ Castello Durante　7, 26
　　　　──モンテ・アズドゥルアルド（フォルミニャーノ） Monte Asdrualdo (Formignano)　26, 331, 370, 402
ウルビーノ公（モンテフェルトロ家）
　　──フェデリーコ・ダ・モンテフェルトロ Federic[g]o da Montefeltro　8, 9, 129, 130, 147, 148, 370, 372
ヴルム Wurm, Heinrich　324, 403

エ

英国王
　　──ヘンリィ七世 Henry VII　174
　　──ヘンリィ八世 Henry VIII　174
エクセドラ exedra　184, 185, 186, 190, 196, 199, 200, 201, 202, 203, 204, 213, 219, 220, 222, 225, 243, 319, 320, 321, 345
エジディオ・ダ・ヴィテルボ Egidio da Viterbo　274, 277, 310, 382
エステ家 Este（フェッラーラの領主）
　　──イザベッラ・デステ Isabella d'Este（マントヴァ侯妃）　67, 112, 345
　　──エルコレ一世 Ercole I（公爵）　137, 149
　　──ベアトリーチェ・デステ Beatrice d'Este（ルドヴィーコ・イル・モーロの妃）　50, 56, 67, 84, 95
エストゥーヴィル（枢機卿）Guillaume de Estouville　123, 124
エッガー Egger, E.　143, 387, 393, 396
エルコレ・デ・ロベルティ Ercole de' Roberti　10, 28
エレーナ・デル・ガッロ Elena del Gallo　365
円形競技場 amphitheatrum　315, 326
エンタブラチュア entablature　66, 159, 170, 186, 196, 213, 220

オ

オーダー order　15, 48, 54, 55, 86, 99, 128, 159, 160, 162, 163, 176, 206, 208, 236, 247, 248, 249, 255, 256, 259, 282, 305, 356, 361
　　──イオニア式　99, 101, 157, 159, 160, 162, 175, 186, 205, 208, 214, 220, 248, 304, 354

——コムポジット式 *163, 176, 205, 248, 286*
——コリント式 *17, 83, 84, 99, 161, 163, 176, 186, 199, 214, 248, 255, 299, 304, 338, 354, 356*
——ドーリス式 *101, 128, 159, 161, 167, 169, 170, 171, 178, 186, 205, 206, 208, 214, 220, 236, 247, 248, 249, 286, 287, 304, 354, 357*
——トスカーナ式
159, 161, 163, 194, 196, 198, 205, 206, 227
——五つのオーダー *206*
オープン・エア・プランニング open-air planning *216*
オウィディウス Ovidius *194*
小佐野重利 *361*
オスティア Ostia *130, 131, 132, 146, 148, 378*
——サンタウレア聖堂 S. Aurea *131, 132*
——要塞 Rocca di Ostia
130, 131, 132, 146, 378
オベリスク obelisk
220, 274, 279, 280, 287, 288
オルシーニ(家) Orsini *323*
オルチアーノ・ディ・ペーザロ Orciano di Pesaro *130*
「オルフェオ物語」 *Favole di Orfeo* *111, 137*

カ

凱旋門 *83, 84, 92, 94, 95, 98, 99, 100, 110, 194, 195, 199, 202, 217, 227, 286, 350*
海辺都市 città marittima *315, 316*
ガイミュラー Geymüller, H. A. von
103, 390, 401
カヴァッラリ・ムラート Cavallari Murat, A.
32, 384, 389
カヴェア cavea *136*
カエサル Caesar, Julius *181, 274, 287*
カサナーテ(枢機卿) Casanate, Gerolamo
171
カザノヴァ Casanova, M. L. *143, 393*
カスティリオーニ(枢機卿) Castiglioni, Branda
36
カスティリオーネ Castiglione, Baldassare
112, 285, 334, 335, 342, 344, 345, 346, 360
カスティリオーネ・オロナ Castiglione Olona
35
カステルフランキ Castelfranchi, L. *36, 388*
カステッレージ、アドリアーノ(・ダ・コルネート枢機卿) Castellesi, card. Adriano (da Corneto) *156, 164, 165, 166, 167, 168, 178, 218, 377*
ガスパーレ・ヴェロネーゼ Gaspare Veronese
119
カタネオ Cataneo, Pietro *315, 326*
型枠 *170*
「カッサリア」 *Cassaria* *95*
カッシーナ Cassina, F. *40*
カッタネオ Cattaneo, Girolamo *207, 208, 228*
カッラーラ Carrara *269, 270, 271*
ガッロ Gallo, Egidio *349, 365*
カノーヴァ Canova, Antonio *143, 226*
カプラニカ・プレネスティーナ Capranica Prenestina *198, 224, 399*
カプラローラ、パラッツォ・ファルネーゼ Palazzo Farnese, Caprarola *225, 227, 347*
カプリーニ Caprini, Adriano de *168*
カポディモンテ Capodimonte *353*
カムピドリオ(カピトリウム)→ローマ
カムブレェ同盟戦争 *359*
カラドッソ Caradosso, Cristoforo
268, 273, 290
カラファ、オリビエロ(枢機卿) Carafa, Oliviero *158, 172, 377*
カラムエル・デ・ロブコヴィッツ Caramuel de Lobkowitz *89, 90, 91*
「カランドリア」 *Calandria* *97, 112*
ガリア Gallia *326*
カリッセ Calisse, Carlo *326*
ガリバルディ、マルコ Garibaldi, Marco *41*
ガリレイ Galilei, Alessandro *323*
ガリレオ・ガリレイ Galileo Galilei *209*

カルヴォ、ファビオ Calvo, Fabio
    334, 335, 360, 361, 379, 381
ガルガーノ Gargano, Maurizio
    146, 176, 395, 396, 397
カルコ、バルトロメオ Calco, Bartolomeo *94*
カルバハル de Carvajal
 ——ホワン（枢機卿）Juan *173*
 ——ベルナルディーノ・ロペス（枢機卿）
    Bernardino López
    233, 235, 236, 238, 250, 261, 262, 263
カローナ Carona *23, 35*
完全数 *175*
カンチェッレリア→教皇庁、尚書院

キ

キァボ Chiabò, Myriam
    146, 176, 395, 396, 397
キオストロ chiostro *25, 99, 100, 101,*
156, 157, 158, 160, 161, 162, 163, 172, 173,
174, 175, 218, 239, 241, 376
キジ家 Chigi *326, 337, 338, 339, 348, 349,*
361, 362, 364, 365, 378, 379, 402
 ——アゴスティーノ Agostino
    326, 337, 338, 348, 349, 362, 364, 378
 ——シジスモンド Sigismondo
    338, 348, 364
 ——マリアーノ Mariano *364*
騎馬試合→トルネオ
ギベルティ、ロレンツォ Ghiberti, Lorenzo
    36, 333, 371
ソロモンの神殿 Temple of Solomon *110*
ギュンター Günther, Hubertus *236, 238, 241,*
248, 261, 262, 397, 399, 400
教皇庁 *117, 118, 119, 124, 125, 133, 166, 168,*
172, 173, 181, 190, 235, 263, 293, 294, 301,
308, 325, 337, 375
 ——印璽局 Ufficio del Piombo *325, 332*
 ——大蔵省 Camera Apostolica *294, 301, 304*
 ——裁判所 La Rota *294, 301, 304*
 ——尚書院（カンチェッレリア）Cancelleria
    133, 134, 300, 308, 309, 325
 ——書記官 Abbreviatore apostolico *117*
教皇
 ——アレクサンデル六世 Alexander VI
  （Rodorigo Borgia） *5, 68, 102, 113,*
138, 139, 140, 142, 150, 155, 156, 164,
168, 173, 174, 177, 181, 189, 211, 218,
223, 224, 235, 236, 269, 292, 300, 323,
324, 337, 363, 375, 376
 ——インノケンティウス八世 Innocentius
  VIII（Giovanni Battista Cybo）
    125, 129, 131, 135, 136, 149, 174, 181,
182, 184, 186, 204, 205, 226, 322, 374
 ——インノケンティウス十世 Innocentius X
  （Giovanni Battista Pamphili） *306*
 ——エウゲニウス四世 Eugenius IV（Gabriel
  Condulmer） *118, 310, 322*
 ——カリストゥス三世 Callistus III（Alfonso
  Borgia） *117, 118, 138, 371*
 ——グレゴリウス十三世 Gregorius VIII（Ugo
  Boncompagni） *183, 215, 220*
 ——クレメンス七世 Clemens VII（Giulio di
  Giuliano de' Medici）
    208, 344, 345, 363, 380
 ——クレメンス八世 Clemens VIII（Ippolito
  Aldobrandini） *220*
 ——クレメンス十四世 Clemens XIV
  （Lorenzo Corsini） *226*
 ——シクストゥス四世 Sixtus IV（Francesco
  della Rovere） *117, 123, 127, 128,*
129, 130, 133, 157, 172, 174, 181, 233,
235, 251, 254, 261, 297, 298, 300, 310,
322, 372, 374
 ——シクストゥス五世 Sixtus V（Felice
  Peretti） *183, 215, 220, 292, 306, 309*
 ——ニコラス五世 Nicholas V（Tommaso
  Parentucelli da Sarzana） *117, 118, 123,*
124, 142, 150, 164, 182, 183, 211, 219,
269, 274, 289, 297, 298, 300, 308, 363, 370
 ——パウルス二世 Paulus II（Pietro Barbo）

117, 118, 119, 120, 121, 123, 124, 135, 143,
　　　144, 149, 214, 219, 317, 322, 371
——パウルス三世 Paulus III （Alessandro Farnese）　190, 205, 222, 226, 272, 352, 355, 357, 363, 379, 380
——パウルス五世 Paulus V（Camillo Borghese）　219, 220
——ピウス二世 Pius II （Enea Silvio Piccolomini）　117, 118, 119, 120, 123, 143, 181, 214, 269, 275, 371, 394
——ピウス三世 Pius III （Francesco Todeschini-Piccolomini）　181
——ピウス四世 Pius IV （Giovanni Angelo Medici）　190, 219, 220, 226
——ピウス七世 Pius VII（Giorgio Chiaramonti）　220
——ベネディクト十四世　Benedictus XIV （Prospero Lambertini）　190
——マルティヌス五世　Martinus V （Oddone Colonna）　34
——ユリウス二世　Julius II （Giuliano della Rovere）　6, 130, 174, 176, 181-186, 189, 190, 194, 204, 211, 213, 215, 217, 218, 219, 221, 223, 227, 228, 233, 250, 251, 254, 256, 257, 261, 263, 264, 269-272, 273, 274, 275, 279, 285, 286, 288, 289, 290, 291, 292, 293, 294, 297-302, 306, 307, 308-310, 313, 315, 316, 317, 318, 322, 323, 324, 326, 327, 328, 333, 339, 345, 375, 377, 398, 402
——ユリウス三世（Giov. Maria Ciocchi）　203
——レオ十世 Leo X 　（Giovanni de' Medici）　97, 112, 148, 174, 189, 190, 219, 272, 273, 279, 287, 292, 313, 317, 318, 322, 323, 327, 333, 336, 343, 344, 345, 361, 363, 379
ギヨーム・ド・マルシラ Guillaume de Marsillat　252, 264
ギリシア（語・人）　8, 105, 222, 248, 354, 360
ギリシア十字 Greek Cross　43, 62, 275, 304

キルクス circus　136, 292

ク

クーポラ cupola　12, 15, 19, 34, 36, 40, 43, 44, 60, 61, 73, 77, 78, 79, 102, 103, 184, 197, 199, 211, 212, 238, 259, 262, 269, 270, 271, 272, 273, 274, 276, 278, 282, 283, 284, 286, 287, 290, 292, 307, 317, 328, 338, 341, 342, 369
グアルナ Guarna, Andrea、「シミア」Simia　6, 26, 217, 254, 286, 289, 331, 332, 359, 379, 381
グィッチァルディーニ Guicciardini, Francesco　149
グイドーニ Guidoni, E.　176, 397
クインクンクス quincunx　12, 255, 257, 278, 280, 290
クインテリオ Quinterio, F.　142, 393
空白恐怖 horror vacui　24
グミュント Gmünd　34
グラーツ Graz　34, 391
クラウトハイマー Krautheimer, R.　218
グラッシ、パリーデ Grassi, Paride（Paris de Grassis）　228, 256, 286, 293, 294, 310, 325, 328, 381
グラッシ、リリアーナ Grassi, Liliana　35, 388
グランド・マナー grand manner　100, 123, 211, 216, 217, 321
クリアストーリィ clerestory　42
グリエルモッティ Guglielmotti, Alberto　313, 325, 382, 402
クリプタ・バルビ→ローマ、バルブスの劇場
クリプト crypt　53, 56
クリューガー Krüger, Struffolino　68, 389
クルチアーニ Cruciani, Fabrizio　112, 365, 402
クレイナー Kleiner, Diana E.　293
クレインバブ Kleinbub, Ch. K.　29, 387
「クレオパトラ」像→「アリアドネー」
クレヴォラ Crevola　375

クレマ Crema　　　　　　　　　45, 64, 389
クレモナ Cremona　　　　　　　　26, 110
クロアチア Croacia　　　　　　　　　326
クロス・ヴォールト cross vault
　　　　　　　　　　　31, 47, 84, 197
グロッタ grotta　　　　182, 194, 217, 236
軍事建築　　123, 125, 127, 130, 131, 132, 138,
　　　139, 141, 142, 147, 148, 313, 354, 373, 380

ケ

ゲイ Gaye, G.　　　　　　　　　　　147
ケスティウス Caius Cestius Epulone　　363
劇場（舞台装置・背景）　　67, 94, 95, 96,
　　97, 98, 99, 101, 111, 112, 113, 118, 133, 136,
　　137, 138, 143, 181, 182, 186, 191, 193, 194,
　　196, 197, 201, 202, 203, 315, 321, 345, 346,
　　　　　　　　　　　349, 350, 362, 365
ケラ cella　　　　236, 242, 243, 244, 245, 246, 247,
　　　　　　　　　　　　　249, 250, 263
ケントゥムケッラエ→チヴィタヴェッキア

コ

コーニス cornice　　161, 205, 206, 220, 238, 252,
　　　　　　　　　　　272, 305, 338, 358
コーネン、ジャック（コーヴァ、ヤコブス）
　Coenen, Jacques（Cova, Jacobus）　　34
後陣 coro　　　224, 250, 251, 252, 253, 269,
　　272, 274, 275, 277, 278, 279, 281, 284, 287,
　　288, 290, 300, 307, 341, 363, 377, 399, 400
講中→友愛組織
合理主義 razionalismo　　　　31, 32, 175
ゴシック Gothic　　　5, 16, 19, 23, 24, 31, 33,
　　34, 47, 48, 49, 54, 55, 66, 73, 81, 86, 89,
　　　　　　　　　98, 117, 129, 341, 390
ゴシック・リヴァイヴァル Gothic Revival
　　　　　　　　　　　　　　　　　247
古代エジプト　　　　　　　　　192, 292
古典主義　　11, 16, 47, 65, 82, 106, 118, 120,
　　123, 133, 154, 155, 159, 162, 164, 175, 192,
　　193, 199, 202, 206, 207, 210, 233, 244, 246,
　　247, 249, 254, 262, 263, 310, 334, 335, 347,
　　　　　　　　　　　　　　　　　359
コドゥッシ Codussi, Mauro　　　　　　35
コナー Coner, Andreas　　　　　　　177
コナー手稿 Codex Coner　　167, 177, 178,
　　184, 185, 186, 187, 188, 190, 194, 200, 201,
　　　　204, 205, 224, 233, 257, 302, 307
コファリング coffering
　　　47, 66, 122, 252, 278, 284, 286, 307, 338
コムポジット式→オーダー
コモ Como　　　　　　　33, 68, 104, 108
コラ・ディ・カプラローラ Cola di Caprarola
　　　　　　　　　　　　　　　　　258
コラ・ディ・リエンツォ Cola di Rienzo　297
コリント式→オーダー
コルシニャーノ→ピエンツァ
ゴルツィオ Golzio, V.　　291, 292, 360, 361
コルテージ、パオロ Cortesi, Paolo　166, 177
コルメッラ Columella, Lucius Junius Moderatus
　　　　　　　　　　　　　　346, 364
コルネート→カステッレージ
コロッセオ→ローマ
コロナリ Coronari（ローマの聖器具製造業者
　たち）　　　　　　　　　　　　322
コロムボ Colombo, A.　　　　　　108, 392
コロンナ（家）Colonna
　　　196, 223, 224, 297, 301, 322, 323, 350
　──ヴェスパシアーノ Vespasiano　　224
　──プロスペーロ（枢機卿）cardinale Prospero
　　　　　　　　　　　　223, 224, 350
　──ポムペオ（枢機卿）cardinale Pompeo
　　　　　　　　　　　　223, 224, 301
コンカ concha　　　　　　　　　　203
コンキリエ conchiglie　　　　　195, 252
コンキンニタス→アルベルティ
コンクラーヴェ conclave
　　　　　　68, 211, 212, 215, 235, 236
ゴンザーガ家 Gonzaga（マントヴァ侯）
　──ルドヴィーコ（二代目侯爵）Ludovico
　　　　　　　　　　　　　　　　　103

412

――フェデリーコ（初代公爵）Federico　228
――フランチェスコ（三代目侯爵）Francesco　103
――フランチェスコ Francesco　207, 228
コンスタンティノポリス（コンスタンティノープル）Constantinopolis アヤ・ソフィア大聖堂 Hagia Sophia　51, 68
コンディヴィ Condivi, Ascanio
　228, 269, 289, 290, 291
ゴンファローネ講中　Arciconfraternità del Gonfalone　301
ゴンブリッチ Gombrich, E. H.
　222, 223, 383, 398

サ

サヴォナローラ Savonarola, Girolamo　375
作詩法 poïesis　7
「サッコ・ディ・ローマ」Sacco di Roma
　219, 272, 343, 351, 356, 380
サヌード Sanudo, Marin　26, 381
ザネッラ Zanella, Colmuto　35, 388
ザムパ Zampa, Paola　150, 395
サムペリ Samperi, Renata
　145, 173, 175, 394, 396
サレルノ Salerno　6
サンガッロ（一族）Sangallo　177, 333
　――アントーニオ・ダ、イル・ヴェッキオ Antonio da, il Vecchio　132, 138, 139, 141, 142, 147, 149, 150, 160, 173, 177, 218, 290, 333, 352, 370, 374, 375, 376, 379, 395
　――チヴィタカステラーナの城砦
　　138-142, 160, 376, 395
　――モンテプルチアーノのサン・ビアジョ聖堂　139
　――アントーニオ・ダ、イル・ジョヴァネ Antonio da, il Giovane　142, 157, 173, 190, 205, 213, 219, 257, 259, 270, 272, 273, 276, 282, 290, 302, 306, 307, 313, 317, 318, 319, 320, 321, 322, 323, 324, 325, 327, 331, 341, 343, 344, 345, 346, 352-359, 364, 365, 374, 377, 379, 380, 402, 403
　――サン・ピエトロ聖堂アーチ仮枠工事請負　352
　――カポディモンテのファルネーゼの居城　353
　――インギラーミのパラッツォ　353
　――ヴィッラ・マダーマ
　　344, 345, 346, 364, 380
　――サン・ピエトロ聖堂
　　219, 270, 272, 273, 276, 282, 290, 307, 341, 343, 354, 379, 380
　――パラッツォ・ファルネーゼ
　　324, 352-359, 365, 379
　――ジュリアーノ・ダ Giuliano da（Giuliano di Gianberti）　102, 113, 127, 132, 138, 139, 144, 147, 148, 149, 150, 160, 173, 190, 193, 218, 219, 245, 246, 262, 263, 271, 272, 275, 277, 280, 291, 293, 305, 317, 319, 328, 333, 334, 340, 352, 354, 370, 371, 373, 375, 377, 379
　――バルベリニアーノ手稿　Codice Barberiniano, 4424
　　102, 113, 150, 246, 262, 280, 363
　――タックィーノ・セネーゼ　Taccuino senese　150
　――パラッツォ・ヴェネツィアの工事に参加　127, 144, 371
　――ポッジォ・ア・カィアーノのヴィッラ・メディチ　160, 373
　――プラトのサンタ・マリーア・デッレ・カルチェリ聖堂　277, 373
　――フィレンツェのサンタ・マリーア・マッダレーナ聖堂　160
　――パラッツォ・ストロッツィ　194, 305
　――パラッツォ・ゴンディ　194, 305
　――ジュリアーノ・デッラ・ローヴェレ枢機卿のための仕事　138, 218, 375
　――ロレートの聖堂クーポラ
　　317, 319, 328

――サン・ピエトロ聖堂の計画
　　　190, 219, 271, 272, 275, 276, 280, 340,
　　　377, 379
サンクタ・サンクトゥルム（講中）　Sancta
　Sanctorum　→ローマ、サン・ロレンツォ・
　イン・パラティオ聖堂
サンセヴェリーノ、ガレアッツォ・ダ
　Sanseverino, Galeazzo da　　　　　　58, 111
サンソヴィーノ　Sansovino
――アンドレア　Andrea di Niccolò, detto S.
　　　251, 252, 263, 317, 318, 319, 327, 328,
　　　372, 377
――アスカニオ・スフォルツァとバッソ・
　デッラ・ローヴェレの墓碑
　　　　　　　　　　　251, 252, 263, 377
――ロレートのサンタ・カーザの聖域計
　画　　317, 318, 319, 327, 328, 377, 402
――ヤーコポ　Jacopo (Jacopo Tatti, detto Il S.)
　　　　　　　　　　　263, 374, 379, 380
――サン・ジョヴァンニ・デイ・フィオ
　レンティーニ聖堂の計画　　　299, 323
サンタ・カーザ→ロレート
サンティ、ジョヴァンニ　Santi, Giovanni　27
「三位一体」→マザッチオ
サンミケーリ　Sanmicheli, Michele
　　　　　　　　　　　194, 306, 373, 380
サン・レオの要塞　Rocca di S. Leo　　　129

シ

ジァコモ・ダ・カンディア　Giacomo da Candia
　　　　　　　　　　　　　　　　　　51
ジァコモ・デッラ・ポルタ　Giacomo della Porta
　　　　　　　　　　　220, 273, 323, 358
ジァルディーノ・セグレート　giardino segreto
　　　　　　　　　　　　　　　　　184
ジァン・ド・シュヌヴィエル　　Jean de
　Chenevièrs　　　　　　　　　　　　366
ジァンクリストフォロ・ロマーノ　Giancristoforo
　Romano　　　　　185, 318, 325, 328
ジュリアーノ・ダ・マイアーノ　Giuliano da
Maiano　　　　　144, 214, 229, 317, 328
ジュリアーノ・デ・マッシモ　Giuliano de'
　Massimo　　　　　　　　　　　　312
シェーデル　Schedel, Hermann　　　116
シェアマン　Shearman, John
　　　　　　　　　　294, 361, 362, 401, 402
シェクスピア　Shakespeare　　　　112
シエナ　Siena　28, 75, 222, 326, 337, 348, 364,
　　　　　　　　365, 370, 373, 377, 378
――「レ・ヴォルテ」（キジ家別荘）Le Volte
　　　　　　　　　　　　　　348, 365
ジェナッツァーノ、ニンフェオ　Ninfeo di
　Genazzano　29, 61, 70, 194, **196-198**, 199,
　　　　　　　223, 224, 347, 377, 399
シェル　Shell, J.　　　　　　　　　36, 388
ジェロラモ・ダ・カルピ　Gerolamo da Carpi
　　　　　　　　　　　　　　　　　219
ジェンナロ　Gennaro, G,　　　　324, 401
ジョヴァンニ・ダ・ウーディネ　Giovanni da
　Udine　　　　　　　　　　　215, 346
ジョヴァンニ・ダ・モルテーノ　Giovanni da
　Molteno　　　　　　　　　　　　106
ジョヴァンニーノ・デ・ドルチ　Giovannino
　de' Dolci　125, 127, 130, 132, 144, 146, 147,
　　　　　　　　　　　　　　310, 394
ジョヴァンノーニ　Giovannoni, G,
　　　　　　　223, 360, 365, 383, 399, 403
ジオメトラ　geometra　　　　　　13, 30
ジョルダーノ　Giordano, L.
　　　　　36, 113, 385, 386, 388, 389, 392
ジョンテッラ　Giontella, Massimo　172, 396
シチリア　Sicilia　　　　　　　　　　74
シニョレッリ、ルカ　Signorelli, Luca
　　　　　　　　　　　　10, 28, 331, 370
シモーネ・ダ・オルセニーゴ　Simone da
　Orsenigo　　　　　　　　　　　　33
シモーネ・ダル・ポッツォ　Simone dal Pozzo
　　　　　　　　　　　　　　　　　109
シモーネ・デ・シルトゥリ　Simone de Sirturi
　　　　　　　　　　　　　　　76, 104

シモーネ・デル・ポライオーロ→イル・クロナカ
シモネッティ Simonetti, Michelangelo　226
ジャイアント・オーダー（大オーダー）giant order　255, 256, 259, 282, 305, 356
シャステル Chastel, André　229, 366, 403
シャルトル Chartres　16, 65
宗教会議
　──ピサ　261, 302
　──マントヴァ　118
シュヴァーベン Schwaben　34
集中式聖堂　39, 51, 253, 254, 255, 256, 258, 260, 271, 272, 274, 275, 276, 277, 278, 280, 285, 286, 293, 323, 340, 373, 400
周柱式（円形神殿）　234, 240, 245, 248
シュムメトリア symmetria　244
シュロッサー Schlosser, Julius von　172, 382
初期キリスト教 Early Christian　12, 23, 120, 135, 247, 255, 280, 287
ジロー Giraud　165
シローニ Sironi, G.　32, 36, 44, 63, 64, 65, 66, 387, 388, 389, 390
神聖同盟　302
神聖ローマ皇帝
　──カール五世 Karl V　363
　──マクシミリアン一世 Maximilan I　87
人文主義（者）　5, 50, 105, 118, 135, 167, 192, 194, 210, 211, 253, 348, 360
「新黙示録」Apocalipsis Nova　235, 261

ス

ズィッペル Zippel, G.　143, 144, 393
スエトニウス Suetonius　221
スカモッツィ Scamozzi, Vincenzo　22
スカラ・サンタ→ローマ、サン・ロレンツォ・イン・パラティオ聖堂
ズグラッフィト sgraffito　194
スクロール scrol　124, 159, 160, 162
スコットランド Scotland　174
スコフィールド Schofield, Richard　32, 44, 45, 63, 64, 65, 66, 386, 389, 390, 391, 392
スターン Stern, Raffael　220
スタラーチェ Starace, Francesco　103, 391
スタンガ、マルケジーノ Stanga, Marchesino　57
ストルナコロ Stornacolo, Gabriele　34
スビアコ Subiaco　198, 223
スフォルツァ（家）Sforza　65, 110
　──アスカニオ（枢機卿）Ascanio　51, 52, 55, 68, 82, 100, 153, 173, 181, 250, 251, 263, 264, 374, 377
　──ガレアッツォ Galeazzo　63, 372
　──ジャン・ガレアッツォ・マリーア Gian Galeazzo Maria　39, 41, 49, 63, 67, 103, 109, 372, 375
　──バッティスタ Battista（フェデリーコ・ダ・モンテフェルトロの妃）　9
　──フランチェスコ Francesco　20, 21, 46, 50, 65, 87, 108, 110, 370, 375, 392
　──ルドヴィーコ・マリーア（イル・モーロ）Ludovico Maria (detto il Moro)　25, 28, 42, 49, 50, 51, 52, 56, 57, 58, 63, 65, 67, 68, 69, 75, 77, 82, 84, 87, 88, 93, 94, 95, 100, 102, 104, 105, 107, 108, 109, 111, 290, 372, 373, 374, 375, 376
スフォルツィンダ →フィラレーテ
スペイン王
　──イサベル Isabel de Castilla　233, 261
　──フェルディナンド Ferdinando de Aragón　233, 238
スペンサー Spencer, R.　35
スルピツィオ・ダ・ヴェロリ Sulpizio da Veroli, Giovanni　105, 135, 136, 149, 335, 374

セ

聖アウグスティヌス　St. Augustinus　(S. Agostino)　292, 299
聖アンデレ St. Andere　250, 287
聖アムブロシウス St. Ambrosius (S. Ambrosio)　62

聖ヴェロニカ S. Veronica		291
聖サティルス St. Satyrus（S. Satiro）		62
聖ダマゾ S. Damaso		148
聖ビアジオ S. Biagio（St. Blaise）		324
聖ピエトロ（殉教者）S. Pietro Martire		36
聖ペテロ S. Pietro	6, 126, 233, 235, 238, 246, 248, 250, 273, 274, 275, 278, 287, 373	
聖ベルナルディーノ S. Bernardino		11, 28, 372
聖年 Giubileo	14, 102, 155, 164, 173	
盛期ルネサンス High Renaissance	5, 26, 29, 100, 102, 233, 286, 347, 359	
整合 conformità		81, 86
セイル・ヴォールト sail vault		252
ゼヴィ Zevi, Bruno		225
セグイ Segui, Gabriele		264
セスクイテルティオ sesquitertio		175
セッティニャーノ→フィレンツェ、郊外		
ゼナーレ、ベルナルド Zenale, Bernardo		14, 30, 67
セネカ Seneca, Lucius Annaeus		136, 149
セニガッリア（要塞）Senigallia（Rocca di）	129, 130, 290, 327	
セバスティアーノ・デル・ピオムボ Sebastiano del Piombo（Sebastiano Luciani）	348, 358, 362, 374	
——「ラ・ファルネジーナ」の装飾		348, 362
——キジ家礼拝堂の「ロレートのマリーア」（「キリスト生誕」）		362
——パラッツォ・ファルネーゼの設計競技		358
セルバルディ Serbaldi, Pier Maria		324, 325
セルリアーナ（パラディアン・モティーフ）Serliana（Palladian motif）	61, 70, 199, 213, 223, 252, 286	
セルリオ Serlio, Sebastiano	25, 61, 70, 95, 159, 175, 187, 201, 206, 208, 224, 226, 228, 233, 239, 240, 241, 242, 243, 244, 248, 261, 262, 271, 280, 282, 283, 284, 291, 306, 307, 324, 340, 350, 372, 382, 399	
ゼンカー Zänker, Jürgen		264, 265, 400

ソ		
ソラリ Solari		23, 35
——グィニフォルテ Guiniforte	22, 23, 24, 25, 34, 40, 56, 57, 77, 105, 371, 388	
——クリストフォロ Cristoforo		101
——ジョヴァンニ Giovanni	20, 22, 23, 24, 34, 36, 388	
——フランチェスコ Francesco		36
——マルコ Marco（da Carona）		23, 34
ソレロ Solero, S.		147, 394
ゾロアスター Zoroaster		285
タ		
タイ・バー tie-bar		78
大砲		130, 131, 138
瀧内槙雄		70
タキトゥス Tacitus		221, 222
ダコス Dacos, Nicole		229
タッコーネ Taccone, Baldassare		111
タックィーノ・セネーゼ→サンガッロ、ジュリアーノ・ダ		
「ダナエ」Comedia di Danae		111
ダヌンツィオ D'Anunzio, Gabriele		36
タフリ Tafuri, Manfredo	30, 31, 178, 222, 261, 264, 293, 300, 309, 322, 323, 324, 325, 361, 362, 363, 364, 366, 384, 387, 397, 398, 400, 401, 402	
騙し絵	11, 16, 18, 48, 129, 350	
ダライ・エミリアニ Dalai Emiliani, M.	32, 386, 387	
タラント Taranto		112, 254
ダルマティア Dalmatia		293, 372
チ		
チーボ Cybo, Franceschetto		149
チヴィタヴェッキア Civitavecchia（古名ケントゥムケッラエ Centumcellae）	130, 310-317, 325, 326, 378, 402	
チヴィタカステッラーナ Civitacastellana	**138-142**, 160, 376, 377, 395	

416

索　引

チェザリーニ枢機卿 Card. Cesarini　　　350
チェザリアーノ、チェーザレ Cesariano, Cesare
　　12, 13, 14, 15, 19, 20, 29, 30, 31, 33, 39, 47,
　　　　　63, 109, 331, 373, 380, 381, 387
チェリアーナ Ceriana, Matteo　　　　　328
チェッリーニ Cellini, Benvenuto　　290, 377
チェレーザ Ceresa, Massimo　　　　　　293
チャッツワース=デヴォンシァ・コレクション
　　Chatsworth-Devonshire Collection　119, 216
頂塔→ティブリオ
長堂形式（バジリカ式）聖堂　　　47, 48, 51,
　　63, 148, 256, 271, 272, 276, 281, 323, 340, 343
チリアコ・ダンコーナ Ciriaco d'Ancona
　　　　　　　　　　　　　　　　284, 293

テ

デーリンク Döring, M.　　　223, 224, 399
ディ・ジェソ Di Geso, Giovanni　　　　262
ディ・テオドーロ Di Teodoro, F. P.
　　　　　　　　　　223, 384, 386, 399, 400
ティチーノ河 Ticino　　　　　　　　86, 392
ティブリオ（頂塔）tiburio　14, 20, 25, 30,
　　33, 34, 42, 45, 50, 51, 53, 64, 72, 73-82, 86,
　　102, 103, 104, 105, 106, 287, 294, 374, 390-
　　　　　　　　　　　　　　　　　391, 401
ティヴォリ Tivoli
　　──ヴィッラ・アドリアーナ（ハドリアヌ
　　　　スのヴィッラ）Villa Adriana
　　　　　　　　　　　　　　156, 223, 360
　　──「セラピスの神殿」Seraphaeum　223
　　──ヴィッラ・デステ Villa d'Este　　347
　　──ヴェスタ神殿 Temple of Vesta　　245
ティバウド Tibaudo, Giuseppe, O.F.M.
　　　　　　　　　　　　247, 261, 263, 399
ティレニア海 Mare Tirenno　　　　　　310
デグラッシ Degrassi, Livia Maltese　　　326
テグリオ tegurio→ヴァティカン、サン・ピ
　　エトロ聖堂
手摺子　　　　　　　　　　　170, 246, 262
デスワルテ Deswarte, Sylvie　　　　　　366

デッラ・ローヴェレ Della Rovere
　　──ジュリアーノ Giuliano→教皇ユリウス
　　　　二世
　　──ジョヴァンニ Giovanni（ウルビーノ公）
　　　　　　　　　　　　　　　130, 147, 327
　　──シスト Sisto　　　　　　　　　308
　　──ドメニコ（枢機卿）Domenico
　　　　　　　　　　　　　　　　　128, 165
　　──フランチェスコ Francesco→教皇シク
　　　　ストゥス四世
　　──フランチェスコ Francesco Maria（ウル
　　　　ビーノ公）　　　　　　　　　　346
　　──バッソ（枢機卿）Basso, Girolamo
　　　　　　　　　　　　　　251, 263, 327
テッラチーナ Terracina（Taracina）　　172
デミウルゴス demiurgos　　　　　5, 6, 254
デモクリトス Democritus　　17, 18, 19, 32
デュペラク Dupérac, Étienne　　　　　180
テラコッタ terracotta　　　　39, 42, 45, 197
テルサット Tersatt　　　　　　　　　326
デンゲル Dengel, P.　　　　　　　143, 393

ト

トーディ Todi　　　　　　　　　258, 265
　　──サンタ・マリーア・デッラ・コンソラ
　　　　ツィオーネ聖堂　S. Maria della
　　　　Consolazione　258-260, 264, 378, 400
ドヴィツィ（枢機卿）Dovizi, Bernardo, da
　　Bibbiena　　　　　　　　　　　　　112
透視図（法）prospettiva[o]（prospectivo）
　　7, 8, 9, 10, 11, 12, 16, 17, 27, 39, 50, 64, 95,
　　96, 97, 98, 99, 112, 138, 154, 155, 176, 200,
　　206, 213, 216, 220, 277, 278, 333, 348, 350,
　　　　　　　　　351, 352, 369, 371, 378
トゥスクルム Toscurum　　　　　　　221
ドヴォジャーク Dvořák, M.　　　143, 393
遠山公一　　　　　　　　　　　　　　27
トエーネス Thoenes, Christof
　　　　　　　　223, 224, 262, 264, 384, 399, 400
土豪 baron　　　　　　　　　　297, 310

417

ドシオ Dosio, G. Antonio　　189, 194, 209, 221
トスカーナ（地方）Toscana
　　　　　　　　　　36, 83, 93, 107, 324
トスカーナ式→オーダー
トスカーナ方言→イタリア語
ドッサート d'Ossat, De Angelis
　　　　　　　　　　153, 171, 262, 396
ドナテッロ Donatello　　　　　333, 372
　——サン・ロレンツォ聖堂旧聖器室の装飾
　　　　　　　　　　　　　　　　159
　——「ユーディット」Giuditta e Oloferno　263
ドニ Doni, Anton Francesco　　　107, 382
トマッソリ Tomassoli, W.　　　　　　148
トンマシーニ Tommasini, Oreste　149, 322, 381
トメイ Tomei, P.　　　　　　　142, 393
ドメニコ会　　　　　　　8, 56, 172, 291
ドメニコ・ダ・ヴァリニャーナ Domenico da
　Varignana　　　　　　　　　　　264
トラヴァティン travertine
　　　　　　133, 156, 167, 188, 196, 214, 240
トリヴルツィオ Trivulzio, Gian Giacomo
　　　　　　　　　　　　　　　46, 65
トリヴルツィオ家礼拝堂→ミラノ、サン・
　ナザーレ聖堂
トリヴルツィオ騎馬像→レオナルド
トリヴルツィオ手稿→レオナルド
ドリオ Doglio, Federico　　　　　　149
トリグリフ triglyph　　170, 171, 186, 248, 250
トリノ Torino　　　　　　　　　　128
　——大聖堂 Duomo　　　　128, 147, 394
トリノ手稿→フランチェスコ・ディ・ジョ
　ルジオ
トリンチ Trinci, Raffaello　　　43, 64, 389
トルコ　　　　　　　　　　　327, 370
ドルチェブオノ Dolcebuono, Giacomo
　　　　　　　　　　　　　53, 69, 74, 76
トルネオ（騎馬試合）torneo
　　　　　　111, 180, 181, 183, 189, 219, 220
トルファ Tolfa　　　　　　　　　　326
トルロニア家 Torlonia　　　　　　　165

トレヴィーゾ Treviso　　　　　　　291
トレヴィリア Treviglia　　　　　　　14
トロス tholos　　　　　　　　　　248
ドンニーノ→ブラマンテ

ナ

ナウマキア naumachia　　　192, 222, 316
永澤峻　　　　　　　　　　　　　229
ナザレ Nazare　　　　　　317, 326, 327
ナタリ Natali, G.　　　　　　31, 382, 383
ナポリ Napoli
　　　　65, 138, 156, 158, 219, 326, 356, 376, 377
ナポリ王、フェルディナンド一世 Ferdinando
　I d'Aragona　　　　　　　　　　172
ナマティアヌス、ルティリウス Namatianus,
　Rutilius　　　　　　　　314, 315, 326
ナルディーニ Naldini, Giovanni Battista　221
ナルテクス narthex　　　　　　　　255

ニ

ニケー神殿→アテネ
ニコラス・ド・ボナヴェンチュール Nicholas
　de Bonaventure　　　　　　　　33, 81
ニューヨーク New York
　——メトロポリタン美術館　Metropolitan
　　Museum of Art　　　　　　8, 27, 111
　——ピアポン＝モーガン図書館　Pierpont-
　　Morgan Libirary　　　　　　　　257
ニンフェオ ninfeo　　29, 61, 182, 184, 186, 194,
　　　　　195, 196, 197, 199, 201, 220, 347, 399

ヌ

ヌビロニオ Nubilonio, Cesare　　　108, 391

ネ

ネオプラトニズモ、ネオプラトニスト
　Neoplatonismo, Neoplatonist　　　32, 253
ネクセンペルガー、ハンス　Nexenperger, Hans
　　　　　　　　　　　　　　34, 73, 106
ネグローニ Negroni, C.　　　　　108, 391

ネピ Nepi 139, 140, 150
ネポティズモ nepotismo 117

ノ
ノヴァラ Novara 51, 52, 55
ノッリ Nolli, Giovanni Battista
          165, 183, 184, 190
ノフリーニ Nofrini, Umberto 264, 265, 400
ノルマンディ Normandy 366

ハ
パーニ・ディ・アントーニオ Pagni di Antonio
  da Settignano 144
パーラー、ハインリヒ（三世）Parler, Heinrich,
  III 34, 81
バーンズ Burns, Howard 342, 362, 363, 384
ハイデンライヒ Heydenreich, Ludwig
  135, 142, 143, 144, 145, 148, 149, 313, 326,
    365, 366, 383, 393, 395, 401, 403
パヴィア Pavia 23, 51, 68, 69, 86, 104
 ——チェルトーザ La Certosa
         23, 24, 36, 108, 369
 ——大聖堂 Duomo 25, **50-56**, 68, 69, 70,
       73, 82, 104, 106, 374, 389, 390
 ——大学 105, 370
 ——博物館 Musei Civici 53
「パクス・ロマーナ」Pax Romana
          301, 302, 324, 401
バジリカ（式）basilica→長堂形式聖堂
バスティアーノ（セバスティアーノ）・ダ・フィ
  レンツェ Bastiano (Sebastiano) da Firenze
            124
パチョリ、ルカ Pacioli, Luca 106, 384
 ——「神聖比例」De divina proportione 106
バッタジオ Battagio 45, 65
 ——ガブリエーレ Gabriele 45, 46, 65, 388
 ——ジョヴァンニ Giovanni
     42, 45, 46, 63, 64, 65, 76, 104, 388
「パッツィの謀叛」Congiura di Pazzi 174
パッラーディオ Palladio, Andrea 25, 61,
   70, 169, 171, 178, 194, 226, 233, 256, 262,
       302, 306, 307, 378
 ——ロニゴのヴィッラ・ピザーニ 226
 ——ヴィッラ・ポイアーナ 61, 62, 70
 ——サン・フランチェスコ・デッラ・ヴィー
   ニャ聖堂ファサード 256
 ——レデントーレ聖堂 70, 256
パテッタ Patetta, L. 43, 44, 64, 389
バドエル Badoer, Sebastiano 26
パドヴァ Padova
     9, 35, 42, 45, 65, 291, 292, 378
パニガローラ家 Panigarola 16, 32
「パニガローラのフレスコ」→ブラマンテ
バニャイア、ヴィッラ・ランテ Villa Lante,
  Bagnaia 347
パラヴィチーニ Paravicini, Tito Vespasiano
         40, 43, 63, 388
パラスケニア parascenia 349
パラディアン・モティーフ→セルリアーナ
パラペット parapet 53, 121, 134, 141, 302, 324
パリ Paris 20, 33, 34, 138, 291, 330
 ——ノートルダム橋 Pont Notre-Dame 291
 ——学士院 Institut de France
       52, 57, 58, 69, 260
 ——国立図書館 Paris, Bibliothèque Nationale
            180
 ——ルーヴル美術館 Musée du Louvre
            67, 330
パリアーラ Pagliara, Pier Nicola 143, 177, 394
バルサリ、イザ・ベッリ Barsali, Isa Belli
        146, 365, 394, 402
バルッチ Barucci, G. 109, 392
バルトロメオ・ダ・カステルヌオヴォ
  Bartolomeo da Castelnuovo 51
バルビエーリ Barbieri, Franco 225
バルブス Balbus, L. Cornelius 113
バルベリーニ枢機卿 card. Barberini 8
バルベリニアーノ手稿 Codice Barberiniano
  →サンガッロ、ジュリアーノ・
バルボ、ピエトロ→教皇パウルス二世

パルミ palmi　　　　　　166, 176, 246, 290
パレストラ Palestra, Ambrogio
　　　　　　　　　　43, 63, 388, 389
パレストリーナ（プラエネステ）　Palestrina
　（Praeneste）　　　　　　　202, 245
　——フォルトゥーナの神域　Santuario della
　　Fortuna Primigenia　　　202, 245
パレントゥチェッリ・ダ・サルザーナ、トム
　マーゾ→教皇ニコラス五世
バローニ Baroni, Constantino
　　　　　　　　63, 382, 383, 388, 390
バロンチェッリ Baroncelli, Niccolò　127, 146
パンテオン→ローマ、古代遺跡

ヒ

ピーコ・デッラ・ミランドーラ　　Pico della
　Mirandola, Giovanni Francesco II　223
ピール Piel, F.　　　　　　　　　　　36
ピアチェンツァ Piacenza　　　　　34, 45
ビアロストツキ Bial[ł]ostocki, Jan　　362
ビアンカ・マリーア→ヴィスコンティ
ピエトランジェリ Pietrangeli, C.　218, 398
ピエトロ・ダ・コルトーナ　Pietro da Cortona
　　　　　　　　　　　　　　　　　157
ピエトロ・ダ・ゴルゴンツォーラ　Pietro da
　Gorgonzola　　　　　　　　　　 106
ピエトロ・ディ・ブッセーロ　Pietro di Bussero
　　　　　　　　　　　　　　　　　 41
ピエデ piede (pl. piedi)　34, 136, 164, 166, 249
ピエロ・デッラ・フランチェスカ　Piero della
　Francesca　　7, 9, 10, 11, 27, 28, 118, 369,
　　　　　　　　　　　　　　　　372, 385
　——「聖なる語らい」Sacra conversazione（ミ
　　ラノ、ブレラ画廊）　　　　　　　10
　——「フェデリーコ・ダ・モンテフェルトロ
　　と妃バッティスタ・スフォルツァ肖像」
　　（フィレンツェ、ウッフィツィ画廊）　9
ピエンツァ（コルシニャーノ）　　Pienza
　（Corsignano）　　　　117, 118, 175, 371
　——パラッツォ・コムナーレ　　Palazzo
　　Comunale　　　　　　　　　　　175
　——ドゥオモ Duomo　　　　　　　175
ヒエログリフ hierogryph　　　　　　192
ビオンド、フラヴィオ Biondo, Flavio　222
ピカ Pica, Agnolodomenica　　　　26, 384
東ローマ（ビザンツ Byzanz）
　　　　　　　　　　　293, 310, 327, 370
飛ヶ谷潤一郎　　　　　　　　　　29, 387
ピキ（ピコ）Pichi（Pico）, Girolamo　302
ピサ Pisa　　　　　36, 129, 261, 302, 328
ピザーニ Pisani, Fiammetta M.　　　221
ビザンツ→東ローマ
ビザンティン Byzantine　　12, 13, 62, 283
ビスカロ Biscaro, G.　　40, 41, 43, 63, 388
日高健一郎　　　　　103, 104, 105, 106, 391
ビッフィニャンディ Biffignandi, G.　109, 391
ヒッポクラテス Hyppocrates　　　　360
ヒッポドロモス hyppodoromus　192, 222, 344
非本来性 Uneigentlichkeit　　　　193, 194
「ヒュプネロトマキア・ポリフィリ」(ポリフィ
　リウスの夢)　Hypnerotomachia Poliphili
　　　　　　　192, 195, 222, 376, 383, 398
ピュタゴラス Pythagoras　　　　　34, 175
比例　32, 81, 142, 159, 163, 166, 167, 175, 198,
　　206, 209, 242, 244, 245, 247, 249, 250, 361
ピッロッタ Pirrotta, Nino　　　　　　111
ヒル Hill, G. F.　　　　　　　　185, 221
ピントゥリッキオ Pinturicchio
　　　　　　　　　　123, 252, 331, 348

フ

ブールジュ Bourges　　　　　　　　　16
ファジョーロ Fagiolo, Marcello
　　　　　　112, 145, 364, 365, 397, 403
ファソーロ Fasolo, F.　　　　　　223, 399
ファルネーゼ Farnese
　　　　　　348, 352, 353, 355, 356, 358, 378
　——アレッサンドロ→教皇パウルス三世
　——オッタヴィオ（パルマ公爵）Ottavio
　　　　　　　　　　　　　　　　　363

ファンチェッリ、ルカ Fancelli, Luca
　　　　50, 66, 73-76, 103, 104, 369, 370, 374
フィウミチーノ Fiumicino　　　　　　245
　──ポルトゥヌスの神殿 Temple of Portunus
　　　　　　　　　　　　245, 246, 262
フィエゾレ→フィレンツェ、近郊
フィエンガ Fienga, Doris D.　　172, 396
フィオーレ Fiore, Francesco Paolo
　　　　144, 148, 365, 382, 386, 389, 393
フィチーノ Ficino, Marsilio　　　32, 292
フィノリ Finoli, Anna Maria　　　　　35
フィラレーテ Averlino, Antonio, detto il Filarete
　　6, 20, 21, 22, 23, 35, 46, 65, 93, 110, 127, 192,
　　　　　　　　　315, 369, 370, 371, 388
　──オスペダーレ・マッジョーレ Ospedale
　　　Maggiore　　　　　　21, 22, 35, 127
　──カステッロ・スフォルツェスコ Castello
　　　Sforzesco　　　　　　　　　　20, 35
　──ベルガモ大聖堂 Duomo di Bergamo
　　　　　　　　　　　　　　　　22, 35
　──スフォルツィンダ Sforzinda
　　　　　　　　21, 35, 93, 110, 315, 371
フィルミタス firmitas　　　　　　86, 210
フィレルフォ Filelfo, Francesco　　50, 67
フィレンツェ Firenze　　8, 9, 11, 20, 21,
　　24, 28, 31, 36, 59, 65, 73, 74, 82, 83, 85, 86,
　　101, 102, 103, 105, 107, 112, 117, 123, 124,
　　127, 129, 139, 141, 144, 145, 146, 149, 153,
　　160, 171, 177, 184, 190, 194, 218, 253, 261,
　　269, 270, 272, 284, 285, 290, 291, 299, 305,
　　322, 333, 340, 354, 355, 362, 364, 369, 370,
　　　　　　　371, 373, 374, 375, 376, 377, 379
　──大聖堂 Duomo　　　　31, 284, 369
　──サン・パンクラツィオ聖堂ルチェッラ
　　　イ家礼拝堂「聖墳墓」Santo Sepolcro in
　　　Cappella Rucellai, S. Pancrazio　　371
　──サン・ロレンツォ聖堂 S. Lorenzo
　　　　　　　24, 61, 84, 85, 159, 362, 379
　　──旧聖器室 Sagrestia Vecchia
　　　　　　　　　　　　　　24, 61, 159

　──サンタ・マッダレーナ聖堂 S. Maddalena
　　　　　　　　　　　　　　　　　160
　──サンタ・マリーア・デリ・アンジェリ
　　　修道院「ロトンダ」Rotonda di S. Maria
　　　degli Angeli　　　　　　　　　277
　──サンタ・マリーア・ノヴェッラ聖堂 S.
　　　Maria Novella
　　──ファサード　　　　　　124, 371
　　──マザッチォの「三位一体」La Trinità
　　　　　　　　　　　　　　　　10, 369
　──サンティッシマ・アンヌンツィアータ
　　　聖堂のロトンダ　　　　　　　　59
　──サント・スピリト聖堂 S. Spirito　51
　──オスペダーレ・デリ・インノチェンティ
　　　Ospedale degli Innocenti　　　　85
　──パラッツォ・ゴンディ　Palazzo Gondi
　　　　　　　　　　　　　　　194, 305
　──パラッツォ・ストロッツィ　Palazzo
　　　Strozzi　　　　　　　　　　194, 305
　──パラッツォ・パンドルフィニ　Palazzo
　　　Pandolfini　　　　　　　　　355, 362
　──パラッツォ・メディチ　Palazzo Medici
　　　　　　　　　86, 171, 193, 305, 370
　──パラッツォ・ルチェッライ　Palazzo
　　　Rucellai　　　　　　　　　　159, 370
　──バルバドーリ家礼拝堂　Cappella
　　　Barbadori　　　　　　　　　　　159
　──近郊
　　──セッティニャーノ Settignano
　　　　　　　　　　　　　　　127, 144
　　──フィエゾレ Fiesole　　　　　174
　　──ポッジョ・ア・カイアーノ、ヴィラ・
　　　　メディチ Poggio a Caiano, Villa Medici
　　　　　　　　　　　　　　　160, 373
　　──ラストラ・ア・シーニャ、サン・マ
　　　　ルティノ・ア・ガンガランディ聖堂
　　　　Lastra a Signa, S. Martino a Gangalandi
　　　　　　　　　　　　　　　　　159
　──ウッフィツィ、Uffizi
　　──画廊 Galleria degli Uffizi　　　9

421

──Gabinetto Disegni e Stampe（GDS.）
　　　　97, 98, 111, 189, 190, 199, 209, 211,
　　　　212, 215, 221, 222, 224, 227, 264, 265,
　　　　269, 270, 271, 273, 274, 275, 276, 277,
　　　　278, 279, 280, 283, 286, 290, 302, 303,
　　　　305, 307, 308, 313, 319, 320, 325, 328,
　　　　341, 345, 346, 354, 355, 356, 357, 363,
　　　　364, 366
　　　──国立中央図書館　Biblioteca Nazionale
　　　　Centrale　　　　　　　　21, 67, 110
フィリッピーノ・ディ・オルガニ Filippino di
　Organi　　　　　　　　　　　　　　34
フェードラ→インギラーミ
フェスタ・タウロルム festa taurorum　191
フェッラーラ Ferrara　　10, 28, 50, 88, 95,
　　96, 97, 127, 137, 146, 147, 149, 290, 372
　　　──ニッコロ三世騎馬像（アルコ・デル・
　　　　カヴァッロ）Arco del Cavallo　　127
　　　──サン・フランチェスコ聖堂 S. Francesco
　　　　　　　　　　　　　　　　　　　147
　　　──パラッツォ・スキファノイア Palazzo
　　　　Schifanoia　　　　　　　　　28, 372
　　　──ボルソ・デステ記念柱　　　　127
　　　──大聖堂鐘楼　　　　　　　　　127
フェデリ、マッテオ Fedeli, Matteo　12, 46
フェデリーコ・ダ・モンテフェルトロ→ウ
　ルビーノ公
フェッラーリ、マリーア・ルイザ　　Ferrari,
　Maria Luisa　　　　　　　　　　64, 388
フェッラーリ・ダ・パッサーノ　　Ferrari da
　Passano, C.　　　　　　　　　104, 390
フェッリ、ジロラモ（ヒエロニムス） Ferri,
　Girolamo (Hieronimus)　　　　 165, 177
フェルディナンド→スペイン王、ナポリ王
フェルスター Förster, Otto Helmut
　　　　　　　　　　　42, 43, 44, 63, 383, 385
フォッサノヴァ修道院 Abbazzia di Fossanova
　　　　　　　　　　　　　　　　172, 325
フォッパ、ヴィンチェンツォ Foppa, Vincenzo
　　　　　　　　　　　　　　　　　　　36

フォルミニャーノ→ウルビーノ近郊、モン
　テ・アズドゥルアルド
フォンターナ、ヴィンチェンツォ　Fontana,
　Vincenzo　　　　　　　　　　　360, 381
フォンターナ Fontana
　　　──カルロ Carlo　　　　　　　　22
　　　──ドメニコ Domenico　220, 273, 292
フォンドゥリ、アゴスティーノ　　Fonduli,
　Agostino　　　42, 45, 63, 64, 65, 388, 389
フガッツァ、ジョヴァンニ・ピエロ Fugazza,
　Giovanni Piero　　　　　　　　　53, 69
フガッツァ、マリーノ Fugazza, Marino　51
ブキッキオ Buchicchio, Fabriano T. F. Z. 150
プッピ Puppi, Lionello　　　　　　225, 324
ブニャート bugnato　　　169, 170, 171, 193,
　　　　　　　　194, 305, 306, 324, 355, 356
フラ・カルネヴァーレ（フラ・バルトロメオ）
　Fra Carnevale（Fra Bartolomeo）
　　　　　　　　　　　　　　7, 8, 9, 31, 371
フラ・コロンナ Fra Francesco Colonna　376
フラ・サッバ・ダ・カスティリオーネ Fra Sabba
　da Castiglione　　　9, 27, 31, 332, 360, 382
フラ・ジョコンド Fra Giovanni Giocondo
　　271, 272, 275, 276, 279, 291, 335, 340, 346,
　　　　　　　　354, 360, 369, 377, 379, 381
フラ・バルトロメオ→フラ・カルネヴァー
　レ
フラ・マリアーノ Fra Mariano da Firenze
　　　　　　　　　　　　　　　　261, 381
フライング・バットレス flying buttress　34
プラウトゥス Plautus　　　112, 349, 350
　　　──「バッキス姉妹」Bacchides　　350
　　　──「メナエクムス兄弟」Menaecumi　112
ブラウン、ビヴァリィ Brown, Beverly　293
プラエネステ→パレストリーナ
ブラッチョ braccio（pl. braccia）
　　　33, 59, 184, 186, 187, 189, 194, 208, 290, 315
ブラッチョリーニ Bracciolini, Poggio
　　　　　　　　　　　　　　　　364, 369
プラト Prato

索　引

――サンタ・マリーア・デッレ・カルチェリ聖堂 S. Maria delle Carceri　277, 373
プラトナー Platner, Samule Ball　323
プラトーン Platon　285, 293
フラニート Fragnito, Giliora　174, 397
ブラマンテ Bramante, Donato
　――愛称「ドンニーノ」Donnino　26, 113
　――ブラマンテのサークル　59, 228, 329-366
　――「ブラマンテ事務所」ditta Bramante　333
　――「壊し屋」maestro ruinante　286-289, 294, 310
　――詩人　9, 31
　――建築
　　――サンタ・マリーア・プレッソ・サン・サティーロ聖堂　16, 25, *38-49*, 62, 64, 65, 97, 98, 104, 111, 373, 374, 388-389
　　――ミラノ大聖堂ティブリオの計画　25, 30, 33, *72-82*, 86, 107, 209, 374, 390-391
　　――パヴィア大聖堂　25, 50, *51-56*, 68, 69, 70, 73, 82, 104, 106, 374, 389-390
　　――ヴィジェーヴァノの広場計画　25, 82, *86-94*, 108, 109, 375, 376, 391-392
　　――クレヴォラの砦計画　375
　　――サンタ・マリーア・デッレ・グラツィエ聖堂内陣　*56-62*, 82, 106, 173, 252, 375, 390
　　――サンタムブロジョ修道院カノニカ　*82-86*, 94, 98, 100, 108, 155, 193, 375, 391
　　――アッピアーテグラッソ、サンタ・マリーア・ノヴァ（サンタ・マリーア・デッラ・ナシェンテ）聖堂ポルティコ　*99-100*, 376
　　――ヴィテルボの要塞　321, 377, 402
　　――サンタムブロジョ修道院キオストリ　25, 99, *100-101*, 160, 162, 376, 391
　　――ミラノの「カシーナ・ポッツォボネッリ」礼拝堂　35, 376
　　――サン・ピエトロ広場の噴水・トラステヴェレの広場の噴水　102, 156, 173, 178, 376
　　――サンタ・マリーア・デッラ・パーチェ修道院キオストロ　141, 156, 157, *158-164*, 172, 173, 174, 175, 218, 297, 377, 396
　　――サン・ピエトロ・イン・モントリオ修道院の「テムピエット」　25, 132, *231-250*, 252, 253, 261, 262, 263, 279, 280, 321, 377, 399-400
　　――サンタ・マリーア・デル・ポポロ聖堂後陣　157, 174, *250-253*, 263, 264, 279, 284, 300, 307, 377, 400
　　――ヴァティカンのベルヴェデーレの中庭・宮殿　7, 94, *179-229*, 243, 262, 305, 312, 328, 345, 350, 354, 377, 380, 398-399
　　――サン・ピエトロ聖堂の計画　6, 7, 61, 199, 208, 214, 216, 253, 254, 258, 262, *267-294*, 307, 317, 321, 332, 340, 377, 379, 401
　　――チヴィタヴェッキアの港湾整備　*310-317*, 378, 402
　　――トーディのサンタ・マリーア・デッラ・コンソラツィオーネ聖堂　258-260, 264, 378, 400-401
　　――ロッカヴェラーノの教区聖堂　*254-256*, 257, 378, 400
　　――ロレートの聖域計画　265, 293, 294, *317-321*, 325, 327, 328, 377, 402
　　――ローマの街路計画
　　　――ユリウス通りとパラッツォ・デイ・トリブナリ、サン・ビアジョ聖堂の計画　*297-310*, 322, 323, 324, 355, 378, 401-402
　　――サンティ・チェルソ・エ・ジュリアーノ聖堂の改築計画　*256-258*, 278, 294, 308, 324, 378, 400

423

──絵画作品
　──キャラヴァッレ大修道院のための「柱に縛られたキリスト」（現ブレラ画廊） 375
　──サン・ピエトロ・イン・ジェッサーテ聖堂内壁画の建築的背景 32
　──ベルガモ、パラッツォ・デル・ポデスタの壁画 8, 12, 372
　──ベルガモのサン・パンクラツィオ聖堂のための「ピエタ」 27, 36
　──ミラノ、カステッロ・スフォルツェスコの宝物庫の壁画「アルゴ」(?) 66
　──ミラノ、コルソ・ヴェネツィアのフォンターナ邸外装壁画 32
　──ミラノ、サン・クレメンテ聖堂のための「聖母像」 375
　──ミラノ、「パニガローラのフレスコ」 16-19, 32, 48, 62, 90, 94, 374, 387
　──ミラノ、ピアッツァ・デイ・メルカンティの壁画（消失） 32
　──ミラノ、ラ・ゼッカ中庭の壁画（?） 32
　──「プレヴェダリの版画」 12-16, 29, 46, 373, 386-387
　──ローマ、サン・ジョヴァンニ・イン・ラテラーノ聖堂入口のアレクサンデル六世の紋章を描く 5, 102, 155
　──「古代都市街路の図」 94-99, 137
──著作
　──*Antiquarie Prospettiche Romane* 152-155, 172, 192, 376, 396
　──ミラノ大聖堂ティブリオについての「意見書」Opinio Bramanti 73, 74, 78, **80-82**, 86, 103, 107, 374, 390, 391
ブラマンティーノ Bramantino （Bartolomeo Suardi, detto Bramantino） 32, 65, 66, 385, 387
ブラマンテスコ Bramantesco 42, 61-62, 63, 70, 196, 197, 198, 199, 223, 224, 279

フランコ、ファウスト Franco, Fausto 70
フランス、一国王 57, 65, 87, 100, 101, 102, 123, 131, 138, 141, 149, 165, 178, 181, 218, 233, 236, 238, 242, 252, 261, 291, 302, 366, 369, 375, 376, 379, 380
　──シャルル八世 Charles VIII 87, 101, 131, 138, 376
　──ルイ十二世 Louis XII 65, 101, 102, 376
フランチェスコ・ディ・ジョルジオ・マルティーニ Francesco di Giogio Martini 50, 52, 54, 68, 73, 75, 76, 77, 78, 80, 104, 106, 129, 130, 131, 134, 135, 138, 192, 245, 313, 326, 327, 333, 334, 346, 348, 365, 370, 372, 373, 374, 381, 384, 391, 402
　──ウルビーノ王宮 129, 372
　──サン・ベルナルディーノ修道院・聖堂 134, 373, 384
　──サン・レオの要塞 129
　──セニガッリアの要塞 129
　──ロレートの聖域 327
　──ミラノのドゥオモ、「ティブリオ」の計画 73, 75, 76, 77, 374
　──トリノ手稿 *Codice Torinese Saluzziano* 69
フランチェスコ・デル・ボルゴ Francesco del Borgo **118-123**, 132, 143, 163, 173, 369, 371, 394
　──サン・ピエトロ聖堂の「祝福のロッジア」 118, 119, 214, 371
　──パラッツォ・ヴェネツィア 118, **120-123**, 371
フランチェスコ会 28, 233, 291
フランチォーネ Francione, Francesco di Giovanni 129, 130, 147
フリーズ frieze 61, 134, 170, 186, 192, 240, 248, 249, 250, 338
フリギダリウム frigidarium 197
ブリツィオ Brizio, Anna Maria 30, 67, 68, 104, 107, 108, 109, 385, 390, 391
プリニウス（小）Gaius Plinius Secudus

424

索 引

プリニウス（大）、「博物誌」 Gaius Plinius, *Historia Naturalis* 　　221, 310, 314, 346, 192, 194, 334
プリヴィオ Brivio, E. 　　104, 390
プリュッヘ Brugge 　　34
ブルーニ、エンリコ Bruni, Enrico 　　254, 255
ブルカルト Burcardt, Johannes（Giovanni Burcardo） 　　176, 381
ブルクハルト、ヤーコブ Burckhardt, Jacob 　　60, 70
ブルスキ Bruschi, Arnaldo 　　10, 11, 12, 13, 15, 17, 25, 26, 27, 28, 29, 30, 31, 32, 35, 43, 48, 52, 63, 64, 66, 68, 69, 70, 81, 82, 83, 84, 94, 99, 101, 103, 104, 105, 106, 107, 109, 111, 112, 113, 144, 150, 167, 172, 173, 174, 175, 176, 177, 178, 186, 188, 195, 197, 199, 200, 206, 207, 223, 224, 227, 244, 245, 246, 250, 251, 258, 261, 262, 263, 264, 281, 283, 286, 292, 293, 294, 305, 306, 312, 313, 314, 315, 316, 321, 322, 324, 325, 326, 327, 328, 332, 333, 359, 360, 361, 365, 381, 383, 385, 386, 387, 390, 391, 393, 395, 397, 399, 402, 403
ブルネッレスキ Brunelleschi, Filippo 　　24, 25, 36, 43, 51, 61, 64, 83, 84, 86, 101, 117, 121, 150, 159, 174, 175, 277, 284, 292, 333, 348, 369, 370
ブレーニョ Bregno, Andrea 　　135, 168
プレヴェダリ Prevedari, Bernardo 　　12-16, 29, 46, 373, 386
ブロジオ・パッラーディオ Brogio Palladio 　　349, 365
プロスペリ Prosperi, Bernardino 　　111
プロナオス pronaos 　　99, 281
フロリン（金貨）florin 　　125, 145
フロンメル Frommel, Christoph Luitpold 　　29, 66, 67, 118, 122, 128, 135, 142, 143, 144, 146, 147, 149, 171, 173, 177, 178, 191, 218, 221, 222, 223, 224, 226, 227, 228, 261, 263, 264, 269, 290, 292, 293, 303, 304, 308, 322, 324, 325, 361, 362, 363, 364, 365, 366, 383, 342, 386, 389, 393, 394, 395, 397, 398, 399, 401, 402, 403
プンジレオーニ Pungileoni, L. 　　27, 383

へ

ヘームスケルク Heemskerck, Maarten van 　　119, 142, 143, 216, 227, 272, 287, 288, 346
ペヴスナー Pevsner, Nikolaus 　　226
ベッカテッリ（石落とし）beccatelli 　　132, 141, 146
ペッレグリーノ・ダ・ウーディネ Pellegrino da Udine 　　95, 96
ペディメント pediment 　　36, 84, 186, 255, 256, 281
ペデス（古代ローマ尺）pedes 　　221
ペトラルカ Petrarca, Francesco 　　363
ペトルッチ Petrucci, G. 　　176, 397
ペドレッティ Pedretti, Carlo 　　32, 57, 59, 69, 106, 111, 113, 384, 386, 390
ベニーニョ・サルヴィアティ Benigno Salviati, Giorgio（Juraj Dragišić） 　　235, 236, 246, 250, 261, 310
ペペリーノ peperino 　　188, 287, 362
ベムボ、ピエトロ Bembo, Pietro 　　360
ヘラクレイトス Heraclitus 　　17, 18, 19, 32, 285, 333
ペリーノ・デル・ヴァーガ Perino del Vaga 　　191, 358
ペルージア Perugia
　——サン・ベルナルディーノのオラトリオ Oratorio di S. Bernardino 　　10, 11, 16, 28, 372, 385
　——国立ウムブリア美術館 Galleria Nazionale dell'Umbria 　　11, 28
ベルヴェデーレ→ローマ、ヴァティカン
「ベルヴェデーレのアポローン」 Apollo of Belvedere 　　204, 205, 219, 226, 227, 377
「ベルヴェデーレのトルソ」 Torso di Belvedere 　　227
ベルガモ Bergamo 　　8, 10, 12, 14, 22, 23, 24,

425

　　　　　26, 27, 35, 36, 372, 383, 388
　──コッレオーニ家礼拝堂 Cappella Colleoni
　　　　　24, 36, 372
　──サンタ・マリーア・マッジォーレ聖堂 S.
　　Maria Maggiore　　　　　　　　　24
　──サン・パンクラツィオ聖堂 S. Pancrazio
　　　　　27, 35
　──大聖堂 Duomo　　　　　　　　　22
　──パラッツォ・デル・ポデスタ　Palazzo
　　del Podestà　　　　　　　　8, 12, 372
ヘリオポリス Heliopolis　　　　　　　292
ベルホーフ Berghoef, V.　　　　　110, 392
ペルジーノ Perugino, Pietro Vannuzzi
　　　10, 11, 27, 28, 66, 107, 123, 126, 127, 146,
　　　　　285, 331, 370
　──ペルージア、サン・ベルナルディーノの
　　パネル　　　　　10, 11, 16, 28, 372, 385
　──システィナ礼拝堂の「キリストがペテ
　　ロに鍵を渡す図」 Consegna delle chiave
　　　　　126-127, 146
ペルッツィ Peruzzi
　──サッルスティオ Sallustio　　　　219
　──バルダッサーレ Baldassarre　　　95,
　　97, 98, 112, 157, 188, 189, 201, 208, 209,
　　211, 219, 220, 221, 222, 224, 227, 242,
　　259, 262, 272, 283, 287, 302, 303, 322,
　　324, 331, 343, 348, 349, 351, 359, 362,
　　364, 365, 373, 377, 378, 379, 380, 402-403
　──「レ・ヴォルテ」　　　　　348, 364-365
　──ラ・ファルネジーナ（キジ家別荘）
　　　　　348-352, 361, 378
　──ベルヴェデーレの修理工事
　　　　　189, 201, 208, 209, 219, 220, 221, 222,
　　　　　224, 227
　──サン・ピエトロ聖堂の計画
　　　　　272, 283, 287, 343, 379, 380
　──舞台装置　95, 97, 98-112, 349, 350, 365
ベルトラミ Beltrami, Luca
　　　　　20, 31, 35, 69, 382, 385, 386
ベルナルディーノ・ダ・トレーヴェ→ゼナー
レ
　ベルナルディーノ・デ・アッピアーテ
　　Bernardino de Abbiate　　　　　14, 30
　ベルナルド・デッラ・ヴォルパイア Bernardo
　　della Volpaia　　　　　　　　　　177
　ベルナルド・ディ・ロレンツォ　Bernardo di
　　Lorenzo　　　　　　　　　　　　144
　ベルニーニ Bernini, Gianlorenzo　213, 273, 338
　ヘルマニン Hermanin, F.　　　　　143, 393
　ベルリン Berlin
　　──Kupferstichkabinett　　　287, 288, 364
　　──「空想建築風景」（Gemäldegalerie）　95
　ペロガッリ Perogalli, Carlo　　　　36, 385
　ベンティヴォリオ Bentivoglio, Enzo
　　　　　264, 362, 365, 395, 400
　ペンデンティヴ pendentive
　　　　　15, 31, 77, 78, 79, 258, 259, 286, 338
　ペントレッラ Petrella, Ruggero　　　262

ホ

ボーナ・ディ・サヴォイア Bona di Savoia
　　　　　39, 41, 49, 63
ホーヘヴェルフ Hoogewerff, G.　　228, 398
ポヴォレド Povoledo, Elena　　　　111, 112
ポスナー Posner, Kathleen Weil-Garris
　　　　　319, 327, 328, 402
ボストン美術館 Boston, Museum of Fine Art
　　　　　27
ボッカリーニ・ダ・カルピ Boccalini da Carpi,
　　Giovanni　　　　　　　　　　　320
ポッジォ・ア・カィアーノ→フィレンツェ、
　　近郊
ポッジ Poggi, Giovanni　　　　　　　291
ポッツォボネッリ Pozzobonelli, Giacomo　35
ポッツォボネッリ家農園→ミラノ
ボッロミーニ Borromini, Francesco　　25
ボナグーラ Bonagura, Maria C.　264, 400
ボニータ Bonita, Cleri　　　　　　27, 385
ボネッリ Bonelli, Renato
　　　　　31, 361, 383, 387, 396

索引

ポモドロ Pomodoro, Arnaldo　　　203, 225
ポライオーロ Pollaiolo, Antonio　　　125
ポライオーロ、シモーネ・デ→イル・クロナカ
ホリゾン horizon　　　336
ポリツィアーノ Poliziano, Angelo　　111, 137
ポルカリ、ステファノ Porcari, Stefano　297
ボルゲーゼ家 Borghesi　　　165
ボルゴ・サンセポルクロ Borgo S. Sepolcro　　　118
ボルシ Borsi
　──ステファノ Stefano　　142, 385, 398
　──フランコ Franco　　221, 384, 393, 398
ボルジア Borgia　　　138, 181
　──アルフォンソ→教皇カリストゥス三世
　──チェーザレ Cesare　　102, 113, 138, 218
　──ロドリーゴ→教皇アレクサンデル六世
ポルティナリ、ピジェッロ Portinari, Pigello　　　24
ポルティナリ家礼拝堂→ミラノ、サントゥストゥルジオ聖堂
ボルティモア、「都市広場の図」(ウォルターズ美術館 Baltimore, Walters Art Gallery)　95
ポルトゥヌスの神殿→フィウミチーノ
ポルトガル Portugal　　　233, 261, 263
ポルトゲージ Portoghesi, Paolo　　26, 356, 357
ボローニャ Bologna
　　　　81, 107, 264, 291, 359, 372, 377, 382
　──サン・ペトローニオ聖堂 S. Petronio　107
ホワイト、ジョン White, John　　　33, 390
ポンテッリ Pontelli, Baccio　　　127, 128, 129, 130, 131, 132, 135, 138, 139, 146, 147, 157, 174, 233, 310, 326, 373, 374, 394-395
本来性 Eigentlichkeit　　　223, 240

マ

マイヤー、ヨハン Meyer, Johann　　80, 106
マキァヴェッリ、ニッコロ Machiavelli, Niccolò　　　113
マグヌッソン Magnusson, T.　　　142, 393
マザッチォ Masaccio (Tommaso Cassai)　369
　──「三位一体」La Trinità　　　10
マジステール Magister, Sara　　　145, 394
マスキオ(大塔) maschio　　　141
マソリーノ Masolino da Panicale　　　36
マチアキニ、カルロ Maciachini, Carlo　56
マッダロ Maddalo, S.　　　176, 397
マッシモ Massimo, Domenico　　　302
マッツァリ Mazzali, F.　　　149
マデルノ、カルロ Maderno, Carlo
　　　　　　　　　　　　　220, 273, 323
マドンナ Madonna, Maria Luisa
　　　　　　　　112, 364, 365, 397, 403
マニエリスティカ Manieristica　　256, 306
マニエリズモ Manierismo
　　　　210, 245, 249, 263, 306, 336, 383
マラグッツィ-ヴァレリ Malaguzzi-Valeri
　　　　44, 63, 91, 108, 110, 111, 382, 385, 389
マラスピーナ・ディ・サンナザーロ Malaspina di S. Nazaro　　　53
マリアーノ Magliano　　　378
マリアベッキアーノ手稿 Codice Magliabecchiano　　21, 67, 110, 314
マルケ(地方) Marche
　　　　113, 131, 147, 317, 319, 385
マルゲリータ・ダウストリア Margherita d'Austria　　　344, 363
マルコ・ダ・カローナ Marco da Carona
　　　　　　　　　　　　　　　　23, 34
マルコ・デ・ドルチ Marco de' Dolci　144
マルコーニ Marconi, Paolo　　　175, 396
丸太柱 columna ad tronconos
　　　　　　　　　　85, 98, 107, 155, 193
マルテーゼ Maltese, Corrado
　　　　　　31, 326, 361, 381, 384, 387
マンテーニャ Mantegna, Andrea
　　　　　　　　　　9, 11, 27, 65, 369, 372
マントヴァ Mantova　　10, 47, 65, 66, 67, 73, 74, 75, 92, 96, 102, 103, 112, 118, 137, 207, 252, 255, 290, 328, 345, 364, 370, 371,

427

372, 380
──サンタンドレア聖堂 S. Andrea
　　　　　　　　47, 92, 103, 253, 372
──サン・セバスティアーノ聖堂　　S.
　Sebastiano　　　　　　　　255, 371
──パラッツォ・ドゥカーレ（王宮）
　Palazzo Ducale　　　　　　　　372
──パラッツォ・デル・テ Palazzo del Te
　　　　　　　　　　　　　　　364
マントヴァ侯→ゴンザーガ家

ミ

ミキエル、マルカントーニオ　　Michiel,
　Marcantonio　　　　　　26, 27, 382
ミケランジェロ Michelangelo Buonarroti
　31, 142, 201, 203, 207, 210, 219, 225, 228, 269,
　270, 271, 272, 273, 279, 281, 283, 284, 285,
　290, 291, 305, 312, 323, 325, 333, 339, 343,
　358, 359, 365, 366, 372, 377, 378, 379, 380
──ユリウス二世の墓
　　　　　269, 270, 271, 279, 290, 291, 339, 377
──システィナ礼拝堂天井画
　　　　　　　　　　　　228, 291, 339, 378
──ベルヴェデーレの中庭の「エクセドラ」
　階段　　　　　　　201, 203, 219, 225
──カンピドリオ　　　　　　225, 305
──パラッツォ・ファルネーゼの工事
　　　　　　　　　　　　　　358, 359
──サン・ピエトロ聖堂の工事
　　　272, 273, 279, 281, 283, 284, 343, 380
ミケロッツォ Michelozzo di Bartolomeo
　　　　　　　　　23, 86, 305, 333, 369
ミニョ、ジャン Mignot, Jean　　20, 34, 35
ミュンヘン München
　──バイエルン州立図書館　　Bayerische
　　Staatsbibliothek　171, 302, 334, 356, 360,
　　　　　　　　　　　　　　　361, 366
ミュンツ Müntz, E.　　142, 145, 146, 382, 392
明礬 alum　　　　　　　　　　　　326
ミラネージ Milanesi, Gaetano　　25, 26, 30,

　　　32, 66, 67, 97, 113, 129, 135, 142, 143, 144,
　　　146, 147, 148, 149, 172, 178, 218, 222, 223,
　　　224, 225, 228, 229, 261, 262, 264, 289, 290,
　　　292, 293, 294, 322, 323, 327, 359, 362, 365,
　　　　　　　　　　　　　　　　　366, 382
ミラノ Milano　　12, 13, 14, 15, 16, 19, 20,
　22, 23, 24, 25, 26, 30, 31, 32, 33, 34, 35, 36,
　39, 45, 47, 49, 50, 51, 53, 54, 57, 62, 64, 65,
　66, 67, 69, 72, 73, 74, 75, 76, 80, 81, 82, 86,
　95, 99, 100, 102, 103, 104, 106, 107, 153, 160,
　162, 172, 193, 207, 209, 252, 280, 285, 292,
　312, 328, 331, 369, 370, 371, 372, 373, 374,
　　　　　　　　　　375, 376, 388, 390-391
──キアラヴァッレ（大修道院）Chiaravalle
　（Abbazia di）　　　　　　　　32, 35
──共和国 Aurea Repubblica Ambrosiana
　　　　　　　　　　　　　108, 370, 392
──オスペダーレ・マッジォーレ　Ospedale
　Maggiore（Ca' Grande）
　　　　　　　　　　　21-22, 127, 371, 374
──カステッロ・スフォルツェスコ（博物館）
　Castello Sforzesco（Museo）　　12, 20,
　　32, 35, 56, 66, 67, 69, 75, 95, 106, 312
──トリヴルツィアーナ図書館 Biblioteca
　Trivulziana　　　　　　　　　　106
──公文書館 Archivio di Stato　　　33
──ラ・ゼッカ La Zecca　　　　　　32
──カーザ・パニガローラ Casa Panigarola
　　　　　　　　　16, 32, 48, 62, 374, 387
──カーザ・フォンターナ Casa Fontana　32
──カシーナ・ポッツォボネッリ（農園）
　Cascina Pozzobonelli　　20, 35, 376
──サン・ナザーレ聖堂トリヴルツィオ家
　礼拝堂 Cappella Trivulzio, S. Nazare　65
──サン・ロレンツォ聖堂　　　S. Lorenzo
　Maggiore　　　　　　　　　280, 292
──サン・ピエトロ・イン・ジェッサーテ
　聖堂 S. Pietro in Gessate　　　　32
──サンタ・マリーア・デッレ・グラツィ
　エ聖堂 S. Maria delle Grazie　24, 56-60,

428

　　　　　　　　69, 82, 106, 113, 173, 252, 375, 376, 390
――サンタ・マリーア・プレッソ・サン・サティーロ聖堂　S. Maria presso S. Satiro　16, 25, 38-49, 62, 64, 65, 97, 98, 104, 111, 373, 374, 388-389
――サン・テオドーロ礼拝堂　Cappella di S. Teodoro　42
――聖器室（洗礼堂）　39, 40, 41, 44, 46, 47, 65
――サンタムブロジョ修道院　S. Amrogio　25, 32, 82, 83, 94, 98, 99, 100, 101, 108, 155, 160, 162, 193, 375, 376, 391
　　――「カノニカ」Canonica　82-86, 94, 98, 100, 108, 155, 193, 375, 391
　　――「キオストリ」Chiostri　25, 99, 100-101, 160, 162, 376, 391
　　――サン・シジスモンド小聖堂　S. Sigismondo　83
　　――図書館 Biblioteca Ambrosiana　50
――サントゥストルジオ聖堂　S. Eustorgio　23, 371
　　――ポルティナリ家礼拝堂　Cappella Portinari　23, 24, 36, 40, 43, 61, 371
――大聖堂 Duomo　13, 14, 19, 20, 23, 25, 30, 31, 33, 36, 45, 50, 51, 53, 66, 69, 72, 73-82, 86, 103, 104, 106, 107, 209, 292, 369, 374, 390-391
――ブレラ画廊 Pinacoteca di Brera　10, 17, 19, 32, 285, 374
――ピアッツァ・デイ・メルカンティ　Piazza dei Mercanti　32
――コルソ・ヴェネツィア Corso Venezia　32
――トリノ通り Via Torino　（サンタ・マリーア・ベルトラーデ通り Via S. Maria Bertrade）　42, 45, 389
――ファルコーネ通り Via del Falcone　39, 43, 44
――フェスタ・デル・ペルドーノ通り　Via Festa del Perdono　22
――ランツォーネ通り Via Lanzone　32

「ミラビリア・ロマエ・ウルビス」　Mirabilia Romae Urbis　323
ミランドーラ Mirandola　359
ミリオ Miglio, M.　176, 397
ミリオラーティ Migliorati, Atalante　67

ム

ムッソリーニ Mussolini, Benito　143, 176
ムジェッロ→フィレンツェ、近郊
ムニョス Muños, A.　110, 388
ムラッツァーニ Mulazzani, G.　17, 18, 32, 385, 386, 387

メ

メオ（アメデオ）・ダ・カプリーノ　Meo (Amedeo) da Caprino　127, 128, 129, 132, 144, 146, 147, 157, 174, 261, 394
メッテルニヒ Metternich, Franz Wolff　29, 290, 386, 401
メディチ Medici　24, 112, 148, 218, 219, 333, 344, 346, 363, 371, 376
――銀行　24
――アレッサンドロ　Alessandro di Lorenzo de'　344, 363
――コージモ・デ Cosimo de' ("il Vecchio")　363, 371
――ジュリアーノ・ディ・ロレンツォ・デ　Giuliano di Lorenzo de'　344, 364
――ジュリオ→教皇クレメンス七世
――ジョヴァンニ・デ Giovanni de' →教皇レオ十世
――ロレンツォ・イル・マニフィーコ　Lorenzo di Piero de' (detto il Magnifico)　67, 73, 74, 103, 105, 130, 139, 147, 150, 373, 375
メニカントーニオ・デ・キァレッリ　Menicantonio de' Chiarelli　264
メロッツォ・ダ・フォルリ Melozzo da Forlì　10, 11, 28, 123, 369
メロン手稿 Codex Mellon

429

257, 279, 280, 281, 282, 284, 293, 321, 341

モ

モーロ、ジョヴァンニ Moro, Giovanni	26
モッレージ Morresi, Manuela	264, 394, 400
モデュール module	34, 81, 158, 166
モデュラーコーディネーション modular-coordination	167
モリコーニ Moriconi, M.	145
モルタリ Morrtari, Luisa	264, 400
モロッリ Morolli, Gabriele	221
モンジェリ Mongeri, G.	103, 390
モンテプルチアーノ Montepulciano	139, 305
――サン・ビアジォ聖堂 S. Biagio	139
――パラッツォ・コムナーレ Palazzo Comunale	305
モントリオール Montreal	221

ヤ・ユ・ヨ

ヤーコポ・ダ・ピエトラサンタ Jacopo da Pietrasanta	124, 125, 127, 132, 144, 145, 394
ヤーヌス神 Janus	246
矢狭間	121, 134, 302, 324
ユークリッド Euclid	118, 244, 285, 332, 333
「ユーディット」→ドナテッロ	
友愛組織（講中）confraternità	27, 39, 297, 301, 322
ユニヴァーサル（――な言語）universal (lingua-)	5, 6, 26, 101, 163, 164, 253, 254, 260, 299, 309, 321, 339
寄木細工 tarsia	106, 129, 146, 147, 352
ヨハン・フォン・フライブルク Johann von Freiburg	33

ラ

ラ・スフォルツェスカ→ヴィジェーヴァノ	
ライモンディ Raimondi, Antonio	42
ラヴァニーノ Lavagnino, E.	143, 393
ラヴェルティ、マッテオ Raverti, Matteo	36
ラヴェンナ Ravenna	334
――サン・ヴィターレ聖堂 S. Vitale	51, 247, 255
ラウラーナ、ルチアーノ Laurana, Luciano	86, 372
ラエトゥス、ポムポニウス Laetus, Pomponius	136, 137, 149, 335
ラオコーン Laocoon	204, 205, 219, 226, 377
ラッザローニ Lazzaroni, M.	110, 388
ラツィオ（地方）Lazio	130, 172, 245, 399
ラッファエッロ Raffaello Sanzio	27, 96, 97, 149, 168, 169, 170, 171, 177, 178, 182, 189, 194, 212, 215, 216, 219, 224, 228, 229, 248, 258, 264, 272, 280, 282, 284, 285, 290, 291, 293, 299, 322, 330, 331, 333-348, 350, 351, 354, 355, 359, 360, 361, 362, 363, 364, 373, 377, 378, 379, 380, 402
――「レオ十世宛書簡」	333-337
――カスティリオーネ宛書簡	334, 335, 342, 344, 346, 360
――絵画作品	
――「マリアの婚約」Sposalizio（ミラノ、ブレラ画廊）	285
――インギラーミ肖像（Firenze, Galleria Palatina）	149
――ヴァティカン、「ラッファエッロのスタンツェ」壁画 Stanze di Raffaello	186, 212, 264, **284-286**, 293, 299, 332, 333, 339, 350, 363, 378
――ユリウス二世肖像（London, National Gallery）	182
――ブラマンテ肖像習作	330
――ラ・ファルネジーナの「ガラテア」	362
――建築作品	
――トラステヴェレのキジ家別荘（のちのラ・ファルネジーナ）のための別棟「ロッジア」	361, 362
――同、厩舎	361
――サンタ・マリーア・デル・ポポロ聖堂キジ家礼拝堂	

337-340, *361*, *362*, *379*
　　──ローマ、サンテリジオ・デリ・オレフィチ聖堂　　　*258*, *361*, *378*
　　──ボルゴのパラッツォ・ヤーコポ・ダ・ブレシア　　　*362*, *379*
　　──サン・ピエトロ聖堂計画
　　　　272, *280*, *282*, *293*, *322*, *334*, *337*, **340-343**, *347*, *354*, *362*, *363*, *379*, *380*
　　──フィレンツェ、サン・ロレンツォ聖堂ファサード、コンペ　　　*362*, *379*
　　──ボルゴのパラッツォ・アルベリーニ Palazzo Alberini　　　*362*
　　──ヴァティカンの「ロジェッタ」Loggetta　　　*362*
　　──フィレンツェ、パラッツォ・パンドルフィニ　　　*355*, *362*
　　──ボルゴのパラッツォ・ブランコニオ・デッラクイラ（取り壊し）Palazzo Branconio dell'Aquila　　　*362*
　　──ローマのサン・ジョヴァンニ・デイ・フィオレンティーニ聖堂コンペ
　　　　　　　　　　322, *362*
　　──ヴィッラ・マダーマ　　　*224*, *337*, **343-348**, *351*, *362*, *363*, *364*, *380*
　　──ローマ、ヴィア・ジュリアの自邸計画　　　*362*
　　──ヴァティカン宮内での喜劇のための舞台装置　　　*362*
ラテラン宮→ローマ
ラテン語　　*26*, *30*, *88*, *105*, *137*, *174*, *291*, *322*, *332*, *335*, *349*, *364*, *365*, *369*
ラフレリ Lafréry, Antoine (Antonio Lafreri)
　　　　　　169, *170*, *178*, *180*, *220*, *382*
ランテ、バルトロメオ Lante, Bartolomeo
　　　　　　　　　　　　　　157, *174*

リ

リアリオ（枢機卿）Riario, Raffaele
　　133, *135*, *137*, *148*, *156*, *164*, *173*, *298*, *304*, *308*, *374*, *395*

リグリア（地方）Liguria　　　*138*
リゴリオ、ピッロ Ligorio, Pirro
　　　　　190, *201*, *203*, *219*, *273*, *306*, *378*
理想都市　　　*6*, *21*, *95*, *118*, *315*, *371*
リッチ Ricci, C.　　　*174*, *396*
リッチァルディ Ricciardi, Roberto　　*177*
リッツォ、アントーニオ Rizzo, Antonio　*35*
リッピ、フィリッポ Lippi, Filippo　*8*, *9*, *11*
リネアメントゥム→アルベルティ、*De re aedificatoria*
リミニ Rimini
　　──サン・フランチェスコ聖堂（「テムピオ・マラテスティアーノ」Tempio Malatestiano)　　*11*, *28*, *167*, *370*
リュネット（半円形壁）lunette　　*24*, *252*

ル

ルタルイィ Letarouilly, P.　　*205*, *206*, *237*, *382*
ルドヴィーコ・イル・モーロ→スフォルツァ
ルドヴィチ Ludovici, Sergio S,　　　*30*
ルフェーヴル Lefevre, R.　　　*363*, *402*

レ

レイ、ステファノ Ray, Stefano　　*178*, *222*, *264*, *291*, *292*, *293*, *322*, *339*, *346*, *361*, *362*, *363*, *364*, *397*, *398*, *401*, *402*
レオナルド・ダ・ヴィンチ Leonardo da Vinci
　　13, *14*, *26*, *30*, *32*, *35*, *46*, *50*, *51*, *52*, *53*, *54*, *57*, *58*, *59*, *62*, *65*, *67*, *68*, *69*, *73*, *74*, *78*, *79*, *80*, *81*, *87*, *92*, *95*, *102*, *103*, *104*, *105*, *106*, *108*, *110*, *111*, *113*, *153*, *154*, *172*, *260*, *285*, *313*, *314*, *315*, *316*, *325*, *326*, *333*, *370*, *373*, *374*, *375*, *376*, *378*, *379*, *380*
　　──「岩窟の聖母」La Vierge aux Rochers (Louvre)　　*67*
　　──「白貂を抱く女性」Portrait of Cecilia Gallerani (Lady with an Ermine, Czartoryski Museum, Cracow)　　*67*
　　──「ウィトルウィウス人体」(Venezia, Galleria dell'Accademia)　　*106*

431

──「最後の晩餐」 L'ultima cena（Cenacolo）
　　　　　　　　　　　　57, 58, 69, 376
──「聖ヒエロニムス」（Vatican, Pinacoteca）
　　　　　　　　　　　　　　　　　153
──天使像習作（British Museum） 153, 154
──ミラノ、カステッロ・スフォルツェスコ内における「天国の祭典」 Festa del Paradiso　　　　　　　　67, 95, 375
──「ダナエ」のための装置　　　　111
──「オルフェオ」のための装置　　111
──フランチェスコ・スフォルツァ騎馬像
　　　　　　　　　　　　　50, 65, 375
──ミラノのドゥオモ、「ティブリオ」のスタディ　　35, 50, 73-80, 105, 106, 374
──ヴィジェーヴァノでの仕事（Castello, La Sforzesca, etc.）　　　　87, 92, 108
──トリヴルツィオ騎馬像　　　　　65
──チヴィタヴェッキアの港湾計画スタディ　　　　　313-316, 326, 378
──アシュバーナム手稿 Codex Ashburnham
　──Ms. A　　　　　　　　　68, 69
　──Ms. B　　　52, 68, 69, 108, 110, 260
　──Ms. H　　　　　　　　　　　108
　──Ms. I　　　　　　57, 58, 59, 69
　──Ms. M　　　　　　　　　　　113
──アトランティコ手稿 Codice Atlantico
　　50, 78, 79, 103, 106, 111, 113, 313, 314, 315, 391
──アランデル手稿 Codex Arundel　111
──ウィンザー手稿 Codex Windsor　65
──トリヴルツィオ手稿 Codice Trivulziano
　　　　　　　　　　　　　　　　106
──フォスター手稿 Ms. Foster II　69
──「自薦状」　　　　　　　　　　50
レカナーティ Recanati　　　　317, 327
レグーテ（レグテリオ?）　　Legute（Marco Leguterio）　　　　　　　　　106
レディヒ・デ・カムポス Redig de Campos, D.
　　　　　　　　　　146, 228, 394, 398
レペッティオ Repettio, Barbara　146, 147, 394

ロ
ローディ Lodi　　　　　　　　　42, 45
ローマ Roma
　──古代遺跡（古代地名）
　　──ヴェスタ神殿 Temple of Vesta
　　　　　　　　　　　　　　245, 246
　　──カステル・サンタンジェロ　Castel S. Angelo（ハドリアヌスの陵墓）
　　　　97, 136, 138, 139, 150, 164, 165, 191, 375, 377, 379
　　──カムピドリオ（カピトリウム） Campidoglio（Captolium）　120, 121, 124, 225, 301, 305, 309, 324, 371
　　──カムポ・マルツォ（カムプス・マルティウス） Campo Marzo（Campus Martius）
　　　　　　　　　　　　　　　　322
　　──ジャニコロ（イアニクルム）の丘 Gianicolo（Ianiculum）
　　　　　　132, 145, 233, 235, 246, 373
　　──モンテ・マリオ Monte Mario
　　　　　　226, 343, 344, 346, 362, 380
　　──大浴場（一般）
　　　──ティトゥスの大浴場 Thermae Titi
　　　　　　　　　　　　　183, 184, 185
　　　──アグリッパの大浴場　Thermae Agrippa　　　　　　　　　　　225
　　──水道橋（一般）　　　　　　167
　　──バルブスの劇場 Theatrum Balbi（クリプタ・バルビ Crypta Balbi）
　　　　　　　　　　　　101, 102, 113
　　──ポムペイウスの劇場 Theatrum Pompei
　　　　　　　　　　　　　　　　133
　　──マルケッルスの劇場　Theatrum Marcelli　　　　　　　　118, 143
　　──パンテオン Pantheon
　　　　　　　　　254, 283, 284, 339
　　──ドムス・アウレア Domus Aurea
　　　　　　　　　219, 221, 229, 377
　　──ポルティコ・ディ・オッタヴィア Portico di Ottavia　　　118, 143

——コロッセオ（コロッセウム）Colosseo（Colosseum） *97, 118, 121, 133, 141, 145, 159, 304*
——ヴィア・トリウムファリス Via Triumphalis（Via Trionfali） *323*
——ポンス・アエリウス Pons Aelius（Ponte Elio）→サンタンジェロ橋
——ポンス・ネロニアヌス（ネロの橋）Pons Neronianus（Pons Triumphalis） *323*
——メタ・ロムリ Meta Romuli *342, 363*
——メタ・レミ Meta Remi *342, 363*

修道院・聖堂
——サンタゴスティーノ修道院・聖堂 S. Agostino *123, 124, 129, 145, 297*
——サンティ・アポストリ聖堂 Ss. Apostoli *130*
——サン・ジャコモ（イァコポ）・デリ・スパニョリ聖堂 S. Giacomo（Jacopo）degli Spagnoli *143, 173, 156, 376*
——サン・ビアジオ修道院聖堂 S. Biagio della Pagnotta（S. Biagio degli Armeni） *299, 302, 306, 307-308, 324*
——サン・ジョヴァンニ・イン・ラテラーノ聖堂 S. Giovanni in Laterano *5, 102, 155*
——サン・ジョヴァンニ・デイ・フィオレンティーニ聖堂 S. Giovanni dei Fiorentini *299, 324, 362*
——サン・ピエトロ・イン・ヴィンコリ聖堂 S. Pietro in Vincoli *289*
——サン・ピエトロ・イン・モントリオ修道院聖堂 S. Pietro in Montorio *132, 145, 232, 233, 234, 235, 239, 261, 373, 377*
——「テムピエット」Tempietto *25, 132, **231-250**, 252, 253, 261, 262, 263, 279, 280, 321, 377, 399-400*
——サン・マルコ聖堂 S. Marco *120, 121, 122, 124, 143, 144*
——サン・ルイージ・デイ・フランチェージ聖堂 S. Luigi dei Francesi *366*
——サン・ロレンツォ・イン・ダマゾ聖堂 S. Lorenzo in Damaso *133, 135, 148, 156, 173, 298, 308, 374*
——サン・ロレンツォ・イン・パラティオ聖堂 S. Lorenzo in Palatio（Sancta Sanctorum, *o* Scala Santa） *321*
——サンタ・コスタンツァ聖堂 S. Costanza *247, 255*
——サンタ・マリーア・ディ・アニマ聖堂 S. Maria di Anima *156, 157, 173, 174, 175*
——サンタ・マリーア・デッラ・パーチェ修道院 Convento di S. Maria della Pace *141, 145, 156, 157, 158, 160, 161, 172, 173, 174, 175, 218, 297, 377*
——キオストロ *141, 156, **157-164**, 172, 173, 174, 175, 218, 377, 396*
——サンタ・マリーア・デル・ポポロ聖堂 S. Maria del Popolo *127, 145, 146, 157, 174, 250, 251, 252, 253, 263, 264, 279, 284, 300, 307, 337, 338, 361, 377, 379, 400*
——キジ家礼拝堂 Cappella Chigi *337-340, 361, 362, 379*
——後陣 Coro *157, **250-253**, 263, 264, 279, 284, 300, 307, 377, 400*
——サンタンドレア・デッラ・ヴァッレ聖堂 S. Andrea della Valle *118*
——サンタ・マリーア・イン・トラステヴェレ聖堂 S. Maria in Trastevere *178*
——サンティ・チェルソ・エ・ジュリアーノ聖堂 Ss. Celso e Giuliano ***256-258**, 278, 294, 308, 324, 378, 400*
——サンテリジオ・デリ・オレフィチ聖堂 S. Eligio degli Orefici *258, 361, 378*
——サントノフリオ聖堂 S. Onofrio *145*

——パラッツォ、ヴィッラ、公共建築
——カサナーテ図書館 Biblioteca

433

　　　　Casanatense　　　　　*153, 171*
──ヴィットーリオ・エマヌエーレ記念堂　Vittoriano（Monumento a Vittorio Emmanuele）　*121*
──ヴィッラ・マダーマ　Villa Madama　*224, 337,* **343-348**, *350, 362, 363, 364, 380*
──ラ・ファルネジーナ（ヴィッラ・キジ）La Farnesina（Villa Chigi）　*348-352, 361, 362, 363, 365, 378*
──トッレ・デッラ・ミリツィア　Torre della Milizia　*97*
──パラッツォ・デッラ・カンチェッレリア　Palazzo della Cancellerìa　**133-138**, *168, 173, 298, 304, 374, 395*
──パラッツォ・ヴェネツィア　Palazzo Venezia　**118-123**, *125, 127, 129, 133, 134, 143, 144, 145, 148, 371, 393*
──パラッツォ・スフォルツァ・チェザリーニ　Palazzo Sforza Cesarini　*324*
──パラッツォ・デイ・サンティ・アポストリ　Palazzo dei Ss. Apostoli　*130, 227*
──パラッツォ・デイ・トリブナリ　Palazzo dei Tribunali　*294, 296, 300, 301,* **302-306**, *307, 308, 312, 322, 324, 355, 378, 401-402*
──パラッツォ・デル・バンコ・ディ・サント・スピリト　Palazzo del Banco di S. Spirito　*325*
──パラッツォ・ファルネーゼ　Palazzo Farnese　*324, 352-359, 365, 379, 403*
──ラ・ゼッカ　La Zecca　*32, 308, 324, 325*
──ラテラン宮　Palazzo Laterano　*321, 324*
──街路・広場・橋・河
　──トラステヴェレ　Trastevere　*156, 176, 348, 361, 362, 376*
　──「カナーレ・ディ・ポンテ」　Canale di Ponte　*257, 300, 308*
　──カムポ・デイ・フィオーリ　Campo dei Fiori　*298, 300*
　──モーレ・アドリアーナ　Mole Adriana　*136*
　──ピアッツァ・ヴェネツィア　Piazza Venezia　*122, 143*
　──ピアッツァ・デッラ・カンチェッレリア　Piazza della Cancellerìa　*133*
　──ピアッツァ・デル・ポポロ　Piazza del Popolo　*309*
　──ピアッツァ・デル・ポンテ　Piazza del Ponte　*301, 308*
　──ピアッツァ・ナヴォナ　Piazza Navona　*123, 143, 156, 157, 173, 297, 344, 376*
　──ピアッツァ・ファルネーゼ　Piazza Farnese　*356*
　──ヴィア・デル・コルソ　Via del Corso　*309*
　──コルソ・ヴィットーリオ・エマヌエーレ　Corso Vittorio Emmanuele　*133, 324, 301*
　──アラコエリ通り　Via Aracoeli　*324*
　──ゴヴェルノ・ヴェッキォ通り　Via del Governo Vecchio　*324*
　──コロナリ通り　Via dei Coronari　（Via Recta）　*297, 300, 322*
　──コンチリアツィオーネ通り　Via della Conciliazione　*169, 176*
　──ゴンファローネ通り　Via del Gonfalone　*304, 324*
　──チェファロ通り　Via del Cefaro　*304*
　──パパーレ通り　Via Papale　*300, 308*
　──バブィーノ通り　Via del Babuino　*309*
　──バンキ・ヴェッキ通り　Via dei Banchi Vecchi　*308, 378*
　──バンキ・ヌォヴィ通り　Via dei Banchi Nuovi　*324, 378*
　──バンコ・ディ・サント・スピリト通り　Via del Banco di S. Spirito　*257*
　──ペッレグリーノ通り　Via del Pellegrino

　　　　　　　　　　　　　　　133, 148, 298, 304
――ユリウス通り Via Giulia　　257, 294,
　　298-302, 305, 306, 308, 316, 322, 323,
　　　　　　　　324, 356, 362, 378, 397
――ラテラーノ広場 Piazza del Laterano
　　　　　　　　　　　　　　　　　　321
――リペッタ通り Via della Ripetta
　　　　　　　　　　　　　　　300, 309
――ルンガーラ通り Via della Lungara
　　　　　　176, 257, 300, 307, 308, 361, 378
――テヴェレ河 Tevere　　　101, 127, 176,
　　　204, 233, 245, 299, 300, 323, 345, 378,
　　　　　　　　　　　　　　　　　　379
――サンタンジェロ橋 Ponte S. Angelo
　　　　　　　　　　124, 256, 308, 323, 378
――ヴィットーリオ・エマヌエーレ二世
　　橋 Ponte Vittorio Emmanuele II　　323
――ポンテ・シスト Ponte Sisto　299, 300
――リパ・グランデ Ripa Grande　　300
――ボルゴ地区 Rione di Borgo
　　　127, 156, 164, 165, 168, 170, 174, 176,
　　　　177, 182, 216, 300, 304, 308, 362,
　　　　　　　　　　　　　　　363, 377, 379
――オスペダーレ・ディ・サント・ス
　　ピリト Ospedale di S. Spirito in Sassia
　　　　　　　　127, 128, 145, 297, 300, 372
――ピアッツァ・ディ・スコッサカヴァッ
　　リ Piazza di Scossacavalli　　　　164
――ボルゴ・ヴェッキオ Borgo Vecchio
　　　　　　　　　　　　　　　164, 176
――ボルゴ・ヌォヴォ Borgo Nuovo（Via
　　Alessandrina）　　156, 164, 168, 170,
　　　　　　　176, 178, 300, 362, 363, 397
――サン・ジアコモ・ディ・スコッサ
　　カヴァッリ聖堂　　S. Giacomo di
　　Scossacavalli　　　　128, 164, 165
――パラッツォ・ディ・スコッサカ
　　ヴァッリ Palazzo di Scossacavalli
　　　　　　　　　　　　　　　128, 165
――パラッツォ・カステッレージ

　　　156, **164-168**, 177-178（nn. 38-45）
――パラッツォ・カプリーニ（ラッファ
　　エッロの家）Palazzo Caprini（Casa
　　di Raffaello）
　　　　　　165, **168-171**, 248, 304, 377
――パラッツォ・デイ・コンヴェルテ
　　ンディ Palazzo dei Convertendi
　　　　　　　　　　　　　　　169, 171
――パラッツォ・ヤーコポ・ダ・ブレ
　　シア Palazzo Jacopo da Brescia
　　　　　　　　　　　　　　　362, 379
――ヴァティカン Vatican
――システィナ礼拝堂 Cappella Sistina
　　　125, 126, 145, 146, 186, 199, 212, 213,
　　　　　228, 280, 291, 339, 372, 378
――サン・ピエトロ聖堂　　Basilica di S.
　　Pietro　　　6, 7, 61, 118, 164, 184,
　　　199, 208, 214, 216, 225, 233, 253, 254,
　　　257, 258, 262, **267-294**, 307, 317, 321,
　　　332, 334, 335, 337, 338, **340-348**, 352,
　　　　354, 362, 363, 371, 377, 379, 380, 401
――ニコラス五世＝ロッセッリーノの
　　後陣　　　　　269, 274, 289, 290, 363
――聖ペテロの墓廟（地下墓地 Grotte
　　Vaticane）　　273, 274, 275, 278, 287
――聖ヴェロニカの柱　　　　　　291
――「祝福のロッジア」　　Loggia delle
　　Benedizione　　　118, 119, 124,
　　　127, 142, 144, 214, 269, 275, 289, 371
――「羊皮紙のプラン」Piano di Pergamena
　　（GDS, 1A）　　199, 258, 270, 271,
　　　272, 273, 274, 277, 278, 279, 290, 307,
　　　　　　　　　　　　　　　340, 363
――「テグリオ」Tegurio　　　287, 379
――聖アンデレの墓廟　　　　　　287
――ホノリウス帝の陵墓　　　　　287
――ニコラスの塔 Torrione di Nicolò V
　　　　　　　　　　　189, 211, 212, 216
――「カエサルのオベリスク」（大オベリ
　　スク）　220, 274, 279, 280, 287, 288

435

──ピナコテカ Pinacoteca　　　172
──ボルジアのアパートメント
　　Appartamento Borgia
　　　　　　　　186, 211, 212, 214
──ボルジアの塔 Torre Borgia
　　　　　　186, 189, 190, 199, 211, 212
──ボルジアの中庭 Cortile Borgia
　　　　　　　　　　　199, 212, 213
──「ラッファエッロのスタンツェ」
　　Stanze di Raffaello　186, 212, 264,
　　　　　　284-286, 339, 350, 363, 378
──「アテネの学堂」(署名の間 Sala della
　　Segnatura)
　　　　　　284-286, 293, 299, 332, 333, 378
──「コンスタンティヌスの間」　Sala di
　　Constantino　　　　　　　　363
──マレシァッロの中庭　　　Cortile del
　　Maresciallo　　　　　　　　213
──サラ・レジア Sala Regia
　　　　　　　　186, 199, 212, 213, 214
──スカラ・レジア Scala Regia　　213
──パパガッロの中庭 Cortile del Papagallo
　　　　　　　　　　　　　212, 214
──サン・ダマゾのロッジア (中庭、「ラッ
　　ファエッロのロッジア」) Logge di S.
　　Damaso (Cortile di S. Damaso, Logge
　　di Raffaello)　　119, 186, 211,
　　212, 214, 215, 228, 300, 321, 378, 398
──「インノケンティウスのパラッツォ」
　　Palatium Innocentianum　　294
──「ラ・ロータ」 La Rota (裁判所)
　　　　　　　　　　　294, 301, 304
──「カメラ・アポストリカ」 Camera
　　Apostolica　　　294, 301, 304
──ベルヴェデーレの中庭　　 Cortile del
　　Belvedere　　7, 94, **179-229**, 243, 262,
　　305, 312, 313, 345, 350, 355, 377, 380,
　　　　　　　　　　　　　　　398-399
　　──下段の広場・階段席　　181, 183,
　　　184, 185, 186-194, 196, 199, 207, 220,
　　　　　　　　　　　　　　　226, 227
　　──ユリウスの門 Porta Giulia
　　　　　　　186, 187, 193, 305, 355
　　──中段の庭・ニンフェオ　　181,
　　　182, 184, 186, 194-199, 201, 211, 220,
　　　　　　　　　　　　　　221, 223
　　──上段の庭・エクセドラ (「大ニッチ」
　　　Nicchione)　　　　182, 184, 185,
　　　186, 199-204, 220, 222, 224, 225, 243
　　──「松毬の中庭」 Cortile della Pigna 203
　　──彫像の中庭 Cortile delle Statue
　　　184, 186, 201, 204-205, 226, 227, 312,
　　　　　　　　　　　　　　　　377
　　──インノケンティウス八世の「ベル
　　　ヴェデーレ」　　　　　　125,
　　　181, 182, 184, 186, 204, 205, 226, 394
　　──螺旋斜路
　　　　　184, 186, 204, 205-206, 207, 227
　　──ピオ＝クレメンティーノ博物館
　　　Museo Pio-Clementino　　226
　　──図書館 Biblioteca Apostolica
　　　　　　　　　183, 184, 220, 296
　　──「ブラッチォ・ヌオヴォ」　Braccio
　　　Nuovo　　　　　184, 194, 195
　　──サン・ピエトロ広場 Piazza S. Pietro
　　　102, 156, 165, 216, 220, 301, 376
ローマ教会 (カソリック教会)　110, 122, 123,
　　167, 174, 235, 247, 248, 250, 273, 294, 327
ローマ皇帝
　　──アウグストゥス Augustus　113, 143
　　──アントニヌス・ピウス Antoninus Pius
　　　　　　　　　　　　　　　342
　　──カリグラ Caligula　　292, 323
　　──コンスタンティヌス Constantinus
　　　　　　　214, 269, 273, 287, 363
　　──セプティミウス・セウェルス Septimius
　　　Severus　　　　　　　　143
　　──ティトゥス Titus　　183, 184, 185
　　──トライアヌス Trajanus　245, 310, 313
　　──ネロ Nero　192, 198, 219, 221, 222, 292,

索　引

　　　　　　　 297, 299, 309, 322, 323, 377
　——ハドリアヌス Hadrianus
　　　　　　　　　　　 136, 223, 323, 360
　——ホノリウス Honorius　　　　　 287
ローマン書体　　　　　　　　　 134, 192
ロッカヴェラーノ Roccaverano
　　　　　　　　 254-256, 257, 264, 378, 400
ロッキ、クリストフォロ Rocchi, Cristoforo
　　　　　　　　　　　　　　 51, 53, 374
ロッセッティ、ビアジォ Rossetti, Biagio　 147
ロッセッリーノ、ベルナルド　　　Rossellino,
　Bernardo di Mateo Gamberelli, detto il R.　 117,
　　124, 142, 150, 269, 290, 363, 369, 370, 371
　——ピエンツァの計画　　　　　 117, 371
　——サン・ピエトロ聖堂後陣
　　　　　　　　　　　　 269, 274, 290, 363
ロッツ Lotz, Wolfgang　　 91, 92, 108, 109,
　110, 142, 158, 175, 357, 365, 366, 383, 392,
　　　　　　　　　　　　 393, 396, 403
ロペス、ホワン（枢機卿）Ropez, Juan　 178
ロマーニャ（地方）Romagna　 113, 138, 320
ロマッツォ、パオロ Lomazzo, Paolo
　　　　　　　　　　　　　　　 32, 69, 382
ロムバルディア（地方）Lombardia
　5, 7, 19, 22, 23, 24, 36, 37-70, 71-113, 117,
　　　 135, 155, 172, 235, 260, 290, 370, 385, 389
ロムバルディア・ゴシック　 Lombardia Gothic
　　　　　　　　　　　　　 5, 23, 24, 47, 117
ロムバルディア・ルネサンス　　　　 Lombardia
　Renaissance　　　　　　 19, 23, 46, 50, 65
ロムバルディア・ロマネスク　　　　 Lombardia
　Romanesque　　　　　　　　　　　　 19
ロムバルド、ピエトロ Lombardo, Pietro　 23, 35
ロレート Loreto
　　265, 293, 294, 317, 325, 327, 328, 338, 377
　——サンタ・カーザの聖域　 Santuario della
　　Santa Casa
　　　 265, 293, 317-321, 325, 327, 328, 377, 402
ロレンツォ・イル・マニフィーコ→メディチ

ロンギ、ロベルト Longhi, Roberto　　　 9, 27
ロンドン London
　——サー・ジョン・ソーン博物館　 Sir John
　　Soane Museum　　　　　　　　　　 177
　——ナショナル・ギャラリィ　　　 National
　　Gallery　　　　　　　　　　　　　 182
　——大英博物館 British Museum
　　　　　　　　　 4, 12, 96, 111, 153, 154
　——RIBA 図書館　 169, 170, 171, 178, 226

ワ

ワイス、ロベルト Weiss, Roberto　　 219, 361
ワシントン、ナショナル・ギャラリィ
　Washington D. C., National Gallery of Art
　　　　　　　　　　　　　　　　 268, 290
ワンローイ Wanrooij, Marzia Casini　 146, 394

あとがき

　数年前にふと思い立って執筆を始めたルネサンス建築小論であったが、ブルネッレスキからアルベルティ、ブラマンテと書き進めるうちに、我知らずのめり込んでしまったようで、読み返してみると年甲斐もなく青書生のようにいきり立っているくだりがあちこちに目につき、恥じ入る他ない。建築に関わる仕事から離れて久しいのに、いまだに現場にいて自分の発言が取り合ってもらえるだろうという気持ちが抜けていないものと見える。今後は分をわきまえなければならないと、遅まきながら自戒の念を強めている。
　これまで先学の業績に楯突くような言辞を振りまいてきたが、どうにか書き続けて来られたのは実は彼らが遺してくれた数多くの論考のおかげであって、ここで改めてそれらに対する深い敬意と感謝の気持ちを表明しておかなければならない。ただ残念なのは、対象が西洋の事象である以上致し方のないことではあるが、祖述するにしろあるいは批判するにしろ、私が言及しなければならなかったそれらの業績の中に、日本の研究者による論考が至って少なかったことである。
　イタリア・ルネサンスの建築、特にブラマンテについての日本語による論考はまことに少ない。ブラマンテの場合はアルベルティやレオナルドなどと違ってその建築観を述べた文章が少ないためなのであろうか。論じ尽くされてしまっているかに見えるルネサンスの問題にしても、視点を変えることによってまだいくらでも新たな問題提起は可能のはずである。来年はブラマンテ没後500年にあたる。おそらく欧米では様々なシムポジウムや展覧会などの催しがなされ、そこでまた斬新なブラマンテ像が提起されることであろうが、日本の西洋建築史研究者諸氏にも、これを期にオリジナルな視点からの大胆な論考を発表されることを望みたい。
　ともあれ私のルネサンス建築論はこの「ブラマンテ」をもって一応の区

切りとさせて頂く。やや心残りの部分も無くはないが、これ以後については視点を切り替えないかぎり無理であると悟ったので、当分（といっても今後その機会があるとは思えないが）ルネサンス建築に触れることは控えておこうと考えている。いきり立つことなくチチェローネ的観照に浸れるような対象を見つけ出すことが、私の当面の課題であろう。

＊

　この「イタリア・ルネサンス建築史ノート」シリーズの刊行を快く引き受けて下さり、先が見えないこの企画に対し絶えず激励を賜った中央公論美術出版社長、小菅勉氏には篤く御礼を申し上げたい。また「ブルネッレスキ」以来引き続き三冊の編集作業でご苦労願った小野瀬あや女史には、その行き届いたご配慮に深く感謝する次第である。

2013年3月　F市にて。

[著者略歴]

福田 晴虔（ふくだ・せいけん）

1938年　秋田県に生まれる。
東京大学工学部建築学科卒　建築史専攻
東京大学助手、大阪市立大学工学部講師、助教授、九州大学大学院教授、西日本工業大学教授などを経て、現在九州大学名誉教授

主著（著作・翻訳）
《パッラーディオ》、1979年、鹿島出版会
アルド・ロッシ著《都市の建築》翻訳（大島哲蔵と共同）、1990年、大竜堂
《建築と劇場──十八世紀イタリアの劇場論》、1991年、中央公論美術出版
ジョン・ラスキン著《ヴェネツィアの石》I, II, III 翻訳、1994-96年、中央公論美術出版
《ブルネッレスキ》（イタリア・ルネサンス建築史ノート〈1〉）、2011年、中央公論美術出版
《アルベルティ》（イタリア・ルネサンス建築史ノート〈2〉）、2012年、中央公論美術出版　その他

イタリア・ルネサンス建築史ノート〈3〉
ブラマンテ ©

平成二十五年九月 十 日印刷
平成二十五年九月二十日発行

著者　福田　晴虔
発行者　小菅　勉
印刷
製本　広研印刷株式会社

中央公論美術出版
東京都中央区京橋二丁目八─七
電話〇三─三五六一─五九九三

ISBN 978-4-8055-0669-1

第一巻《ブルネッレスキ》正誤表

p. 23	6〜7行目	「長さ 8.4 m（14.4 ブラッチア braccia）」	→「長さ 17.47 m（30 ブラッチア braccia）」
p. 173	2行目	「パラッツォ・ルッチェッライ」	→「パラッツォ・ルチェッライ」
p. 264	下から12行目	「Paolo dal Pozzo Toscanelli (m. 1382)」	→「Paolo dal Pozzo Toscanelli (m. 1482)」
p. 275	9行目	「ルッチェッライ」	→「ルチェッライ」
p. 282	9行目	「Ruccellai」	→「Rucellai」

第二巻《アルベルティ》正誤表

p. 249	最終行	「センセーション巻き起こした」	→「センセーションを巻き起こした」
p. 254	17-18行目	「触られていない」	→「触れられていない」
p. 255	注1	「pp. 529-530.」	→「pp. 538-539.」
p. 318	7行目	「Juvarra（1678-1738）」	→「Juvarra（1678-1736）」
p. 348	3行目	「翻訳（c. 1500 刊行されず）」	→「翻訳（c. 1514 刊行されず）」